O mundo de Atenas

A Face nordeste de Atenas. Início do séc. XIX d.C.

B Face nordeste de Atenas. Início do séc. XX d.C.

Joint Association of Classical Teachers' Greek Course
Peter V. Jones, organizador

O mundo de Atenas
UMA INTRODUÇÃO À CULTURA CLÁSSICA ATENIENSE

Esta obra foi publicada originalmente em inglês com o título
THE WORLD OF ATHENS, por Press Syndicate
of The University of Cambridge, em 1984.
Copyright © Cambridge University Press, 1984.
Copyright © 1997, Livraria Martins Fontes Editora Ltda.,
São Paulo, para a presente edição.

1ª edição 1997
2ª edição 2021

Tradução
ANA LIA DE ALMEIDA PRADO
*Os textos citados foram traduzidos, sempre que possível,
do grego por Ana Lia de Almeida Prado*

Preparação do original
Vadim Valentinovitch Nikitin
Revisões
*Teresa Cecília de Oliveira Ramos
Célia Regina Camargo*
Produção gráfica
Geraldo Alves
Paginação
Moacir Katsumi Matsusaki
Digitalização
Studio 3 Desenvolvimento Editorial
Capa
Katia Harumi Terasaka Aniya
Imagem da capa
Poseidon e Apolo *(frisa oriental do Partenon), Fídias e atelier*

**Dados Internacionais de Catalogação na Publicação (CIP)
(Câmara Brasileira do Livro, SP, Brasil)**

O Mundo de Atenas : uma introdução à cultura clássica ateniense / Peter V. Jones, organizador ; [tradução Ana Lia de Almeida Prado]. – 2ª ed. – São Paulo : Editora WMF Martins Fontes, 2021.

Título original: The world of Athens.
ISBN 978-65-86016-5

1. Atenas (Grécia) – Civilização 2. Grécia – Civilização – até 146 a.C. I. Jones, Peter V.

21-62359   CDD-938

Índice para catálogo sistemático:
1. Grécia antiga : Civilização   938

Cibele Maria Dias – Bibliotecária – CRB-8/9427

Todos os direitos desta edição reservados à
Editora WMF Martins Fontes Ltda.
*Rua Prof. Laerte Ramos de Carvalho, 133 01325-030 São Paulo SP Brasil
Tel. (11) 3293.8150 e-mail: info@wmfmartinsfontes.com.br
http://www.wmfmartinsfontes.com.br*

ÍNDICE

Prefácio VII
Observações sobre a tradução brasileira IX
Observações sobre a edição inglesa XI
Leituras complementares XIII
Mapas XV

Introdução histórica: Linhas gerais da história de Atenas até a morte de Alexandre, o Grande 1
1 O ambiente físico 61
2 O ambiente metafísico 89
3 Obrigações, valores e preocupações humanas 133
4 A sociedade ateniense 155
5 A democracia e o imperialismo atenienses 201
6 Atenas em guerra 251
7 O mundo intelectual 283
Posfácio: Outros mundos 361

Glossário de termos (com o alfabeto grego) 367
Créditos das fotografias e desenhos 383

PREFÁCIO

O mundo de Atenas apresenta a história, a cultura, os valores e os feitos da Atenas Clássica ao leitor adulto. Não requer conhecimento de grego antigo. Começa com uma Introdução Histórica que esboça a história de Atenas desde os primeiros tempos até a destruição da democracia ateniense em 322 a.C. Seguem-se excertos da famosa Oração Fúnebre de Péricles, uma das declarações clássicas da época sobre o que tornou "grande" a cidade de Atenas. Em seguida há sete capítulos sobre diferentes aspectos do mundo ateniense e o livro termina com um Posfácio sobre outros mundos que conviveram com o ateniense e nele provocaram reações. Finalmente, há um alfabeto grego e sua transliteração para o português e um guia de pronúncia, um Glossário dos termos usados, mapas e um Índice Remissivo. Os leitores que não sabem grego notarão que alguns dos termos no Glossário foram dados em sua forma grega, *bem como* na sua forma portuguesa. Os leitores interessados poderão usar o guia do alfabeto grego para ver como funciona a língua grega e perceber as semelhanças e diferenças entre a grafia e pronúncias dos termos gregos na língua grega e no português.

Muitas mãos trabalharam neste livro que, em sua forma original, era uma série de notas elaboradas para o *Reading Greek* (*Text and Grammar*, C.U.P., 1978), uma introdução ao grego antigo para principiantes adultos elaborada entre 1974 e 1979 em Cambridge por uma equipe de Projeto (Dr. P. V. Jones, Dr. K. C. Sidwell e Miss F. E. Corrie) sob os auspícios da Joint Association of Classical Teachers (J.A.C.T.). Quando o Projeto terminou, Sr. J. M. Wilkins, juntamente com o Dr. Jones e o eminente Conselho de especialistas do Projeto, reuniu as notas dispersas e apresentou propostas e planos de trabalho para um livro completo. Individual e coletivamente, o Conselho lançou mãos à obra e o resultado é *O mundo de Atenas*.

VIII *O mundo de Atenas*

Como o livro foi obra de tantas mãos e todo ele foi submetido à discussão e à revisão editorial do Conselho, concordamos em não atribuir responsabilidade exclusiva por qualquer dos capítulos a nenhum indivíduo. Como editor, porém, gostaria de reconhecer aqui a ajuda do Conselho, com agradecimentos mais profundos que qualquer um deles pode imaginar: ao Sr. J. J. Paterson (University of Newcastle upon Tyne), pelo trabalho na Introdução Histórica; ao Dr. B. A. Sparkes (University of Southampton), pelo trabalho no capítulo 1 e por todas as ilustrações, com exceção de 7.64-82; ao Professor J. P. Gould (University of Bristol), pelo trabalho nos capítulos 2, 3 e 7; ao Dr. P. A. Cartledge (Clare College, Cambridge), pelo trabalho nos capítulos 4 e 5; ao Sr. G. L. Cawkwell (University College, Oxford), pelo trabalho no capítulo 6; Dr. V. E. S. Webb (University of Newcastle upon Tyne), pelo trabalho sobre a arte grega no capítulo 7; e a Sir Desmond Lee, pelas traduções, exceto as de Homero. A John Wilkins, nossos melhores agradecimentos pelo estabelecimento dos sólidos alicerces sobre os quais este livro pôde ser erguido. E um agradecimento final a Elizabeth Thurlow por cuidar do índice de modo tão completo e meticuloso. É importante sublinhar que toda a responsabilidade pelo equilíbrio, abrangência, apresentação, uso de fontes, glossário e transliteração pertence inteiramente ao Projeto.

Department of Classics
University of Newcastle upon Tyne
Janeiro de 1984

Peter V. Jones
Diretor, Projeto Grego da J.A.C.T.

Trechos da *Ilíada* e da *Odisséia* foram extraídos das traduções de Richmond Lattimore (copyright 1951 e 1965 University of Chicago). Agradecimentos são devidos ao falecido Richmond Lattimore e à University of Chicago Press pelo uso desse material.

OBSERVAÇÕES SOBRE
A TRADUÇÃO BRASILEIRA

1. Ao passar para o português as palavras gregas que não têm em nossa língua uma forma tradicional, usamos das normas correntes em nosso país. Na edição brasileira, porém, a transliteração dos termos gregos inclui: a) a indicação da quantidade das vogais longas (*eta* e *omega*) para possibilitar a reconstituição fiel da grafia original da palavra citada; b) os acentos tônicos (agudo e circunflexo) para propiciar a pronúncia correta.
2. Para a pronuncia das consoantes ζ (zeta), ϑ (theta), φ (phi) e χ (khi), indicamos a pronúncia tradicional, usada em nossas escolas, enquanto, nesses casos, a edição original adota a pronúncia restaurada.
3. Característica essencial deste livro é o recurso freqüente ao testemunho dos textos de poetas, historiadores, filósofos e oradores gregos como garantia da veracidade dos dados fornecidos e das idéias nele expostas. Encarregada da revisão técnica, julguei indispensável que, para evitar distorções e mal-entendidos, a tradução desses excertos fosse feita diretamente do original grego. Incumbi-me dessa tarefa e por ela sou responsável.

Anna Lia Amaral de Almeida Prado
São Paulo, 19 de fevereiro de 1997

OBSERVAÇÕES SOBRE A EDIÇÃO INGLESA

1. Ao transpormos as palavras gregas para o inglês, adotamos o conhecido compromisso de optar às vezes pela forma tradicional, outras pela transliteração estrita. Na p. 365 apresentamos uma versão simples do alfabeto grego, com pronúncia e regras de transliteração e, no Glossário subseqüente, apresentamos o original grego de todos os nomes próprios e de alguns dos termos técnicos (com transliterações). Os interessados poderão assim descobrir por si mesmos como as formas gregas originais eram escritas e pronunciadas.
2. Só marcamos a vogal longa (ē ou ō) quando nos pareceu importante. Por exemplo, Athēnē.
3. Todas as datas são a.C., a menos que se assinale o contrário.
4. O Glossário fornece os dados biográficos essenciais de todos os autores citados. Na citação de inscrições, as referências são as seguintes:
    Austin/Vidal Naquet = *Economic and Social History of Ancient Greece*, Batsford, 1977
    Fornara = C. W. Fornara, *Translated Documents of Greece and Rome* (vol. 1) *Archaic Times to the End of the Peloponnesian War* (2ª ed.), Cambridge, 1983
    IG^2 = *Inscriptiones Graecae* (2ª ed.)
    M e L = Meiggs e Lewis, *A Selection of Greek Historical Inscriptions to the End of the Fifth Century*, Oxford, 1969
    LACTOR = Rhodes, livros de referência da London Association of Classical Teachers = LACTOR 9
    SEG = *Supplementum Epigraphicum Graecum*
    Tod = M.N. Tod, *Greek Historical Inscriptions* (vol. 2), Oxford, 1948
5. O Glossário (pp. 365-80) contém nomes, instituições e termos mais importantes usados neste livro que, na nossa opinião, não são muito co-

nhecidos. Para os toponímicos, consultar os mapas no início do livro (pp. XV-XXII).
6. Números entre parênteses no texto indicam capítulos e parágrafos deste livro (p. ex.: (4.23)); I.H. = Introdução Histórica (pp. 1-61) e P. = Posfácio (pp. 353-8).
7. Os colchetes ([ ]) envolvendo o nome de um autor indicam que no passado a obra em questão lhe foi atribuída, mas hoje essa autoria é discutida.

LEITURAS COMPLEMENTARES

Quanto a leituras complementares, o melhor a fazer é ou aprender grego antigo e começar a ler os textos no original ou comprar traduções (é boa a seleção que encontramos na coleção Penguin Classics). Deve-se começar por Homero.

Os seguintes livros são recomendados:

Geral
S. Hornblower, *The Greek World 479-323 BC*, Methuen, 1983
J. K. Davies, *Democracy and Classical Greece*, Fontana, 1978
K. J. Dover (ed.) e outros, *Ancient Greek Literature*, Oxford University Press, 1980
K. J. Dover, *The Greeks*, BBC Publications, 1980
A. M. Snodgrass, *Archaic Greece*, Dent, 1980

Valores e Sociedade
K. J. Dover, *Greek Popular Morality in the Time of Plato and Aristotle*, Blackwell, 1974
M. I. Finley, *Economy and Society in Ancient Greece*, Penguin Books, 1983
N. R. E. Fisher, *Social Values in Classical Athens*, Dent, 1976
Jean-Pierre Vernant, *Myth and Society in Ancient Greece*, Harvester, 1980

Literatura
M. I. Finley, *The World of Odysseus*, Penguin Books, 1979
J. Griffin, *Homer*, Oxford University Press (Past Masters), 1980

O. P. Taplin, *Greek Tragedy in Action*, Methuen, 1978
B. Vickers, *Towards Greek Tragedy*, Longman, 1973
K. J. Dover, *Aristophanic Comedy*, University of California Press, 1972

Pensamento
W. K. C. Guthrie, *Socrates*, Cambridge University Press, 1971
W. K. C. Guthrie, *The Sophists*, Cambridge University Press, 1971
G. E. R. Lloyd, *Magic, Reason and Experience*, Cambridge University Press, 1979

Arte e Sociedade
J. Boardman, *Athenian Black Figure Vases*, Thames and Hudson, 1974
J. Boardman, *Athenian Red Figure Vases*, Thames and Hudson, 1975
R. E. Wycherley, *The Stones of Athens*, Princeton University Press, 1978
J. J. Pollitt, *Art and Experience in Classical Greece*, Cambridge University Press, 1972

Religião
W. Burkert, *Homo Necans* (tradução de Peter Bing), University of California Press, 1983

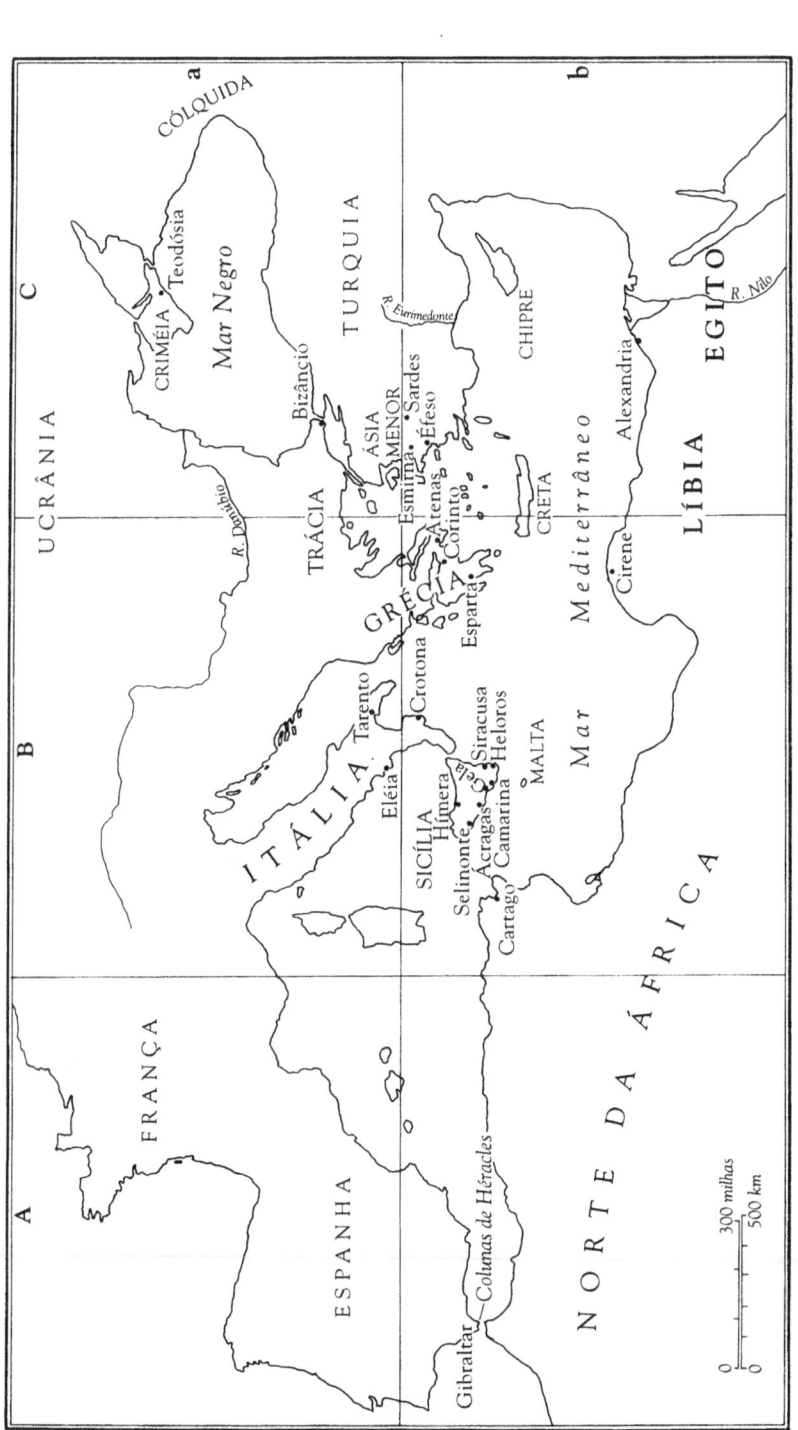

Mapa 1 O Mediterrâneo.

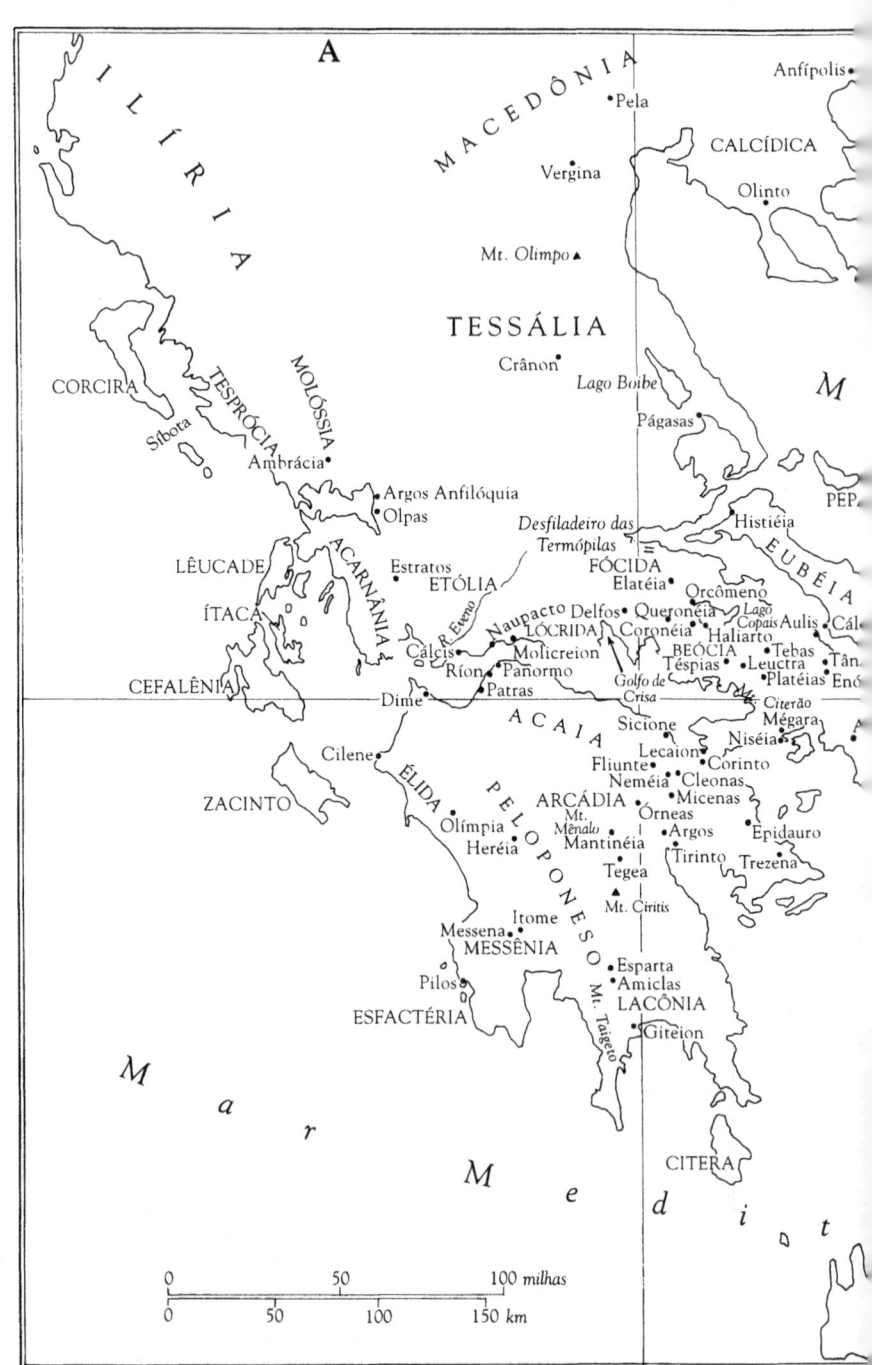

Mapa 2 Grécia e ilhas egéias.

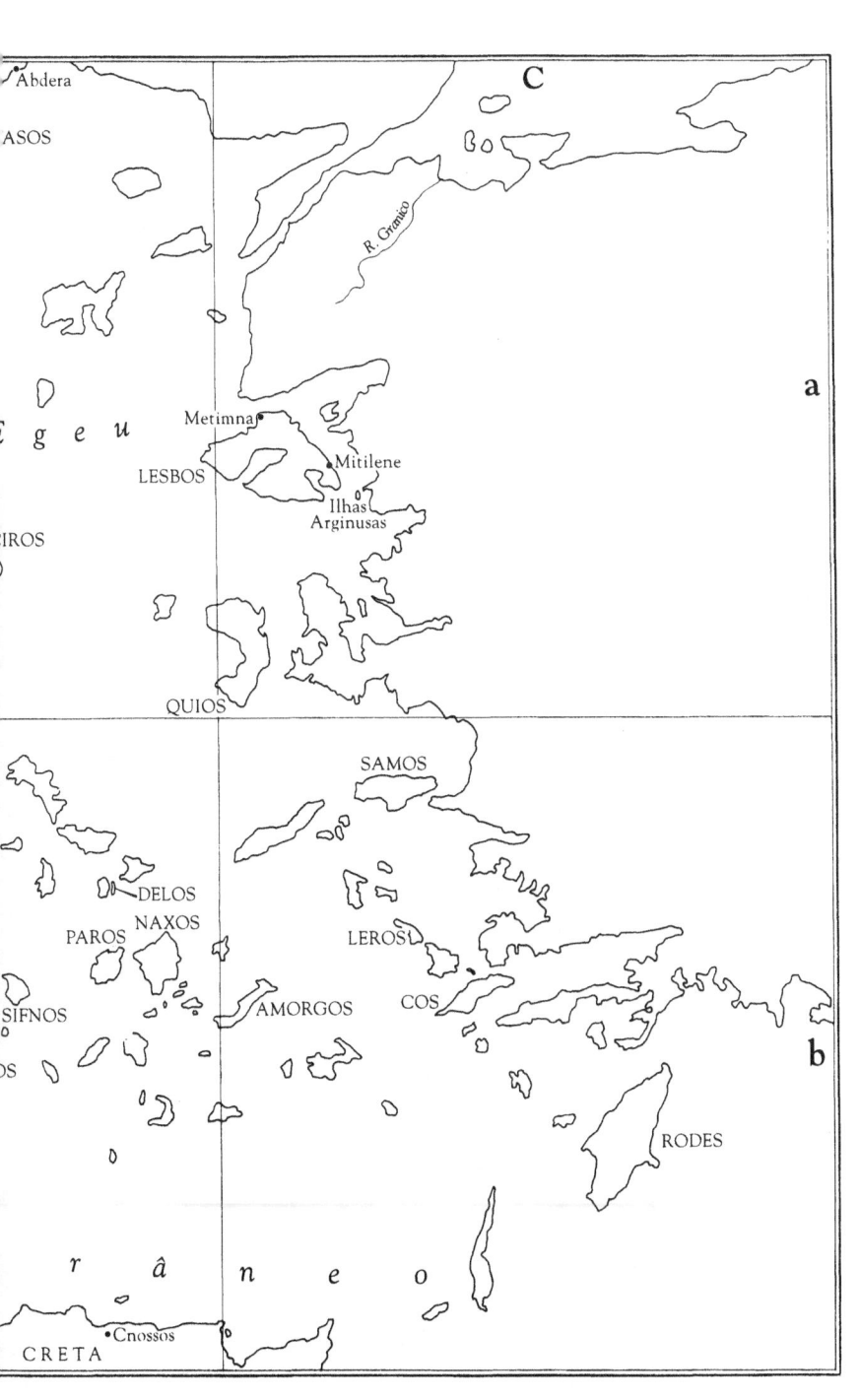

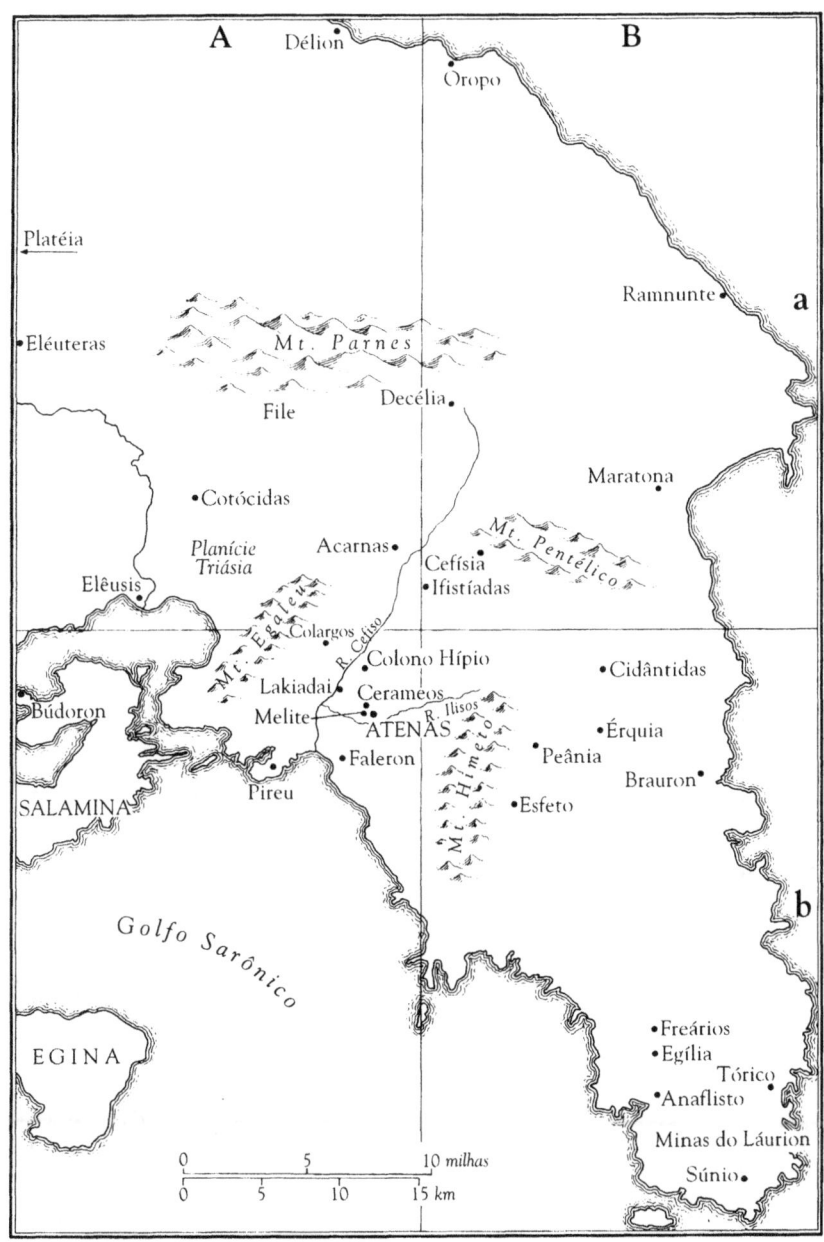

Mapa 3 Ática.

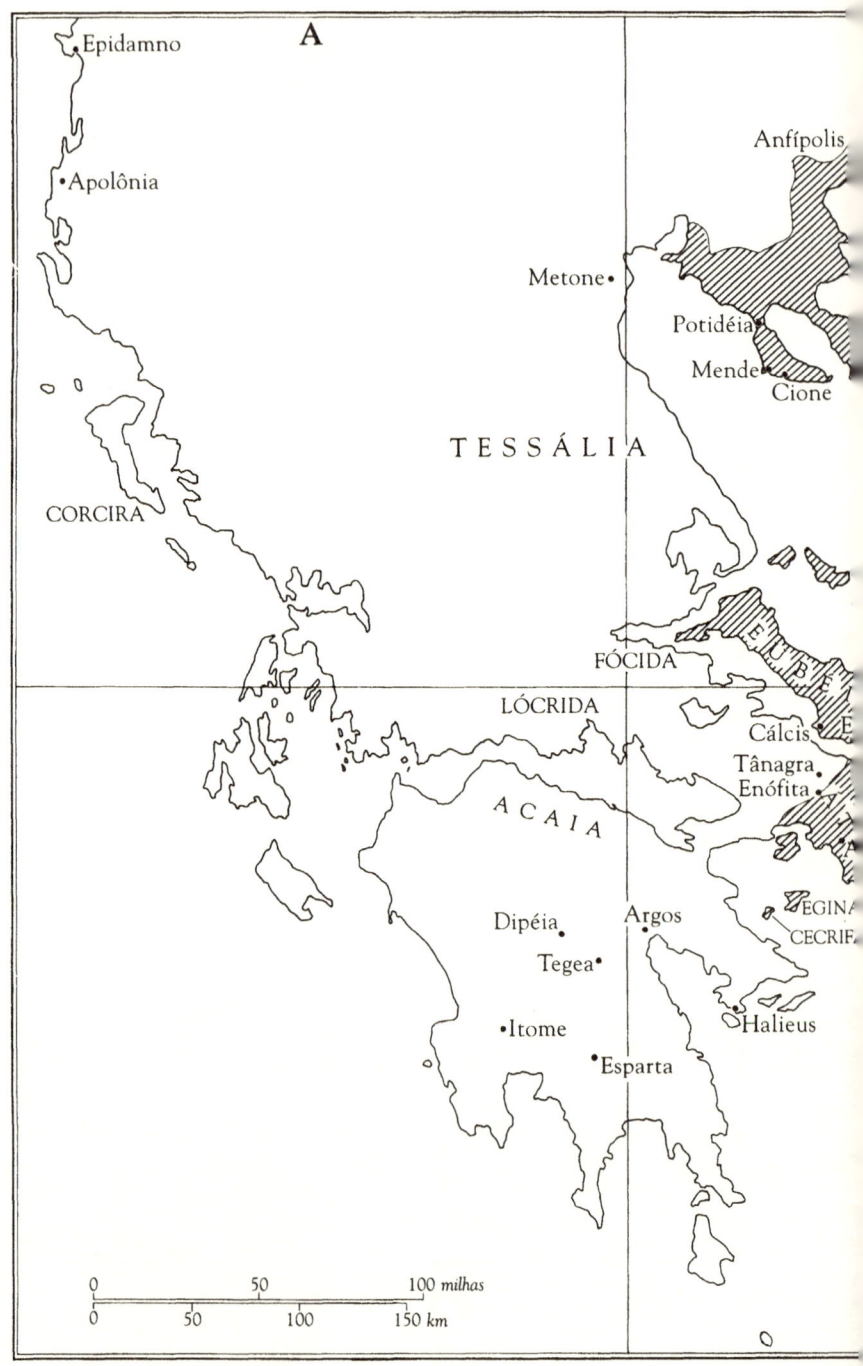

Mapa 4 O Império Ateniense.

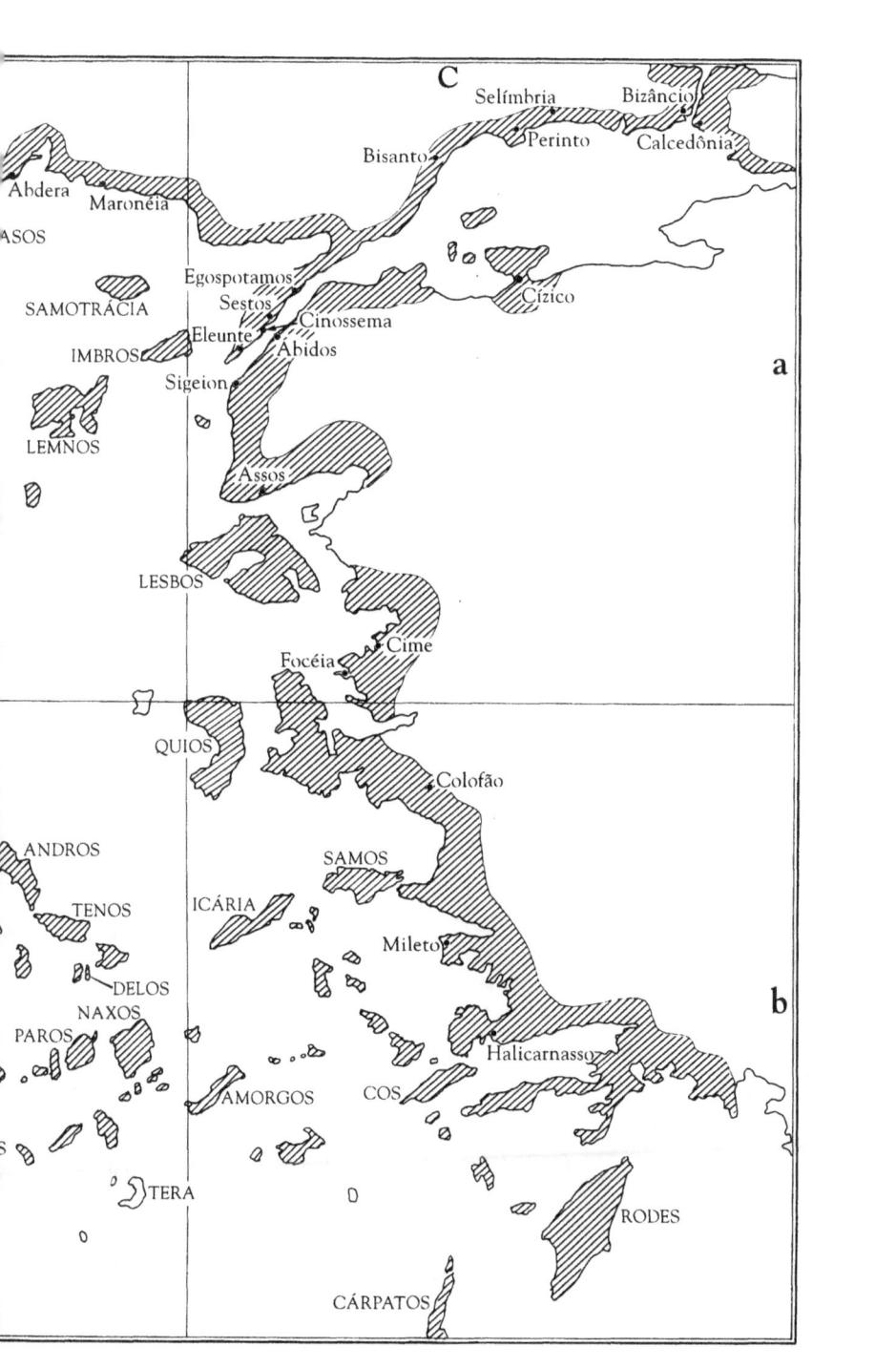

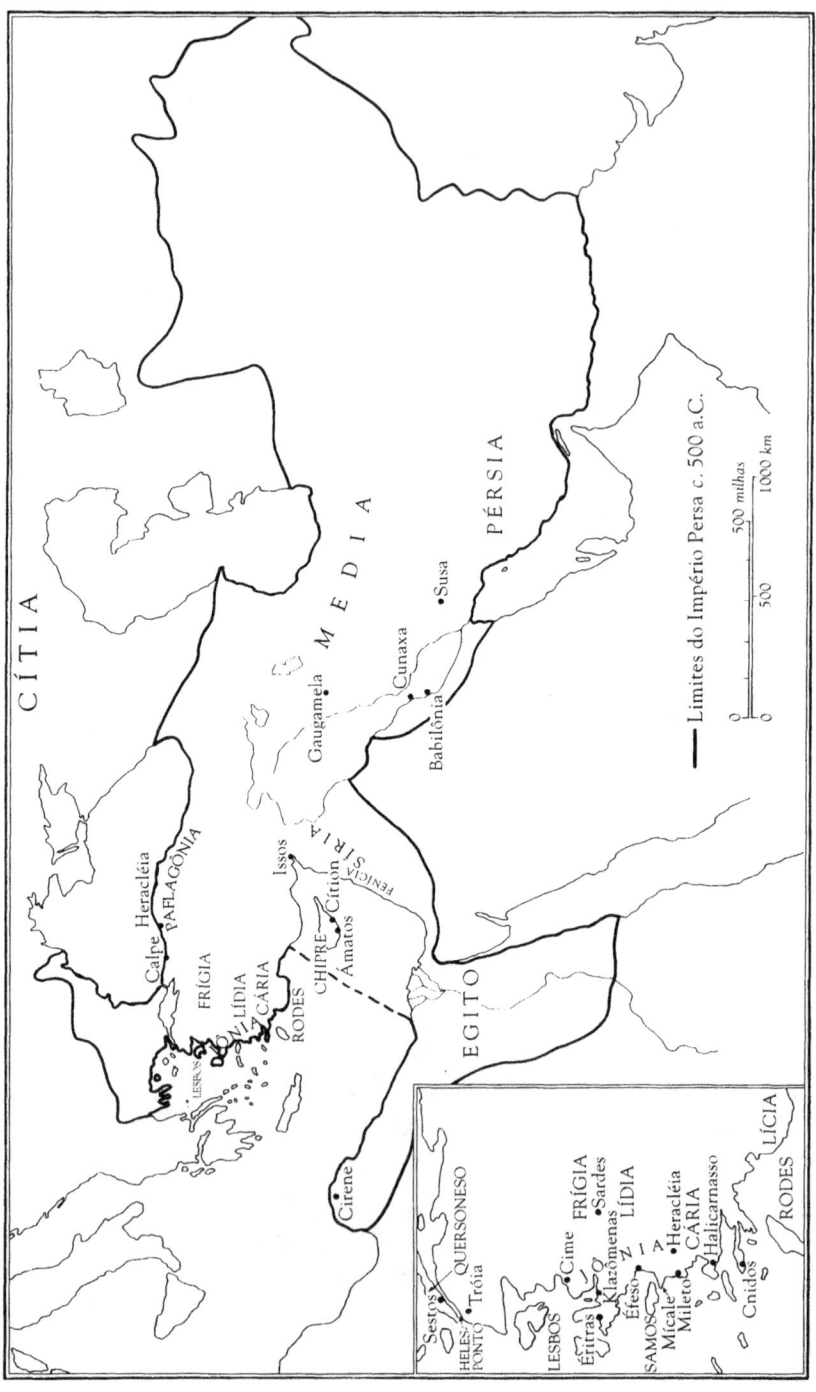

Mapa 5 O Oriente Próximo e o Império Persa.

Introdução histórica:
Linhas gerais da história de Atenas até a morte de Alexandre, o Grande

História grega primitiva: os minóicos, micênios, Homero e a Idade Escura (2200-900)

I.H.1 Algum tempo depois de 640, um ex-vencedor das Olimpíadas chamado Cílon tentou dar um golpe de estado, enquanto a atenção dos cidadãos estava distraída por um festival religioso (sempre um momento favorito para a subversão). O plano fracassou e, embora Cílon tenha escapado, seus seguidores foram mortos, a despeito da promessa de salvo-conduto. Esse incidente foi o primeiro da história de Atenas do qual se tem mais que apenas uma vaga noção. A memória histórica confiável de outras cidades gregas pode estender-se até uma ou duas gerações passadas, mas não muito mais. No entanto, os gregos tinham plena consciência de que já lá estavam bem antes do século VII. Preenchiam as lacunas com histórias cheias de pormenores, mas em grande parte fictícias. Os longos e complexos processos de desenvolvimento nas cidades eram muitas vezes atribuídos à obra de um legislador ou estadista mítico (Teseu em Atenas, Licurgo em Esparta). Os poemas épicos de Homero, a *Ilíada* e a *Odisséia*, que assumiram a forma em que os conhecemos por volta do século VIII, tinham por base um mundo bem anterior onde havia reis locais e ricos palácios. O historiador Heródoto, no século V, achava que a Guerra de Tróia, tema dos poemas, havia ocorrido cerca de oitocentos anos antes de sua própria época. Tempos depois o estudioso Eratóstenes (*c*. 274-194) calculou as datas da guerra como sendo 1193-1183. Se ele quase acertou, foi mais por puro acaso que por perspicácia.

I.H.2 A arqueologia permite-nos saber até mais que os próprios gregos sobre suas origens. As escavações de Sir Arthur Evans em Cnossos, na ilha de Creta, e outras explorações mais recentes de sítios arqueológicos reve-

2 O mundo de Atenas

IH:1 A sala do trono de um palácio micênico, Pilos. 1300-1200.

laram uma sociedade de palácios ricos e labirínticos que floresceu de c. 2200 a 1450 (a sociedade minóica, assim chamada por causa de Minos, o legendário rei cretense). Os habitantes desses lugares não eram gregos, mas sua cultura teve uma influência significativa sobre as povoações do continente. Por volta de 2000 houve grandes mudanças culturais na Grécia. Possivelmente, novos povos estabeleceram-se em muitas áreas. Acabaram desenvolvendo sua própria cultura palaciana que durou de c. 1600 a 1200 em lugares como Micenas, Tirinto e Pilos (a civilização micênica). Sabemos agora que pelo menos alguns desses povos falavam grego, pois centenas de placas de argila com inscrições feitas em uma escrita conhecida como Linear B foram encontradas em Pilos, e, em 1952, Michael Ventris demonstrou que a língua dessas inscrições era uma forma de grego.

I.H.3 Os palácios micênicos foram destruídos por volta de 1200. Muitos sítios foram inteiramente abandonados. Seguiu-se um período de instabilidade, a Idade Escura (1100-900), de que os gregos se lembravam como uma época de nomadismo e migrações.

**Colonização, governo aristocrático primitivo, Teseu
e a unificação da Ática; Esparta (900-640)**

I.H.4 Em um certo sentido, essa ausência de estabilidade subsistiu na Grécia por muitos séculos. Já no século IX, talvez, os gregos – entre os quais Atenas, segundo as lendas, teve um papel significativo – estabeleciam-se na Jônia, na costa da Ásia Menor. Posteriormente, a partir de c. 750, comerciantes, aristocratas descontentes e agricultores que desejavam uma vida melhor

Introdução histórica: Linhas gerais da história de Atenas 3

IH:2 Placa de argila com texto escrito com o Linear B, procedente de Pilos. C. 1200.

fundaram colônias na Sicília e no sul da Itália, no sul da França, na Espanha, no norte da África e junto ao mar Negro.

I.H.5 Ao saírem da Idade Escura, no século VIII, as comunidades gregas tinham apenas as formas mais simples de organização política. Senhores aristocráticos locais (*basileîs*) mantinham com ardor sua independência, reconhecendo apenas com relutância qualquer forma de controle central. A lealdade para com a família, o clã e os seguidores vinha em primeiro lugar. Hesíodo, agricultor de Ascra, na Beócia, que viveu na segunda metade do século VIII, em seu poema *Os trabalhos e os dias* fez uma viva descrição das atividades dos "devoradores de presentes", os nobres de sua própria comunidade que arbitravam as pequenas disputas do povo da região.

Aos poucos e certamente com dificuldades, os laços locais de lealdade começaram a concentrar-se na comunidade de uma única cidade e os nobres passaram a reconhecer a autoridade central de uma só família que detinha a realeza. Em Atenas, por exemplo, foi o herói Teseu quem, segundo a tradição, unificou a Ática e deu à cidade um Conselho central no qual os nobres da região podiam reunir-se. Essa história assinala uma das características mais notáveis de Atenas: o território da Ática em torno à cidade era excepcionalmente grande para um Estado grego. Contudo, a unificação dessa área não foi obra de um único homem, mas um longo processo que se estendeu até o século V. A rivalidade entre as famílias locais continuou dominando a política ateniense até pelo menos 500.

Por tradição, os sucessores de Teseu governavam em Atenas como reis. No entanto, por volta do século VII, o rei (*basileús*) já não exercia grande poder. Era apenas um dentre um corpo de funcionários de Estado nomeados anualmente, os nove *árkhontes* (sing. *árkhōn*). Esses *árkhontes* tornavam-se depois membros vitalícios do Conselho que se reunia de vez em quando na Colina de Ares em Atenas (o Areópago). Tais cargos oficiais não estavam abertos a todos os cidadãos. Um grupo de famílias aristocráticas mantinha o seu direito exclusivo aos cargos. Ricos e bem-nascidos, eles se davam o nome de eupátridas ("filhos de bons pais").

I.H.6 No período clássico, quando os opositores do sistema democrático em Atenas buscavam um modelo para uma sociedade alternativa, voltaram os olhos para Esparta, que evoluíra de maneira idiossincrática. Esparta resultou do amálgama de quatro aldeias, talvez no século X, às margens do Rio Eurotas, no sul do Peloponeso. Talvez a unificação dessas comunidades tenha levado à singular instituição da realeza dupla. Havia, em Esparta, duas famílias reais, os Agíadas e os Euripôntidas, e ambas forneciam um rei. Os dois reis eram assessorados por um Conselho de Anciãos, escolhidos dentre os homens de mais de sessenta anos de idade (*gerousía*). Em época um pouco mais tardia, passou a haver também cinco funcionários eleitos anualmente, chamados *éphoroi*. Aqueles que gozavam de direitos plenos de cidadania (espartiatas) reuniam-se com regularidade para aprovar ou rejeitar propostas que lhes eram apresentadas. Contudo, a atribuição da cidadania era restrita. Os espartiatas eram apenas aqueles que, desde a infância, tinham sido submetidos a uma rígida formação cívica (*agōgḗ*) e, após a idade de vinte anos, tinham sido eleitos para um dos *sussitía*, grupos que participavam de refeições em comum. Esse treinamento era concebido para fortalecer a lealdade e a obediência e, com certeza, garantia que o exército espartano fosse uma força militar mais disciplinada e eficiente que a maioria das milícias de cidadãos das demais cidades gregas.

Desde o início do século VIII, Esparta começou a expandir-se, dominando primeiro as comunidades vizinhas do vale do Eurotas. A algumas dessas povoações foi concedida a categoria de *períoikoi* ("moradores em torno"), que tinham uma certa autonomia local, mas estavam sujeitas ao

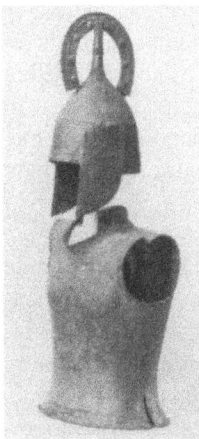

IH:3 Armadura de bronze descoberta no túmulo de um guerreiro, em Argos. Final do séc. VIII.

serviço militar. No final do século VIII, os espartanos atravessaram o Monte Taigeto para o oeste e anexaram a Messênia. Duas gerações depois, em meados do século VII, os messênios sublevaram-se. Parece ter sido uma guerra dura, durante a qual o poeta espartano Tirteu escreveu seus poemas como exortação à boa ordem e bravura na batalha. Terminada a guerra, a Messênia foi anexada e deixou de existir como cidade autônoma por quase trezentos anos. Os messênios foram reduzidos ao estado servil de "hilotas". Suas terras foram divididas e um lote (*klêros*) foi dado a cada espartano. O hilota messênio foi forçado a trabalhar a terra e a pagar metade de sua produção ao espartiata ausente, seu senhor.

A anexação de Messênia foi a resposta de Esparta às necessidades que levaram outros gregos a fundar colônias. É significativo que Esparta tenha estabelecido apenas uma única colônia em Taras (Tarento), no sul da Itália. Além disso, a concessão de um *klêros* aos cidadãos permitia que cada um se devotasse à sua vida na comunidade espartana e lhes dava uma independência econômica básica. Os espartanos podiam atribuir-se o nome de *hómoioi* ("iguais"), e isso permitiu que Esparta escapasse a muitas das tensões econômicas e sociais que afligiram outras comunidades gregas no século VII.

Da aristocracia à tirania: Cílon, Drácon, Sólon e Pisístrato (640-530)

I.H.7 De uma ou outra forma, o governo da maioria das cidades gregas estava nas mãos da aristocracia. De fato, a concentração na democracia que houve mais tarde em Atenas e o sistema peculiar de governo em Esparta obscurecem o fato de que, na maioria das comunidades gregas, por todo o período clássico e posterior, a forma característica de governo era a oligarquia baseada na riqueza e no nascimento. Contudo, há certo perigo em se definir de maneira muito restrita a classe dominante. A crescente riqueza das comunidades no século VII era, em parte, distribuída entre homens que estavam fora das aristocracias dominantes e que se ressentiam de sua falta de influência. A adoção de armas e táticas hoplíticas com armas pesadas levava os homens a unirem-se para treinamento e campanhas. Isso inspirava um sentimento de camaradagem e, com isso, uma crescente consciência do poder potencial dos cidadãos armados. Ao longo do século seguinte ou mais, em muitas comunidades surgiram homens que se ressentiam de serem excluídos do poder e exploravam os descontentamentos e o poderio militar dos cidadãos para conquistar poder pessoal (muito depois, Aristóteles observou que os tiranos combinavam os papéis de general e líder popular, *dēmagōgós*). Esses usurpadores eram conhecidos como

6 *O mundo de Atenas*

IH:4 Uma falange hoplítica. *C.* 640.

túrannos ("tirano") – palavra de origem não-grega que não tinha necessariamente conotação de crueldade ou opressão.

O fracassado golpe de estado de Cílon em Atenas, com que iniciamos este capítulo, foi uma dessas tentativas de tomada do poder como tirano. Cílon foi apoiado pelo sogro, Teágenes, tirano da vizinha Mégara. Os tiranos tendiam a formar um clube de ajuda e proteção mútua. Cílon fracassou, mas as fontes do descontentamento permaneceram.

É vital no desenvolvimento de toda comunidade o momento em que as leis pelas quais é governada são definidas e publicadas para que todos as leiam. Segundo a tradição, em 621-20* o legislador ateniense Drácon publicou um código de leis que veio a tornar-se proverbial por sua severidade (donde "draconiano"). Esse código pode representar uma resposta dos eupátridas ao descontentamento com que Cílon tinha esperanças de jogar. Sua lei sobre o homicídio chegou até nós com detalhes. Ela regulariza os procedimentos que tratam do assassinato e, em certa medida, limita os poderes da família do morto na vingança que poderia exercer. Esse pode ser, na verdade, o significado real do código de leis. Trata-se de um dos primeiros indícios da afirmação do controle central sobre os laços de lealdade locais entre as famílias.

I.H.8 Além de todos os demais problemas que afligiam os ateniense no final do século VII, o sistema de propriedade fundiária cada vez mais era visto como um peso inaceitável. Os camponeses viam-se esmagados pelas dívidas. A escravização era uma conseqüência possível. Outros proprietários de terras ressentiam-se do pagamento de um sexto de sua produção aos senhores. A época parecia madura para a tirania. Como alguns tiranos ti-

---

* O ano ateniense ia de junho a junho (cf. 2.42) e, assim, 621-20 significa "no ano que começou em junho de 621 e terminou em junho de 620".

Introdução histórica: Linhas gerais da história de Atenas 7

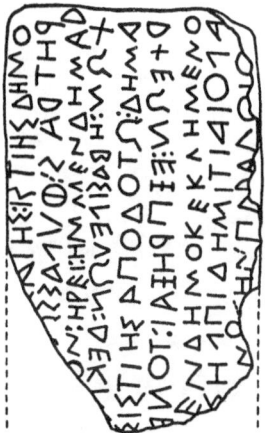

IH:5 Frontispício de uma inscrição de um código de leis proveniente de Quios, com escrita em sentido vertical e *boustrophēdón* (ver p. 282). Início do séc. V.

nham sido preparados para impor a redistribuição das terras e o cancelamento das dívidas, recorrer a eles podia parecer solução atraente. Nesse momento, em 594-93, Sólon foi nomeado *árkhōn* em Atenas e tentou oferecer soluções para os problemas da época. Sólon é a primeira personalidade real da história ateniense. Era um excelente propagandista. Em poemas concebidos para serem recitados e memorizados, apresentou em termos um tanto enigmáticos suas metas e realizações. Sólon procurava uma alternativa à tirania: "Não me agradava fazer algo com a violência de um tirano". Aliviou a opressão das dívidas que levavam à escravidão. Sua solução foi às vezes chamada de *seisákhtheia*, "o livrar-se das cargas". No nível político, Sólon rompeu com a exclusividade dos eupátridas. Definiu quatro classes com base na riqueza agrícola. A partir desse momento, os mais ricos na sociedade, fossem ou não eupátridas, passaram a poder ocupar os principais cargos da cidade. Paralelamente ao tradicional Conselho do Areópago, Sólon instituiu um Conselho Popular (*boulḗ*) de quatrocentos representantes. Sólon foi o homem arquetípico do compromisso e da mediação:

> Ao povo (*dēmos*) dei tanto privilégio quanto lhe bastasse,
> nada tirando ou acrescentando à sua honra;
> Quanto aos que tinham poder e eram famosos por sua riqueza,
> também tive cuidado para que não sofressem nenhum dano.
> De pé, mantive sobre ambos meu forte escudo
> e não permiti que nenhum dos dois lados triunfasse injustamente.
>
> Sólon, fr. 5

8 O mundo de Atenas

IH:6 Os alicerces do templo arcaico de Atena na Acrópole de Atenas.

Tal como muitos homens moderados depois dele, ao oferecer alguma coisa para todos, Sólon conseguiu não satisfazer ninguém. Viveu apenas o bastante para ver que fracassara.

I.H.9 A despeito das reformas de Sólon, ou talvez até por causa delas, os nobres da Ática continuaram a lutar por seu direito à liderança na comunidade ateniense. Em 561-60, um desses nobres, Pisístrato, herói militar, ganhou o apoio popular e tomou o poder em Atenas como tirano. Seu controle esteve longe de ser absoluto. Foi duas vezes derrubado por seus inimigos políticos. Por duas vezes voltou ao poder. Em 546, consolidou a tirania em Atenas e, a partir de então, conseguiu permanecer no poder até sua morte, em 528-27. Não fez mudanças radicais no sistema político, garantindo simplesmente que, todos os anos, seus seguidores estivessem entre os *árkhontes*.

Sob Pisístrato, Atenas floresceu. Grandiosos projetos de edificações, a bela cerâmica de figuras negras das oficinas atenienses, os poetas atraídos pelo patrocínio e pela remodelação do festival das Grandes Panatenéias, tudo atestava a crescente autoconfiança dos atenienses desse período.

Da tirania à democracia: Hípias e Clístenes (530-500)

I.H.10 Pisístrato foi capaz de transmitir o poder a seu filho, Hípias. Uma das características notáveis da tirania grega era que raramente durava mais que um par de gerações, antes que seus partidários do início se voltassem contra ela e os aristocratas descontentes retomassem o poder. Assim se deu em Atenas. Hípias viu-se diante de uma crescente oposição aristocrática, mesmo da parte de homens que no passado haviam colaborado com o regime (por exemplo, Clístenes, da família de Alcméon, então no exílio, tinha sido *árkhōn* em Atenas, em 525-24). Em 514, dois amantes aristocratas, Harmódio e Aristogíton, tramaram o assassinato de Hiparco (irmão de Hípias). Na procissão das Panatenéias, os conspiradores entraram em pânico. Hiparco foi assassinado, mas Harmódio foi morto no atentado e depois Aristogíton morreu sob tortura. Hípias sobreviveu e sua tirania tornou-se ainda mais severa. Aristocratas exilados tentaram tomar um posto de fronteira na Ática, mas não conseguiram ir além disso. Para terem êxito, precisavam de mais ajuda, de modo que recorreram a Esparta, que gozava então da reputação de ser acessível aos apelos dos opositores das tiranias. Em Delfos, a família alcmeônida conquistou os favores dos sacerdotes do Oráculo, oferecendo-se para reconstruir o santuário de Apolo. Sempre que os espartanos consultavam o oráculo, recebiam a resposta: "Libertai Atenas primeiro". Isso só aconteceu em 510, quando Cleômenes atendeu à ordem, expulsando de Atenas Hípias e sua família.

I.H.11 Provavelmente, Cleômenes esperava que Atenas correspondesse regressando a uma forma aristocrática de governo que, naturalmente, continuaria a demonstrar boa vontade para com Esparta por causa de sua ação contra o tirano. Por uns dois anos foi isso que aconteceu, até que o alcmeônida Clístenes fracassou em sua luta política contra Iságoras, seu principal opositor, e, em 508-07, "trouxe o povo [*dêmos*] para junto dos seus", na notável frase do historiador Heródoto (*Histórias* 5.66). Os pormenores do pacote de propostas concebidas para angariar o apoio de todos pode ser visto mais adiante (ver 5.24). Clístenes criou dez novas *phúlai* (tribos) geográficas artificiais que ultrapassavam as velhas fronteiras naturais das quatro antigas tribos baseadas no parentesco e permitiam que homens, até então excluídos da cidadania, pudessem obtê-la. Cada tribo era composta de grupos de unidades de aldeias, *dêmoi* (demos) (sing. *dêmos*), espalhadas por toda a Ática. Esses *dêmoi* tinham seus próprios arranjos políticos locais e tornaram-se o foco das relações de lealdade e de atenção dos cidadãos. Deram ao ateniense comum um novo sentido de participação e um novo sentimento de autoconfiança, não mais tendo ele de viver sob o peso do dever para com o senhor local. Presume-se que Clístenes tenha aprovado suas medidas através da assembléia dos cidadãos atenienses (*ekklēsía*), que existia de maneira formal pelo menos desde a época de Sólon. Essa pode ser a chave para o significado real de seu programa de reformas. Clístenes deu à *ekklēsía* um sentimento novo de poder, que a fazia esperar e, com o tempo, até exigir que todas as questões importantes lhe fossem submetidas para discussão e posterior decisão. Isso abriu o caminho para a democracia radical do final do século V. Contudo, é provável que Clístenes achasse que os aristocratas continuariam exercendo uma influência predominante sobre a assembléia. Com efeito, nos oitenta anos seguintes quase todos os líderes do povo eram de origem aristocrática.

Na opinião de Heródoto, os efeitos da nova democracia foram estimulantes, revigorantes e imediatos. Quando, em 506, Cleômenes de Esparta tentou reafirmar o controle sobre Atenas, sua expedição desmoronou vergonhosamente e os atenienses foram capazes também de derrotar os beócios e calcídios, que procuravam aproveitar-se da ameaça contra Atenas para conquistar territórios na Ática. "Isso provou", afirmou Heródoto, "se é que é necessário provar, quão nobre coisa é a liberdade" (*Histórias*, 5.78).

O Império Persa e a "Revolta Jônia" (560-490)

I.H.12 No final do século VI, nenhum grego do continente que levantasse os olhos afastando-os das atividades quotidianas de sua própria comunidade poderia deixar de ver as nuvens que chegavam do leste. A partir de 558, sob a vigorosa liderança de Ciro, os persas haviam conquistado o reino dos medos e avançado gradualmente para o oeste. Os gregos da Jônia, na costa da Ásia Menor, tomariam consciência da nova potência em 546, quando, para espanto deles, Ciro derrotou Creso, rei da Lídia, seu poderoso suserano. Com efeito, Ciro deu seqüência à sua vitória anexando as cidades gregas da costa. Quando Esparta resolveu reagir enviando uma embaixada a Ciro para dizer-lhe que se mantivesse afastado das comunidades gregas, o persa respondeu, perplexo: "Quem são os espartanos?"

Os sucessores de Ciro continuaram suas conquistas no leste do Mediterrâneo e, em 512, Dario passou para a Trácia e a Macedônia, região ao sul do Danúbio. Em 499, porém, as cidades jônias decidiram sublevar-se. Aristágoras chegou de Mileto à Grécia para garantir apoio para as cidades. Tentou até convencer os espartanos a pensar na conquista do próprio Império Persa. O astuto rei Cleômenes, diz a história, perguntou-lhe a que distância ficava Susa, capital administrativa persa. Quando Aristágoras respondeu que ficava a três meses de viagem, Cleômenes dispensou-o com desprezo. Aristágoras, contudo, teve maior êxito em Atenas e Erétria, que prometeram navios. Os atenienses não podiam esquecer-se de que o ex-tirano Hípias estava em contato com a corte persa, talvez na esperança de obter apoio para uma eventual restauração. As campanhas dos cinco anos que se seguiram foram uma curiosa mistura de êxitos e fracassos para os gregos. No entanto, quando em 494 Mileto caiu nas mãos dos persas e foi

Introdução histórica: Linhas gerais da história de Atenas 11

IH:7 Xerxes de pé, atrás de Dario, sentado em seu trono, Persépolis. Início do séc. V.

arrasada, a revolta entrou em colapso. A interferência de Atenas e Erétria deve ter feito com que Dario ficasse ainda mais determinado a pôr em ação um esquema em que, provavelmente, estivera pensando durante muitos anos, a subjugação dos gregos da Europa. Exigiu das cidades gregas sinais de submissão, oferendas de terra e água. Algumas acharam que ceder era de seu interesse. Outras, entre elas Atenas, enfrentaram-no. Diz-se que Dario tinha um criado que lhe lembrava constantemente: "Não te esqueças dos atenienses."

As Guerras Persas: Maratona (490)

I.H.13 Em 490, as forças persas atravessaram o Egeu. Erétria, na ilha de Eubéia, foi entregue a eles por traição e queimada. A partir dela os persas cruzaram o mar até o ponto de desembarque mais acessível e mais próximo, no nordeste da Ática, a baía de Maratona. Os atenienses tiveram de decidir se esperavam o inimigo em Atenas ou marchavam ao encontro dele. Os generais, sob a liderança nominal de Calímaco, decidiram marchar. Ao mesmo tempo, enviaram uma mensagem a Esparta pedindo ajuda através de Fidípides, o primeiro corredor de "Maratona". Os espartanos, forçados a adiar por escrúpulos religiosos o envio de socorro, acabaram chegando tarde demais para a batalha.

Quando os atenienses chegaram a Maratona, esperaram por alguns dias. Naquela época, para eles a maior fonte de coragem era um valentão exótico, Milcíades. Nascido no seio da aristocracia ateniense, passara grande parte da vida como governante de Quersoneso de Trácia (a península de Gallipoli), vital área estratégica que dominava a entrada para o Helesponto. De lá, fugira para Atenas em 493, quando os persas avançaram, e era agora um dos generais atenienses. Foi ele quem instou os atenienses

12 O mundo de Atenas

IH:8 O *túmbos* (monte de terra funerário) ateniense em Maratona (cf. 6:2).

a atacar em Maratona. Eles, com suas linhas abertas para evitar serem envolvidas pelas forças persas, em número maior, avançaram em marcha forçada para lutar o mais rapidamente possível com o inimigo. Embora derrotados no centro, os atenienses da ala direita e seus aliados plateenses da esquerda conseguiram romper a resistência persa. Os persas fugiram em confusão para seus navios. Foi uma esplêndida vitória. Os 192 atenienses mortos foram sepultados sob um vasto outeiro. A notável realização dos atenienses foi exaltada em cantos e pinturas. Para os que haviam estado presentes, esse foi o ponto alto de suas vidas. Ésquilo, o poeta trágico, cujo irmão morrera realizando um ato heróico durante a batalha, não tinha na vida orgulho maior que o de pertencer à geração dos Combatentes de Maratona (os *Marathōnomakhai*).

Temístocles, a prata de Láurion, a armada ateniense (490-480)

I.H.14 Os persas com certeza voltariam. Os atenienses não podiam esquecer-se de que, se tivessem perdido Maratona, provavelmente os persas lhes teriam imposto novamente o idoso tirano Hípias. Assim, não é surpreendente ver que a democracia, estimulada pela vitória sobre a Pérsia, mas ainda consciente de ser um alvo prioritário do inimigo, tivesse profundas desconfianças em relação aos líderes aristocráticos que tinham conexões com os pisistrátidas exilados e com os persas. Em 487, a *ekklēsía* usou pela primeira vez o instrumento do ostracismo (ver Glossário) para livrar a cidade de um homem de cuja lealdade suspeitavam. A primeira vítima, Hiparco, da família dos pisistrátidas, confirmou os temores do povo ao fugir para a Pérsia. Nos anos que se seguiram, recorreu-se regularmente ao ostracismo.

I.H.15 Em 483, foi encontrado um rico veio de prata no distrito mineiro de propriedade da cidade, o Láurion, na Ática. A primeira reação dos atenienses foi distribuir os ganhos desse presente dos céus entre eles mesmos; foram, porém, convencidos a dedicar o dinheiro à criação da maior frota da Grécia. Até 480, essa frota chegaria a duzentos navios. O autor dessa proposta decisiva foi Temístocles, filho de Néocles. Só ele, entre os líderes populares da época em Atenas, não vinha de uma família aristocrática com destaque na política. Contudo, não se deve dar crédito às histórias acerca de sua ascensão social a partir da pobreza e obscuridade. Como *árkhōn*, em 493-92, Temístocles já demonstrara interesse pelo potencial naval de Atenas, dando início à transformação da área de Pireu em um estaleiro e porto fortificado de Atenas. Dez anos depois, comprometeu os atenienses com o desenvolvimento de uma frota. Essa decisão não só foi importante para a renovada guerra contra a Pérsia, mas teve também um efeito decisivo sobre o desenvolvimento de Atenas no século subseqüente. "Mantende o domínio do mar", era o conselho de Temístocles.

As Guerras Persas: Termópilas e Artemísion, Salamina, Platéias e Mícale (480-479)

I.H.16 Dario nunca conseguiria vingar-se. Impedido de agir por revoltas no próprio Império Persa, morreu em 486 e foi sucedido por Xerxes, seu filho. Foram feitos preparativos para uma força terrestre esmagadora que deveria ser acompanhada de perto por uma grande armada. Nenhum estado grego podia esperar enfrentar sozinho um contingente tão numeroso. No outono de 481 e novamente na primavera de 480, muitos estados gregos reuniram-se no istmo de Corinto para deixar de lado as disputas e criar uma liga para derrotar a Pérsia. Embora muitas comunidades, particularmente as do norte, as mais vulneráveis aos ataques de Xerxes, tenham ficado neutras ou, sem resistência, tenham se submetido aos persas, trinta e uma cidades gregas inscreveriam seus nomes no monumento à vitória que viria a ser dedicado em Delfos: apenas trinta e uma das várias cidades gregas, mas nunca antes e, com certeza, nunca mais os gregos demonstraram tamanha unidade. No século seguinte, quando as cidades se estavam esgotando em suas querelas mútuas, alguns homens ansiavam por um novo ideal pan-helênico e voltavam os olhos para os dias das Guerras Persas em busca de um modelo para o que poderia acontecer. Nas reuniões da nova aliança, concordou-se que Esparta deveria assumir o comando geral por terra e mar, embora a contribuição de Atenas com a maior armada pudesse servir-lhe de título para o comando da frota. A decisão não foi surpreendente, tendo em vista o grande número de cidades peloponésias presentes.

Termópilas e Artemísion

I.H.17 Antes de mais nada, os gregos despacharam uma força para, ao norte, tentar tomar o desfiladeiro de Tempe, perto do Monte Olimpo. No entanto, quando lá chegaram, perceberam que havia outras rotas para a planície tessália e que seria fácil para Xerxes contornar a base grega em Tempe. Assim, pôs-se uma questão: Onde poderiam resistir? Sem dúvida, muitas cidades peloponésias teriam proposto a defesa no istmo de Corinto, mas isso teria significado abandonar sem luta a Beócia e Atenas. Era preciso encontrar um lugar mais ao norte. Os gregos decidiram-se por um desfiladeiro na Grécia central entre o mar e as montanhas, onde havia fontes de água quente sulfurosa, as Termópilas ("Portas Quentes"). No mar, a frota grega tomou posição em Artemísion, na ponta norte da ilha de Eubéia. Tinham esperanças de impedir que a frota persa conseguisse contato com o exército quando ele se deslocasse para o sul.

O rei espartano Leônidas comandava os gregos em Termópilas, embora a presença de um contingente espartano de apenas trezentos homens como parte do exército grego ponha em dúvida a sinceridade do apoio espartano à expedição. No início, Xerxes tentou tomar a posição grega atacando-a de frente. Isso resultou em um desastroso fracasso. Por dois dias os persas não conseguiram avançar. Foram então informados sobre uma trilha de montanha que os levaria até a retaguarda dos gregos. As forças persas de elite, os Imortais, foram enviados por essa trilha e derrotaram o

IH:9 Um hoplita grego. *C.* 500.

Introdução histórica: Linhas gerais da história de Atenas 15

contingente da Fócida que estava guardando o caminho. Avisado da chegada iminente dos persas à sua retaguarda, Leônidas, por razões até hoje obscuras, dispensou a maior parte das forças gregas, mas permaneceu na passagem com os espartanos e os contingentes de Téspias e Tebas. Leônidas foi morto e suas forças foram esmagadas após uma heróica defesa. Os atos de valentia muitas vezes não servem outro propósito, senão inspirar outros por sua lembrança. Para Leônidas e os espartanos, o poeta lírico Simônides compôs um epitáfio famoso:

> Estrangeiro, vai dizer aos espartanos que aqui jazemos,
> Obedientes às suas leis.
> (Citado em Heródoto, *Histórias*, 7.228)

No mar, os gregos foram ajudados pelo tempo. As forças navais persas tiveram muitas perdas em uma série de tempestades. Foram então surpreendidas pelos gregos que capturaram alguns navios ao largo de Artemísion. Houve muitos outros embates indecisos até chegarem as notícias da derrota em Termópilas. Com isso, os gregos rumaram para o sul.

Salamina

I.H.18 Diante da chegada iminente dos persas, Temístocles conseguiu persuadir os atenienses a abandonar a cidade e passar para Trezena, Egina e Salamina. Segundo um oráculo, deveriam depositar sua confiança em uma "muralha de madeira", que Temístocles interpretou como a nova frota ateniense. A despeito da oposição de alguns aliados, Temístocles forçou os gregos a deter a frota perto da ilha de Salamina.

Os persas não poderiam ignorar ou contornar a frota grega em Salamina, de modo que foi inevitável um enfrentamento. Xerxes foi atraído, talvez por uma artimanha de Temístocles, a um estreito canal entre Salamina e o continente. Ali, a frota persa foi esmagada após uma feroz batalha.

Platéias

I.H.19 Chegava-se ao final de setembro de 480, de modo que Xerxes decidiu recuar a maior parte de seu exército para o norte da Grécia, a fim de encontrar suprimentos para o inverno. Ele próprio voltou para a Ásia Menor, temendo talvez que as notícias de Salamina causassem revoltas entre os gregos jônios. O exército foi deixado sob o comando de seu genro, Mardônio.

Na primavera de 479 Mardônio tentou, através da diplomacia, separar Atenas da aliança grega. A oferta era tentadora, em especial porque os ate-

IH:10 Vista aérea de Salamina a partir do noroeste.

nienses estavam longe de ter certeza de que os espartanos estariam dispostos a voltar a combater ao norte do istmo. Segundo a tradição, porém, os atenienses deram uma resposta resoluta: "Enquanto o sol mantiver o curso atual nos céus, nós atenienses nunca faremos a paz com Xerxes." Aos espartanos explicaram sua determinação em resistir com palavras que mostravam exatamente o que significava ser um heleno (grego) (ver 1.1). Com isso, pela segunda vez, Atenas foi evacuada e reocupada pelos persas no verão. Após saquear a cidade mais uma vez, Mardônio recuou para a Beócia.

Os apelos desesperados que Atenas fazia a Esparta pedindo ajuda acabaram surtindo algum efeito. A despeito de sua vacilação inicial, os espartanos reuniram a maior força jamais enviada para fora do Peloponeso. Incluía cinco mil espartiatas e era comandada por Pausânias, que agia como regente de Plistarco, o jovem filho de Leônidas. Essa força peloponésia marchou para o norte para unir-se aos atenienses e depois enfrentar os persas no território da cidade beócia de Platéias, onde o monte Citerau desce até o rio Asopo.

Por quase duas semanas, os gregos fizeram manobras e resistiram aos constantes ataques da cavalaria persa. Finalmente, Pausânias tentou uma complexa marcha noturna para uma melhor posição mais próxima da cidade de Platéias. A aurora encontrou as unidades gregas em confusão e Mardônio foi tentado a atacar. Os espartanos e as tropas de Tegea agüentaram

Introdução histórica: Linhas gerais da história de Atenas 17

o ataque e, com uma disciplina impressionante, fizeram os persas recuar. Nos combates, Mardônio foi morto e os persas fizeram meia-volta e fugiram. Estava terminada a ameaça persa ao continente grego.

Mícale

I.H.20 No mar, a frota grega em 479, muito menor que a reunida no ano anterior, era comandada pelo rei espartano Leotíquidas. Tentados pela perspectiva de que as cidades gregas asiáticas fossem incitadas a revoltar-se contra a Pérsia, os gregos rumaram para Samos. Os persas não estavam dispostos a enfrentar novamente os gregos no mar, pois a lembrança de Salamina ainda era recente demais. Assim, ancoraram seus barcos em Mícale, um promontório do continente em frente a Samos, e juntaram-se às forças persas que já estavam estacionadas lá. Leotíquidas desembarcou suas próprias tropas e assaltou a posição persa. A resistência persa desmoronou. Em um momento vital da batalha, muitos dos contingentes jônios das forças persas desertaram e ajudaram os gregos. A ação deles foi significativa, embora Heródoto estivesse exagerando ao descrevê-la como uma segunda revolta jônia.

Os gregos contra os cartaginenses na Sicília: Hímera, 480

I.H.21 Por aquele tipo de coincidência que faz as delícias dos historiadores, tanto antigos como modernos, no exato momento em que os gregos do continente estavam lutando "para garantir que nenhuma parte da Grécia visse o dia da escravidão", como diz um de seus monumentos à vitória

IH:11 Restos da coluna em forma de serpente proveniente de Delfos, erigida em 479 para comemorar os que haviam lutado contra os persas.

18 *O mundo de Atenas*

(M e L, 26), seus patrícios gregos nas colônias ocidentais enfrentavam a grande ameaça à sua independência. A potência dominante no oeste era Cartago, cidade da África do Norte. As colônias gregas, em especial as que se tinham estabelecido na Sicília desde o final do século VIII, há muito eram um obstáculo irritante ao poderio de Cartago na ilha. Nessa época, as cidades eram controladas por um grupo de tiranos dados a disputas, dentre os quais o mais destacado era Gélon de Siracusa. Como resultado de uma disputa entre dois dos tiranos, Cartago recebeu um convite para intervir e aceitou-o avidamente. Em 480, os cartagineses sitiaram a cidade siciliana de Hímera. Gélon acudiu em socorro com uma grande força siracusana que destruiu as forças cartaginenses em uma dura batalha nas cercanias da cidade. Os cartagineses foram forçados a pedir imediatamente a paz. O paralelo com o que estava acontecendo na Grécia é tão notável que surgiu a história de que as batalhas de Hímera e Salamina haviam acontecido no mesmo dia.

As seqüelas das Guerras Persas: Pausânias, a Liga de Delos (478) e as muralhas de Atenas

I.H.22 Seria um erro supor que a guerra contra a Pérsia tenha terminado com as vitórias de 480-79. A guerra continuaria ainda por décadas. Após Mícale, os gregos realizaram um debate em Samos sobre o que deveria ser feito. Os espartanos, ansiosos por não se comprometerem com uma defesa que podia durar muito, dos gregos da Ásia, sugeriram até que os jônios fossem transportados de volta para a Grécia continental e lá reinstalados. Contudo, os atenienses opuseram-se a uma ação tão radical. Naquele inverno de 479, a frota grega deslocou-se para o norte, até o Helesponto. Lá, os atenienses permaneceram para sitiar Sestos, embora a maioria do resto das forças gregas houvesse voltado para casa.

Em 478, Pausânias, o vencedor de Platéias, assumiu o controle da frota grega e rumou para Chipre. Após conquistar a maior parte da ilha, conduziu a frota para o Helesponto, de onde conseguiu expulsar de Bizâncio a guarnição persa. Foi então que seu comportamento extravagante e arrogante ofendeu seus compatriotas gregos. Acabou sendo chamado a Esparta para responder às acusações. Conseguiu escapar à condenação e voltou, na qualidade de cidadão particular, ao cenário de suas recentes aventuras. Restabeleceu-se em Bizâncio e acabou sendo expulso de lá pelos atenienses liderados por Címon. Regressando a Esparta alguns anos depois, é suspeito de ter-se envolvido em atividades subversivas. As autoridades espartanas perderam a paciência e fizeram-no morrer de fome, quando estava refugiado em um templo. Final desconcertante de uma carreira enigmática.

I.H.23 É bem possível que as atividades de Pausânias em Bizâncio tenham sido apenas a última gota para os aliados gregos, que passaram a ver que Atenas, com sua frota e seus interesses na rota de suprimento de grãos do mar Negro, seria melhor defensora dos interesses deles que Esparta. Em 478, os aliados gregos rejeitaram o sucessor de Pausânias, quando ele chegou de Esparta, e recorreram aos atenienses. No inverno de 478-77, em uma reunião na ilha de Delos, Atenas e os outros aliados do Egeu fundaram uma liga voluntária, que tinha, entre outros, o objetivo confesso de "compensar suas perdas saqueando o território do rei da Pérsia" (Tucídides, *A Guerra do Peloponeso*, 1.96). Para tal fim, esperava-se que cada membro contribuísse todos os anos com navios ou com um pagamento em dinheiro (tributo – *phóros*), que seria supervisionado por funcionários atenienses chamados "tesoureiros dos gregos" (*hellenōtamíai*). O autor desse esquema foi o líder ateniense Aristides. Coube a ele a tarefa de fazer uma avaliação das contribuições a serem dadas por cada cidade e decidir quais contribuiriam com navios e quais com tributos em dinheiro (5.78 ss.).

I.H.24 Temístocles parece ter tido pouca coisa a ver com a Liga de Delos, seja na sua criação, seja depois. Naquela época, porém, foi o responsável por uma medida da maior importância para Atenas. Convenceu os atenienses a dedicarem suas energias à reconstrução dos muros em torno da cidade e das defesas do Pireu. Esparta protestou, chegando até a propor que todas as fortificações das cidades na Grécia fossem demolidas como um gesto de boa vontade entre as cidades gregas. A própria Esparta nunca fora fortificada. Temístocles usou de várias táticas protelatórias para distrair os espartanos até que os trabalhos estivessem bem avançados. Apresentou-lhes então um fato consumado e declarou desafiadoramente que os atenienses eram bem capazes de tomar suas próprias decisões acerca de seus interesses e os do povo em geral. Desse modo, avisou que os atenienses já não aceitavam a liderança de Esparta. Vinte anos depois a obra foi acabada e acrescida pelos Grandes Muros, que foram construídos para unir a cidade de Atenas ao Pireu. A reconstrução das defesas de Atenas foi a última grande realização de Temístocles pela cidade. Num certo momento da década de 470, condenado ao ostracismo, foi viver em Argos, no Peloponeso, onde pode ter sido um foco de intrigas. Foi acusado pelos espartanos de estar envolvido com Pausânias. Quando os atenienses enviaram homens para prendê-lo, Temístocles fugiu e, por estranha ironia, acabou seus dias na corte persa. Morreu em Magnésia, às margens do rio Meandro (*Maíandros*). Seus contemporâneos ficaram impressionados com a curiosa sina de ambos, Temístocles e Pausânias, líderes da defesa grega contra a Pérsia.

Címon e a Liga de Delos contra a Pérsia (476-449)

I.H.25 As forças da Liga de Delos logo entraram em ação. O líder e a inspiração da guerra da Liga contra a Pérsia foi Címon, filho de Milcíades, o herói ateniense de Maratona. "Ninguém humilhou o Grande Rei mais que Címon. Não o deixou descansar enquanto não o expulsou da Grécia e correu ao encalço do bárbaro antes que ele pudesse recobrar o fôlego e tomar posições" (Plutarco, *Vida de Címon*, 12). Por volta de 476, Címon capturou Eion, perto da foz do rio Estrimão, a última posição de defesa persa a oeste do Helesponto. Por volta de 475, capturou a ilha de Ciros, ao norte do Egeu. Pode ser que os aliados tenham ficado satisfeitos com a supressão de uma base de piratas, mas alguns deles talvez não tenham deixado de notar que essa ação não fora dirigida diretamente contra persas e que Atenas fora a principal beneficiária. Na ilha foi descoberto um enorme esqueleto que, segundo se alegou, era do herói ateniense Teseu. Logo após, atenienses se instalaram na ilha. No final da década de 470, dúvidas semelhantes devem ter sido suscitadas pela ação destinada a forçar a cidade de Caristo, na ilha de Eubéia, a unir-se à ilha.

Num certo momento depois de 469, Címon levou a luta contra os persas à Ásia Menor. Expulsou-os das regiões costeiras de Cária e Lícia e, depois, no rio Eurimedonte, que corre através da Panfília na direção da costa sul da Ásia Menor, derrotou decisivamente as forças persas em terra e mar. Duzentos navios fenícios que constituíam a parte mais importante da frota persa no Mediterrâneo foram destruídos (6.37). Eles representavam a última tentativa real de Xerxes no sentido de restaurar sua boa sorte.

Em 459, o Egito revoltou-se contra o domínio persa. Uma força de 200 navios da Liga de Delos rumou para o delta do Nilo, onde desde o início

IH:12 Atena dá boas-vindas a Teseu em seu regresso a Atenas.

IH:13 Atena lê a lista dos mortos gregos. C. 460.

teve êxito significativo. Durante seis estações manteve suas posições no delta; em 454, porém, os persas destruíram a força toda, um grande desastre para os atenienses.

Desde 462-61, Címon estivera no ostracismo. Em 451-50, assumiu novamente o comando, mas morreu combatendo em Chipre em 449. Depois disso, as hostilidades cessaram. Algumas fontes alegam que houve um acordo formal entre Atenas e a Pérsia, a chamada "Paz de Cálias".

**Da Liga de Delos ao Império Ateniense:
a ascensão de Péricles (470-440)** (cf. 5.78 ss.)

I.H.26 Por volta de 470, a ilha de Naxos, que não mais estava disposta a suportar o encargo contínuo de fornecer forças para a Liga, rompeu seu juramento de fidelidade e tentou retirar-se num momento em que a ameaça persa ainda estava viva. Foi forçada a voltar à Liga. Perdeu sua frota e suas muralhas e recebeu ordens de contribuir com dinheiro que serviria para construir mais barcos para a frota ateniense. Atenas pôde argumentar que Naxos não tinha o direito de sair enquanto a guerra contra a Pérsia prosseguia. A ilha-estado de Tasos, no norte do Egeu, pode ter tido mais motivos de queixa quando, em 465-63, Atenas e a Liga de Delos reagiram violentamente à sua tentativa de secessão. Afinal de contas, a derrota dos persas em Eurimedonte removera efetivamente a ameaça persa ao Egeu.

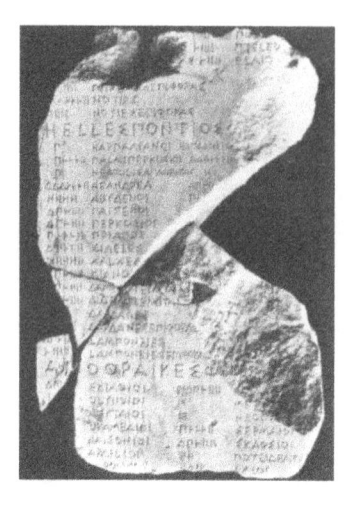

IH:14 Um fragmento da Lista de Tributos ateniense correspondente ao ano de 440-39. A inscrição registra a lista da quota de tributo anual pago pelos aliados de Atenas que era oferecida a Atena.

Mesmo assim, após um longo sítio, Tasos capitulou. Perdeu suas muralhas defensivas, sua armada foi entregue aos atenienses e teve de pagar indenização e tributo. De tudo isso, Atenas foi a principal beneficiária.

Provavelmente em 454, o tesouro da Liga foi transferido para a Acrópole de Atenas. A partir de então, uma quota de 1/60 do tributo em dinheiro da cidade foi dedicada à deusa Atena. As listas das quantias eram inscritas em pedras e chegaram até nós muitas delas. São um testemunho da extensão da Liga, que incluía então a maioria das ilhas do Egeu e das cidades da costa norte do Egeu e da Ásia Menor.

I.H.27 É impossível fixar uma data para o momento em que a Liga de Delos se transformou no império (*arkhḗ*) de Atenas. O processo foi demorado e gradual. A característica mais significativa desse processo talvez tenha sido o surgimento, na mente dos cidadãos atenienses comuns, da crença de que não apenas tinham direito de gozar da prosperidade que vinha com os frutos do império, mas também de que o sucesso do sistema democrático radical e autoconfiante surgido em Atenas em meados do século estava intimamente ligado à posse do império. Essa crença, justificada ou não, dominou o pensamento ateniense por mais de um século. O homem que teve um papel chave na criação desse imperialismo cheio de confiança foi Péricles, filho de Xantipo, pelo lado materno membro da aristocrática família dos Alcmeônidas.

No início de sua carreira, em 462-61, Péricles colaborou com o líder político Efialtes no ataque deste contra os privilégios e poderes do antigo Conselho do Areópago. O que exatamente foi feito está longe de estar claro; mas o ataque aos poderes dessa antiga instituição é um sinal da tendência a uma democracia radical que de modo algum desejava ver suas decisões influenciadas ou recusadas por um corpo não representativo e não responsável, por mais venerável que fosse. Efialtes teve êxito, mas suscitou uma violenta animosidade. Em 461, morreu em circunstâncias misteriosas. Quase na mesma época, Péricles instituiu o pagamento de uma pequena quantia para os que serviam nos júris. O pagamento pelos cargos, pelo serviço no júri e até pela assistência à *ekklēsía* viria a tornar-se um dos traços mais característicos da democracia radical. Em 458-57, o arcontado foi aberto a homens pertencentes à terceira classe de riqueza estabelecida por Sólon (ver 5.26). É provável que Péricles tenha sido o inspirador do grandioso programa de construções que, a partir de 450, enriqueceu Atenas com o Partenon e outros templos e edifícios na Acrópole, além de teatros e ginásios em outras partes da cidade. Artistas e arquitetos tais como Fídias, Ictino e Mnêsicles trabalharam nos projetos. Essas edificações representaram a culminação do renascimento de Atenas após sua destruição pelos persas. A meta de Péricles era claramente fazer de Atenas uma cidade adequada à liderança de um império e ficava feliz em ter o tributo que vinha desse império para financiar o projeto.

I.H.28 Atenas, na segunda metade do século V, inspirou e atraiu poetas e artistas numa escala sem paralelo no resto da Grécia. O poeta trágico Sófocles (*c*. 496-406), cidadão ateniense, desempenhava todas suas funções na vida pública de sua cidade como general e perito financeiro, além de seus feitos como poeta. Seu contemporâneo ateniense mais jovem, Eurípides (485-406), produziu obras que refletiam os ensinamentos dos intelectuais (sofistas) que eram atraídos a Atenas. Péricles teve como mentor um dos primeiros filósofos que se fixaram em Atenas, Anaxágoras de Klazômenas.

A partir de 443, Péricles foi o líder popular dominante em Atenas. Sua popularidade, seu incentivo às artes, os projetos de construções, tudo isso evocava lembranças de Pisístrato. Mas não há motivos para supor-se que seu poder se apoiava em qualquer cargo excepcional. Sua influência dependia, em última instância, de sua capacidade de atrair a si a maioria da *ekklēsía* ateniense (cf. 5.33).

O rompimento com Esparta e a Primeira Guerra do Peloponeso (464-445)

I.H.29 O crescimento agressivo e auto-afirmativo do poderio ateniense desde as Guerras Persas devia ser uma questão preocupante para as demais cidades gregas, principalmente para Esparta. As mudanças súbitas de atitude e de política tanto de Esparta como de Atenas nos cinqüenta anos que se seguiram às Guerras Persas explicam-se melhor pela possibilidade

IH:15 A Acrópole de Atenas vista a partir do oeste.

de debates no interior de cada cidade a respeito da reação mais adequada às ações do outro. Em Atenas, Címon patrocinava abertamente os interesses de Esparta, a ponto de provocativamente dar o nome de Lacedemônio a um de seus filhos. O ponto de vista de Címon era que o inimigo continuava sendo a Pérsia e que era essencial manter entre Atenas e Esparta a cooperação que tanto contribuíra para a derrota dos persas. Achava que não havia nenhuma razão para que a Grécia não pudesse ter líderes associados cujas esferas de influência não fossem conflitantes. Outros estavam muito mais dispostos a explorar qualquer fraqueza de Esparta naqueles anos. Muitos espartanos não teriam lamentado o abandono da guerra naval contra a Pérsia após 478. Por outro lado, os sucessos de Atenas com a Liga de Delos podiam ser vistos como um desafio à teia de alianças da própria Esparta com os estados vizinhos (a chamada "Liga do Peloponeso"), construída ao longo de muitos anos. A questão era que a Liga do Peloponeso era uma aliança muito menos centralizada que a de Delos e não estava apta a oferecer uma reação coordenada à ascensão de Atenas.

I.H.30 Não é que Esparta pudesse fazer muita coisa a respeito de Atenas, pois durante os quinze anos que se seguiram às Guerras Persas, os espartanos tiveram de enfrentar desafios ao seu domínio no Peloponeso. Seus infortúnios culminaram, em 464, com um imenso terremoto que devastou a cidade e causou a perda de muitas vidas. Os hilotas, população servil grega da Lacônia e de Messênia, escolheram esse momento para revoltar-se. Embora houvessem conseguido encurralar os hilotas no monte Itome, na Messênia, os espartanos solicitaram a seus aliados, inclusive a Atenas, que enviassem ajuda para pôr um fim à revolta (cf. 6.29). A despeito de alguma oposição, Címon conseguiu convencer os atenienses a enviar um contingente para auxiliar no assédio aos hilotas em Itome. Infelizmente, o comportamento dos democráticos soldados atenienses, que poderiam vir a solidarizar-se com os messênios, preocupava os espartanos, que os dispensaram sumariamente com a declaração de que não eram mais necessários. A irritação ateniense foi considerável e a humilhação sofrida por Címon nas mãos dos espartanos foi uma das acusações que ajudaram a fazer com que ele fosse condenado ao ostracismo em 461. Sua política de cooperação com os espartanos foi abandonada e os atenienses ficaram muito mais dispostos a tornar difícil a vida deles no Peloponeso. Essa mudança foi sinalizada por uma aliança entre Atenas e Argos, celebrada por volta de 460. É certo que Argos era inimiga dos espartanos e, na época, deve até ter estado em guerra com eles. Esse evento pode ser considerado a abertura da Primeira Guerra do Peloponeso que, até 446, foi conduzida de maneira um tanto inconstante. Mais ou menos na mesma época, 460-59, Mégara, após uma disputa de fronteiras com Corinto, retirou-se da Liga do Peloponeso, a que pertencia, e fez aliança com Atenas. Isso garantia a Atenas o controle do extremo norte do istmo e tornava muito difíceis as operações de Esparta na Grécia central.

Nos primeiros anos da guerra, 459-57, os aliados de Esparta no norte do Peloponeso, Corinto em particular, suportaram o grosso dos combates. O ganho mais significativo desses anos foi a tomada da ilha de Egina por Atenas em 457.

I.H.31 A primeira contribuição importante de Esparta para o conflito aconteceu em 457, quando uma força de tamanho considerável atravessou o golfo de Corinto para intervir, na Grécia central, na disputa entre a Dórida e a Fócida. Lá chegando, uniram-se aos tebanos e deslocaram-se para a fronteira com a Ática. Os atenienses foram ao encontro deles em Tânagra. A vitória de Esparta em uma dura batalha confirmou o mito da invencibilidade da falange espartana, mas não foi prenúncio de um êxito no longo prazo para os espartanos. Sessenta dias depois os atenienses, comandados por seu general, Mirônides, derrotaram as forças beócias em Enófita. Atenas passou então a ser a potência dominante na Grécia, controlando a Beócia e a Fócida. Aqueles dias foram grandes para os atenienses. Sua confiança é bem ilustrada por uma expedição do general ateniense Tôlmides com uma frota que navegou em torno ao Peloponeso. A frota incendiou o porto espartano de Giteion e fez ataques a muitos outros pontos. A isso se seguiram ataques de Péricles ao golfo de Corinto e seus arredores.

I.H.32 A guerra chegou a um impasse. Após dez anos, o império terrestre de Atenas desmoronou. Em 447, os beócios derrotaram os atenienses na batalha de Coronéia. A ilha de Eubéia revoltou-se em 446 e, quando Péricles foi para lá com um destacamento, Mégara aproveitou a oportunidade para massacrar as guarnições atenienses. Ao mesmo tempo, o rei espartano Pleistôanax conduziu um exército espartano para o interior da Ática. Em resposta, Péricles voltou às pressas de Eubéia. É provável que a intenção básica da expedição de Pleistôanax tenha sido evitar que Atenas interviesse na revolta de Mégara. Uma vez alcançado isso, Pleistôanax recuou sem ter chegado perto de Atenas. Essa retirada permitiu que Péricles voltasse a Eubéia para sufocar a rebelião. Em Esparta, houve quem achasse que Pleistôanax perdera uma oportunidade ao desistir de levar adiante o ataque. Talvez o rei espartano já tivesse iniciado com Péricles as negociações que, no inverno de 446, levariam à assinatura de uma paz de trinta anos entre Esparta e Atenas. A base para a paz era que ambas as partes aceitariam o *status quo*. Atenas renunciaria às suas pretensões a um império terrestre na Grécia central e deixaria de intervir diretamente no Peloponeso. Apesar disso, conservou Egina e uma base naval no golfo de Corinto, em Naupacto.

A Segunda Guerra do Peloponeso, 431: preliminares

I.H.33 É claro que, dos dois lados, havia quem estivesse decidido a fazer com que a paz funcionasse, já que os termos incluíam uma cláusula que previa a arbitragem para as disputas que certamente surgiriam. Na verdade, a paz nada resolveu e em Esparta, particularmente, muitos não conseguiam deixar de ressentir-se com o fato de que Atenas, desde as Guerras Persas, os mantivera em segundo plano. Logo começou uma reação. Em 445, o rei Pleistôanax foi processado e exilado por suas ações no ano anterior durante a invasão da Ática. Correu o boato de que só um suborno pago por Péricles explicaria por que deixara de usufruir da vantagem conseguida.

Uma observação casual em Tucídides (1.40) revela precisamente o tom de beligerância que ainda reinava em Esparta. Em 440, Samos revoltou-se contra o império ateniense e Atenas foi forçada a enviar uma importante expedição, comandada por todos os dez *stratēgoí* (generais), entre os quais Péricles. Fica claro que, nesse momento, os próprios espartanos votaram a favor de uma guerra contra Atenas, mas não foram capazes de conquistar a maioria dos membros da Liga do Peloponeso. Nessa atmosfera, o reinício das hostilidades era apenas uma questão de tempo.

I.H.34 A explosão aconteceu no final da década de 430, quando se considerou, mais uma vez, que Atenas estava imiscuindo-se em assuntos que não eram da sua conta, desta vez para particular irritação de Corinto. A ilha de Corcira, ao noroeste da Grécia, embora colônia de Corinto, envolveu-se em uma disputa com sua metrópole, que se acirrou até tornar-se guerra aberta em 435. Dois anos depois, Corcira buscou uma aliança defensiva com Atenas e, para a fúria de Corinto, os atenienses a aceitaram. No inverno de 433-32, Atenas e Corinto entraram em choque por uma questão de jurisdição relativa a Potidéia, cidade da Calcídica, no norte da Grécia, que era ao mesmo tempo colônia de Corinto e membro tributário da Liga de Delos. Corinto instou os demais membros da Liga do Peloponeso a unirem-se a ela em um protesto contra Atenas diante dos espartanos. Egina e Mégara acrescentaram suas próprias queixas às de Corinto. Para que servia a Liga do Peloponeso, se Esparta não estava disposta a defender os interesses de seus membros? Corinto acrescentou: "Não nos forceis, em desespero, a juntarmo-nos a outra aliança". A ameaça à continuação da existência da Liga do Peloponeso era provavelmente desnecessária. Os "falcões" espartanos, liderados pelo éforo Estenelaídas, tinham uma maioria tão clara a favor da guerra que puderam ignorar os conselhos de cautela do rei Arquidamo. Com Esparta pronta para a guerra, seus aliados ficaram ansiosos por unirem-se a ela. O inverno de 432-31 passou-se em negociações estéreis enquanto Esparta buscava, desesperada e inutilmente, justificativas legais e morais para romper a paz. Tucídides, o historiador ateniense desta Segunda Guerra do Peloponeso, reconheceu sem rodeios que, mais que os incidentes e disputas que levaram ao confronto, o que inspirou Esparta à ação foi o problema não resolvido nos cinqüenta anos desde as Guerras Persas, o medo e o ciúme que os espartanos sentiam em relação ao crescimento e ao poder de Atenas.

É uma curiosa ironia o rei que reconhecera que esta guerra seria difícil de vencer ter dado o seu nome aos primeiros dez anos de combate, muitas vezes chamados de Guerra de Arquidamo.

A Segunda Guerra do Peloponeso: Platéias, a peste em Atenas, a morte de Péricles (431-429)

I.H.35 Foi Tebas quem tomou a iniciativa. A cidade de Platéias, antiga aliada de Atenas, recusara-se terminantemente a incorporar-se à confederação beócia. Certa noite, no início da primavera de 431, uma força de tebanos foi acolhida por simpatizantes no interior de Platéias. Contudo, o ataque surpresa fracassou e os plateenses capturaram e depois mataram os tebanos. Em resposta a urgentes apelos, os atenienses enviaram uma força para auxiliar Platéias. Nos quatro anos que se seguiram, os tebanos continuaram suas ações contra a cidade e, a partir de 429, passaram a sitiá-la com a ajuda de Esparta (6.29). A despeito das engenhosas contramedidas tomadas pelos plateenses na defesa de sua cidade, a capitulação foi-lhes imposta em 427. Curiosamente, Atenas fizera pouco para ajudá-los. Por insistência de Tebas, os defensores sofreram uma vingança. A cada prisioneiro perguntava-se: "Que fizeste para ajudar os espartanos e aliados na presente guerra?". Quando, inevitavelmente, ficava-se sem resposta, o prisioneiro era levado à execução. A cidade foi arrasada. A sina de Platéias ilustra um dos aspectos mais desagradáveis dessa guerra. A cidade está no alto de uma longa lista de pequenas comunidades, como Cione e Melos, que foram envolvidas nas lutas e sofreram atrozmente nas mãos dos protagonistas.

I.H.36 O rei espartano Arquidamo inicialmente foi contrário à guerra e a causa dessa oposição deve ter sido a experiência da Primeira Guerra do Peloponeso que deixara dúvidas de como uma guerra como aquela seria vencida. Como nem se podia pensar em sitiar Atenas, os espartanos decidiram-se por invasões regulares do território ateniense no início do verão para colher o trigo maduro e devastar o campo. É provável que a mais longa dessas invasões, em 430, não tenha demorado mais que quarenta dias, mas, "no início da guerra, alguns achavam que Atenas poderia sobreviver por um ano; outros calculavam dois anos; ninguém contava com mais que isso" (Tucídides, *A Guerra do Peloponeso*, 7.28). De certo modo, a tentativa quase teve êxito. Os agricultores atenienses sentiam-se deprimidos por precisarem ficar amontoados sob a proteção da cidade no momento da invasão e depois assistirem, do alto das muralhas, ao incêndio de suas plantações. Na altura da segunda invasão, em 430, uma virulenta peste, aparentemente trazida por navio do oriente, irrompeu em Atenas e espalhou-se rapidamente por toda a população. O historiador Tucídides foi contagiado, mas sobreviveu para fazer um vívido relato dos sofrimentos. O desastre quase acabou com o ânimo ateniense. Houve uma reação contra Péricles, que foi julgado e multado. Houve até uma tentativa de abrir negociações de paz com Esparta, mas isso deu em nada.

I.H.37 Em 429 Péricles morreu, vítima da peste. O desaparecimento do homem que dominara a política democrática por várias décadas devia afetar Atenas profundamente. Depois de Péricles as coisas nunca mais poderiam ser as mesmas, mas só piorar, a julgar pelas fontes da época. Para o historiador Tucídides, os líderes que emergiram da sombra de Péricles eram demagogos mesquinhos e interesseiros. Essa opinião foi confirmada pelo comediógrafo Aristófanes que, a partir de 427, produziu peças que satirizavam e ridicularizavam os líderes do povo durante a Guerra do Peloponeso. Foi também Aristófanes quem nos proporcionou a chave da fonte desse preconceito – o esnobismo. O demagogo Cléon é apelidado de "Curtidor", enquanto Hipérbolo, outro líder, é o "Lanterneiro". O motivo desse escárnio é que, enquanto até Péricles a maioria dos líderes do povo provinha de berço aristocrático, após sua morte a nova estirpe de políticos não podia apresentar grande árvore genealógica com muitas gerações de nobreza. Na verdade, os novos homens eram ricos, mas sua renda não vinha da lavoura, ocupação característica de um nobre ateniense, mas também da exploração de escravos em pequenas fábricas. Eram também bem-educados (particularmente na sofisticada arte retórica) e especialistas em áreas específicas, tais como finanças e navegação. Quanto à maneira de dirigir a guerra, no período imediatamente posterior à morte de Péricles, não surgiu nenhuma estratégia radicalmente nova.

A revolta de Mitilene; Fórmion em Naupacto; movimentos no noroeste da Grécia (428-426)

I.H.38 Para Péricles, a chave da sobrevivência de Atenas estava em evitar em terra um confronto direto com Esparta e cuidar da frota usando-a para conservar abertas as rotas marítimas, para espicaçar o inimigo e para manter nas mãos de Atenas o seu império. Em 428, Mitilene liderou a ilha de Lesbos (com exceção da cidade de Metimne, que tinha um governo democrático) em uma revolta contra o império de Atenas. Os atenienses bloquearam a ilha e, a despeito de Esparta prometer o envio de uma frota para ajudá-la, Mitilene foi forçada a render-se em 427. A reação inicial da *ekklēsía* foi severa: votou a execução de todos os homens adultos e a venda das mulheres e crianças como escravas. No entanto, da noite para o dia as opiniões mudaram e, no dia seguinte, o debate foi retomado. Cléon foi intransigente; o terror, argumentava ele, era uma arma necessária para o poder imperial. Por outro lado, o político Diódoto estava convencido de que uma política mais moderada seria mais benéfica. A *ekklēsía*, por estreita minoria, mudou de idéia e decidiu limitar o castigo mais severo a uma minoria, os mitilênios que houvessem comprovadamente fomentado a revolta. As notícias dessa mudança de opinião, levadas para o outro lado do Egeu numa trirreme, chegaram a Mitilene justamente em tempo de impedir que o massacre geral fosse levado a cabo. O incidente foi usado para ilustrar a volubilidade da assembléia democrática ateniense. Por outro lado, foram poucos os governos que, em épocas posteriores, tiveram a magnanimidade e a coragem de admitir um erro.

I.H.39 Seria errado pensar a política de Péricles para Atenas como puramente defensiva. Os atenienses estavam perfeitamente dispostos a usar suas forças, em especial a frota, sempre que houvesse indícios de que algo poderia ser obtido sem riscos sérios para o poderio de Atenas. Uma área em que isso parecia ter chances de sucesso era o golfo de Corinto e, a oeste, Ambrácia e Acarnânia. Em 429, o almirante ateniense Fórmion, operando a partir da base ateniense de Naupacto, na margem norte da entrada do golfo, pôde infligir duas derrotas de surpresa às frotas da Liga do Peloponeso, superiores em número (cf. 6.38-9). Embora Fórmion tenha desaparecido do cenário no ano seguinte (não se sabe o que lhe aconteceu), os atenienses mantiveram suas incursões na região.

A presença de forças de ambos os lados no oeste foi responsável por outra das características desagradáveis da época, a guerra civil (*stásis*) em uma comunidade onde os oligarcas buscavam o apoio de Esparta e os democratas esperavam que Atenas os ajudasse. Na ilha de Corcira, a luta eclodiu entre os dois grupos em 427. Forças atenienses intervieram e, cinicamente, ficaram como espectadores enquanto os democratas massacravam seus oponentes. Esses eventos inspiraram a Tucídides seu mais apaixonado texto de análise política (3.14 ss.).

Em 426, o general ateniense Demóstenes tentou reforçar a proteção de Naupacto invadindo a Etólia. Foi derrotado e, com grande dificuldade, os sobreviventes atenienses acharam o caminho de volta a Naupacto. Mais tarde, nesse mesmo ano, Demóstenes pôde redimir-se quando uma força peloponésia tentou primeiro atacar Naupacto e depois atacou Argos de Anfilóquia. Em Olpas, Demóstenes, comandando tropas atenienses e locais, enganou os peloponésios e infligiu-lhes a primeira derrota importante da guerra. Um papel significativo nesse êxito coube à infantaria ligeira.

Sicília, Pilos e Esfactéria (427-425)

I.H.40 É fato surpreendente e digno de menção que a guerra com Esparta não tenha absorvido toda a energia e a atenção dos atenienses. Em 427, quando sua velha aliada na Sicília, a cidade de Leontium, apelou a Atenas em busca de ajuda contra Siracusa, Atenas respondeu enviando uma pequena frota. Pode-se dizer que os atenienses foram em parte motivados pela esperança de cortar os suprimentos de cereais da Sicília para o Peloponeso. Contudo, dado o interesse duradouro de Atenas na região desde meados do século, é provável que tenham sido levados basicamente pela possibilidade de conseguir novas aberturas para seu império e de conquistar novas fontes de trigo. Isso explicaria a reação desiludida quando, em 424, as cidades da Sicília resolveram temporariamente suas disputas e

Introdução histórica: Linhas gerais da história de Atenas 31

mandaram as forças atenienses para casa. Ao regressarem, todos os três generais atenienses foram punidos.

I.H.41 Foi um incidente em 425, quando os atenienses enviaram outra frota para reforçar seus homens na Sicília, que, pela primeira vez, deu indicações de mudança significativa no equilíbrio de forças. A frota ateniense, comandada pelos generais Sófocles e Eurimedonte, rodeou o sul do Peloponeso e foi forçada pelo mau tempo a ancorar no grande porto natural de Pilos na Messênia. A longa ilha de Esfactéria protegia a baía. Demóstenes, que estivera tão ativo no noroeste nos últimos dois anos, estava acompanhando a frota sem nenhum cargo oficial. Percebeu o potencial de Pilos como uma base a partir da qual os hilotas messênios podiam ser incitados à revolta contra Esparta. Lá ficou com um pequeno contingente para construir um forte no extremo norte da baía. Os espartanos, quando souberam disso, ficaram tão perturbados que desistiram de sua costumeira invasão da Ática e, às pressas, enviaram tropas para a área. As forças espartanas tentaram bloquear os atenienses. Quatrocentos e vinte hoplitas e seus hilotas foram desembarcados na ilha de Esfactéria para impedir que os atenienses tivessem acesso a ela. Tentaram então, sem êxito, um ataque direto a Pilos, no qual se distinguiu o espartano Brásidas.

A frota ateniense voltou para ajudar Demóstenes. Entrou na baía e derrotou a frota peloponésia. Para seu horror, os espartanos perceberam então que suas tropas estavam isoladas em Esfactéria. Sua primeira reação foi fazer uma oferta de paz, rejeitada por Atenas. Muito tempo depois, alguns atenienses vieram a lamentar essa rejeição, mas, na época, os espartanos pareciam estar oferecendo muito pouco.

Infelizmente, o bloqueio ateniense dos espartanos em Esfactéria não era muito eficaz e a operação toda foi-se arrastando sem chegar a um desfecho. Em Atenas, Cléon atacou a incompetência dos generais, alegando imprudentemente que ele próprio teria feito melhor. Para indubitável espanto de Cléon, Nícias, membro do conselho dos *stratēgoí*, em um ato de total irresponsabilidade, disse-lhe que o trabalho seria dele, se o quisesse. Forçado a confirmar sua jactância, Cléon teve o bom-senso de levar consigo o experiente Demóstenes. Para surpresa de muitos, Cléon e Demóstenes tiveram êxito. Lideraram um ataque à ilha. Duzentos e noventa e dois hoplitas das forças espartanas foram feitos prisioneiros, dos quais 120 eram espartiatas, o que constituiu uma perda muito séria para Esparta. Durante todo o resto da guerra, cada ação deles era regida pelo temor pela sorte dos prisioneiros espartanos em Atenas. Esparta pôs um fim às invasões da Ática e tentou renovar as ofertas de paz (cf. 6.22).

I.H.42 O êxito em Pilos foi um estímulo à moral dos atenienses que se tornaram ainda mais ousados. Em 424, entraram em negociações secretas com elementos democráticos na Beócia que, desde 447, estavam afastados do poder, como um prelúdio de levantes nas cidades da Beócia e da derrubada da confederação beócia. O plano fracassou e, em uma batalha em grande escala ocorrida em Délion, os beócios derrotaram os atenienses, assestando um golpe desesperador na renovada confiança de Atenas (cf. 6.13).

A guerra no nordeste da Grécia e a Paz de Nícias (424-421)

I.H.43 Havia uma região do império ateniense vulnerável à intervenção espartana – as cidades da Calcídica, no nordeste da Grécia, que podiam ser alcançadas por terra por quem vinha do Peloponeso. Em 424, chegou a Esparta um apelo de cidades dessa região, prontas para a revolta. Em Esparta, o principal defensor de uma intervenção era o ativo Brásidas que já se distinguira na ação em Pilos e outros lugares. Foi-lhe dada uma força de setecentos hilotas, armados como hoplitas, somando-se a estes mais mil mercenários. Era significativo que nenhum espartiata fosse enviado para tão longe de sua cidade. Brásidas marchou para o norte e começou a conquistar cidades do império ateniense mediante uma mistura de encanto pessoal, persuasão e ameaças. Seu sucesso mais notável foi a captura de Anfípolis. Tucídides, o *stratēgós* ateniense, não conseguiu evitá-la e o povo ateniense o responsabilizou pela perda. Durante o ócio forçado do exílio, ele pôde percorrer a Grécia buscando nos dois lados material para a história da guerra que começara a escrever quando de sua eclosão.

I.H.44 Sob o impacto do contínuo sucesso de Brásidas, os atenienses concordaram em uma trégua de um ano em 423. Os espartanos, obviamente, nutriam a esperança de que isso levasse a uma paz mais permanente. Infelizmente, a trégua não foi observada na Calcídica. No fim da trégua, em 422, Cléon, como um dos generais, conduziu um contingente para o norte a fim de opor-se a Brásidas. A meta principal era Anfípolis. Fora da cidade, Cléon foi forçado à batalha. Os atenienses foram derrotados e Cléon foi morto. Brásidas, que se revelara um dos mais vigorosos e carismáticos generais espartanos, também morreu em conseqüência dos ferimentos recebidos.

I.H.45 Esses acontecimentos serviram para ilustrar algo que já estava evidente no início das hostilidades: a guerra não poderia ser vencida. Era pouco plausível que qualquer dos lados perdesse, a não ser por um ato muito insensato. No inverno de 422-21, os dois lados haviam começado a pensar seriamente na paz. Os espartanos queriam a volta dos homens capturados em Pilos; por outro lado, Atenas queria a devolução de Anfípolis. Em 421, uma paz de cinqüenta anos foi acertada com base na devolução, pelos dois lados, da maioria dos territórios capturados em combate. O prin-

Introdução histórica: Linhas gerais da história de Atenas 33

IH:16 Vista aérea norte de Esfactéria e da baía de Pilos.

cipal negociador ateniense foi Nícias, que deu seu nome ao acordo. A Paz de Nícias trouxe um fim à Guerra de Arquidamo.

Infelizmente, assim como a guerra não pudera ser vencida, a paz não pôde funcionar. As negociações haviam sido realizadas entre Atenas e Esparta. Coube a esta última a tarefa de convencer suas aliadas a aceitarem o acordo. Embora tenha conseguido o voto da maioria em favor da paz na Liga do Peloponeso, os estados mais importantes, como Corinto e Beócia, simplesmente negaram-se a cumprir sua parte. Não viam na paz vantagem alguma. Em uma tentativa de enfatizar a nova posição nas relações intercidades, Atenas e Esparta celebraram uma aliança após o acordo de paz e, depois disso, para imenso alívio de Esparta, Atenas devolveu os homens capturados em Pilos.

A ascensão de Alcibíades, a batalha de Mantinéia, a destruição de Melos (420-416)

I.H.46 A complexa diplomacia dos anos que se seguiram contou com um fator novo. Após trinta anos de paz com Esparta, Argos, um estado independente que não havia sofrido na guerra, tornou-se líder natural daqueles que estavam insatisfeitos com as ações das duas grandes potências. Por algum tempo, parecia que um novo agrupamento de potências, incluindo Corinto e Argos, poderia surgir para desafiar Esparta. Além disso, em Atenas, crescia a irritação com Esparta por ela deixar de cumprir sua parte da Paz de Nícias. Esse estado de espírito foi brilhantemente explorado pela personalidade mais brilhante de Atenas nessa época, Alcibíades, filho de Clínias. De nascimento nobre e educado no seio da família de Péricles, Alcibíades representava um regresso a uma espécie mais antiga de políticos aristocráticos, motivados basicamente pela busca de sua *timé* pessoal. Para ele, a democracia de Atenas era o palco onde ele fazia o papel do astro; a ninguém seria permitido afastá-lo da ribalta. Em 420, Alcibíades convenceu os atenienses de que seria vantajoso explorar as insatisfações no Peloponeso.

Como resultado, Atenas fez uma aliança com Argos, Élida e Mantinéia, embora sem renegar seus acordos com Esparta. Em 418, o rei Ágis de Esparta chefiou uma expedição contra Argos. Isso evoluiu para um confronto com as cidades aliadas de Argos, entre elas Mantinéia e Atenas. Na planície de Mantinéia, em uma batalha de movimentos confusos, os espartanos sobrepujaram as forças adversárias (cf. 6.9-10). A [Primeira] Batalha de Mantinéia ajudou a confirmar o mito da invencibilidade espartana e permitiu que Esparta reafirmasse o seu controle sobre o Peloponeso.

I.H.47 Seguiu-se um período de guerra "de mentira" em que Esparta pouco fazia para aproveitar-se de seu sucesso ou para espicaçar Atenas. Os atenienses puderam continuar com seu imperialismo agressivo. Em 416, capturaram a ilha de Melos, uma das duas únicas Cíclades que não faziam parte do império ateniense. Melos se dizia uma colônia espartana e suas simpatias estavam com Esparta. Após um assédio, a ilha capitulou e recebeu uma dura punição. Todos os homens de idade militar foram mortos e as mulheres e crianças foram vendidas como escravas. Tucídides usou o incidente para refletir sobre a natureza do imperialismo e sobre como justificá-lo.

A expedição siciliana (415-413)

I.H.48 No verão de 416-15, enviados da cidade de Segesta, uma das aliadas de Atenas na Sicília, chegaram para pedir ajuda em uma guerra contra Selinonte, que contava com o apoio de Siracusa. Esse apelo renovou as antigas ambições de Atenas na região. Alcibíades foi decididamente a favor da intervenção, enquanto Nícias aconselhava cautela. Os atenienses, que não estavam seriamente ocupados com uma guerra na Grécia, votaram entusiasticamente a favor do envio de uma frota sob o comando de Alcibíades, Nícias e Lâmaco. Não tinham incumbência clara, a não ser fazer o que pudessem para ajudar os aliados. A maioria dos atenienses, porém, estava na expectativa de novas conquistas e de ganhos para o império.

IH:17 Vista aérea da cidade de Melos.

I.H.49 No início do verão de 415 (cf. 6.40), ao acordarem, um pouco antes da partida da frota, os atenienses descobriram que alguns bustos de Hermes, que ficavam do lado de fora de edifícios públicos e particulares como um símbolo de boa sorte, haviam sido desfigurados durante a noite. Tal ato de sacrilégio foi visto como um sinal de mau agouro para a expedição que se preparava. Pediu-se uma investigação. Além disso, em uma reunião da *ekklēsía*, logo antes da partida da frota, Alcibíades foi acusado de tomar parte em sacrílegas paródias de celebrações dos sagrados Mistérios de Elêusis (ver 2.53). Alcibíades tentou, sem conseguir, esclarecer a questão antes de partir. O que estava por trás desses atos não ficou claro. Um aristocrata, Andócides, foi preso juntamente com outros e tornou-se testemunha da acusação. Em um discurso posterior *Sobre os mistérios*, pouco fez para esclarecer os acontecimentos. É provável que a profanação dos Mistérios não tenha sido mais que uma brincadeira blasfema, sem intuitos políticos. O suposto envolvimento de Alcibíades foi um presente para seus adversários políticos. A mutilação dos Hermes tinha sido discutida em um banquete vários dias antes de acontecer. Ao mesmo tempo em que pode ter sido apenas uma brincadeira de algum aristocrata (esse tipo de vandalismo já acontecera antes, segundo Tucídides), pode também ter sido um ato político deliberado, para tentar impedir que a frota zarpasse. Se foi isso, pode ser significativo que se tenha originado em clubes de jovens aristocratas que, poucos anos depois, viriam a ter um papel sinistro na tentativa de derrubar a democracia (cf. 5.33).

A despeito de tudo, a frota partiu, mas, antes que entrasse em ação, os atenienses decidiram chamar Alcibíades de volta para enfrentar seus acu-

IH:18 Cabeça de um Hermes em mármore (cf. 2:14) mutilado em 415. Início do séc. V.

sadores. Alcibíades, em resposta, fugiu para Esparta onde passou a dar conselhos sobre como submeter sua cidade natal.

I.H.50 Nícias e Lâmaco ficaram com o comando da frota ateniense. A guerra não correu muito bem para eles. Os aliados potenciais na Sicília responderam de modo frustrante. Mesmo assim, no inverno de 415-14, a frota ateniense estava ancorada na Grande Baía de Siracusa e os atenienses já tinham iniciado as obras para assédio da cidade. Em 414, Lâmaco foi morto e Nícias, que no início tinha grande dúvida acerca do empreendimento todo, ficou como único comandante. Apesar de tudo, os atenienses estiveram perto da vitória até que os espartanos, agindo a conselho de Alcibíades, enviaram um comandante, Gilipo, para organizar a resistência siracusana. Em 413, embora Nícias houvesse recebido um reforço de tropas e navios sob o comando de Demóstenes e Eurimedonte, nenhum progresso foi feito. Os siracusanos bloquearam a frota ateniense no porto após um combate em que Eurimedonte foi morto. Numa tentativa desesperada de romper o bloqueio, a frota ateniense foi derrotada. Nícias e Demóstenes começaram uma retirada por terra, constantemente acossados pelos siracusanos. Os dois comandantes perderam o contato e foram derrotados separadamente. Apesar das garantias recebidas quando se renderam, ambos foram executados. Os prisioneiros atenienses que sobreviveram foram confinados num improvisado campo de prisioneiros de guerra nas pedreiras de Siracusa.

Esta foi a maior ação dessa guerra e, na minha opinião, a maior ação de que temos conhecimento da história grega – para os vitoriosos, o mais brilhante dos êxitos, para os vencidos, a mais desastrosa das derrotas. (Tucídides, *A Guerra do Peloponeso*, 7.87)

IH:19 As pedreiras de Siracusa.

Esparta, Pérsia, o golpe oligárquico em Atenas (413-411)

I.H.51 A expedição à Sicília não foi um capricho repentino e irracional nem foi mal planejada desde o começo. Na verdade, ela esteve próxima do êxito. Apesar disso, a perda da frota e de muitos milhares de homens proporcionou uma oportunidade notável aos inimigos de Atenas. Esparta já havia sido incitada à ação. Em 413, os espartanos estabeleceram um forte permanente em Deceléia, na Ática. A liberdade de movimentos ateniense era restrita durante todo o ano e o forte também se transformou em refúgio de escravos fugidos. No Império Ateniense, diversos estados revoltaram-se em 412. Esparta deu início à construção de uma nova frota para tentar explorar o descontentamento no Egeu.

O mais decisivo erro cometido na guerra talvez tenha ocorrido quando os atenienses resolveram apoiar a revolta de Amorgos, na Cária, contra o Império Persa, em 414-13. Os persas haviam começado a demonstrar um interesse renovado pelo Egeu e, na esperança de reconquistarem o controle das cidades gregas da Ásia Menor, entraram em contatos amistosos com Esparta. O principal negociador persa, Tissafernes, sátrapa (governador persa) do sudoeste da Ásia Menor, ficou agradavelmente surpreendido ao descobrir que os espartanos estavam bem dispostos a barganhar os direitos dos gregos na Ásia pelo apoio monetário persa para a frota que estavam preparando.

I.H.52 Foram anos duros para Atenas. Os cidadãos tiveram de lutar para levantar os fundos para continuar a guerra e manter o controle sobre o império. Foram forçados a derreter estátuas de ouro e a sacar do fundo de reserva de mil talentos que fora separado para emergências no início da guerra. Em 411, a frota ateniense tinha sua base em Samos e foi lá que seus comandantes foram procurados por Alcibíades. A vida tinha-se tornado um tanto incômoda para ele em Esparta. Por razões pessoais e políticas havia saído de lá, indo para a corte de Tissafernes. A proposta de Alcibíades era convencer os persas a deixar de apoiar os espartanos se, em troca, os oficiais atenienses conseguissem a derrubada da democracia em Atenas, de modo que ele pudesse voltar para casa. Pisandro, um líder oligárquico, foi para Atenas com essa proposta. Lá chegando, propôs apenas que "não deveriam manter a democracia do mesmo modo". A isca tentadora foi uma aliança com a Pérsia. Mesmo que Alcibíades se tivesse revelado totalmente incapaz de cumprir sua promessa, o golpe oligárquico prosseguiu. Aquele era o momento pelo qual esperavam muitos dos críticos da democracia radical. A população de Atenas foi levada, pelo terror, a criar um corpo de quatrocentos cidadãos que deveria assumir o controle imediato do governo. A reação de Samos foi imediata. Se a democracia fora banida de Atenas, ainda estava viva entre as forças atenienses em Samos. Na verdade, o fato de tantos cidadãos estarem ausentes da cidade pode explicar o sucesso inicial dos oligarcas. Os democratas de Samos, então, chamaram de volta Alcibíades, perfeitamente disposto a oferecer seus serviços a qualquer um por vantagem pessoal.

IH:20 Um tetradracma de prata com a cabeça de Tessafernes, sátrapa persa. Final do séc. V.

Introdução histórica: Linhas gerais da história de Atenas 39

I.H.53 A notícia da reação em Samos causou uma divisão entre os oligarcas em Atenas. Uma das promessas feitas no início da revolução fora que um corpo formado por cerca de cinco mil cidadãos, escolhidos dentre os atenienses mais abastados que pudessem fornecer uma armadura completa de hoplita de seu próprio bolso, passaria a ter plenos direitos de cidadania e a ser elegível para cargos de estado. A justificativa para isso era que aqueles que mais contribuíam para o esforço de guerra ateniense deveriam ser os que decidiriam como seu dinheiro e suas energias seriam usados. Contudo, a idéia dos cinco mil estava sendo usada pelos oligarcas extremistas como disfarce. Logo ficou claro que eles não tinham nenhuma intenção de um dia criar tal corpo de cidadãos. No seio do grupo governante oligárquico, porém, havia aqueles que, como Terâmenes, perceberam que os oligarcas teriam de chegar a um acordo com os atenienses em Samos e pressionaram pela formação do governo dos cinco mil. Após apenas quatro meses, os quatrocentos viram-se incapazes de fazer a paz com Esparta ou cumprir qualquer das promessas feitas. Por volta de setembro de 411 eles foram derrubados e substituídos pelo governo dos cinco mil. Esse governo representou um significativo afastamento em relação à oligarquia extrema, de modo que, em 410, não foi difícil restaurar a democracia tradicional em Atenas. A democracia radical ateniense gozava de amplo apoio entre seus cidadãos que não pretendiam entregar facilmente os poderes e privilégios que haviam conquistado. No futuro, qualquer sistema mais restritivo de governo só lhes poderia ser imposto pela força das armas de uma potência estrangeira.

**Pérsia, Lisandro, Arginusas, Egospótamos:
o fim da guerra (411-404)**

I.H.54 Mesmo antes da restauração democrática em Atenas, a frota democrática no Egeu estava conquistando vitórias, em 411 em Cinossema, no Quersoneso, e em 410 em Císico. Nos anos seguintes, sob a liderança de Alcibíades, entre outros, os atenienses tiveram uma série de êxitos na região do Helesponto. Em 407, Alcibíades pôde voltar a Atenas para ser reabilitado.

No mesmo ano, 407, o rei persa Dario enviou Ciro, seu filho mais moço, para supervisionar o oeste da Ásia Menor, com ordens para ajudar o esforço de guerra espartano. Mais ou menos na mesma época, Esparta colocou Lisandro no comando de sua marinha. Os dois tiveram um bom relacionamento, o que garantiu que a Pérsia financiasse a frota espartana com razoável eficiência por todo o resto da guerra. Na primavera de 406, a nova combinação de forças teve seu primeiro êxito quando derrotou uma frota ateniense perto de Nótion, na costa da Ásia Menor. Embora Alcibíades não houvesse estado presente na batalha, foi responsabilizado pelo fracasso. Assim, ao invés de voltar a Atenas para enfrentar um processo, ele retirou-se para um castelo em Quersoneso, de onde fez uma derradeira aparição dramática para aconselhar a frota ateniense logo antes da batalha de Egospótamos.

I.H.55 Mais tarde, no mesmo ano de 406, o almirante espartano Calicrátidas conseguiu bloquear a frota ateniense, então comandada por Cônon, em Mitilene. Reagindo a esse perigo, os atenienses conseguiram juntar uma nova frota que zarpou para enfrentar Calicrátidas em batalha ao largo das ilhas Arginusas, perto de Lesbos. A frota espartana foi esmagada e Calicrátidas perdeu-se no mar. Do lado ateniense, treze navios foram afundados, doze postos fora de ação e um esquadrão, sob as ordens de dois trierarcas atenienses, Terâmenes e Trasíbulo, recebeu ordens de apanhar os sobreviventes. Uma tempestade impediu essa missão de socorro. Vários milhares de atenienses afogaram-se.

Oito dos membros do conselho de dez *stratēgoí* haviam estado presentes nas Arginusas. Destes, seis decidiram voltar para Atenas e foram imediatamente chamados a comparecer diante da *ekklēsía*. Sua vitória fora obscurecida pela grande perda de vidas atenienses. O pesar do povo transformou-se em fúria com o relato de um sobrevivente. Foi feita a proposta de que a *ekklēsía* votasse uma única vez sobre a culpa coletiva dos generais. Quando se objetou que isso seria inconstitucional, surgiu o clamor de que seria intolerável que alguém impedisse o povo de fazer o que queria. Os generais foram condenados e os seis infelizes que haviam voltado para casa foram executados. Não se poderia verificar de maneira mais nítida quem, em última instância, numa democracia radical, detinha o poder.

I.H.56 O ano seguinte, 405, viu o centro da ação voltar para o Helesponto. Enquanto Lisandro e uma frota peloponésia estavam sitiando Lâmpsaco no final do ano, uma frota ateniense aportou do lado oposto do Helesponto, em Egospótamos. Por cinco dias, Lisandro recusou-se a travar batalha. Na última noite, porém, quando os atenienses desembarcaram, Lisandro apanhou-os desprevenidos. Com um só golpe e sem resistência, capturou quase toda a frota ateniense. O *stratēgós* ateniense, Cônon, fugiu para Chipre com nove navios. A trirreme da cidade, *Paralos*, foi enviada para casa com a notícia de que Atenas já não tinha meios de continuar a guerra.

> Era noite quando a *Paralos* chegou a Atenas. Quando as notícias da derrota se espalharam, um clamor de pesar ergueu-se primeiro no Pireu, depois nas Grandes Muralhas e na cidade, à medida que um homem ia passando a notícia a outro. Nessa noite ninguém dormiu. (Xenofonte, *Helênicas*, 2.2.3)

A primeira reação dos atenienses foi de renovado desafio. Afinal de contas, a perspectiva provável era a destruição total da cidade e a morte e a escravização de sua população, tipo de tratamento dispensado pela própria Atenas em mais de uma ocasião. Após longas negociações, em que o ateniense Terâmenes teve papel de destaque, por volta da primavera de 404, os atenienses estavam prontos para aceitar as condições espartanas. Atenas não seria destruída. Em vez disso, perderia o império, sua frota ficaria limitada a doze navios e as defesas do Pireu e as Grandes Muralhas deveriam ser demolidas, todos os exilados deveriam ser chamados de volta e Atenas deveria tornar-se um satélite de Esparta, sendo obrigada a reconhecer a liderança espartana.

Terâmenes e o Governo dos Trinta: a democracia restaurada (404-400)

I.H.57 Lisandro chegou na primavera de 404 para supervisionar a demolição das Grandes Muralhas. Mais tarde, no verão, voltou para emprestar seu apoio a mais um golpe oligárquico em Atenas. Desta vez, os atenienses foram forçados a estabelecer um conselho de trinta homens para cuidar dos negócios públicos até que fosse elaborada uma nova Constituição. Os trinta incluíam homens como Crítias e o ubíquo Terâmenes. Muitos desses homens haviam estado no exílio desde a revolução de 411 ou desde então, como Crítias, haviam perdido as boas graças da democracia. Pelos termos do tratado de paz, todos esses exilados tiveram permissão de voltar a Atenas. Para apoiar seu golpe, os Trinta obtiveram de Esparta o envio de uma guarnição de setecentos homens. Sob as vistas dessas tropas, os Trinta instituíram um reinado de terror contra seus inimigos políticos e pessoais. Esse triste período é vividamente descrito em um discurso *Contra Eratóstenes* (que era um dos Trinta) por uma de suas vítimas, o rico *métoikos* e orador Lísias, cujo irmão tinha sido condenado à morte.

I.H.58 Tal como em 411, em pouco tempo a oligarquia cindiu-se. Terâmenes tentou resistir aos expurgos, mas foi denunciado por Crítias e condenado à morte. Este foi um fim violento de uma carreira extraordinária. Terâmenes, filho do destacado general ateniense Hágnon, tivera um papel importante na revolução oligárquica de 411, mas tinha-se voltado contra os oligarcas extremistas a tempo de poder ficar na cidade e participar da democracia restaurada. Contudo, após a derrota de Atenas, ele ainda foi capaz de tornar-se um dos Trinta governantes, provavelmente com mais entusiasmo que seus partidários estariam dispostos a admitir mais tarde. As reviravoltas da carreira desse oportunista ateniense, que não precisam de outra explicação que não a ambição pessoal, granjearam-lhe o apelido de "*kóthornos*" (sapato de ator que servia tanto para um pé como para outro).

Exilados democráticos de Atenas encontraram refúgio em diversas cidades gregas, inclusive Tebas, onde os políticos estavam descontentes com o acordo de paz e prontos a apoiar qualquer um que pudesse quebrá-lo, embora Esparta proibisse dar abrigo a exilados. De Tebas os democratas, chefiados por Trasibulo, ocuparam o porto ateniense de File no inverno de 404-03. A partir desse porto, tomaram o Pireu e, em combate, conseguiram matar alguns dos Trinta, entre eles Crítias. Quando o rei espartano, Pausânias, chegou, percebeu que seria impossível impedir o ressurgimento democrático, de modo que se decidiu por uma política de conciliação. Os partidários dos Trinta seriam anistiados e teriam permissão para ir viver em Elêusis, que se tornou virtualmente um estado separado. Esse refúgio de oligarcas sobreviveu até 401-400, quando foi de novo incorporado ao estado ateniense. A restauração de todas as características da democracia radical foi, ao longo dos anos posteriores a 403, um processo gradual que incluiu uma revisão dos códigos legais e a reintrodução do pagamento dos cargos de estado, que fora abolido pelos oligarcas em 411.

A morte de Sócrates (399)

I.H.59 Em 399, o filósofo Sócrates foi levado diante de um tribunal por uma acusação de "negar-se a reconhecer os deuses da cidade e introduzir outros deuses novos. Também é culpado de corromper os jovens" (Xenofonte, *Memorabilia*, 1.1.1).

As acusações específicas não eram apenas um pretexto para uma acusação política. É verdade que Sócrates tinha entre seus discípulos homens como Crítias, que tivera um papel significativo no governo oligárquico de Atenas, mas ninguém podia negar que o filósofo cumprira fielmente os deveres de um cidadão da democracia, chegando até, em uma ocasião notável, a recusar-se a cooperar com os Trinta. As acusações eram sérias por si mesmas. Sócrates foi julgado culpado e, assumindo uma altiva atitude moral, recusou a oportunidade de ter sua sentença comutada para uma multa pesada. Foi forçado a tomar cicuta e morreu de uma maneira digna, que seria um exemplo para gerações de mártires. A morte de seu mestre e guia inspirou o ódio pelo sistema democrático em seus seguidores, tais como o filósofo Platão. No entanto, é difícil ver em Sócrates uma vítima da democracia ateniense. O que esse caso mostrou foi quão profundamente conservadora era a democracia ateniense e o quanto ela desconfiava de inovações e mudanças.

Esparta vitoriosa (404-396)

I.H.60 A vitória na Guerra do Peloponeso devolveu a Esparta a liderança da Grécia. A história dos trinta anos que se seguiram é o relato de como Esparta jogou fora essa oportunidade, em parte por má sorte, mas principalmente por falta de sensibilidade, egoísmo e arrogância para com os demais estados gregos.

Esparta herdou o Império Ateniense. No entanto, Lisandro suscitou uma enorme má vontade no império ao estabelecer em muitas cidades uma oligarquia estrita de dez homens, apoiados por um *harmostés* ("controlador") espartano e guarnições. Embora os espartanos tenham dado fim a essa política quando o poder de Lisandro declinou, o dano já fora causado e o ressentimento com a intervenção espartana permaneceu.

Em segundo lugar, Esparta ignorava os interesses de suas aliadas na guerra. Ficava com todo o butim para si mesma e Atenas estava presa a Esparta. Tebas e Corinto não tiveram nenhuma recompensa por seus esforços e, por isso, nos dez anos após o fim da guerra recusaram-se persistentemente a cumprir seu papel na aliança espartana.

I.H.61 Finalmente, os espartanos foram envolvidos em um conflito com a Pérsia que tanto tinha feito para ajudá-los na Guerra do Peloponeso. Quando o rei Dario morreu em 405-04, seu filho mais velho, Artaxerxes, assumiu o governo. Entretanto, Ciro, o filho mais moço, ficou ressentido com isso e planejou uma expedição a partir de sua base no oeste da Ásia Menor. Em 401, Ciro entrou em campo e pediu ajuda a Esparta. Isso deixou os espartanos em uma situação difícil, pois, embora devessem muito à boa vontade de Ciro nos últimos anos da Guerra do Peloponeso, se ele perdesse poderiam ser atraídos a um confronto direto com a Pérsia. Os espartanos resguardaram-se enviando oficiosamente uma força para juntar-se aos mercenários gregos no exército de Ciro. Este foi morto e seu exército derrotado em Cunaxa, não muito longe da Babilônia. A retirada dos dez mil gregos começada no fundo do coração do Império Persa é descrita com muita vivacidade por um participante notável, o ateniense Xenofonte, em sua *Anábasis* (Regresso à pátria).

As cidades gregas que haviam apoiado Ciro agora estavam à espera da retaliação dos persas e pediram proteção a Esparta. Embora, dez anos antes, Esparta estivesse perfeitamente disposta a entregar a liberdade dos gregos da Ásia em troca da ajuda persa (I.H.51), desta vez os espartanos se revelaram à altura do que se podia esperar de líderes dos gregos. Uma série de comandantes e tropas espartanas foi despachada, culminando na grande expedição do novo rei espartano Agesilau em 396. Agesilau tentou transformar a aventura em uma cruzada, com base no modelo das expedições gregas contra Tróia, chegando até a oferecer sacrifício em Áulis, como Agamenão.

Descontentamento com Esparta, a Guerra de Corinto, o ressurgimento de Atenas (396-390)

I.H.62 Para aqueles que, na Grécia, estavam descontentes com Esparta, a ausência de Agesilau na Ásia Menor proporcionou uma oportunidade de ouro. Os atenienses, mesmo depois da restauração da democracia, tinham estado presos à letra do acordo com Esparta. Verdade é que não estavam em condições de fazer outra coisa. Apesar disso, a perda de poder e influência deve tê-los incomodado. Assim, em 395, quando os tebanos abordaram Atenas em busca de apoio contra Esparta, os atenienses concluíram prontamente um tratado. Então, depois que a nova aliança teve sucesso na batalha de Haliarto contra os espartanos na qual Lisandro foi morto, Corinto e Argos uniram-se a eles. Xenofonte, em sua história desse período, afirma que a guerra contra Esparta foi suscitada por subornos que os persas ofereciam às cidades gregas. Uma tal versão ignora por inteiro o antagonismo profundamente enraizado que Esparta suscitara em toda a Grécia. Esse novo conflito concentrou-se no istmo e por isso foi chamado de "Guerra de Corinto".

Em 394, os espartanos obtiveram uma grande vitória na batalha do rio Neméia contra as forças aliadas. Era inevitável que Agesilau fosse chamado de volta da Ásia Menor para ajudar. O rei reapareceu na Grécia em pleno verão de 394 e infligiu outra derrota ao inimigo em Coronéia, na Beócia. Esses êxitos fizeram com que os aliados se recusassem a enfrentar novamente o exército espartano numa batalha cerrada nessa guerra.

I.H.63 No mesmo ano, 394, Esparta sofreu uma importante derrota no mar. Uma grande frota persa, comandada pelo sátrapa persa Farnábazo e pelo mercenário grego Cônon, destruiu a armada espartana na batalha de Cnido. Em seguida os persas navegaram pelo Egeu e desalojaram as guarnições espartanas, causando assim o fim do curto controle dos espartanos sobre o império marítimo que haviam herdado dos atenienses. Depois de se aconselhar com os aliados no istmo de Corinto, Cônon convenceu Farnábazo a levar a frota para Atenas para ajudar na tarefa de reconstruir as Grandes Muralhas. Lá chegando, Cônon teve uma recepção entusiástica. Sua posição como general mercenário a soldo dos persas foi esquecida e foi saudado como um ateniense que restaurara a fortuna de Atenas. Toda a velha confiança voltou transbordante. Em 389, o *stratēgós* ateniense Trasibulo conduziu uma frota ateniense pelo Egeu oriental para retomar o controle de Atenas sobre seu império após uma breve interrupção forçada.

Os persas haviam varrido os espartanos dos mares e Atenas introduziu-se no vazio de poder deixado no Egeu com a facilidade que lhe dava sua longa experiência. Nada podia ilustrar melhor quão profundamente cristalizados estavam na mente dos atenienses o modo de ser do imperialismo.

A guerra em terra, que logo se atolou no costumeiro impasse, foi mais notável em 390, por causa da ominosa derrota em Lecaion, perto de Corinto, em que uma força de espartanos foi vencida por uma tropa de mercenários. Eram chefiados pelo ateniense Ifícrates e, significativamente, estavam armados como peltastas, com escudo leve e lança (cf. 6.21).

A Paz do Rei (386)

I.H.64 Tal como na Segunda Guerra do Peloponeso, a Pérsia era a única potência que poderia romper o impasse. Em 392, o espartano Antálcidas fracassara na tentativa de obter uma paz que envolvesse a Pérsia. Cinco anos depois, em 387-86, conseguiu obter o apoio do rei persa, Artaxerxes, que fixou os termos de um acordo de paz em que o controle persa das cidades gregas da Ásia Menor seria reconhecido pelo resto dos gregos e todas as demais cidades gregas, pequenas ou grandes, deveriam permanecer autônomas. Tais termos foram respaldados por uma ameaça de que o rei persa faria a guerra contra qualquer um que se recusasse a aceitá-los. Esta, a Paz do Rei, foi a primeira "paz comum" (*koinē eirēnē*), no sentido de não valer apenas para um grupo de estados, mas por ter como meta impor uma paz geral a todas as cidades gregas. Idéia nobre, na teoria, essa paz, na prática, foi feita para resolver um problema particular referente aos interesses de Esparta e da Pérsia. Não fornecia nenhuma base real para uma paz prolongada na Grécia. Não havia nenhum acordo sobre como seria definido o princípio da autonomia, nem procedimento algum para a arbitragem. Atenas fez o melhor que pôde numa situação difícil. Pelo menos agora os atenienses tinham suas fortificações e uma frota, e estava ao seu alcance a possibilidade de fazer alianças no Egeu.

O abuso de poder de Esparta em Mantinéia, Fliunte, Tebas e contra Atenas

I.H.65 A Paz do Rei proporcionou a Esparta outra oportunidade de reafirmar seu papel de cidade mais importante da Grécia, oportunidade que, mais uma vez, e pela última, desperdiçou numa notável exibição de egoísmo e insensibilidade. Esparta estava determinada a impor o seu controle sobre o Peloponeso e ter certeza de que no futuro nenhuma aliança, como a que dera início à Guerra de Corinto, ressurgiria na Grécia.

Em 385, a cidade de Mantinéia foi dominada. Suas fortificações foram demolidas e sua população dividida entre as quatro aldeias das quais a cidade surgira originariamente. Em 383, Esparta havia reagido ao apelo de um grupo de exilados da cidade de Fliunte, no norte do Peloponeso, ordenando seu repatriamento. Quando, em 381, os exilados queixaram-se de maus-tratos em Fliunte, os espartanos marcharam contra a cidade, que resistiu a um assédio de um ano e meio. Quando finalmente se rendeu, uma nova constituição oligárquica foi imposta a Fliunte, que tinha tido governo democrático, e por algum tempo uma guarnição espartana lá permaneceu para garantir a submissão do povo. Até em Esparta surgiram dúvidas acerca dessa intervenção.

I.H.66 Em 382, Esparta teve uma oportunidade de intervir no norte, quando algumas cidades da região da Calcídica solicitaram sua ajuda contra o crescente poderio de uma liga de cidades do norte, cujo centro era a cidade de Olinto. Passado algum tempo, a campanha espartana conseguiu submeter a própria Olinto. Foi quando estava conduzindo reforços para o norte que o comandante espartano Fêbidas, acampado perto de Tebas, recebeu o pedido de um grupo favorável a Esparta dentro da própria cidade de Tebas. Com a ajuda deles, Fêbidas pôde tomar a Cadméia, a acrópole de Tebas, no dia de um festival religioso e depois impor à cidade um governo pró-espartano. Essa ultrajante ingerência nos assuntos internos de outra cidade, em tempo de paz e em flagrante violação da Paz do Rei, incomodou até mesmo alguns espartanos. Fêbidas, que provavelmente agira por conta própria, foi multado, mas não antes que o rei espartano Agesilau houvesse expressado claramente a filosofia predominante em Esparta naqueles anos:

> Se a ação de Fêbidas foi prejudicial para Esparta, ele merece ser punido. Se, por outro lado, foi benéfica para Esparta, devemos lembrar de uma regra antiga segundo a qual em tais casos a pessoa deve usar sua própria iniciativa. O ponto a ser examinado é simplesmente o seguinte: Sua ação foi boa ou má para Esparta? (Xenofonte, *Helênicas*, 5.2.32)

I.H.67 Para o historiador Xenofonte, que, em geral, é pró-espartano, a captura da Cadméia foi um ato ímpio que fatalmente seria punido. E foi. No final de 379, exilados tebanos, baseados em Atenas, entraram em Tebas e massacraram os tebanos pró-espartanos, forçando a guarnição espartana a render-se. Esparta reagiu despachando o rei Cleômbrotos com uma expedição. Como já estava próximo o fim do ano, pouca coisa podia ser feita e Cleômbrotos logo voltou para casa, embora deixasse em Téspias, para ficar de olho na situação, um contingente comandado por um *harmostés* (controlador).

Introdução histórica: Linhas gerais da história de Atenas 47

Em 378, Esfódrias, para alcançar a glória, concebeu seu próprio plano, um ataque noturno ao Pireu de Atenas. A tentativa foi um fiasco. A aurora chegou e encontrou Esfódrias e suas forças ainda a quilômetros do alvo. Naquele exato momento havia enviados de Esparta em Atenas. Eles protestaram que o governo espartano não sancionara nenhuma ação como aquela e que Esfódrias seria punido. Com efeito, o próprio Esfódrias esperava ser condenado e não voltou para Esparta. Mesmo assim, seu julgamento prosseguiu e, para ultraje e espanto do mundo grego, Esfódrias foi absolvido, graças à intervenção inesperada do rei Agesilau. O rei era da opinião que, a despeito da óbvia culpa de Esfódrias, Esparta precisava de soldados como ele. Uma tal expressão de cinismo era de esperar dos lábios do defensor de Fêbidas.

A Segunda Liga Ateniense (378-377) (cf. 5.98-9)

I.H.68 A preocupação com as ações de Esparta nesse período era geral e foi explorada com eficácia por Atenas. Atenas e Tebas juntaram-se e provavelmente concordaram em fazer uma aliança em 378. Atenas reorganizou então suas aliadas, inclusive Tebas, em uma nova liga de estados, a Segunda Liga Ateniense. Seu propósito era "fazer com que os espartanos deixassem os gregos gozar a paz em liberdade e autonomia". Atenas estava oferecendo-se para assumir o papel de Esparta como defensora dos princípios da Paz do Rei. Metas louváveis como essa teriam uma aceitação geral, mas alguns estados deviam ter parado para pensar e ter lembrado que, no século V, uma confederação semelhante, a Liga de Delos, fora criada para opor-se à agressão persa e acabara evoluindo para o Império Ateniense. Para dissipar esses temores, em 377 os atenienses proclamaram um decreto proposto por Aristóteles, um texto-propaganda da Liga, segundo o qual Atenas renunciava a muitas das características de seu império no século V que se haviam revelado agressivas. Não haveria ingerências nas constituições internas dos estados membros, nem tributos, nem colonização atenienses em território aliado. Nos três anos seguintes cerca de setenta cidades uniram-se à nova Liga.

A guerra contra Esparta: a Batalha de Leuctra (376-371)

I.H.69 A guerra contra Esparta prosseguiu de modo muito inconstante. Atenas preocupava-se com o modo com que Tebas estava explorando a guerra para consolidar seu controle das cidades da Beócia. A guerra custava dinheiro. Não há dúvidas de que, para Atenas, estava ficando cada vez mais difícil honrar os compromissos financeiros daquela época. Em 378-77, o imposto sobre a propriedade, a *eisphorá*, instituído para custear a guerra, foi reestruturado. Os cidadãos foram colocados em grupos, as *summoríai*, cada um dos quais ficou sendo responsável por uma parte dos gastos. Como as dificuldades financeiras continuaram dominando as políticas públicas em Atenas durante todo o restante do século IV, não causa nenhuma surpresa descobrir que alguns dos políticos mais destacados e influentes do período tenham sido especialistas em finanças e que os cargos financeiros que exerciam se tenham tornado cada vez mais importantes.

I.H.70 Em 371, Atenas estava mais preocupada com as metas de Tebas que com as de Esparta. Nesse ano, Atenas convenceu os principais beligerantes a concordarem com a paz em uma conferência realizada em Esparta. Infelizmente, surgiu uma disputa séria quando os tebanos insistiram em assinar a paz em nome das cidades da Beócia. O rei espartano Agesilau recusou, pois não estava disposto a reconhecer o controle de Tebas sobre a Liga Beócia. Após uma irada altercação, os tebanos foram excluídos dos termos do acordo de paz. Três semanas depois, o rei Cleômbroto invadiu a Beócia. Os tebanos, chefiados por Epaminondas, foram ao encontro dele em Leuctra (cf. 6.26). O exército espartano sofreu uma derrota decisiva. Dos mil mortos, cerca de 400 eram espartiatas, entre eles o próprio Cleômbroto.

A Batalha de Leuctra foi uma surpresa para toda a Grécia. Tebas desenvolvera as armas e a tática necessárias para vencer a falange espartana. O poderio espartano foi quebrado, não só pela perda de homens em Leuctra. O ressentimento e a má vontade que suas ações haviam inspirado nos demais estados gregos se transformaram em indisfarçável prazer quando o controle espartano do Peloponeso foi desmantelado nos anos que se seguiram a Leuctra. As cidades do Peloponeso aproveitaram a oportunidade para afirmar sua independência e foram respaldadas por repetidas expedições de Epaminondas e dos tebanos ao Peloponeso durante a década de 360. Em 370-69, a Messênia, com ajuda tebana, pela primeira vez em 300 anos tornou-se um estado independente. Esparta nunca mais recuperou esse território. No início da década de 360, as cidades do Peloponeso central fundaram uma nova Liga Arcádica. Em tudo isso, porém, o mais significativo foi Esparta não ter sido atacada diretamente, apesar de Epaminondas, por duas ocasiões, ter chegado perto da cidade. O mito espartano não estava inteiramente destruído.

I.H.71 A década de 360 foi o auge do poder tebano. Não demorou que Atenas se voltasse contra Tebas e, em 368, estava aliada a Esparta. Por grande parte da década Atenas interferiu no Peloponeso para tentar contrabalançar a influência tebana. Além disso, os atenienses deram continuidade a uma vigorosa política marítima para recuperar sua influência, em especial no norte do Egeu. Os tebanos chegaram a reagir a essa política construindo sua própria frota em 364.

Na Liga Arcádica, surgiu uma cisão entre aqueles que favoreciam Tebas e os que procuraram Atenas e Esparta para protegê-los contra a crescente interferência tebana. Em 362, Epaminondas conduziu um destacamento até o Peloponeso para ajudar as cidades que tinham aderido a Tebas. Em Mantinéia, encontrou um exército desses arcádios que se opunham a ele, a Esparta e Atenas (6.27). Adaptando as táticas vitoriosas de Leuctra, Epaminondas e os tebanos tiveram êxito mais uma vez. Mas quando, no momento da vitória, Epaminondas foi morto, os tebanos não tinham como valorizar sua vitória. Após a batalha, uma nova "paz comum" foi celebrada com base na manutenção do que cada cidade obtivera. Pouco importou que os espartanos se tenham recusado a assinar, exigindo ainda os seus direitos sobre a Messênia.

I.H.72 Nas últimas sentenças de sua história, Xenofonte resumiu a situação após a [Segunda] Batalha de Mantinéia: "Após a batalha houve ainda mais incerteza e confusão na Grécia do que houvera antes" (*Helênicas*, 7.5.27). Essa avaliação era sombria demais. O que havia sido criado era um equilíbrio em que nenhuma cidade podia exigir posição predominante. Tebas era uma potência importante na Grécia central, mas não empreendeu outras expedições ao Peloponeso. Atenas era a potência dominante no mar. Esparta já não conseguia controlar as cidades do Peloponeso. Esse foi o desfecho lógico de séculos de desenvolvimento das cidades-estado da Grécia. Competitivas, auto-afirmativas e profundamente desconfiadas dos vizinhos, as cidades nunca foram capazes de unir-se numa associação dos gregos que fosse mais extensa, solidária e única. O pan-helenismo continuou sendo o sonho impossível dos filósofos e nunca pôde fazer parte da política prática. Num mundo como esse, qualquer cidade que parecesse almejar a preeminência causaria inevitavelmente a união das demais cidades para resistir à sua influência. Forçosamente haveria de surgir um equilíbrio.

O colapso da Segunda Liga Ateniense (357-355)

I.H.73 Os atenienses podiam sentir-se satisfeitos com o ressurgimento da cidade como a mais importante potência naval e com os ganhos constantes obtidos no Egeu. A despeito das promessas atenienses quando da formação da Segunda Liga, Atenas tendia cada vez mais a comportar-se de novo como uma potência imperial. A Liga continuou mesmo depois que seu objetivo inicial (a oposição ao predomínio de Esparta) deixara de ser relevante. As cidades descobriram que não conseguiam afastar-se da Liga.

50 *O mundo de Atenas*

As exigências de pagamento para os fundos da Liga ficaram mais regulares. A frota da Liga era usada segundo as necessidades de Atenas.

Por fim, em 357, os membros mais importantes da Liga revoltaram-se. A chamada Guerra Social durou até 355, quando Atenas permitiu que deixassem a Liga as cidades que assim desejassem. Nos anos que se seguiram a esse acordo de paz, aos poucos outros aliados foram se afastando de Atenas.

I.H.74 Necessariamente os atenienses levariam algum tempo para se adaptarem à nova situação. Tiveram de ser convencidos de que a democracia podia sobreviver sem um império. Em 355, em um corajoso panfleto *Sobre a paz*, o orador Isócrates argumentou que Atenas deveria renunciar a suas pretensões imperiais. Xenofonte, em uma obra da mesma época, *Póroi* ("Recursos financeiros"), procurou demonstrar que com a paz Atenas devia prosperar como centro de comércio e que não precisava dos ganhos de um império. Coube ao político Eubulo colocar em ação esses princípios. No período posterior a 355, Eubulo, especialista em finanças, fez com que Atenas se recuperasse financeiramente, cuidando de poupar os recursos e evitando compromissos militares de maior monta.

**A ascensão de Filipe II da Macedônia:
Demóstenes em Atenas (359-348)**

I.H.75 Das fileiras de defensores políticos atenienses do novo realismo surgiu Demóstenes, orador e advogado de aproximadamente trinta anos. No final da década de 350, contudo, ele voltou-se contra Eubulo para tentar alertar seus concidadãos atenienses para a nova ameaça que via no norte, o rei Filipe II da Macedônia. Seus discursos, com que tentava incitar os atenienses à ação, podem ser descritos, de maneira jocosa, como "churchillianos", pois gerações de políticos patriotas viriam a copiar seu fraseado elaborado e sua apaixonada invectiva.

IH:21 Uma estater de Filipe II da Macedônia (d. 336) com a cabeça de Apolo coroada de louros e o cocheiro, 348-336.

Introdução histórica: Linhas gerais da história de Atenas 51

I.H.76 O rei Filipe II da Macedônia, objeto do ódio de Demóstenes, chegou ao poder em 360-59, aos 24 anos de idade. Os macedônios eram de origem grega, embora os demais gregos tivessem a tendência para escarnecer de seu atraso e de seu modo de ser peculiar. O amálgama da cultura local com a grega foi claramente demonstrado nestes últimos anos pela descoberta das tumbas da família real macedônia em Vergina. Filipe herdou um reino ameaçado pelas tribos vizinhas e conturbado pelas reivindicações de pretendentes ao poder. Foi logo tratando dos pretendentes e, após dar início a uma reforma do exército macedônio, derrotou primeiro as tribos invasoras e depois passou a tratar da tarefa mais importante, a segurança dos territórios macedônios da fronteira. Era inevitável que tais ações preocupassem em particular os atenienses que tinham antigos interesses no norte da Grécia. Em 357, Filipe tomou Anfípolis e os atenienses ficaram especialmente irritados, pois sempre haviam dito que Anfípolis era deles, embora não a controlassem desde 424. Alguns atenienses tinham a impressão de que Filipe prometera devolver-lhes a cidade. Fosse qual fosse a verdade nesse assunto, Filipe manteve-a em suas mãos e os atenienses sentiram-se provocados o bastante para declarar-lhe a guerra, guerra essa que dificilmente estariam aptos a travar efetivamente.

I.H.77 Em 352, Filipe assumiu o controle da Tessália e depois voltou-se contra o reino da Trácia e contra a Liga das cidades da Calcídica, dominada pela cidade de Olinto. Tendo essa situação como pano de fundo, Demóstenes tentou desesperadamente fazer com que os atenienses interviessem, primeiro com o discurso "Filípica", de 352-51, e depois com uma série de discursos em 349-48, nos quais instava Atenas a dar respaldo a Olinto. Apesar de seu vigor tempestuoso, Demóstenes não conseguiu achar uma solução para dois problemas básicos. Como poderia Atenas combater com eficiência em uma região onde não dispunha de bases? Como uma campanha daquele porte poderia ser financiada? Na verdade, Atenas acabou conseguindo enviar um número considerável de tropas para Olinto, mas não conseguiu o que queria. Em 348, Filipe arrasou a cidade e vendeu seus habitantes como escravos. Também conservou consigo os atenienses que nela foram capturados. A sina desses homens viria a influenciar a política ateniense nos dois anos seguintes.

A Paz de Filócrates (346)

I.H.78 Filipe não via futuro algum em antagonizar Atenas desnecessariamente e, logo após a captura de Olinto, mandou mensagens que abriam perspectivas de paz. No final de 347, Atenas respondeu com o envio de uma embaixada de dez homens, entre os quais Filócrates, que propusera a missão, Demóstenes e Ésquines, que mais tarde viria a ser seu adversário político. Filipe apresentou uma proposta, não apenas de paz, mas também de aliança, reforçando-a com vagas mas tentadoras promessas de ajuda a Atenas.

O pano de fundo dessas negociações era a chamada "Guerra Sagrada", na Grécia central. Em 356, a Fócida tomara o Santuário do Oráculo de Delfos e, por dez anos, repelira os ataques de seus inimigos, entre os quais estava Filipe. Todos se davam conta de que essa guerra proporcionava a Filipe um pretexto para intervir na Grécia central em um momento em que isso lhe convinha.

I.H.79 Os atenienses ficaram entre o desejo de manter Filipe fora da Grécia e a necessidade de fazer a paz com ele. Quando a embaixada voltou a Atenas, foi com muita dificuldade que seu líder, Filócrates, conseguiu convencer os atenienses a concordar com uma paz e aliança entre Filipe e Atenas e suas aliadas. A Fócida foi abandonada à própria sorte.

Imediatamente, Filipe entrou na Grécia central e pôs fim à Guerra Sagrada. Presidiu os Jogos Píticos e depois voltou para a Macedônia. É claro que, como então controlava as Termópilas e era o defensor dos direitos do templo de Delfos, Filipe tinha tanto a oportunidade como o pretexto para voltar a intervir na Grécia, se assim quisesse.

A volta de Filipe para sua terra podia ser vista como um indício de que não estava interessado no controle direto das cidades gregas. Certamente queria ter boas relações com as cidades e obter respeito em troca. É provável, porém, que o centro de suas atenções estivesse em outra parte. Talvez já houvesse concebido o plano de atacar o poder persa sobre a Ásia Menor. Infelizmente, as cidades gregas não conseguiram deixar as coisas como estavam.

Demóstenes e Ésquines em Atenas: a derrota final dos gregos por Filipe (346-338)

I.H.80 Em Atenas, a paz de Filócrates ficou impopular, logo que os atenienses sentiram uma certa culpa porque a Fócida fora abandonada à própria sorte, sem que obtivessem de Filipe o benefício prometido. Demóstenes tratou de mostrar-se ressentido como os outros, dissociando-se do processo de elaboração da paz. Liderou o ataque aos políticos envolvidos nas negociações de paz. Em particular, em 343, seu caso contra Ésquines, seu ex-colega, chegou aos tribunais. Os discursos de ambos os lados ilustram as formidáveis dificuldades enfrentadas, em Atenas, por um júri em um processo político de acusações tão graves. Demóstenes e Ésquines apresentaram relatos totalmente incompatíveis de acontecimentos que haviam

Introdução histórica: Linhas gerais da história de Atenas 53

IH:22 O Monumento do Leão erigido em Queronéia, Beócia, para comemorar o Batalhão Sagrado dos tebanos que tombou na batalha de 338.

ocorrido, muitas vezes em público, havia apenas três ou quatro anos. Ésquines foi absolvido por uma pequena margem. Mesmo assim, o sentimento de antagonismo contra Filipe, insuflado por Demóstenes e outros, prevaleceu em Atenas.

I.H.81 Em 340, os atenienses passaram a ver nas constantes conquistas de Filipe no norte uma ameaça à sua rota de cereais. O rei macedônio estava sitiando Bizâncio e, mais tarde nesse mesmo ano, confiscou efetivamente a frota que transportava cereais como resposta às contínuas provocações de Atenas. Em 340, Demóstenes conseguiu o que queria. Atenas e suas aliadas declararam guerra a Filipe.

Em 339, as disputas no Conselho Anfictiônico, grupo de cidades que presidia os assuntos de Delfos, deram a Filipe a desculpa de que precisava para intervir. Atenas estava com muito medo de ficar isolada. Conseguiu fazer uma aliança com Tebas e a Beócia. No verão de 338, porém, Filipe teve uma vitória decisiva sobre os aliados gregos em Queronéia, na Beócia.

Filipe tratou Tebas com dureza. A confederação beócia mais uma vez foi desfeita e Tebas teve de abrigar uma guarnição. Atenas teve um tratamento mais brando, provavelmente porque Filipe a queria como aliada e não queria para si a tarefa de submeter os atenienses. Prometeu não enviar tropas à Ática. Embora Atenas tenha sido forçada a romper com o que lhe restava de alianças, foi-lhe deixado o controle de algumas ilhas e, como presente de Filipe, recebeu Oropo, cidade que fora fonte de constantes disputas entre Tebas e Atenas.

Em 337, Filipe convidou as cidades gregas a enviar representantes a uma conferência em Corinto. Chegou-se a um acordo de paz geral. Todas as cidades do continente ao sul do Olimpo, com exceção de Esparta e de algumas ilhas, tornaram-se membros de uma união federal, "os gregos". A chamada Liga de Corinto aliou-se prontamente a Filipe em uma declaração de guerra à Pérsia, para a qual Filipe foi eleito *hēgemón* ("líder").

Filipe, porém, não estava destinado a chefiar a cruzada contra a Pérsia. Nas comemorações do casamento de sua filha, às vésperas de sua partida na expedição em 336, ele foi morto a facadas por um de seus guarda-costas.

Alexandre, o Grande (336-323)

I.H.82 Foi sucessor de Filipe seu filho Alexandre, de vinte anos de idade. É impossível escrever uma biografia desse homem. Seu caráter verdadeiro desapareceu inteiramente sob uma massa de mito e culto prestado a heróis. O historiador só pode concentrar-se em suas campanhas.

Muitas cidades gregas não conseguiram reprimir o júbilo com a morte de Filipe. Em Atenas, Demóstenes ficou muito contente. Contudo, Alexandre marchou rapidamente para a Grécia e, sem derramamento de sangue, afirmou sua autoridade e depois sufocou uma revolta tebana. Essa ação incisiva e eficaz pôs fim à subversão.

Depois de recuperar a lealdade da Grécia, Alexandre embarcou na grande aventura, o ataque à Pérsia, em 334. Na batalha do rio Granico derrotou os persas e conseguiu libertar a maior parte da Ásia Menor do con-

IH:23 Retrato de Alexandre. *C.* 340-330.

trole persa. No ano seguinte, derrotou Dario, o rei persa, na batalha de Isso. Dario fugiu e ofereceu um acordo de paz que Alexandre rejeitou, sinal de que estava agora decidido a conquistar todo o Império Persa. Em 332 e 331, Alexandre ocupou os países do lado oriental do Mediterrâneo e conquistou o Egito, onde lançou os planos de uma grande cidade nova, Alexandria.

Em 331, Alexandre marchou para o coração do Império Persa. Em Gaugamela, na Mesopotâmia, Dario foi outra vez derrotado por ele e fugiu para as regiões mais remotas de seu império, onde caiu vítima de um de seus próprios sátrapas.

I.H.83 Os anos seguintes assistiram às grandes marchas para o leste através da Pérsia, para além do mar Cáspio e até Kandahar (outra "Alexandria"), depois para o norte através do Hindu Kush até Samarcanda e Tashkent, onde Alexandre encontrou uma esposa, Roxane. Entre 327 e 325, marchou para o noroeste da Índia e para o Punjab. No rio Hífase suas tropas gritaram "Chega!" e Alexandre não conseguiu convencê-las a continuar viajando. Seguiu-se uma longa e agonizante marcha de volta para a Babilônia. Lá chegando, fez planos para uma expedição árabe. Em 323, atacado por uma febre, morreu após treze anos de conquistas e empreendimentos febris. Seus principais oficiais dividiram o império que ele conquistara, fazendo das suas partes reinos seus.

I.H.84 Enquanto Alexandre estava ausente, o rei espartano Ágis chefiou uma revolta fracassada no Peloponeso, sufocada pelo representante de Alexandre, Antípatro. Atenas ficou quieta. Durante a maior parte desse período, Licurgo, um especialista em finanças, supervisionou cuidadosamente as rendas da cidade e presidiu uma época de prosperidade e obras públicas (particularmente, a reconstrução em pedra do teatro de Dioniso aos pés da Acrópole).

Em 330, Demóstenes e Ésquines tiveram uma recaída de sua velha rivalidade. A ocasião foi o processo feito por Ésquines contra o ateniense Ctesifonte, que propusera recompensar Demóstenes por seus serviços com a oferenda de uma coroa. Os discursos de Ésquines e Demóstenes transformaram-se em uma revisão da política ateniense em relação à Macedônia. Ésquines fracassou e sua carreira política terminou.

O fim da democracia em Atenas (324-322)

I.H.85 Ao ficar sabendo da notícia da morte de Alexandre, Atenas juntou-se aos demais estados gregos em uma revolta contra a Macedônia. Quando o comandante macedônio, Antípatro, marchou para o sul, foi sitiado em Lâmia, perto das Termópilas, durante o inverno de 323-22. Contudo, no verão de 322, Antípatro derrotou os gregos na Batalha de Crânon. Embora a derrota não houvesse sido grave, os contingentes das cidades gregas desapareceram. "Assim, a causa da liberdade foi vergonhosamente abandonada" (Plutarco, *Vida de Fócion*, 26).

Antípatro impôs duros termos a Atenas. Uma guarnição macedônia ficaria estacionada em Muníquia. O sistema democrático de governo teve de ser abolido e foi promulgada uma nova constituição que limitava o direito de voto aos abastados. Em 322, o experimento ateniense de democracia foi destruído.

Esse esboço da história grega deve por força revelar o quão endêmica era a guerra. Embora limitada aos poucos meses de verão, com breves intervalos de paz, ela era a ordem natural das coisas. As cidades-estado gregas eram ciosas de sua independência e sua competitividade tornava impossível a unificação ou a adoção de meios adequados para regular as relações entre elas. Uma paz relativa só pôde ser imposta às cidades pela intervenção de uma potência externa (6.5).

Oração Fúnebre de Péricles em 430

A Oração Fúnebre colocada pelo historiador Tucídides na boca de Péricles, o mais célebre estadista de Atenas, é a mais famosa declaração daquilo que tornou Atenas grande*. Foi pronunciada para homenagear os que haviam sido mortos em combate. Será bom ler o texto abaixo relacionando atentamente com os capítulos 3 e 4.77 ss.

... Por que caminho chegamos à posição em que estamos? Sob que forma de governo nasceu nossa grandeza? De que hábitos nacionais ela brotou? São essas as perguntas a que tentarei responder antes de chegar ao elogio destes homens, porque penso que não são fora de propósito no momento presente e também que para os que estão aqui reunidos, cidadãos e *xénoi,* será útil dar-lhes atenção.

37. Nossa Constituição não copia as leis das cidades vizinhas, e somos antes modelo para os outros que imitadores deles. Seu uso favorece a maioria e não poucos e, por isso, é chamada de *demokratía*. Se olhamos para as leis, elas proporcionam justiça igual para todos em suas diferenças particulares; se para a posição social, o avanço na vida pública deve-se à reputação de capacidade, não se permitindo que as considerações de classe interfiram com a *areté*. Tampouco a pobreza barra o caminho e, se um homem é capaz de servir à cidade, disso não é impedido pela obscuridade de sua condição. A liberdade de que desfrutamos em nosso

---

* No original, o texto de Tucídides é apresentado na tradução de Crawley que, segundo os autores, transmite mais fielmente que outras o estilo do historiador. (N. do T.)

IH:24 Uma comemoração pública dos atenienses que morreram nos primeiros anos de luta na Guerra do Peloponeso. C. 430.

governo estende-se também à nossa vida ordinária. Aí, longe de ficarmos olhando com inveja uns aos outros, não nos inclinamos a irritar-nos com nosso vizinho por fazer o que lhe apraz nem recorremos a vexames que, mesmo que não sejam punitivos, não deixam de ser dolorosos. Mas todo esse à vontade em nossas relações privadas não nos fazem sem leis enquanto cidadãos. Contra isso o medo é nossa principal salvaguarda, ensinando-nos a obedecer aos que estão no governo e às leis, em particular às que dizem respeito à proteção dos que sofrem injustiça, sejam elas de conhecimento público ou pertençam àquele código que, embora não escrito, não pode ser violado sem uma sanção por todos reconhecida.

38. Além disso, providenciamos muitos meios com os quais a inteligência possa descansar dos negócios. Celebramos jogos e sacrifícios durante todo o ano, e a elegância de nossos edifícios particulares proporciona uma fonte diária de prazer e afasta de nós as irritações; o tamanho de nossa cidade atrai os produtos do mundo ao nosso porto, de modo que, para o ateniense, os frutos de outros países são luxo tão familiar quanto os de seu próprio.

39. Se nos voltarmos para a nossa política militar, aí também diferimos de nossos inimigos. Abrimos nossa cidade ao mundo e nunca, por decretos contra estrangeiros, excluímos os *xénoi* de um aprendizado ou espetáculo, embora os olhos do inimigo possam vir a tirar proveito de nossa abertura, porque confiamos menos no

sistema e na política que na coragem natural de nossos cidadãos. Na educação, onde nossos rivais, desde o berço, buscam a coragem com dolorosa disciplina, em Atenas vivemos exatamente como nos apraz e estamos, mesmo assim, prontos para enfrentar qualquer perigo legítimo. Como prova disso, pode-se observar que os espartanos não invadem sozinhos o nosso país, mas trazem consigo todos os seus aliados, enquanto nós, atenienses, sem apoio invadimos o território de um vizinho e, lutando em solo estrangeiro, derrotamos com facilidade homens que estão defendendo seus lares. Com o total de nossa força nenhum inimigo ainda se defrontou, pois temos de cuidar, ao mesmo tempo, de nossa frota e despachar nossos cidadãos por terra a centenas de tarefas diferentes. Assim, sempre que travam combate com uma fração de nossas forças, um sucesso contra um destacamento transforma-se em vitória contra a nação e uma derrota em revés imposto por todos nós. Todavia, dados como somos ao sossego e não à labuta, à coragem natural e não à forçada, se continuamos dispostos a enfrentar o perigo, temos uma dupla vantagem, escapamos da experiência antecipada das fadigas e as enfrentamos na hora necessária tão sem medo quanto aqueles que nunca estiveram livres.

40. Não são só esses os pontos em que a nossa cidade é digna de admiração. Cultivamos o refinamento sem extravagância e o conhecimento sem efeminação; a riqueza, nós a empregamos mais para uso que para exibição e situamos a verdadeira desgraça da pobreza não em confessá-la, mas em negar-se a combatê-la. Nossos homens públicos têm, além da política, seus negócios particulares para atender, e nossos cidadãos comuns, embora ocupados com seus próprios negócios, são ainda juízes eqüitativos das questões públicas, porque, diferentemente de qualquer outro povo, considerando aquele que não participa desses encargos não como sem ambição, mas como inútil, nós, atenienses, somos capazes ou de julgar ou de refletir e, ao invés de ver no debate um obstáculo à ação, nós o pensamos como preliminar indispensável a qualquer ação sensata. Nossa excelência está também no fato de que somos capazes de combinar nas mesmas pessoas ousadia máxima e cálculo cuidadoso sobre os empreendimentos e, no caso dos outros, a ignorância leva à decisão e o cálculo à hesitação...

41. Em resumo digo que, como cidade, somos a escola da Hélade e que, individualmente, penso eu, um mesmo homem se mostra auto-suficiente para adaptar-se com graça à maioria das situações. Que isso não é mera jactância momentânea, mas uma questão de fato, prova-o o poder da cidade, adquirido através desses hábitos. Única entre suas contemporâneas, quando posta à prova, Atenas se revela maior que sua reputação e apenas ela não dá aos inimigos motivo de irritarem-se diante do antagonista por quem foram derrotados nem a seus súditos de reclamarem de que ela não merece o mando. Ao contrário, nós teremos a admiração da nossa geração e das vindouras porque não deixamos sem testemunho a nossa força, mas a exibimos com provas rigorosas e, longe de precisarmos de um Homero como nosso panegirista ou outro de seu ofício cujos versos poderiam encantar por um momento apenas, causando uma impressão que desapareceria sob a verdade dos fatos, forçamos todo o mar e toda a terra a abrirem-se para nossa audácia e, por toda a parte, seja para o bem ou para o mal, deixamos atrás de nós monu-

mentos imperecíveis. Tal é a Atenas por quem estes homens, afirmando estarem decididos a não perdê-la, nobremente lutaram e morreram e é natural que cada um dos que a eles sobreviveram estejam prontos a sofrer em sua defesa.

42. Demorei-me falando do caráter de nossa cidade para demonstrar que o penhor de nossa luta não é o mesmo que o daqueles que nada disso têm e, ao mesmo tempo, para através de provas tornar evidente o nosso elogio. Este panegírico está agora em grande medida terminado, pois a Atenas que celebrei é apenas o que o heroísmo destes e seus iguais fizeram, homens cuja fama, ao contrário daquela da maioria dos helenos, só se revelará comensurável com seus méritos. A cena final da vida deles hoje evidencia, parece-me, sua excelência viril, não só quando em alguns casos impõe um selo final ao mérito deles, mas também quando dá o primeiro sinal de que alguns o têm. E para o que sob outros aspectos foram inferiores é justo pôr-lhes à frente, como um anteparo, a coragem que nos combates tiveram em defesa da pátria, já que a boa ação apagou a má e seus méritos como cidadãos mais que compensaram seus deméritos como indivíduos. Nenhum deles, porém, permitiu que com sua perspectiva de gozos futuros a riqueza lhe fizesse amolecer o ânimo ou a pobreza com sua esperança de um dia de liberdade e abundância o tentasse a adiar o risco. Não! Julgando que a vingança sobre os inimigos era mais desejável que esses bens e reconhecendo nela o mais glorioso dos riscos, determinaram-se jubilosamente a aceitá-los, garantir a vingança e deixar seus desejos à espera e, entregando à esperança a incerteza do sucesso futuro, na situação que tinham diante de si, julgaram mais apropriado agir com ousadia e confiar em si mesmos. Preferindo, assim, morrer resistindo a viver submetendo-se, fugiram apenas da desonra, mas enfrentaram o perigo face a face e, num instante mínimo da sorte, eles se foram embora mais no auge da fama que do medo.

43. Assim morreram estes homens como fica bem a atenienses. Vós, que a eles sobrevivestes, deveis determinar-vos a ter na batalha uma resolução igualmente inabalável, embora possais rogar que ela tenha desfecho feliz. Não vos contentando com as idéias que derivam apenas de palavras sobre as vantagens que estão ligadas à defesa de vosso país, embora sobre elas alguém possa alongar-se, mesmo diante de uma audiência não menos atilada que ele, deveis ter consciência do poderio de Atenas e com ela nutrir vosso olhar, dia após dia, até vos tornardes um *erastés* dela. Então, quando toda a sua grandeza se revelar a vós, deveis refletir que foi por coragem, sentido do dever e agudo sentimento de honra na ação que homens puderam conquistar tudo isso e que nenhum fracasso pessoal em um empreendimento poderia fazer com que consentissem em privar sua terra de sua *areté* e, ao contrário, depositaram-na aos pés dela como a mais gloriosa contribuição que lhe podiam oferecer. Por essa oferenda de suas vidas, feita em comum por todos eles, cada um, individualmente, recebeu aquele renome que nunca envelhece e que é o mais insígne, o túmulo, não aquele onde estão depositados seus ossos, mas aquele onde jaz sua glória para ser lembrada eternamente a cada ocasião em que um feito ou relato exija sua comemoração. Os heróis têm como tumba a terra inteira; e em países distantes do seu, onde a coluna com seu epitáfio o declara, há entesourado em cada peito um registro não escrito, sem nenhuma inscrição para

preservá-lo, a não ser a do coração. Tomai-os como vosso modelo e, julgando felicidade a liberdade e liberdade a coragem, não desprezeis os perigos da guerra. Não são os que vivem mal os que com maior justiça deixam de poupar suas vidas, pois eles nada têm a esperar, mas aqueles a quem a continuação da vida pode trazer reveses ainda desconhecidos e a quem, no caso de um tropeço, as diferenças serão maiores. Com certeza, para um homem de espírito altivo, a degradação da covardia deve ser imensamente mais dolorosa que a morte que ocorre sem ser percebida, quando ele tem energia e esperança no que se refere à sua comunidade.

44. Consolo, portanto, e não condolências, é o que tenho a oferecer aos pais dos mortos, aqui presentes. Inúmeros são os acasos aos quais, como eles sabem, a vida do homem está sujeita. Afortunados são aqueles a quem coube por sorte uma morte tão gloriosa como a que causou o vosso luto e para quem a vida foi tão bem calculada que a felicidade coincide com o fim. Mesmo assim sei que isso é difícil de dizer, especialmente porque estamos falando daqueles de quem sempre lembrareis, vendo em lares de outros as alegrias de que há pouco vos orgulháveis. Não sentimos tanto pesar por aquilo que jamais tivemos quanto pela perda daquilo a que há muito estávamos acostumados. No entanto, vós que tendes ainda idade para ter filhos deveis animar-vos na esperança de que tereis outros filhos para ocupar o lugar deles. Estes não só vos ajudarão a esquecer os que perdestes, mas para a cidade será reforço e segurança, pois não é capaz de deliberar com eqüidade e justiça quem não corre, em pé de igualdade com os outros, o risco de perder também os filhos. E, dentre vós, os que já passaram da idade devem congratular-se com a lembrança de que a melhor parte de sua vida foi afortunada e o pouco que resta será alegrado pela fama dos que partiram. Apenas o amor à honra nunca envelhece e, na idade estéril, é a honra e não o ganho, como querem alguns, que rejubila o coração.

45. Dirigindo-me aos filhos e irmãos dos mortos, vejo uma árdua batalha diante de vós. Quando um homem se vai, todos costumam louvá-lo e, por mais destacada que vossa *areté* venha a ser, vereis como é difícil não apenas superar, mas até se aproximar do renome dele. Para quem está vivo a inveja se dirige ao rival e os que não se põem como empecilho são homenageados com uma boa vontade em que a rivalidade não tem lugar. Por outro lado, se devo dizer alguma coisa sobre o tema da *areté* feminina para aquelas que, dentre vós, estão na viuvez, tudo estará incluído nesta breve exortação. Grande será vossa glória, se não ficardes aquém de vosso caráter natural, e maior será a de quem menos se falar entre os homens, para bem ou para mal.

46. Minha tarefa agora está terminada. Desempenhei-a segundo o melhor de minha capacidade, e pelo menos em palavras as exigências da lei já estão satisfeitas. Se se trata de feitos, aqueles que aqui estão enterrados já receberam parte de suas homenagens e os que eles deixaram serão criados até a vida adulta às expensas do povo. A cidade oferece assim um prêmio valioso como coroa da vitória nesta disputa de valor, recompensa tanto para os que tombaram como para sobreviventes. Lá onde são maiores os prêmios pela *areté* estão os melhores cidadãos.

E agora que já chorastes aquele a quem devíeis chorar, parti. (Tucídides, *A Guerra do Peloponeso*, 2.36-46).

1
O ambiente físico

O mundo grego

1.1 Em 480, os persas destruíram a cidade de Atenas, mas depois, nesse mesmo ano, viram-se inesperadamente derrotados em uma batalha naval ao largo da ilha de Salamina. Na primavera seguinte, ofereceram uma aliança aos atenienses e estes descobriram que seus próprios aliados gregos temiam que eles a pudessem aceitar. Segundo o historiador Heródoto, os atenienses os tranqüilizam quanto a essas suspeitas infundadas com as seguintes palavras:

> Se nos oferecessem todo o ouro do mundo, ou a terra mais bela e fértil que se possa imaginar, nunca estaríamos dispostos a juntar-nos ao nosso inimigo comum e participar da escravização da Grécia... em primeiro lugar, há o incêndio e a destruição de nossos templos e das imagens de nossos deuses que mais nos compelem a exigir de quem fez isso a maior vingança que a fazer acordo com eles. Depois, há a nossa herança grega – os laços de sangue e idioma, nossos altares e sacrifícios sagrados e nosso modo de vida comum, e trair tudo isso não ficaria bem para Atenas... enquanto sobreviver um único ateniense, não haverá acordo com Xerxes. (Heródoto, *Histórias*, 8.144; ver I.H.18-19).

Ser grego era participar de uma mesma visão de mundo mais que de um território comum, e em larga medida a mesma atitude prevalece hoje. Basta lembrar que, nos tempos modernos, o nome oficial do rei da Grécia não era "Rei da Hélade", mas "Rei dos Helenos".

1.2 Na Antiguidade, o mundo grego nunca abrangeu o mesmo território que a Grécia moderna, mas era, ao mesmo tempo, mais extenso e mais fragmentado. A Grécia estava onde quer que o grego fosse falado e muitos gregos estabeleceram-se longe de sua terra de origem. Pequenas comunidades independentes foram estabelecidas no oeste, sul da Itália e Sicília, sul da França e da Espanha, e no leste, ao longo da costa da Turquia moderna, ao sul chegando até a Líbia e Egito e, ao norte, até o mar Negro (5.75). Já no século VIII, os gregos estavam acostumados a ouvir relatos sobre lugares longínquos, como os que se encontram no antigo poema épico, a *Odisséia* de Homero, e, após um período de intensa colonização no exterior que espalhou famílias gregas pelo Mediterrâneo e além dele (*c.* 750-550), as histórias de viajantes e informações mais autênticas ampliaram seus horizontes quer com fatos quer com fantasias. Mas a experiência da vasta maioria dos gregos era muito limitada. Comparativamente, poucos eram mercadores, viajantes ou emigrados e, para a maioria, a vida era limitada por suas necessidades imediatas, pelas tarefas que durante todo o ano o trabalho da terra familiar lhes impunha e pelas barreiras físicas da paisagem que os cercava.

Paisagem

1.3 São duas as principais características da paisagem da Grécia e áreas circunvizinhas: as montanhas e o mar. As cores dominantes são o cinzento do calcário, o verde e o castanho da vegetação e o azul do mar e do céu. As montanhas isolam umas das outras as pequenas porções de planície e espalham-se em cadeias complexas que dominam constantemente o horizonte. Embora em sua maioria não sejam altas, há algumas que são conhecidas por sua altitude, como o monte Olimpo ao norte, 2.917 metros, e a cadeia do Taigeto de cujo cimo se vê Esparta, 2.407 metros (cf. o Ben Nevis, 1.342 metros, e o monte Whitney, na Califórnia – montanha mais alta dos Estados Unidos, sem contar o Alasca –, 4.418 metros). A presença das montanhas e a dificuldade de comunicação causada por elas devem ter impedido a unidade política e ajudado a entrincheirar os gregos em pequenos povoados independentes que se tornaram a marca distintiva da vida grega clássica. Um povoado e a área que o rodeava eram chamados de *pólis* (plural, *póleis*). As colinas baixas e cobertas de bosques que formavam os limites dessas *póleis* foram suas fronteiras reais e permitiram que as comunidades se desenvolvessem separadamente, mesmo estando fisicamente próximas; para um viajante, a *pólis* de Mégara estava a apenas cinqüenta quilômetros de Atenas, a de Tebas, a setenta, e a de Corinto, a cem. Com seus recursos limitados, era raro que uma *pólis* crescesse até um tamanho considerável; só Atenas era o centro urbano de uma *pólis* anormalmente grande que abrangia toda a Ática (2.500 quilômetros quadrados) (cf. 4.8). Algumas ilhas compreendiam uma única *pólis*, mas não era impossível que numa ilha grande houvesse mais de uma (por exemplo, em Lesbos, com 1.630 quilômetros quadrados, havia cinco *póleis*).

O ambiente físico 63

1.4 A maioria dos povoados estava situada nas planícies, onde um solo razoavelmente fértil sustentava várias culturas. Os rios que corriam através das planícies podiam secar no verão e transbordar no inverno, de modo que com freqüência os gregos não podiam usá-los para a navegação. Contudo, por ser o litoral profundamente recortado por golfos e promontórios, nenhum ponto do território grego continental está a mais de sessenta quilômetros do mar, de modo que a comunicação se fazia pelas águas do mar e não pelos rios. Não acontecia que navegando naquelas águas os marinheiros perdessem a terra de vista por muito tempo e os marcos terrestres e ilhas ofereciam alguma proteção contra condições de insegurança. Em todo caso, era a própria existência dessas ilhas, os penhascos abruptos e o litoral recortado que criavam perigosas correntes e sumidouros e transformavam a navegação numa atividade arriscada.

Clima

1.5 Com exceção de algumas áreas montanhosas do Peloponeso central e de Creta, o sul da Grécia goza do tipo de clima chamado de "mediterrâneo": chuvas de inverno e secas de verão. No inverno, as chuvas são pesadas mas intermitentes e há muitos dias em que o céu está claro, o sol quente e a brisa apenas fresca, embora o vento do norte tenha às vezes algo do gelo que o caracteriza nos países mais ao norte. No verão, praticamente não chove por dois a quatro meses, exceto um ou outro temporal ou uma breve neblina, e o intenso calor do meio-dia pode levar a uma paralisação das atividades. No entanto, por cerca de quarenta dias, na segunda metade do verão, o ar quente que se eleva sobre o Saara traz o ar frio da Europa para o Egeu, fazendo com que o mar fique tormentoso, difícil a navegação a vela e quase impossível o tráfego marítimo para o norte; são os "etésios", ventos fortes e constantes, que os gregos de hoje chamam de *meltemi*.

1.6 Até a introdução da moderna indústria pesada, a atmosfera tinha por toda a parte uma penetrante claridade que tornava mais nítidas as linhas da paisagem e dos edifícios, permitindo que objetos distantes fossem avistados: da Acrópole ateniense podia-se ver a cidadela de Corinto (mais de oitenta quilômetros) e do cabo Sunion a ilha de Melos (mais de cem quilômetros). Ao contrário do frio da Europa do norte que convida a uma existência íntima, dentro de casa, o clima mediterrâneo estimula os homens a passar a vida fora de casa, sob a constante observação dos outros, e os faz sentir obrigados a ter êxito diante dos outros e a temer a vergonha pública do fracasso (cf. 3.9). O efeito do clima sobre todo o caráter do povo grego foi comentado por muitos escritores. Aqui está Aristóteles, falando num tom chauvinista:

Os povos que vivem nos climas frios e nas áreas européias são cheios de energia, mas um tanto carentes de inteligência e habilidade; em geral, portanto, conservam a liberdade, mas carecem de organização política e de capacidade de controlar seus vizinhos. Os povos da Ásia, por outro lado, são mais bem dotados de intelecto e habilidade, mas carecem de energia e, por isso, permanecem submetidos politicamente. Mas o povo da Grécia ocupa uma região geográfica média e, conseqüentemente, participam de ambas as características, energia e inteligência. Conservam, portanto, sua liberdade e têm a melhor das instituições políticas e, se fossem capazes de alcançar a unidade política, poderiam dominar o resto do mundo. (Aristóteles, *Política*, 7.7, 1327b) (Cf. P.1; I.H.72.)

Matérias-primas

1.7 Os três recursos naturais mais importantes dos gregos eram a pedra de construção, a argila e a madeira. A pedra de construção era principalmente a calcária, mas, em algumas áreas (como a ilha de Paros e as colinas da Ática), encontrava-se mármore de alta qualidade. A argila era usada na confecção de cerâmica, telhas, decoração arquitetônica, esculturas em escala reduzida e, especialmente, para tijolos de barro cru secado ao sol, material de construção quase universal para casas, utilizado até mesmo em muralhas de fortificação. A madeira, abundante até o século passado, era

1:1 Uma olaria no subúrbio de Maroussi, na Atenas moderna.

1:2 Operário quebrando mármore numa pedreira em Penteli, Atenas.

usada em grandes quantidades na construção de casas, como componente dos edifícios maiores, tanto públicos como particulares, e também como combustível. Para madeira de barcos, porém, Atenas dependia muito de fontes do exterior, principalmente dos reis da Macedônia, onde as altas montanhas produziam os pinheiros e abetos de que necessitavam (4.57).

1.8 Os metais, porém, eram raros. O cobre era importado principalmente do Chipre. Foi o primeiro metal a ser fundido e *khalkeús* – "trabalhador em cobre" (de *khalkós*, "cobre") – foi a palavra que passou a ser usada para todos os trabalhadores em metal. A prata (juntamente com o chumbo) era extraída no sul da Ática (ver 1.19) e também na ilha de Sifnos; o ouro, na Trácia, ao norte do Egeu, e também em Sifnos. Ambos os metais eram usados na confecção de moedas e objetos de luxo. O ferro, embora ocorra esporadicamente na Grécia continental, era minerado apenas em alguns lugares (na Lacônia, por exemplo) e pode ter sido importado das ilhas, da Trácia ou do oeste. O estanho, usado com o cobre na fabricação de bronze para armaduras, estátuas, recipientes etc., não é um recurso natural na Grécia e, com toda probabilidade, inicialmente foi fornecido pelos fenícios.

Vegetação

1.9 Enquanto as planícies proporcionavam algumas áreas de alta fertilidade que produziam frutos suculentos, os solos pouco profundos por

66 *O mundo de Atenas*

1:3 Colheita de uvas. Fim do séc. VI.

entre as pedras nuas das colinas sustentavam árvores e flores selvagens, mato rasteiro e arbustos, mas em geral não prestavam para o cultivo. Para aumentar a área de terra cultivável, adotou-se o terraceamento, provavelmente tão comum na Grécia de então como na moderna, muito embora, mesmo assim, apenas 20% da área total das terras fosse apta para produzir as colheitas mais importantes: de cereais, oliveiras e vinhas.

Os gregos sabiam que suas terras eram improdutivas. Isso pode ser ilustrado por um trecho de Xenofonte, que regressava após um ano na Pérsia como mercenário (I.H.61). Nessa passagem ele tece alto elogio à localidade de Calpe (hoje Kerpe), na costa sul do mar Negro, cujas características e recursos naturais os gregos apreciavam muito:

> O porto de Calpe está a meio caminho da viagem entre Heracléia e Bizâncio e é um pedaço de terra que se projeta sobre o mar e, no lado voltado para as águas, é um penhasco precípite, cuja altura mínima é de 35 metros enquanto o istmo que o liga ao continente tem cerca de 120 metros de largura. A área desse istmo em face do mar é grande o bastante para abrigar uma população de dez mil habitantes. O porto fica logo ao pé do penhasco e a baía volta-se para o oeste. Há uma fonte abundante de água doce bem junto ao mar, dominada pelo promontório. Há muitas espécies de árvores e em especial, junto ao mar, muitas árvores cuja madeira é boa para os navios. A montanha estende-se por cerca de três quilômetros terra adentro e o solo é bom e livre de pedras; no litoral, a terra é coberta por espessos bosques com grandes árvores de todo tipo, numa extensão de mais de três quilômetros. Há ainda mais terras boas, com muitas aldeias habitadas. A terra produz cevada e trigo, todos os tipos de legumes e verduras, maçãs, sésamo, feijão, muitos figos e grande quantidade de vinhas das quais se tira um bom vinho doce e, de fato, tudo, exceto olivais. (Xenofonte, *Anábasis*, 6.4.36)

1:4 Um sátiro pisa uvas numa cuba.

1:5 Trabalho numa prensa de azeitonas. Início do séc. V.

É até possível que Xenofonte esteja indicando Calpe como lugar ideal para uma nova colônia grega, já que ela oferecia quase todas as condições para uma existência pacífica e produtiva e também para o comércio; as olivas, item que lhe faltava, podiam ser adquiridas no comércio com Atenas, que as exportava em larga escala (ver 1.20).

Agricultura

1.10 A posse da terra, restrita aos membros plenos de uma comunidade, era fundamental para a sociedade grega. Em geral, a riqueza baseava-se na terra e, por isso, os cuidados com a terra dos ancestrais, bem como

68 *O mundo de Atenas*

1:6 O lavrador com o arado e a junta de bois. Fim do séc. VI.

com as associações religiosas dos templos nela existentes, eram prioritários (cf. 4.13). Para o camponês agricultor com sua pequena propriedade e para o aristocrata com suas glebas mais vastas, a garantia de subsistência e do status aos olhos dos demais dependia da manutenção de suas propriedades que tinham herdado (cf. 4.49 ss.).

1.11 Para a maioria dos gregos, a subsistência vinha da lavoura e o ano devia seguir um padrão regular, marcado não pelos meses do ano, mas pelas estações que exigiam tarefas diferentes e pelos fenômenos que marcavam o início de mudanças no tempo, por exemplo o aspecto e a posição das estrelas mais importantes e das constelações. Os grandes acontecimentos do ano eram a vindima de setembro, a lavra e a semeadura em outubro e novembro, a colheita de azeitonas em novembro e a safra de grãos em maio (cf. 4.52). Embora houvesse ocasionais períodos de lazer, para que a lavoura sobrevivesse eram poucos os períodos prolongados de repouso, e os vários festivais de ação de graças que pontuavam o ano eram expressão de real gratidão para com os deuses, se o alimento para o ano vindouro estava garantido e, se os participantes humanos se divertiam, isso refletia um compreensível sentimento de alívio (cf. 2.6). Era nas ocasiões festivas que os fiéis podiam oferecer um animal valioso em sacrifício – que servia como alimento para eles, já que os deuses deviam contentar-se com o aroma do cozimento (cf. 2.28 ss.). A alimentação quotidiana consistia principalmente em pão e hortaliças e, em certas ocasiões, mesmo essa parca ração podia não ser suficiente. Apolodoro sublinha como era grave ter um ano ruim: "minha terra não só não teve produção alguma, mas naquele ano, como todos vós sabeis, até a água secou nos poços de modo que nem uma planta cresceu na horta" ([Demóstenes] (*Contra Pólicles*), 50.61). A ausência de um cidadão agricultor, participante de uma campanha militar, que normalmente acontecia durante o verão, podia ameaçar a própria sobrevivência de sua família.

1.12 A divisão das áreas rurais gregas em montanhas cobertas de árvores, colinas cobertas de vegetação rasteira e planícies cultiváveis nos vales determinava para os gregos os tipos de lavoura. As terras aráveis eram semeadas principalmente com cevada, que resiste mais à seca que o trigo e cresce em solos relativamente pobres. Os dois outros produtos da "tríade mediterrânea" eram as vinhas e os olivais que, em especial, eram capazes de sobreviver em solo pobre. Se imaginarmos uma quinta grega, haverá a casa e, ao seu lado, a horta e o pomar, os porcos e as galinhas e, depois, o desenho irregular dos campos espalhando-se para longe, com regos e sulcos dividindo a terra em vinhedos e olivais, e também com cereais crescendo entre as árvores. Nos espaços abertos expostos ao vento, o lavrador dispõe seus terreiros de debulha. A propriedade inteira está salpicada de incômodos rochedos que se projetam para fora da fina cobertura de solo. Em uma comédia do ateniense Menandro, soa como verdadeira a caracterização do agricultor:

> Pobre coitado, que vida! É um típico lavrador da Ática,
> Lutando com as pedras que não rendem senão salsa e sálvia
> E não tirando daí mais que dores e penas.
> (Menandro, *Dýskolos*, 604-6)

As pedras eram às vezes empilhadas em montes que passavam a ser tratados como marcos sagrados.

1.13 A maior parte da propriedade eram campos plantados de cereais, as pastagens eram pobres, mais distantes e escassas. Por isso o gado era pouco numeroso e nele o boi era o animal mais útil para o trabalho pesado na lavoura e para o lento e caro transporte de cargas. Os cavalos eram sinal de riqueza de seu proprietário que os usava para caçadas e corridas. Eram animais cujo sustento era caro, pois, para manterem-se em boas condições, precisavam alimentar-se com cereais que, em geral, eram reservados para o consumo humano. Os arreios eram rudimentares e, quando o cavalo baixava a cabeça no movimento de tração, eles logo o sufocavam. O cavalo, portanto, era inadequado para o trabalho pesado de tração, quer na lavoura, quer nas estradas, e a ausência de estribos limitava a sua utilidade na guerra (pois os cavaleiros, não apoiados em estribos, eram desmontados com facilidade) (cf. 6.16). Apenas nas partes mais férteis do norte da Grécia (na Tessália e mais além) os cavalos eram criados em número apreciável. No campo e nas estradas da época, viam-se freqüentemente mulas e asnos. Os pastos ficavam à disposição das ovelhas e das cabras que, no verão, eram conduzidas para o alto das montanhas, onde os pastores viviam sozinhos, longe de todos, enquanto no inverno eram trazidas de volta para a proteção dos vales. Ovelhas e cabras, não as vacas, forneciam leite e queijo. Hipócrates advertia contra o consumo de leite de vaca. Indícios biológicos modernos mostram que os europeus do norte passaram por uma adaptação especial para poder digeri-lo. As ovelhas de pêlo curto forneciam uma valiosa lã macia que produzia um tecido excelente. Mais comuns eram as ovelhas de pêlo comprido, mais grosseiro. Dos animais selvagens que vagavam pelas colinas, os mais comuns eram as lebres e os cervos, embora javalis e ursos selvagens pudessem ser encontrados nas regiões de mata mais cerrada e mesmo os leões não fossem desconhecidos.

Viagens e comunicações

1.14 Porque não havia estradas adequadamente niveladas e, por natureza, o terreno grego era difícil, as viagens para o exterior eram árduas e exigiam muitos cuidados. A maioria das pessoas permanecia perto de casa, indo até as cidades ou até a aldeia local para o mercado, ou até as lavouras para suas tarefas diárias. Muitos consideravam a caminhada de sete quilômetros de Atenas ao Pireu e a viagem de volta como uma excursão de todos os dias (cf. 1.24). As pessoas viajavam também de carroça e vêem-se as filas dos animais de tiro utilizados quando Nausica leva até a praia suas companheiras e a roupa do palácio a ser lavada em uma carroça puxada por mulas (Homero, *Odisséia*, 6.36-92), quando o rei numa viagem em uma carroça puxada por cavalos foi encontrado e morto por seu filho Édipo (Sófocles, *Édipo-Rei*, 800-13) e quando Cléobis e Bíton tomam o lugar dos bois que não haviam chegado para levar a mãe a um festival no santuário de Hera, de quem era sacerdotisa (Heródoto, *Histórias*, 1.31). As carruagens puxadas por cavalos, mais leves e manobráveis, eram exclusividade dos ricos e eram usadas em corridas e procissões. Para o transporte pesado, por exemplo para levar mercadorias tais como a produção agrícola, eram necessários carros de boi que, não tendo eixos rotatórios para fazer curvas, não eram usados fora das regiões planas. Animais de carga transportavam mercadorias a longas distâncias e por terrenos acidentados.

1.15 Para o transporte de todo tipo, portanto, o mar era a opção usual. Embora muitas áreas fossem auto-suficientes e não tivessem necessidade do mar, Atenas era a exceção, pois a quantidade de cereais cultivados na Ática não bastava para a população urbana, fazendo com que a cidade

1:7 Um pesado cargueiro e um navio de guerra birreme. Fim do séc. VI.

fosse particularmente dependente dos grãos que vinham do ultramar (cf. 5.74 ss.). Poucas viagens eram feitas por prazer, pois os piratas eram uma constante fonte de perigo. Tampouco era possível viajar por mar durante todo o ano (1.5, 2.25). As ilhas situadas no Egeu permitiam que os marinheiros traçassem suas rotas tendo pontos fixos como referência, mas os mercadores não evitavam o mar aberto. Os lentos e largos navios de carga dependiam de velas e de vento e deslocavam-se a uma velocidade média de cinco nós. O *Victory* de Nelson, navio de guerra a vela, muito maior e mais pesado, fazia em média sete nós. Os barcos movidos a remo eram mais rápidos que os a vela, mas seu casco mais leve e a presença dos remadores os faziam mais apropriados para uso em tempo de guerra. A trirreme, com 170 remadores, era a melhor e a mais rápida nave de guerra do período clássico e podia alcançar uma velocidade de sete a oito nós de rendimento constante, ou até treze nós num impulso curto de dez a vinte minutos. Os cargueiros gregos, com menor número de tripulantes e carga pesada, não tinham razão para racionar o suprimento de comida e água e, por isso, podiam navegar por vários dias sem aportar em terra; os barcos de guerra, que tinham tripulação de cerca de duzentos homens e precisavam ser o mais leve possível, transportavam poucas provisões e precisavam ancorar com freqüência para permitir que os remadores comessem e descansassem (cf. 6.31 ss.).

1.16 Quando era preciso transmitir informações com rapidez, podia-se usar um corredor, ou fogueiras de sinalização, ou um barco rápido. O corredor mais famoso foi Fidípides que, em dois dias, correu os 250 quilômetros de Atenas a Esparta para pedir ajuda contra os persas que haviam desembarcado em Maratona (I.H.13). Sinais de fogo eram usados para

1:8 Região campestre da Ática com oliveiras.

transmitir mensagens em tempo de guerra, por exemplo para avisar uma cidade de um ataque (cf. 1.24), e Tucídides dá um exemplo de utilização de um barco rápido quando a decisão de matar o povo de Mitilene, na ilha de Lesbos, foi revogada pela assembléia ateniense (ver I.H.38):

> Outra trirreme foi imediatamente despachada às pressas, por medo de que a primeira chegasse antes dela e, quando chegasse, encontrasse a cidade destruída... Durante a viagem tal era o esforço dos tripulantes que eles tomavam suas refeições (uma mistura de cevada, azeite e vinho) enquanto remavam e se revezavam no remar e dormir. Tiveram a sorte de não encontrar ventos contrários e, como o primeiro navio não tinha pressa de cumprir sua missão monstruosa e o segundo se apressava da maneira descrita, o primeiro chegou muito pouco antes e Paques teve apenas tempo de ler o decreto e preparar-se para executar sua sentença quando o segundo aportou e evitou o massacre. (Tucídides, *A Guerra do Peloponeso*, 3.49, I.H.38)

A Ática

1.17 O promontório de forma aproximadamente triangular da Ática está situado no extremo sudeste da Grécia central e estende-se por uma área de 2.500 quilômetros quadrados (tamanho atual do Principado de Luxemburgo e pouco maior que o estado americano de Rhode Island). Dois lados do triângulo são banhados pelo mar e o terceiro, a noroeste, é limitado pelas montanhas de Citerão e Parnes que isolam efetivamente a Ática da Beócia e do resto da Grécia central. Embora basicamente seja uma região de colinas, outras quatro áreas montanhosas (Egáleon, Pentélico, Himeto e Láurion) ajudam a demarcar três grandes planícies: a planície Triásia a oeste, a planície de Atenas e Mesogéia (ver mapa 3).

1.18 A Ática era relativamente rica em matérias-primas; tinha argila em abundância e uma grande variedade de pedras para construção. Os mármores de alta qualidade, extraídos do sopé dos montes Pentélico e Himeto, eram usados em construções excepcionalmente, o primeiro branco e claro, emprestando precisão às linhas dos edifícios em que era usado, o segundo de uma coloração azulada. Entre os calcáreos mais grosseiros, havia o duro calcáreo "Acrópole", cinza-azulado, o eleusino negro-azulado, o Cara cinza-amarelado proveniente de Himeto e o calcáreo mais mole da região do Pireu, mais maleável e por isso mais popular. O Himeto fornecia também um conglomerado avermelhado que era um concreto natural que veio a ser muito usado em fundações. Um calcáreo castanho mais leve era importado da vizinha ilha de Egina. Embora o Partenon na Acrópole de Atenas seja um supremo exemplo do que pode ser feito com mármore pentélico, quando usado para a estrutura, para escultura arquitetônica e até para telhas, sua qualidade excepcional é enfatizada pela comparação com as ruínas dos prédios da praça do mercado que oferecem uma imagem mais variada e fiel da diversidade de texturas e cores das pedras de construção da Ática (5.87).

1.19 A prata era o metal mais valioso extraído na Ática, no Láurion. Explorados extensivamente pela primeira vez logo antes da batalha naval de

1:9 Reconstrução (desenho) do local da lavagem do minério das minas de prata do Láurion no sudeste da Ática.

Salamina contra os persas, em 480, esses ricos veios forneceram o dinheiro para a construção da frota de Atenas e eram a base do poderio ateniense. O chumbo era extraído juntamente com a prata no Láurion, mas, a despeito da existência de ferro na mesma região, os gregos não sabiam nada dessas jazidas e importavam do exterior o ferro de que precisavam (5.70).

1.20 A Ática está situada na parte mais seca da Grécia onde, nas colinas e montanhas, há solos particularmente pouco profundos, e era, em grande parte, coberta de oliveiras que resistem à seca; o povo da Ática era tão dependente das oliveiras que se dizia que elas foram um presente da deusa Atena à Ática e que lá crescera pela primeira vez. Com efeito, os lavradores da região concentravam sua atenção na plantação de oliveiras e vinhedos e, para sustentar os centros urbanos populosos como Atenas e Pireu, preferiam importar das terras em torno ao mar Negro, do norte da África e da Sicília os cereais de que necessitavam (5.74). Platão comparou a Ática ao "esqueleto de um corpo devastado pela doença; da terra tudo quanto era fértil e macio foi embora, dela só restando a carcaça" (*Crítias*, 111b-c). Apesar da imagem sombria de Platão, a Ática ainda tinha diversas árvores: plátanos, ciprestes e olmos, em Atenas, na praça do mercado, existiam árvores como essas e os bosques e fontes sagradas eram áreas mais verdes que o resto da paisagem rural.

1.21 No período entre *c*. 600 e 300, a Ática foi um estado independente, que tinha Atenas como centro urbano, e o povo da Ática, todo ele, era ateniense. Tratava-se de uma *pólis* excepcionalmente grande, embora houvesse apenas sessenta quilômetros desde o monte Parnes até o Súnion e quarenta desde Maratona até a costa diante da ilha de Salamina, que também pertencia a Atenas. Antes dessa unificação, sob a égide de Atenas, houvera um certo número de comunidades independentes espalhadas pela área rural e, mesmo depois que Atenas se tornou o centro, os pequenos povoados e aldeias, de certo modo, continuaram sendo os núcleos rurais das propriedades e aldeias à sua volta. As freguesias rurais e distritos locais (*dêmoi*) eram centros locais florescentes e alguns dos mais distantes tinham pouco contato com Atenas, estruturando suas vidas em torno aos núcleos mais antigos dirigidos pelas famílias aristocráticas que tinham suas propriedades nas vizinhanças e que antes haviam sido líderes locais (I.H.5). Ricos achados de escultura e cerâmica do século VI atestam que os povoados da Ática tinham nas proximidades propriedades de famílias aristocráticas. As distâncias, bem como o domínio que os laços de lealdade locais exerciam sobre as pessoas das regiões rurais, podem ter-lhes diminuído a vontade de participar das reuniões políticas em Atenas. Sua natural relutância a se desligarem de suas raízes nas terras ancestrais e a se mudarem para a cidade no início da Guerra do Peloponeso foi observada por Tucídides (cf. 1.1):

Estavam com o coração pesado e relutavam a deixar seus lares e templos, com suas tradicionais e velhas instituições, a mudar seu modo de vida e a deixar para trás o que para eles era a sua cidade natal. (*A Guerra do Peloponeso*, 2.16)

Talvez os festivais mais importantes os atraíssem à cidade, mas a maioria dos centros rurais tinha seus próprios cultos, mercados e feiras que as pessoas da região estavam mais dispostas a freqüentar. Atenas não era necessariamente o lugar onde estavam suas devoções tradicionais (cf. 2.52).

1.22 Os povoados e aldeias da Ática tinham seu próprio caráter e sua própria identidade. O pequeno povoado fortificado de Elêusis, dezesseis quilômetros a oeste de Atenas, com seus Mistérios em homenagem a Deméter, deusa da agricultura, e a sua filha Perséfone, atraía milhares de fiéis (cf. 2.53); Acarnas, poucos quilômetros ao norte de Atenas, era famosa por carvoeiros que traziam lenha das encostas do vizinho monte Parnes; Tórico, na costa leste, ficava perto das instalações mineiras de Láurion e tinha uma aparência mais industrializada que as aldeias rurais. Mas resta pouco das grandes casas rurais e isso dificulta a compreensão moderna das povoações rurais.

1.23 No entanto, a cidade portuária do Pireu, a sete ou oito quilômetros a sudoeste de Atenas, é uma exceção. Foi apenas no início do século V que os atenienses abandonaram seu antigo ancoradouro da baía de Falero, onde fundeavam seus navios, mas em poucos anos estabeleceram o porto de Pireu no vizinho promontório de Acte. Havia três ancoradouros: Cântaro, a oeste, que era o ancoradouro principal e entreposto comercial, com um mercado no lado leste e o *deîgma*, lugar para exposição das mercadorias, e dois ancoradouros menores a leste, Zea e Muni, para os navios de guerra; os três eram famosos por seus esplêndidos estaleiros. Mais tarde nesse mesmo século, nessa área, foram construídas ruas paralelas que se cortavam em ângulo reto, segundo plano de Hipódamo, nascido em Mileto, na costa oeste da Ásia Menor, onde um plano de ruas parecido também fora usado. Em comparação com Atenas, a apenas sete quilômetros de distância, o Pireu deve ter parecido uma cidade rigidamente organizada, com ruas retas, casas bem situadas e áreas públicas abertas. Além das instalações navais, a cidade exibia muitos dos atrativos que Atenas possuía, inclusive um conjunto de fortificações necessárias para proteger o comércio ateniense. Em meados do século V, o porto foi ligado a Atenas pelos Grandes Muros, um feito de engenharia nada desprezível, dado que era grande o tamanho da obra e o terreno vizinho do Pireu era pantanoso. A população da cidade era mista, pois não só mercadores estrangeiros nela moravam, mas também muitos dos estrangeiros residentes de Atenas (*métoikoi*) – alguns dos quais eram responsáveis pelo comércio de Atenas e dirigiam negócios como fábricas de armamentos e bancos – viviam no porto; os *métoikoi* podiam também ser comerciantes cerealistas ou exercer ofícios como o de padeiro ou de pisoador (cf. 4.3, 55, 67 ss.).

1.24 Essa mistura de populações significava que os templos e santuários que se espalhavam pela cidade portuária exibiam uma maior variedade de crenças que os lugares menos acessíveis à influência estrangeira, e divindades não-gregas, como Bêndis e Cibele, lá tinham seus templos. Foi um festival da deusa trácia Bêndis que ocasionou uma visita de Sócrates e Glauco ao Pireu, narrada no início da *República* de Platão (2.46):

> Ontem desci ao Pireu com Glauco, filho de Áriston. Queria fazer uma oração à Deusa e também ver como fariam o festival, pois era a primeira vez que o celebravam. Devo dizer que achei esplêndida a procissão dos habitantes do local, embora não fosse menos a dos trácios. Depois de fazer nossas orações e ver o espetáculo, estávamos voltando à cidade quando Polemarco, filho de Céfalo, de longe avistou-nos indo para casa e mandou que seu escravo corresse para pedir-nos que o esperássemos. O escravo agarrou meu casaco por trás e disse: "Polemarco diz que deveis esperar". Voltei-me e perguntei-lhe onde estava o seu senhor. "Está vindo atrás", disse ele, "esperai." "Esperaremos", disse Glauco e logo depois Polemarco alcançou-nos. Com ele vinham Adimanto, irmão de Glauco, Nicérato, filho de Nícias e os outros todos que, pelo visto, haviam estado na procissão. (Platão, *República*, 1.327)

Embora a conversação na *República* seja imaginária, o cenário é bastante real e as personagens envolvidas pertenciam à mais alta sociedade ateniense do final do século V. Adimanto e Glauco eram os irmãos mais velhos de Platão e a origem da família deles remonta a meados do século VII. Nicérato era filho do político ateniense Nícias, que foi um dos comandantes militares da desastrada expedição ateniense à Sicília em 415 e cuja família era extremamente rica, tendo nos escravos sua principal fonte de renda. A família de Céfalo também possuía escravos e tinha uma lucrativa fábrica de armas no Pireu. O irmão de Polemarco era o orador Lísias. Embora Céfalo tenha sido convidado por Péricles a vir de Siracusa para Atenas, os membros de sua família não eram cidadãos, mas *métoikoi* cuja riqueza e posição social eram dignas de menção. Contrastando com isso, Sócrates, o narrador, era um homem pobre por livre vontade.

Como o Pireu era de vital interesse para a prosperidade e a segurança de Atenas, havia um sistema que permitia medidas rápidas no caso de um ataque. A seguir, Tucídides descreve um ataque surpresa ao Pireu, no início da Guerra do Peloponeso, em 429, que, se tivesse tido êxito, poderia ter levado ao imediato fim da guerra:

Cnemo e Brásidas e os outros chefes da frota peloponésia, a conselho dos megarenses, decidiram tentar um ataque ao Pireu, porto de Atenas que os atenienses – como era natural, em virtude de sua superioridade no mar – haviam deixado aberto e desprotegido. O plano era que cada marinheiro pegasse o seu remo, com o assento e o loro, e depois disso avançasse a pé na direção do mar no lado ateniense, tendo chegado a Mégara tão rápido quanto pudessem e arrastassem do estaleiro em Niséia até o mar os quarenta barcos que por acaso estavam lá e zarpassem direto para o Pireu... Chegaram à noite, arrastaram os barcos de Niséia e partiram não para o Pireu, como pretendiam originariamente, temendo o risco (e falou-se que o vento os impediu), mas para o promontório de Salamina que fica diante de Mégara... Enquanto isso, tochas foram acesas para advertir Atenas sobre o ataque e começou então o maior pânico da guerra. Os que estavam na cidade pensaram que o inimigo já havia chegado ao Pireu, os que estavam no Pireu acharam que Salamina caíra e que o ataque contra eles era iminente. De fato, se o inimigo houvesse resolvido ser um pouco mais audaz, isso poderia muito bem ter acontecido e vento algum o teria impedido. Ao romper da aurora, porém, os atenienses reuniram-se em massa no Pireu, arrastaram ao mar seus navios e embarcaram às pressas, zarpando com uma certa confusão para Salamina e deixando uma guarnição para guardar o Pireu. Quando os peloponésios souberam que o socorro estava a caminho, partiram às pressas para Niséia... Depois disso, os atenienses tomaram precauções mais estritas em relação ao Pireu, a partir de então fechando o ancoradouro e tomando outras medidas adequadas. (Tucídides, *A Guerra do Peloponeso*, 2.93)

A cidade de Atenas

Topografia

1.25 A planície de Atenas é a maior da Ática e é limitada a oeste, norte e leste por colinas (Egáleon, Parnaso, Pentélico e Himeto), mas no sul está aberta ao mar. Cerca de seis quilômetros terra adentro a partir do golfo de Sarônica, um abrupto rochedo calcáreo eleva-se a 120 metros acima da planície que o rodeia: a Acrópole (literalmente, "cidadela"), um refúgio natural em tempos de crise e local original da povoação que veio a ser a cidade de Atenas. Afloramentos rochosos – o Areópago ("o penhasco de Ares"), a Pnix (que os atenienses diziam significar "lugar cheio de gente") e as colinas das Ninfas e das Musas – surgem bem ao lado da Acrópole. A planície tem pouca água, mas dois rios sazonais, destruidores no inverno e muito reduzidos no verão, passam também perto da Acrópole: o Cefiso, a oeste, que nasce no monte Parnaso e deságua na baía de Falero, e o Ilisso, a leste, que nasce no monte Himeto e deságua no Cefiso; o córrego de Erídano é menor e corre para o Ilisso vindo do monte Licabeto, ao norte. A própria Acrópole o ano inteiro tem água que brota de fontes naturais nas

78 *O mundo de Atenas*

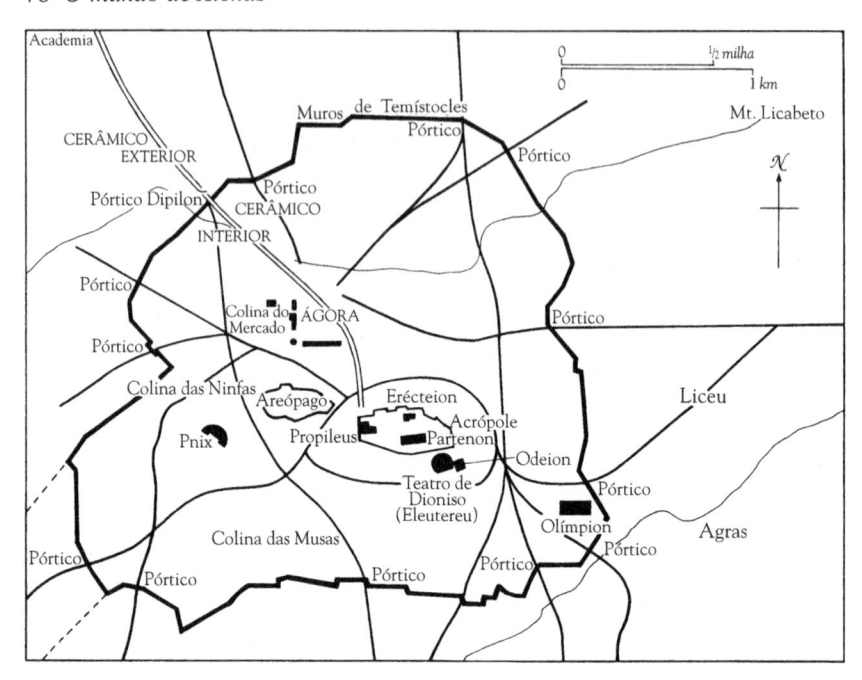

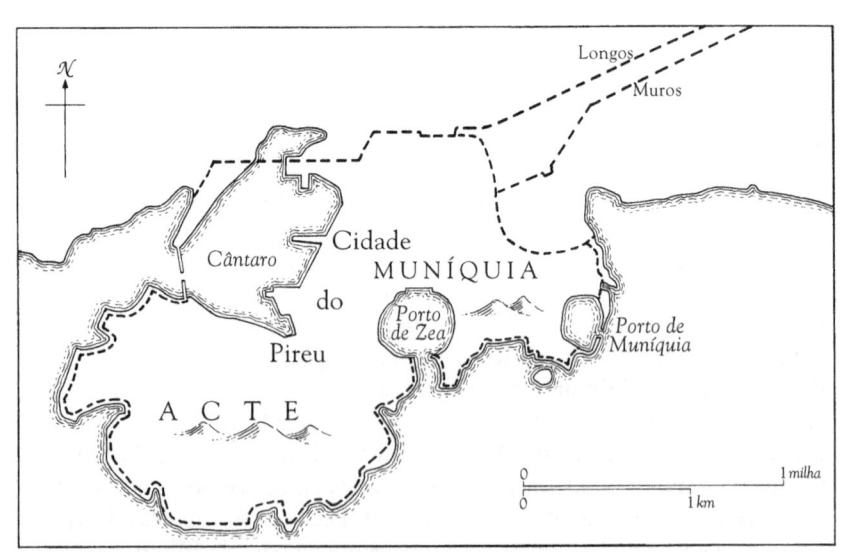

1:10 Planta de Atenas mostrando a linha do Muro de Temístocles e planta detalhada do Pireu mostrando os Muros do séc. IV.

O ambiente físico 79

1:11 Mulheres atenienses buscam água numa fonte pública (cf. 4:19). Final do séc. VI.

partes baixas da encosta, mas muitos poços cavados pelo homem mostram que em nenhuma época o suprimento natural de água bastou para as necessidades da população e, no final do século VI, reservatórios eram construídos para serem alimentados por dutos subterrâneos que traziam água de fora da cidade. Dicearco, um viajante que viu Atenas pela primeira vez no início do século III, descreve o cenário:

> Ele chega então à cidade de Atenas; a estrada é agradável; o terreno é cultivado ao longo de todo o caminho e tem uma aparência agradável. A cidade é toda seca, não bem servida de água; as ruas são mal traçadas, devido à sua antiguidade. A maioria das casas é pobre; poucas são cômodas. Estrangeiros, ao visitarem a cidade, podem ser tomados de súbita dúvida: Seria esta realmente a famosa cidade dos atenienses? Depois de algum tempo, porém, é bem possível que ele acredite.

Desenvolvimento até o início do século V

1.26 Já no período Neolítico Tardio (3500-3000) havia uma pequena comunidade florescente estabelecida em torno da Acrópole. Dois mil anos depois, um palácio com muralhas defensivas proclamava a importância que o local fora adquirindo aos poucos e, por volta de 1200, Atenas era uma das maiores povoações tanto na própria Ática como em toda a Grécia. Os membros da comunidade viviam em casas e cavernas em torno da base do rochedo e podiam ir para o alto dele em tempos de perigo, tendo lá de cima um acesso secreto à água contida no próprio rochedo.

1.27 Com o colapso da civilização micênica por volta de 1100, Atenas também sofreu um declínio e os vestígios que temos do local entre 1100 e

600 são escassos. Os indícios mais importantes deixados durante esses quinhentos anos são as tumbas encontradas a noroeste da Acrópole. Posto que as tumbas costumavam ser escavadas sob centros habitados, ao longo dos caminhos que saíam de uma cidade, a posição destas – situadas cada vez mais longe ao longo do vale do Erídano – dá uma indicação do tamanho cada vez maior da área habitada de Atenas. Em 600, a concentração da vida pública em torno da Acrópole e do Areópago fora dispersada. A Acrópole continuava sendo um foco, mas agora principalmente foco da vida religiosa da cidade, e as fendas e rochedos na escarpa do penhasco, que nos primeiros tempos haviam abrigado a população, tornam-se santuários dos cultos locais. Parte do terreno plano imediatamente ao norte do Areópago, que até *c.* 600 fora uma área de cultivo, residências particulares e túmulos familiares, agora tinha sido expropriada e se tornara a *agorá*, ou praça de reuniões para a comunidade em ocasiões formais e informais. E, assim como os cultos locais se desenvolveram em torno da Acrópole, os cultos aos heróis (ver 2.32) ficaram associados aos antigos túmulos nessa área da *agorá*. Essa área passou a ser centro de muitas das atividades comunais que constituíam a vida da cidade: religiosas, comerciais, políticas, legais e administrativas. Era o coração da comunidade, e os sentidos que outras palavras da mesma família de *agorá* carregam, como "falar em uma reunião pública" e "comprar", abrangem com precisão a variedade de atividades aí exercidas. Mais tarde, o poeta cômico Eubulo apresenta uma lista espirituosa dos artigos vendáveis:

> Encontrareis tudo sendo vendido no mesmo lugar em Atenas: figos, testemunhas de intimações, cachos de uvas, nabos, peras, maçãs, fornecedores de provas, rosas, nêsperas, mingau de aveia, favos de mel, grãos-de-bico, processos penais, pudins de ferrão de abelhas, murta, máquinas, urnas [para escolha de jurados], flores de íris, ovelhas, clepsidras [para a cronometragem de discursos nos tribunais], leis, acusações oficiais. (Eubulo, fr. 74)

As três personagens mais importantes do século VI da história ateniense, Sólon, Pisístrato e Clístenes, alteraram conscientemente a própria aparência da cidade de forma a refletir o desenvolvimento social e político. Sólon (ver I.H.7-8) foi, no sentido verdadeiro, o criador da primeira *agorá* e também o foi no sentido em que liberou o terreno para uso público e estabeleceu a área ao pé da encosta leste do Colono *Agoraîos* ("Colina do Mercado") como o centro administrativo da *pólis* ateniense.

1.28 O poder forte e centralizado que o ditador Pisístrato e seus filhos exerceram na segunda metade do século VI teve sua expressão visível nos edifícios monumentais e nas obras públicas. O nome de Pisístrato ficou ligado (corretamente ou não) à instituição, em 566, das Grandes Panatenéias, realizadas a cada quatro anos, principal celebração da deusa Atena na Atenas clássica, e a construção de um grande templo em pedra calcárea dedicado a Atena na Acrópole, poucos anos depois, sublinha a crescente importância desse culto "oficial" e o interesse de Pisístrato em patrocinar a centralização dos cultos. Sua presença pode ser vista na *agorá*, que foi ampliada em meados do século com expropriações de outras propriedades. Aos pés da Colina do Mercado há ligeiros vestígios de edificações do século VI (ver 1.33). Os filhos de Pisístrato também viram vantagem em atender às necessidades fundamentais dos cidadãos e aumentaram os atrativos da cidade com construção de reservatórios e aquedutos. Contudo, a atitude deles era mais ostentosa e extravagante que a do pai. Acrescentaram figuras de mármore aos frontões do templo na Acrópole onde estava instalada a venerada imagem de madeira de Atena e deram início a um templo ainda maior a Zeus no setor sudeste da cidade, o Olímpion, completado setecentos anos depois. Em 522, o neto de Pisístrato fez construir um altar aos Doze Deuses na parte norte da *agorá*, junto à Via Panatenaica, um lugar de refúgio e asilo.

1.29 A reorganização radical da vida política de todo o estado ateniense, posta em marcha por Clístenes (ver I.H.10-11), significou um aumento da atenção dispensada à *agorá*, mas, tal como antes, estabelecer a identidade dos edifícios não é tarefa fácil (ver 1.33). Nessa época, a *agorá* era delimitada por pedras (*hóroi*) que marcavam a área pública como um recinto religioso e fechavam-na para certos tipos de criminosos, advertência útil para lembrar como a vida religiosa e a secular estavam intimamente ligadas. Um grupo de estátuas em homenagem aos assassinos dos tiranos Harmódio e Aristogíton foi erguido perto da Via Panatenaica, símbolo da

1:12 Marco de limite em mármore (*hóros*) da *agorá* de Atenas, encontrado *in situ*. A inscrição diz: "Eu sou um marco de limite da *agorá*."

82 *O mundo de Atenas*

democracia que começava a surgir. O aumento da vida política e social acabou forçando a realização de alguns eventos públicos longe da *agorá*; as reuniões da *ekklēsía* foram transferidas para a Pnix, a oeste da Acrópole, e as competições dramáticas, instituídas por Pisístrato, tinham lugar no santuário de Dioniso Eleutério, na encosta sul da Acrópole.

1.30 Como não foi encontrado nenhum vestígio dele, não se sabe bem por onde passava o muro de fortificação, mas há indícios escritos suficientes para garantir a sua existência. Pode ter sido construído por volta de 560, quando a Acrópole deixou de ser uma fortaleza e se tornou um santuário religioso. O conselho que o oráculo de Delfos deu aos atenienses antes do saque dos persas, em 480, citado por Heródoto,

> Infelizes, por que estais aqui? Deixai vossas casas,
> os pincaros que a cidade como uma roda envolve,
> e fugi para os confins da terra!
>
> (Heródoto, *Histórias*, 7.140.2)

estava ligado à disposição da cidade no século VI, com a Acrópole no centro do círculo de uma muralha de fortificação. Também é difícil saber em que data Atenas já tinha absorvido as outras áreas da Ática e conseguira a unificação (ver I.H.5), mas, por volta de 500, o estabelecimento dos cultos da cidade, feitos por Pisístrato, e as reformas políticas de Clístenes haviam tornado a cidade centro e indispensável força condutora de toda a Ática.

Desenvolvimento nos séculos V e IV (mapa, p. 78)

1.31 A vitória obtida pelos atenienses contra os persas em Maratona, em 490, animou-os a construir um novo templo a Atena na parte sul da Acrópole (o "Velho Partenon") e a melhorar a entrada do santuário no seu lado oeste com a construção do primeiro pórtico e pátio dianteiro desde os tempos micênicos. Nenhum desses empreendimentos foi completado, pois os persas saquearam a cidade em 480. Depois que os persas foram repelidos, em 479, e os atenienses voltaram para a sua cidade devastada, sua atenção voltou-se em primeiro lugar para a defesa. O muro de fortificação fora demolido e os espartanos insistiam em que ele não deveria ser reconstruído, alegando que novos muros poderiam servir de defesa para os persas, caso capturassem a cidade outra vez. Temístocles tinha outros planos, e um novo circuito de muro a toda a volta, mais extenso que o primeiro, foi erguido apressadamente. Tucídides registra que Temístocles deu as seguintes instruções aos atenienses:

Toda a população da cidade devia trabalhar na construção da muralha, não poupando edifício algum, particular ou público, de onde pudesse tirar algum material útil, mas demolindo tudo. (Tucídides, *A Guerra do Peloponeso*, 1.90; I.H.24)

Sinais da apressada construção foram trazidos à luz por escavações que mostraram que elementos arquitetônicos, lápides, estátuas e pedestais foram usados juntamente com os materiais mais comuns. O circuito tinha cerca de seis quilômetros e meio de circunferência e incorporava as colinas baixas vizinhas, como as das Ninfas e das Musas. Foi guarnecido com treze portas e com um número desconhecido de torreões e passagens subterrâneas. A porta principal estava situada a noroeste, onde a muralha atravessava o antigo Cerâmico, ou Bairro dos Oleiros. Os cemitérios clássicos foram definitivamente fixados fora das muralhas ao longo das estradas que levavam a diversas partes da Ática, e o mais importante continuava sendo o do noroeste, hoje em dia, o Cerâmico Exterior, lugar do primeiro cemitério principal. Ao longo das estradas que dele partiam, monumentos fúnebres públicos foram erguidos pela cidade e os lotes familiares eram cuidados pelos atenienses abastados. Foi aí também que Péricles pronunciou a tradicional Oração Fúnebre de 431-30 (ver pp. 56-60).

1.32 O desenvolvimento e a fortificação do Pireu como porto de Atenas começaram na década de 490 (cf. I.H.24) e eram agora necessários como elo vital com os aliados ultramarinos de Atenas. Isso levou, nas décadas de 460-50, à construção dos Grandes Muros que ligavam Atenas ao Pireu através da zona rural (Muro Norte) e à costa da baía de Falero (Muro Falérico, de traçado incerto), e ainda o Muro do Meio, paralelo ao muro original do Pireu e distante dele cerca de 180 metros, foi erguido em 414, por insistência de Péricles. A estrada principal entre Atenas e o Pireu corria por fora das muralhas no lado norte; o espaço entre os Muros do Norte e do Meio (apelidadas de "Pernas") era usado com fins militares, mas, no início da Guerra do Peloponeso, foi um campo de refugiados vindos dos distritos rurais da Ática (cf. 4.56 ss.; I.H.36).

1.33 No interior das muralhas circulares erguidas com tanta pressa, os atenienses voltaram de novo suas atenções para a reconstrução de sua cidade. As casas e oficinas particulares, com paredes de tijolo de barro cru sobre uma fundação de pedras pequenas e argila e cobertas com telhas de cerâmica, foram reconstruídas aos poucos, e cinqüenta anos depois, no início da Guerra do Peloponeso (431), algumas ainda estavam inacabadas. Como comunidade, os atenienses concentraram-se antes de mais nada na reconstrução da *agorá*. Havia muito a fazer e tinham material usado para empregar nas obras. Talvez tenha havido edifícios cívicos no século VI (ver 1.28), mas é somente nos anos anteriores aos meados do século que edifícios cívicos de importância podem ser reconhecidos. Merece menção a Câmara do Conselho (*bouleutḗrion*), para o conselho ou comitê diretor (*boulḗ*) da assembléia (*ekklēsía*), o Tribunal (*Ēliaía*) ao qual eram feitos os apelos, um edifício com colunas (o Pórtico do Rei) para o funcionário da cidade (*árkhon* rei) cuja principal função era a justiça. Era aí que os funcionários da cidade, postados sobre um bloco de pedra (*líthos*), faziam seu juramento de obediência às leis da cidade, e aí também que as "Leis de Sólon", entalhadas em pedra, ficavam à disposição dos cidadãos. Antes de meados do século começou a ser construída uma rotunda (o *thólos*, apelidado de *skiás*, "guarda-sol", pelo formato de seu telhado) como residência dos membros da *boulḗ* em exercício (*prutáneis*) e também edifícios com colunas, inclusive o *Stoà Poikílē* (o "Pórtico com Pinturas"), com seus murais, entre os quais o da então legendária Batalha de Maratona (justamente essa *Stoá* foi recentemente identificada na *agorá*). Diz-se que Címon, ateniense que tinha muita influência na década de 460 e pode ter estimulado a construção de alguns desses edifícios, embelezou a *agorá* com plátanos. Uma prisão (*desmotḗrion*) para os que deviam à cidade e os que estavam à espera de julgamento foi erguida, em meados do século V, ao lado da estrada que levava para sudoeste desde a *agorá* até a Pnix. Logo no início da segunda metade do século, um templo a Hefesto e Atena começou a ser construído em Colono *Agoraîos*, acima do lado oeste da *agorá*, por entre as oficinas dos oleiros e trabalhadores em bronze a quem pertencia o bairro, mas os trabalhos foram interrompidos pelo programa de construções na Acrópole.

1:13 Reconstrução (desenho) do canto noroeste da *agorá* mostrando (da esquerda para a direita) a *Stoá* de Zeus, a pequena *Stoá* do arconte rei na qual eram afixadas as leis de Atenas, um arco de construção mais recente e a *Stoá Poikílē*.

1.34 Nenhuma tentativa de reconstruir os templos da Acrópole foi feita nos trinta anos seguintes ao saque persa. As ruínas do templo arcaico haviam sido reparadas para proporcionar um abrigo seguro para a velha imagem de madeira que haviam levado na fuga; as fundações do "Velho Partenon" haviam sido deixadas à vista, para manterem viva a lembrança da agressão persa. Contudo, depois de meados do século, a paz com a Pérsia era um fato e um novo projeto de edificações, que tinha o respaldo político de Péricles e a supervisão artística de Fídias, foi iniciado após ter sido conscientemente posto de lado durante uma geração. As obras começaram com o Partenon, um novo templo dedicado a Atena *Parthénos* ("A donzela"), que foi erguido na parte mais alta do rochedo, sobre as fundações do templo anterior, um monumento à posição imperial de Atenas. Como todos os templos gregos, os detalhes eram destacados com pintura e o templo não foi legado com o doce e luzente mármore que conhecemos hoje. Foi iniciado em 447 e concluído em 432, tempo de construção muito rápido para um edifício excepcionalmente complexo e caro; a estátua de Atenas, feita de ouro maciço e marfim, já lá estava em 438. Em 437, quando foram concluídos os trabalhos de construção mais importantes do Partenon, começaram as obras das novas portas de entrada, os Propileus, que proporcionavam um acesso inteiramente novo para todo o santuário. O templo chamado de Erecteu em homenagem a Erecteu, rei lendário de Atenas, foi construído mais para o final do século V. Ficava na área que testemunhara a batalha primeva de Atena e Posidão pela posse da terra da Ática e que fora também o local do palácio micênico e depois do templo arcaico que abrigava a venerada imagem de madeira da deusa. Conseqüentemente, o novo templo assumiu muitas dessas santas associações do passado sagrado de Atenas e era para esse templo, e não para o Partenon, que a cada quatro anos o povo ateniense levava em procissão um manto novo para a estátua de madeira de Atena, por ocasião de seu festival mais prestigiado, as Panatenéias. O isolamento em que estão hoje os edifícios que restaram na Acrópole dá uma falsa idéia da impressão que causavam originalmente. Havia muitas outras estruturas cobrindo o rochedo nos séculos V e IV, bem como altares, estátuas, pedras com inscrições oficiais e inúmeras oferendas pessoais. Como os protetores divinos de Atenas, em especial a própria Atena, tinham sua residência local no rochedo, era natural que o tesouro do império também ficasse lá sob a proteção de Atena, para quem o Partenon fora construído com o dízimo dos tributos (cf. 7.75; I.H.26; 5.87).

1.35 Poucos trabalhos de construção foram feitos na *agorá* enquanto o Partenon e os Propileus estiveram em obras; sabemos apenas de um quartel para os líderes militares (*stratēgoí*) escolhidos anualmente que foi erguido nessa época. Nos últimos trinta anos do século V, porém, o foco das

86 O mundo de Atenas

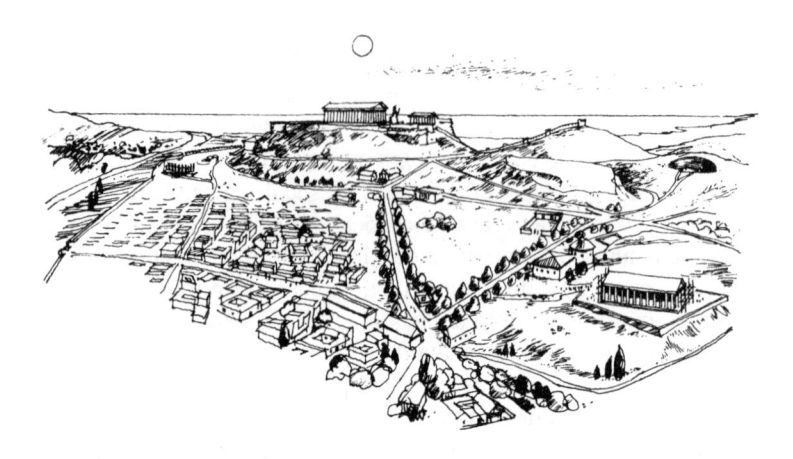

1:14 Reconstrução (desenho) da *agorá* de Atenas no séc. IV, vista a partir do noroeste.

atenções voltou a deslocar-se para o centro da cidade. Até o final do século foram construídos novos edifícios com colunas a oeste e ao sul, um substituto para o velho *bouleutérion* (que foi convertido em escritório de registros públicos), um local para cunhagem de moedas e um tribunal. Em meados do século IV, um novo reservatório de água foi inaugurado e um prédio quadrado com colunas interiores substituiu o velho tribunal de apenas duas gerações antes. Foram erigidos naquela época templos para os cultos cívicos e um grande altar a Zeus *Agoraîos*, e um pedestal cercado de grades sobre o qual ficavam estátuas dos dez heróis tribais da Ática servia, na *agorá*, como local onde eram afixados os avisos de interesse público: propostas de novas leis, processos legais em curso e listas de homens convocados para o serviço militar. Todo esse trabalho de construção marca a tendência cada vez mais democrática de Atenas e o conseqüente envolvimento mais intenso dos cidadãos. No entanto, a despeito da crescente caracterização da *agorá* como centro cívico, os artesãos de Atenas – oleiros, escultores, trabalhadores em bronze – continuavam morando e trabalhando dentro da área pública e arredores, e o material das escavações em suas oficinas ilustra a diversidade de vida no centro da cidade. Basta mencionar a oficina que pertencia a Simão e que conhecemos através de Platão em suas memórias sobre Sócrates, descoberta em escavações no canto sudoeste da *agorá*.

1.36 Outras áreas de Atenas além da Acrópole, da *agorá* e do cemitério situado no noroeste foram menos investigadas e fornecem menos informações. A área mais estritamente comercial da cidade deve ter-se localizado ao norte da Acrópole, no lado leste da área escavada da *agorá* e na área adjacente ainda mais para leste. Na encosta sul do rochedo, o teatro foi reconstruído no tempo de Péricles e também outra vez, ainda mais radicalmente, em meados do século IV. Foi construída ao lado do teatro, na década de 440, uma sala de concertos (*ōdeîon*) que Plutarco afirmou ter sido construída em uma forma que imitava a tenda do rei persa e cujo teto, segundo Vitrúvio, escritor e arquiteto romano, fora feito com madeirame de navios persas (cf. 7.78). A Academia, estabelecida em um bosque a noroeste, junto a um santuário do herói ático Hecádemo, foi usada por Platão no século IV como sede de sua escola filosófica e, no lado leste, o Liceu, construído sobre uma antiga fundação, ficou ligado a partir do final do século IV ao nome de Aristóteles.

1.37 Mesmo já no final do século IV, o tamanho da cidade era extremamente pequeno para padrões modernos, podendo-se ir a pé de um lugar a outro. Embora residências grandes e bem equipadas não fossem desconhecidas em Atenas, a maioria das casas em geral era ainda simples, formada por uma série de cômodos pequenos em torno a um pátio central. Ao contrário, porém, durante gerações dinheiro público e particular foi empregado em edifícios públicos quer para acaloradas discussões políticas, quer para competições esportivas ou teatrais, quer para disputas legais ou comemorações religiosas. Era aí que a verdadeira vida da *pólis* sempre fora vivida e, no século IV, os políticos, esforçando-se para fustigar a indulgência que tinham os adversários em relação ao conforto e ostentação na vida privada, simplificavam nostalgicamente ao mencionar a maior preocupação com o bem-estar público que sentiam os líderes do século V, como no seguinte discurso atribuído a Demóstenes:

> Os edifícios que nos deixaram como adorno de nossa cidade – templos e portos e tudo que deles deriva – são tais que seus sucessores nem sequer podem esperar ultrapassar. Olhai para os Propileus, estaleiros, colunatas e todos os outros ornamentos da cidade, legados por eles. As residências dos que estavam no poder eram tão modestas e conformes às exigências de nossa constituição que, como sabe quem as viu, as de Temístocles, Címon e Aristides, homens famosos de então, não eram maiores que as de seus vizinhos. Hoje, porém, meus amigos, a cidade contenta-se em providenciar estradas, fontes, decorações em gesso e outras coisas desse tipo. Não pretendo culpar os que foram pioneiros nessas obras úteis, mas censuro-vos por pensar que isso é tudo que de vós se espera. Alguns que detêm cargo público construíram residências não só maiores que as dos cidadãos comuns, mas até que nossos edifícios públicos e outros adquiriram propriedades de extensão antes nem mesmo sonhada. ([Demóstenes] (*Sobre a organização*), 13.28-9)

2
O ambiente metafísico

Introdução: A religião grega e o cristianismo

2.1 Os cristãos e judeus acreditam que existe apenas um deus único, que fez o mundo e é exterior a ele, e só se torna parte dele no coração dos homens. Esse deus cuja característica é o amor trabalha pelo bem no mundo. De seus adeptos exige não só adoração, mas também amor e fé. O culto é celebrado em uma igreja ou sinagoga e é habitualmente dirigido por um clérigo. A fé é expressa através da adesão a um credo que foi estabelecido com referência à palavra revelada do deus, a Bíblia. A função do clérigo – que muitas vezes faz de seu ministério uma profissão vitalícia e remunerada – é mediar entre o deus e seus adeptos e interpretar-lhes a Bíblia, para descobrir a vontade do deus. Uma característica proeminente da vontade do deus é que seus adeptos obedeçam a um estrito código moral de comportamento pessoal. A fé e a obediência nesta vida costumam ser relacionadas à vida futura. O cristianismo e o judaísmo tiveram e, em certa medida, ainda têm uma função política e social, e também religiosa.

2.2 Para os gregos, havia muitos deuses (o panteão), cujo chefe era Zeus, líder dos deuses do Olimpo, mas eles não fizeram o mundo. A Noite (*Núx*), o Vazio (*Kháos*), a Terra (*Gaîa*) e outras divindades já existiam antes deles e continuaram a existir depois que Zeus chegou ao poder pela força. Os deuses gregos são parte e parcela do universo e, em um certo sentido, seus produtos. Com freqüência, confere-se a um deus uma esfera de interesse (vários têm mais de uma) e eles lutam entre si e com os seres humanos para garantir que seus interesses prevaleçam. Os deuses são muito humanos em suas personalidades e características.

2.3 Os deuses exigem culto no sentido do reconhecimento humano (*nomízein toùs theoùs* não quer dizer "acreditar nos deuses", mas "reconhecê-

2:1 Divindades olímpicas *en famille* com Ganimedes no centro entre Zeus e Hera. Final do séc. VI.

los" ou "admiti-los"), mas não amam os seres humanos, nem impõem códigos de crença ou de moralidade. Exigem que seu poder seja reconhecido e que, por isso, sejam respeitados. Isso feito, retribuem e ajudam a seus favoritos. A base do relacionamento entre o homem e os deuses é toma lá, dá cá. Como não há palavra revelada, a função dos sacerdotes – quase sempre escolhidos por sorteio para exercer a função durante um ano – é garantir que os rituais que reconhecem o poder dos deuses sejam executados de maneira apropriada. Desde que havia deuses e deusas, havia sacerdotes e sacerdotisas.

2.4 O templo era um palácio construído para que o deus lá vivesse. O culto era celebrado do lado de fora, no altar onde era feita a oferenda ao deus (seja cem bois ou algumas gotas de vinho ou uma torta). Não havia nenhuma organização parecida com uma corporação religiosa oficial que tivesse poder político, nem os sacerdotes, individualmente, agiam como conselheiros, confessores, terapeutas (amadores) e assistentes sociais. (Eram uma exceção curas médicas em Epidauro e também a corporação que dava conselhos sobre questões religiosas, os *exēgētaí*.) Quando tinham necessidade de conhecer a vontade do deus, os homens iam a um vidente (*mântis*: não necessariamente um sacerdote) ou a um oráculo em busca de conselho. Deixar de reconhecer os deuses podia afetar a vida de alguém, mas tinha pouco ou nenhum efeito sobre a outra vida. Idéias de "culpa" ou "pecado" ou problemas tais como o "sofrimento" estão, em geral, ausentes da religião grega, embora tais idéias não fossem desconhecidas do orfismo e aparecessem nos Mistérios de Elêusis (ver 2.53).

2.5 Embora fosse possível zombar deles, os deuses gregos de modo algum eram personagens ridículas. Podiam ser impetuosos e volúveis, mas, com certeza, eram capazes de inspirar reverência ou terror. Isso, porém, não evitava que os intelectuais os criticassem. A completa ausência de uma casta sacerdotal dominante na sociedade grega (como na romana), aliada

2:2 Duelo entre Ajax e Heitor em Tróia; Atena protege Ajax e Apolo, Heitor. Início do séc. V.

ao feroz senso de independência do povo grego, ajudou os pensadores helenos a romper com as imagens tradicionais da atividade divina no mundo. Uma das mais importantes contribuições do pensamento intelectual dos gregos foi minimizar tal atividade quando eles especularam sobre o mundo físico e a vida humana (cf. 7.6, 11, 14, 76).

Experiência e mito

2.6 Como vimos, a maioria dos gregos dependia inteiramente da benevolência da natureza para a continuação da vida. Em um ambiente assim, os gregos tinham consciência de sua impotência diante de forças naturais que poderiam subverter a ordem estável das coisas sem prévio aviso. Tal como se dá com muitos povos tribais de base agrícola, é razoável supor que os gregos tenham chegado a um acordo com o mundo à sua volta sem perder a reverência e o terror que ele lhes inspirava, postulando poderes divinos para explicar o que estava além de seu controle. Tais poderes poderiam explicar, por exemplo, a imprevisibilidade do clima ou da fertilidade (tanto das plantas como dos seres humanos). De maneira mais geral, podiam ser usados para explicar qualquer evento estranho ou incompreensível – a queda de um meteorito, por exemplo, ou um caso de comportamento bizarro, uma doença inesperada ou a chegada de uma pessoa completamente desconhecida. Para eles, qualquer coisa anormal poderia ser uma indicação literal de intervenção divina que exigia reconhecimento e conciliação.

2.7 Por exemplo, no Canto 1º da *Ilíada* de Homero, uma peste atinge o exército grego acampado nas cercanias de Tróia. A reação humana de

2:3 Na batalha dos Deuses contra os Gigantes, Hefesto lança brasas e Posidão, o Sacudidor da Terra, atira um rochedo. Início do séc. V.

Aquiles é ponderar como o deus responsável (que deve ser Apolo, o deus da cura e das doenças) pode ser apaziguado e, para isso, chama "um vidente, ou sacerdote, ou intérprete de sonhos". Qualquer ser humano pode ter esperanças de reconhecer um deus em ação, mas só os especialmente receptivos à vontade divina podem interpretar a razão do acontecido e indicar o modo correto de reconciliação. A narrativa de um incidente extraído de Heródoto ilustra a rápida mudança de política por causa da ocorrência de algo estranho e a conseqüente consulta ao oráculo quanto ao significado dele. Quando Ciro, rei da Pérsia, estava conquistando a Ásia Menor, uma comunidade grega de uma península da costa oeste tentou deter a invasão do general Hárpago:

> Enquanto Hárpago estava submetendo a Jônia, os cnídios, como reação, cavaram um canal através de um istmo de cerca de oitocentos metros de largura, querendo transformar o território deles em uma ilha, pois o istmo que pretendiam cortar era o elo que os ligava ao continente e limitava seu território. Todos puseram mãos à obra e os cnídios notaram que o número de ferimentos, em especial nos olhos, que os trabalhadores sofriam quando partiam a rocha era inesperado e anormalmente alto. Mandaram, então, enviados a Delfos para inquirir sobre o que impedia o trabalho. A sacerdotisa respondeu-lhes (é a história que contam) em versos jâmbicos:
> Não deveis fortificar o istmo, nem cavar através dele:
> Se Zeus quisesse, teria feito uma ilha.
> Ao receberem essa resposta, os cnídios pararam de cavar e, quando Hárpago chegou, entregaram-se sem resistência alguma. (Heródoto, *Histórias*, 1.174)

Acontecimentos desse tipo mostram como os deuses podiam ser considerados responsáveis por eventos estranhos ou anormais que, em termos humanos, podiam ser diretamente nocivos ou simplesmente inexplicáveis.

O ambiente metafísico 93

2.8 Os gregos emprestaram nomes e, com o tempo, personalidades humanas aos poderes divinos, definindo as áreas de ação desses poderes de maneira a poder tomar as medidas adequadas de apaziguamento. Muitas vezes, um único deus tinha várias funções. Assim, Zeus era deus do clima, da fertilidade, do ouro, dos reis, da guerra, dos conselhos, das súplicas, dos estranhos, dos mendigos, da segurança, do matrimônio, do lar e da propriedade, e como tal muitas vezes poderia dar a impressão de que numa determinada função agia em favor de alguém e em outras não. Xenofonte registra que o deus o ajudou como deus dos reis e da segurança, mas, depois, o desapontou como deus da propiciação. Havia também deuses menores associados com locais específicos que inspiravam reverência e que, segundo se pensava, eram habitados por um poder divino – fontes, bosques e florestas, por exemplo, e especialmente lugares solitários como colinas e montanhas, longe de toda habitação humana. Novas divindades podiam vir juntar-se às já existentes (e as antigas podiam desaparecer). Entre outros poderes podiam incluir-se os heróis "já mortos" cujo espírito, segundo se pensava, protegia o local (p. ex., Teseu (I.H.5; 2.32)).

2.9 Além dessa compreensão tirada diretamente da experiência de uma suposta intervenção vinda do mundo supra-humano, havia uma outra, provavelmente de igual antiguidade – a compreensão preservada pelo mito. De modo algum os mitos eram vistos como escrituras reveladas, ou como a "verdade" sobre os deuses (cf. 7.40). A ajuda que prestavam era definir a condição humana com relação à dos deuses. Tomem-se, por exemplo, duas versões do mito de Prometeu, que roubou do céu o fogo, preservadas pelo poeta Hesíodo (*c*. 700-670):

E Jápeto desposou Clímene, a ninfa Oceanina de belos tornozelos, e foram juntos para a cama. E gerou um filho, o corajoso Atlas, e depois os famosos Menécio

2:4 A sombra do herói surge do interior de seu *túmbos* (monte de terra funerário). Início do séc. V.

e Prometeu*, sutil e astuto, e Epimeteu**, dado ao erro, que era desde sempre um desastre para os atarefados homens e foi o primeiro a aceitar de Zeus a esposa virgem que ele moldara. O violento Menécio, Zeus, que vê ao longe, lançou ao Érebo com um raio fumarento por sua loucura e coragem excessiva. Atlas postado diante das Hespérides de voz límpida nos confins da terra sustenta o amplo céu, pois essa dura sina foi-lhe atribuída por Zeus, o que tudo sabe. Mas ele prendeu o astuto Prometeu com fortes correntes das quais não havia fuga amarrando-as a uma coluna e lançou sobre ele uma águia de grandes asas que vinha alimentar-se de seu fígado imortal e tudo o que, durante o dia, a águia de asas grandes comia crescia de novo a cada noite. A águia foi morta pelo bravo filho de Alcmena, de belos tornozelos, Héracles, que afugentou seus tormentos e libertou-o de suas penas. Zeus Olímpico, que reina no alto, nada objetou, desejando que a fama de Héracles, o nascido em Tebas, fosse ainda maior na terra fértil e mostrando respeito e homenagem ao filho famoso. E, mesmo irado, deixou de ter rancor contra Prometeu pelo desafio dele à vontade do todo-poderoso Zeus. Com efeito, quando os deuses e os mortais vieram ao julgamento em Mecone, Prometeu distribuiu previdentemente as porções de um grande boi, pretendendo enganar Zeus. De um lado, colocou a carne e as entranhas cheias de gordura dentro do couro e escondeu tudo no ventre do boi; e, de outro, colocou os ossos brancos do boi e arrumou-os com grande astúcia, cobrindo-os com gordura brilhante. E o pai dos deuses e dos homens disse-lhe: "Filho de Japeto, o mais famoso chefe, temo que não seja eqüitativa a divisão que fizeste". Desse modo Zeus, cujos conselhos são eternos, escarneceu dele. O astuto Prometeu respondeu enganosamente com um sorriso gentil: "Zeus, maior e mais glorioso dos deuses imortais, escolhe dentre os dois aquele que mandar teu coração". Falou, é claro, para enganar. Mas Zeus, cujos conselhos são eternos, percebeu e não ignorou a astúcia. Ao contrário, tinha em mente os males que, no futuro, devia lançar sobre os homens mortais. Então, pegou a gordura branca com as duas mãos. Seu sangue ferveu e a raiva encheu seu coração quando viu os ossos brancos e o ardil em que caíra. E desde esse dia as raças dos homens, quando na terra sacrificam em seus altares aos imortais, queimam os ossos brancos.

Mas, irado, Zeus, o que junta as nuvens, disse: "Filho de Japeto, sempre astuto, não esqueceste ainda de teus dolos, meu amigo?". Zeus, cujos conselhos são eternos, assim falou com raiva. Não esqueceu o ardil em que caíra e, a partir de então, negou aos pobres mortais o uso do fogo incansável. O bravo filho de Japeto, porém, enganou-o e roubou o brilho do fogo incansável que se vê de longe, escondendo-o numa férula oca. E Zeus dos altos trovões ficou com o coração partido e furioso quando avistou o brilho do fogo que se vê de longe de novo entre os homens e, na mesma hora, criou um mal para os homens como paga disso. O famoso deus coxo, por vontade de Zeus, moldou-o com barro semelhante a uma virgem pudica. Atena, a dos olhos glaucos, deu-lhe um cinto e um manto prateado e cobriu-lhe o rosto com um véu bordado, maravilhoso de se ver e, em torno de sua

---

* Prometeu significa "o que pensa antes".
** Epimeteu significa "o que pensa depois".

cabeça, colocou adoráveis guirlandas de flores da primavera. O famoso deus coxo colocou-lhe na cabeça uma tiara de ouro que fizera com suas próprias mãos, para agradar ao pai Zeus. Na tiara, moldou muitas figuras admiráveis de criaturas que mar e terra produzem, maravilhosamente semelhantes aos seres que, vivos, têm voz, todas elas exalando graça. Depois que criou esse belo mal como paga de um bem, levou-a a um lugar onde homens e deuses estavam reunidos e ela mostrou-se contente com os adornos que lhe dera a de olhos glaucos, filha de poderoso pai. E os deuses imortais e os homens mortais ficaram espantados quando viram quão profundo era o ardil do qual não havia fuga para os homens. Dela descendem a geração das mulheres, uma grande maldição para todos os homens mortais com quem vivem, companheiras não na funesta pobreza, mas da riqueza. São como zangões que as abelhas alimentam em suas colméias cobertas e são seus parceiros no crime, pois as abelhas trabalham o dia todo até o pôr-do-sol e constroem favos brancos, enquanto os zangões ficam em casa, abrigados pela colméia, e enchem a barriga com a labuta alheia. Zeus, o dos altos trovões, fez as mulheres para que fossem maldição semelhante para os homens mortais e parceiras deles nas obras más.

Mas Zeus propôs outro preço a ser pago. Se um homem evita o casamento e todos os malefícios que as mulheres causam e nunca toma uma esposa, chega aos seus anos de declínio sem ninguém para cuidar dele nas mazelas da velhice. Não lhe faltam víveres enquanto está vivo e quando morre os parentes distantes dividem sua propriedade. Um homem que se casa e a quem por sorte cabe uma boa esposa pode, enquanto vive, contrabalançar o mal com o bem, mas, se lhe toca uma mulher daninha, vive com uma ferida aberta no coração e no espírito e sofre doença que não tem cura. (Hesíodo, *Teogonia*, 507 ss.)

Os deuses mantinham ocultos aos homens os meios de vida. Poderiam em um só dia produzir o bastante para ficar no ócio por um ano e pendurar o leme acima do fogo e acabar com o trabalho de bois e mulas diligentes. Mas Zeus ocultou como fazê-lo porque seu coração estava irado com o ardil em que o astuto Prometeu o fizera cair. Tramou atrozes preocupações para os homens, em primeiro lugar escondendo deles o fogo. Mas o nobre filho de Japeto roubou-o de Zeus, o Sábio, dando-o de volta aos homens, escondendo-o numa férula, sem que o Trovejante o visse. E Zeus, o que junta as nuvens, ficou furioso e disse-lhe: "Filho de Japeto, não há ninguém mais astuto que tu e estás contente por ter-me roubado o fogo e ter-me enganado. Trouxeste problemas a ti mesmo e às futuras gerações dos homens, aos quais, em troca do fogo, darei um mal com que se alegrem, acarinhando em seus corações esse mal".

Assim falou o pai dos deuses e dos homens e riu. E ordenou ao famoso Hefesto que fizesse uma mistura de terra e água, o mais rápido que pudesse, e pusesse nela uma voz humana e força, dando-lhe os traços de um deus imortal e as formas adoráveis de uma virgem. Ordenou que Atena lhe ensinasse o ofício de tecer panos com muitas cores e que a áurea Afrodite derramasse sobre a cabeça dela o encanto, o desejo ardente e devoradores pesares. A Hermes, o que matou Argos, seu servo, ordenou que lhe desse a mente de uma cadela e maneiras ardilosas.

2:5 Atena adorna Pandora para a tentação de Epimeteu. C. 460-450.

Assim ele falou e eles obedeceram a Zeus, o Senhor e filho de Cronos. O coxo Hefesto moldou a terra como Zeus ordenara nas formas de uma virgem pudica, Atena dos olhos glaucos vestiu-a e cingiu e as divinas Graças e a santa Peitó puseram-lhe colares de ouro ao redor do pescoço e as formosas Estações coroaram-na de flores da primavera. E o matador de Argos pôs-lhe no coração, por vontade de Zeus, o Trovejante, mentiras e palavras capciosas e maneiras ardilosas. O mensageiro dos deuses deu-lhe voz e chamou-a de Pandora*, porque todos os deuses que vivem no Olimpo lhe tinham conferido dons, para que fosse a ruína do homem e dos seus negócios.

E, quando o ardil mortal e inescapável ficou pronto, o pai enviou o famoso matador de Argos, veloz mensageiro dos deuses, a Epimeteu, levando-a como presente. E Epimeteu esqueceu que Prometeu lhe dissera que jamais aceitasse um presente de Zeus Olímpico, mas que o devolvesse para que não viesse a existir um mal para os mortais. Mas ele o aceitou e só percebeu o mal que trazia quando ele o atingiu. (Hesíodo, *Os trabalhos e os dias*, 42 ss.)

2.10 Juntas, essas histórias de Prometeu dizem muito a respeito de como os gregos entendiam a sina do homem. Hesíodo apresenta em termos mitológicos as razões pelas quais o homem era lavrador e marinheiro. O fogo, base tanto da tecnologia como do alimento cozido e do sacrifício, é elemento essencial do relato. Apresenta-se o sacrifício como um ato compartilhado com os deuses e, ao mesmo tempo, como um símbolo do ardil de ambos os lados (refletindo talvez a astúcia da mente grega no lado humano e, do outro lado, o caráter enganoso das palavras dos deuses nos oráculos, augúrios e sonhos (ver 2.12)). Todas as responsabilidades da vida e

---

* Pandora significa "dotada de tudo".

2:6 Prometeu dá o fogo no interior de uma férula. Final do séc. V.

seus problemas são apresentados – mulheres (cf. 3.19), casamento, propriedade e sucessão, velhice e doença. Esses elementos, reunidos na forma de uma história, definem o entendimento grego da "condição humana". Mais uma vez, a sina do homem é esclarecida por comparação, em primeiro lugar, com a vida dos deuses, depois com a dos animais e finalmente com a idéia de uma "Idade de Ouro" em que, um dia, a vida era fácil e o homem não precisava trabalhar.

2.11 Nos mitos de Prometeu, Hesíodo tenta articular a sua compreensão da experiência humana por meio de uma história que se nutre, em larga extensão, de associações de idéias profundamente arraigadas, herança deixada aos gregos dos séculos V e IV por séculos de experiência religiosa. A herança era rica e variada e refletia a presença dos deuses em todos os setores da vida e em quase todos os lugares da Grécia. Conseqüentemente, é impossível definir "a idéia grega" dos deuses. Corolário disso é que não podia haver algo como heresia ou ortodoxia (4.71).

Contatos com os seres humanos

2.12 O politeísmo e a variação dos cultos de cidade a cidade, associados à multiplicidade da experiência humana e a uma rica tradição mitológica, criaram uma religião extremamente difusa em que muita coisa tinha aceitação universal, mas na qual nenhum elemento isolado tinha de ser aceito para que alguém fosse considerado piedoso, segundo as convenções. Contudo, sem a base sólida de um credo ou qualquer palavra revelada, era extremamente difícil saber se alguém agradava aos deuses. A menos que o deus aparecesse em pessoa ou falasse, era preciso um especialista para interpretar a sua vontade. Quanto mais importante o empreendimento, por exemplo a fundação de uma colônia, o início de uma batalha ou o envio de uma expedição, mais importante era obter do especialista mais qualificado o melhor conselho possível.

(i) Sonhos

2.13 A maneira comum pela qual o deus podia tentar entrar em contato com alguém era através de um sonho. Eles podiam ser verdadeiros ou enganosos, como descobriu Agamenão a suas custas, em Homero, *Ilíada*, 2.1 ss., quando Zeus lhe enviou um sonho enganoso para levá-lo, através de um ardil, a uma ação rápida e irrefletida.

Se o sonho estivesse dizendo a verdade, não havia como evitar as conseqüências, como Creso descobriu ao sonhar que seu filho seria morto por uma espada de ferro (Heródoto, *Histórias*, 1.34-45). No trecho seguinte, Hípias, o tirano deposto de Atenas, age baseado em um sonho – interpretando-o erradamente:

> Hípias, filho de Pisístrato, guiou os persas até Maratona. Na noite anterior, ele tivera um sonho em que parecia estar na cama com a mãe e interpretou-o como um sinal de que voltaria a Atenas, recuperaria o poder que havia perdido e morreria já velho, em sua terra. Essa foi a sua interpretação no momento e ele continuou servindo de guia para os persas, primeiro desembarcando os prisioneiros de Erétria em uma ilha chamada Egília, que pertencia aos estírios, e depois conduzindo a frota até a ancoragem em Maratona, desembarcando os bárbaros e reunindo as tropas. Durante tudo isso, ele foi tomado por um ataque de tosse e espirros maior que o normal. Era um homem idoso e muitos de seus dentes não estavam firmes, o que não é incomum nessa idade, e a violência de sua tosse desalojou um deles, que caiu na areia. Hípias fez um duro esforço para encontrá-lo e, não o vendo em parte alguma, voltou-se para os que estavam por perto dizendo com um profundo gemido: "Esta terra não é nossa e nunca seremos capazes de submetê-la. Quanto me é possível ter dela, o meu dente já tem". Foi assim que Hípias finalmente interpretou o significado de seu sonho. (Heródoto, *Histórias*, 6.107 ss.)

2.14 Tendo como cenário tal confusão, não é surpreendente descobrir que, quando Atenas enviou um homem para dormir em um templo de modo a receber orientação divina em face de uma ameaça dos macedônios no século IV, o sonho resultante tenha sido alvo de acusações de ter sido forjado com fins políticos:

> O povo ordenou a Euxenipo e a outros dois que fossem passar a noite no templo e ele conta-nos que foi dormir e teve um sonho que lhes narrou da maneira como devia. Ora, Polieucto, se presumisses que ele estava dizendo a verdade e que relatara ao povo o que de fato vira no sonho, que erro cometeu ao contar ao povo que instruções o deus lhe dera? Mas se, como alegas agora, achas que ele deturpou as palavras do deus e fez um relato tendencioso ao povo, a conduta correta não é emitir um decreto contestando o sonho, mas, como disse o orador que me precedeu, enviar uma delegação a Delfos e descobrir a verdade do deus. (Hipérides, *Euxenipo*, 14)

(ii) Oráculos

2.15 Os deuses também podiam entrar em contato com os seres humanos através de oráculos e era aos templos oraculares que as cidades, bem como os indivíduos, tendiam a recorrer em busca de conselho e ajuda, não só em momentos de emergência nacional, mas também para tratar de ocorrências do dia-a-dia. O oráculo mais influente ficava em Delfos, mas havia muitos outros por todo o mundo grego, usando todo tipo de métodos de adivinhação – o bater de panelas, o farfalhar das folhas, o arrulho das pombas, jatos d'água, reflexo de espelhos. É muito importante sublinhar aqui que a função de um oráculo não é prever o futuro, mas dar conselhos. É inevitável que, se o conselho for bom, o oráculo conquiste a reputação de ser capaz de prever o futuro, mas essa não é a sua função. Do mesmo modo, pode parecer-nos pura superstição, mas, se os gregos de fato acreditavam que os deuses agiam rotineiramente através de ocorrências quotidianas (e os gregos acreditavam), era lógico que, em busca de interpretação, recorressem aos especialistas. Recorremos a especialistas em política, economia ou programas sociais e temos tantas ou tão poucas possibilidades de êxito quanto os gregos tinham quando recorriam a seus oráculos.

2:7 Delfos.

Mais uma vez, é importante entender que, falando de maneira geral (e descontando por um momento o mito e a lenda), o oráculo de Delfos, por exemplo, falava diretamente aos inquiridores em termos perfeitamente claros e simples. Não há nenhum indício seguro de que, no século V, a profetisa de Delfos (Pítia) ficava em um estado de êxtase balbuciante e que suas palavras tinham de ser interpretadas por um sacerdote. É claro que a profetisa era inspirada, mas, como bem sabe qualquer poeta, a inspiração não resulta em incoerência, mas antes em grande lucidez de percepção e enunciação. As seguintes perguntas práticas e terra a terra, respondidas em termos igualmente práticos e terra a terra, são típicas:

1. Isilo, o poeta, perguntou, com relação à composição de um peã em honra de Apolo, se seria melhor gravar na pedra o peã. A resposta foi que seria melhor para o presente e para o futuro que ele gravasse o peã.
2. As cidades de Clazômenas e Cime disputavam a posse de Leuce. Perguntaram a que cidade o deus queria que a cidade pertencesse. A resposta foi: "Tenha-a a cidade que for a primeira a fazer sacrifício em Leuce. No dia combinado, cada lado deve partir de sua cidade ao raiar do sol".
3. Posidônio de Halicarnasso, preocupado com o bem-estar de sua família, perguntou o que seria melhor que ele e seus filhos e filhas fizessem. A resposta foi: "Será melhor para eles adorarem Zeus Patroos, Apolo senhor de Telmesso, as Moiras, a Mãe de Deuses, o *Agathòs Daímon* ("Espírito da Sorte") de Posidônio e Górgis, como fizeram seus ancestrais; será melhor para eles continuar a celebrar esses ritos".

(Fontenrose, *The Delphic Oracle*)

2.16 Dito isso, tanto no mito como na história primitiva da Grécia há uma forte tradição sobre a opacidade dos oráculos e sua tendência a enganar. O famoso oráculo dado aos atenienses quando os persas avançaram sobre a cidade, segundo o qual Zeus proporcionaria a eles e seus filhos uma muralha de madeira como fortaleza, foi objeto de muitas discussões. Foi necessário dá-lo a especialistas em oráculos para que o interpretassem. Mesmo assim, os especialistas foram ignorados quando Temístocles deu sua famosa interpretação de que "muralhas de madeira" significava "frota" e que Atenas devia ser abandonada à própria sorte (I.H.18).

2.17 Que o oráculo era levado a sério e que se esperava desse uma resposta razoável fica claro neste trecho de Xenofonte. Ele fora aconselhado por Sócrates a consultar o oráculo para saber se devia ou não partir em uma expedição:

Xenofonte, indo a Delfos, perguntou a Apolo a que deus ofereceria sacrifício para que fosse boa a viagem que planejava e voltasse são e salvo, tendo tido êxito em seus negócios. Em resposta, Apolo disse a que deuses deveria sacrificar. Ao re-

O ambiente metafísico 101

2:8 A feiticeira Medéia demonstra sua habilidade em fazer rejuvenescer cozinhando um carneiro velho; o rei Pélias é trazido para tornar-se jovem outra vez. C. 470.

gressar, Xenofonte contou a Sócrates a resposta do oráculo. Tendo-o ouvido, Sócrates censurou Xenofonte por não ter perguntado antes se para ele seria melhor viajar ou não, mas ter decidido que deveria ir e só depois ter procurado informar-se de como viajaria da melhor maneira possível. "Mas", acrescentou, "já que fizeste a pergunta desse modo, deves fazer tudo quanto o deus ordenou." (Xenofonte, *Anábasis*, 3.1.4 ss.)

(iii) Magia

2.18 Que a magia era vista como um meio para a intervenção divina fica perfeitamente claro neste famoso trecho sobre a epilepsia, "a doença sagrada" (escrito *c.* 400), no qual o autor começa a escarnecer dos magos, em defesa de uma abordagem mais "científica":

> Os fatos sobre a chamada doença sagrada são os seguintes. Não acho que seja realmente mais divina ou sagrada que qualquer outra doença; tem seus próprios sintomas e causa, mas, em razão de sua inexperiência e do caráter extraordinário e único da doença, os homens supuseram que ela tivesse origem divina. Acho que os homens que em primeiro lugar atribuíram uma qualidade divina a essa doença eram semelhantes ao magos de hoje, salvacionistas, vigaristas e charlatães, que se gabam de ser muito religiosos e de ter um conhecimento superior. Como se sentiam impotentes e não tinham nenhum tratamento efetivo para sugerir, buscaram refúgio na alegação de divindade e trataram a doença como sagrada para ocultar sua própria ignorância. ([Hipócrates], *Sobre a doença sagrada*, 1 ss.)

Podemos reconhecer a bruxaria em Circe que transformava homens em animais com poções (Homero, *Odisséia*, 10.230 ss.) e em Medéia, uma fei-

2:9 Antes de partir para a guerra, um soldado examina um fígado para interpretar os presságios sobre o futuro. Final do séc. VI.

ticeira relacionada com Circe, que usou poderes mágicos para ajudar Jasão a apanhar o Velocino de Ouro. As duas mulheres viviam nos confins do mundo grego. A crença no poder da magia parece ter ficado mais comum do século IV em diante, quando instrumentos e encantamentos mágicos passaram a ser usados cada vez mais, particularmente as tabuletas de maldição contra um inimigo. Tal como veremos a respeito da adivinhação, com o passar do tempo tais crenças tendiam a ir ficando cada vez mais elaboradas e sistematizadas.

*(iv) Adivinhação: o vidente (*mântis*)*

2.19 É importante fazer uma distinção entre o sacerdote (*hiereús*), responsável pelo procedimento correto durante um ritual, e o vidente (*mântis*). Eles *podiam* ser aptos para ambas as funções, mas não necessariamente. Enquanto homens e mulheres eram sacerdotes, podiam ser nomeados anualmente (eleitos ou sorteados) e qualquer um podia candidatar-se ao posto (embora alguns sacerdócios fossem restritos a certas famílias), um vidente era simplesmente uma pessoa capaz de interpretar os sinais. Heródoto conta-nos que o primeiro vidente foi Melampo, o primeiro a introduzir essa arte na Grécia. Já que a família de Melampo mantinha a tradição, parece que a atividade do vidente remontava a tempos imemoriais e fora transmitida às gerações posteriores da sua família. Havia outras famílias famosas, como os Iâmides (filhos de Iámo) e os Telíades (filhos de Télias), conhecidas como videntes. Alguns videntes formavam associações religiosas que serviam como oráculos; outros eram independentes, servindo às populações locais. Dois dos métodos mais comuns de aconselhamento dos videntes eram a observação do vôo dos pássaros e o exame de entranhas, especialmente do fígado de animais abatidos (hieromância) (cf. Eurípides, *Electra*, 774 ss., onde o rei age como seu próprio *mântis*). Um *mântis* era um profissional pago, mas os atenienses do século V consideravam o oráculo de Delfos como a fonte de informações mais confiável. Mais uma vez, o tipo de conselho pedido podia ser bem prosaico ou referir-se a eventos muito importantes, como a expedição a Siracusa (ver 7.60 para um exemplo cômico).

2.20 Com o tempo e, com certeza, já no século IV, as técnicas do *mântis* tornaram-se tema de livros, uma ciência que podia ser entendida e praticada por qualquer um. Isso é mais um indício de como o tema era levado a sério e estava aberto ao mau uso daqueles que o exploravam (pense-se no sistema legal do mundo moderno). O seguinte trecho de Xenofonte apresenta os dois lados da questão:

> Depois disso, Xenofonte levantou-se e disse: "Soldados, parece que teremos de terminar nossa jornada a pé. Não há navios e chegou a hora de partir. Não teremos suprimentos se ficarmos aqui. Portanto", continuou, "vamos fazer sacrifícios e deveis estar prontos para combater, se for preciso, pois o inimigo recobrou o ânimo". Os generais se dirigiram, então, ao sacrifício, presidido pelo vidente Aréxion, o arcádio; nessa altura, Silano de Ambracia havia desertado em um navio que alugara em Heracléia. Ao sacrificarem, porém, pela partida, os sinais não foram favoráveis e, por isso, desistiram de sacrificar naquele dia. Houve alguns impudentes o bastante para dizer que Xenofonte queria fundar uma cidade naquele lugar e havia convencido o vidente a dizer que os augúrios não eram favoráveis à partida. Conseqüentemente, Xenofonte anunciou que quem quisesse poderia assistir ao sacrifício do dia seguinte e ordenou que todos aqueles que fossem videntes dele participassem. Assim, quando ele fez o sacrifício, havia muita gente presente. Contudo, embora ele houvesse feito o sacrifício três vezes pela partida, os augúrios não foram favoráveis... Sacrificou de novo no dia seguinte e praticamente todo o exército assistiu à cerimônia, já que tinha muita importância para eles. Mas houve falta de vítimas para o sacrifício. Os generais não iam tirá-los dali, mas os reuniram e Xenofonte disse: "É possível que o inimigo esteja reunido e tenhamos de dar-lhe combate. Se depositarmos nosso equipamento naquele lugar seguro e partirmos em ordem de batalha, talvez os augúrios nos favoreçam". Ao ouvirem isso, os soldados gritaram que não era preciso levar coisas para aquele lugar e que deveriam fazer o sacrifício imediatamente. Já não havia ovelhas, mas eles compraram um boi que estava atrelado a uma carroça e o sacrificaram. Xenofonte pediu ao arcádio Cleanor que observasse especialmente qualquer sinal favorável, mas não houve nenhum...

2:10 Actéon é atacado por seus próprios cães logo que foi transformado num cervo. A Loucura está entre os cães, enquanto Zeus e Ártemis observam. Meados do séc. V.

[*Segue-se uma fracassada incursão de saque para conseguir suprimentos, onde eles perderam quinhentos homens. Passaram a noite em armas. Passado algum tempo...*]

Uma nave chegou de Heracléia trazendo cevada, vítimas sacrificiais e vinho. Xenofonte levantou-se cedo e sacrificou pela partida, e os augúrios foram favoráveis no primeiro sacrifício. Assim que as cerimônias terminaram, o parrásio Arexion viu uma águia em posição favorável e mandou que Xenofonte conduzisse os soldados. (Xenofonte, *Anábasis*, 6.4.12 ss.)

O domínio divino sobre a humanidade

2.21 A despeito das tentativas de uma pequena maioria dos gregos do século V para explicar o mundo em termos humanos, poucos gregos duvidavam que os deuses tinham um papel central na maneira como o mundo funcionava e que, como já vimos, seus caminhos podiam ser inescrutáveis. Enquanto os homens podiam, por exemplo, lutar para saber o que era a *díkē* (justiça) em termos humanos, era difícil ver como o entendimento humano podia conciliar-se com a intervenção aparentemente arbitrária e sem sentido dos poderes divinos.

2.22 Conseqüentemente, os gregos costumavam ver as atividades dos deuses com uma dose considerável daquilo que hoje chamaríamos de pessimismo, mas que, para eles, era realismo empedernido. Os homens podiam ser extraviados por oráculos e sonhos e o mesmo deus podia ser responsável pelo bem e pelo mal na mesma área (Apolo é o deus da cura e da doença, Deméter podia enviar uma colheita boa ou má). O homem estava

O ambiente metafísico 105

à mercê de forças naturais aleatórias e, dados os valores gregos, que levavam os homens a escarnecer da fraqueza e competir pela superioridade (cf. 3.9, 15), não podia deixar de sentir que os deuses deviam desprezá-lo. Aqui, Sólon alerta Creso sobre a insegurança da condição humana:

> Perguntaste-me sobre a condição humana, Creso. Sei bem que os deuses são todos invejosos e perturbadores. No espaço de uma vida longa, podes ver e experimentar muita coisa que não quererias. Calculo que a duração da vida humana seja cerca de setenta anos. Esse número de anos dá um total de 25.200 dias, omitindo-se os meses intercalares. Se tu admites o acréscimo de um mês intercalar ano sim, ano não, para manter a par as estações, obtêm-se 35 meses adicionais e 1.050 dias a mais. Isso te dá um total de 26.250 dias nos teus setenta anos e nenhum dia naquilo que nos traz é exatamente como outro. Assim podes ver, Creso, que a vida humana depende da sorte. Parece-me que és homem muito rico e és rei de muitos homens, mas, mesmo assim, não direi o que me perguntaste, antes de saber que tua vida terminou bem. Com efeito, o homem muito rico não é mais feliz que aquele que tem apenas o bastante para suas necessidades diárias, a menos que tenha a boa fortuna de terminar sua vida na prosperidade. Muitos dos homens mais ricos são infelizes, muitos dos que têm meios moderados têm boa sorte. Aquele que é rico mas infeliz está melhor que o homem que tem boa sorte apenas em dois aspectos, ao passo que o homem de sorte de muitas maneiras está melhor que o rico e infeliz. O rico pode satisfazer seus desejos e está mais capacitado a suportar grandes calamidades, mas o outro está melhor nos seguintes aspectos. Pode não estar tão bem colocado para satisfazer seus desejos ou enfrentar calamidades, mas sua sorte o mantém afastado delas e tem um bom físico, boa saúde, está livre de problemas, tem bons filhos e boa aparência. Se ele, além disso tudo, prosperar até o fim da vida, é o homem que procuras e merece ser chamado de feliz. Até que ele morra, porém, não o chames de feliz e sim de afortunado. É humanamente impossível que um só homem combine em si todas as coisas boas, assim como nenhum país pode ser inteiramente auto-suficiente, mas, se tiver uma coisa, terá falta de outra, e o país que tiver mais coisas será o melhor. Assim, nenhum ser humano isolado é auto-suficiente; se tiver uma coisa, faltar-lhe-á outra. Mas o homem que permanece na posse da maioria das vantagens e morre em paz merece, Creso, na minha opinião, esse título de felicidade. Em todas as coisas, olha para o fim e para o resultado final, pois o deus muitas vezes dá aos homens um vislumbre de felicidade apenas para arruiná-los dos pés à cabeça. (Heródoto, *Histórias*, 1.32 ss.)

2.23 Observe-se em especial a expressão "invejosos e perturbadores". Os deuses são perturbadores (*tarakhódēs*) porque é impossível prever o que farão em seguida, mas há pelo menos uma característica com a qual se pode contar, a de serem invejosos (*phthonerós*) da boa fortuna entre os homens (tema muito desenvolvido pelos autores trágicos, cf. 3.17; 7.40 ss.).

2.24 O problema ficava ainda mais agudo quando os homens tentavam entender o sentido da justiça (*díkē*) divina. A *díkē* implicava uma justiça

106 *O mundo de Atenas*

conforme regras estabelecidas. Era possível fazer regras para governar sociedades humanas, mas os gregos não tinham livros de lei divina (tal como os judeus tinham o Levítico e o Deuteronômio). Os gregos acreditavam que havia regras e ordem no mundo (o "mundo ordenado" é *hò kósmos*), mas que havia ordem no interesse dos deuses, não no dos homens. Por isso, era extremamente difícil determinar o que, exatamente, numa ocasião a justiça divina exigia. As coisas eram complicadas pela *timḗ* (honra, respeito) que os deuses exigiam dos homens. Como os deuses lutavam entre si pela *timḗ*, honrar um deus poderia significar ofender outro. No *Hipólito*, de Eurípides, Ártemis promete vingar-se de Afrodite, que causara a morte de Hipólito porque ele honrava demais a Ártemis e de maneira nenhuma honrava Afrodite:

Hipólito: Oxalá os deuses estivessem sujeitos a maldições dos homens.
Ártemis: Fica tranqüilo. Devido à tua piedade e bondade para comigo, mesmo estando o teu corpo na escuridão da terra, jamais os golpes com que te atingiu Afrodite em sua ira ficarão sem vingança. Com minhas flechas certeiras, matarei o seu mais caro amor entre os mortais.
(Eurípides, *Hipólito*, 1.417 ss.)

Havia, porém, pelo menos alguns pontos fixos.

2.25 (1) Se um homem falhasse em sua obrigação para com os deuses, caso se tornasse *asebḗs* (ímpio), era de se esperar que a ira (*nêmesis*) dos deuses caísse sobre ele. Assim, os oradores apresentavam a segurança em uma viagem arriscada como prova de inocência:

2:11 Neoptolemo degola Políxena, princesa troiana, sobre o túmulo de seu pai Aquiles. C. 570-560.

Também fui atacado por ser dono de navios e mercador e pedem-nos que acreditemos que os deuses me protegeram dos perigos do mar só para que eu pudesse ser arruinado por Cefísio ao voltar a Atenas. Simplesmente não posso acreditar, senhores, que os deuses, se achassem que eu os prejudiquei, teriam a idéia de poupar-me quando eu estava correndo o maior perigo – qual perigo seria maior que uma viagem marítima no inverno? Tinham minha vida nas mãos, minha pessoa e minhas propriedades em seu poder. Por que me teriam salvo quando podiam até ter negado ao meu corpo um enterro decente? (Andócides (*Sobre os mistérios*), 1.137)

A obrigação para com os deuses incluía não só reverência e adoração, mas também a observância de certas leis especiais dadas aos homens – respeito pelos suplicantes, arautos, forasteiros e mendigos, em outras palavras, os que não estavam sob proteção de sua própria cidade.

2.26 (2) Ainda mais importante era a preocupação do deus com o homicídio e os crimes de sangue. A morte de um homem despertava as antigas forças pré-olímpicas associadas ao derramamento de sangue, as Erínias (Fúrias). Essas temíveis deusas caçavam o homicida, infligindo-lhe loucura e terror até que os parentes do morto vingassem a sua morte. Considerava-se que o crime de sangue poluía a cidade inteira até que o assassino expiasse o seu crime (cf. 7.11). Sófocles faz considerações sobre essa poluição (*míasma*) em Tebas, no início do *Édipo-Rei*:

Proclamo que ninguém nesta terra, onde detenho o poder e o trono, receba o assassino ou fale com ele, nem compartilhe de oração ou sacrifício com ele, nem lhe entregue sua porção de água lustral. Todos devem bani-lo de seus lares, pois trouxe poluição sobre nós, como o oráculo do deus pítio acaba de revelar-me. E, nesta proclamação, apóio o deus e o homem assassinado. (Sófocles, *Édipo-Rei*, 236 ss.)

2.27 (3) Finalmente, em uma sociedade em que a palavra falada era o principal meio de comunicação, um homem fazia um acordo *sob juramento* quando nós usaríamos contrato e assinatura. Os fiadores desses juramentos – tanto particulares como públicos (tratados, por exemplo) – eram os deuses.

Reações humanas

(i) Sacrifício

2.28 Uma das reações mais difundidas nas sociedades agrícolas primitivas era sacrificar aos poderes da terra e do céu uma porção valiosa da produção – os primeiros frutos da colheita, ou um jovem animal capaz de

2:12 Uma mulher com um jarro faz a oferenda de uma libação sobre um altar em chamas. Início do séc. V.

procriar. Oferecendo-se o melhor aos poderes divinos potencialmente hostis, podia-se criar uma obrigação de reciprocidade e a fertilidade e a sobrevivência seriam garantidas em troca. Há indícios de que o mundo minóico e micênico (1800-1100) usava o sacrifício humano em tempos de grande crise, mas, para os atenienses do século V, o sacrifício humano era visto apenas como uma característica do mundo do mito.

(a) Frutos da terra

2.29 A forma de oferenda mais simples era o dom de produtos da terra: colocar frutos ou tortas feitas de cereais em altares, ou derramar vinho, ou leite, ou azeite no solo (prática conhecida como "libação"). O alimento era deixado até apodrecer ou era consumido por animais, o líquido era sugado pela terra, mas ambos eram dons, vedados ao uso dos seres humanos, entregues aos poderes divinos e vistos como uma etapa de um processo de troca. Pelo ato de dar, fosse o presente simples dom de vinho ou o abate de cem bois, a ansiedade era transformada em expectativa. Criava-se a idéia de uma parceria com uma poderosa fonte de bem.

(b) Animais

2.30 Um animal podia ser oferecido simplesmente sendo atirado em uma ravina qualquer (esta prática sobreviveu no festival ateniense de Cirofórion). Em geral, porém, os gregos tinham duas maneiras de sacrificar animais: após o abate ritual, queimar a vítima inteira (um holocausto), ou (o que era mais comum) queimar certas partes, sendo o resto do animal

O ambiente metafísico 109

consumido pelos sacrificadores em uma refeição. Essas partes eram os fêmures envoltos em gordura. Homero descreve aqui uma hecatombe (sacrifício de cem bois):

Lavaram as mãos e pegaram os grãos de cevada...
E quando todos haviam orado e atirado ao chão os grãos de cevada,
Primeiro puxaram para trás a cabeça das vítimas, mataram-nas e esfolaram,
Separaram dos ossos a carne das coxas e os envolveram com a gordura,
Formando duas camadas, e colocaram em cima pedaços de carne crua.

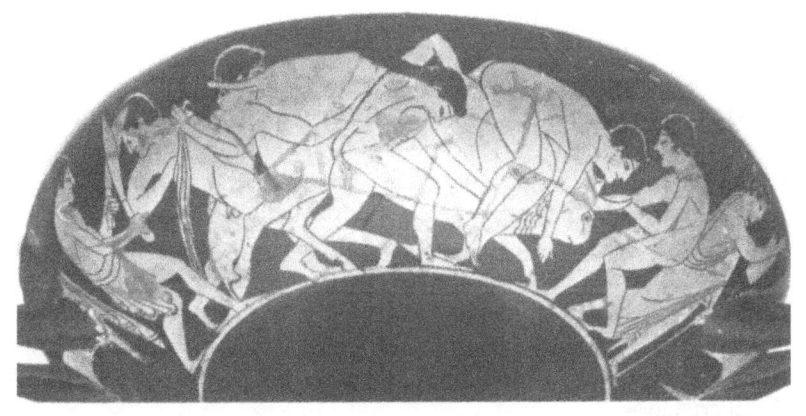

2:13 Cinco jovens lutam com o touro que vai ser sacrificado, enquanto um outro afia as facas. Final do séc. VI.

2:14 Um jovem cozinha a carne do sacrifício num espeto diante de um Hermes (cf. IH:18), enquanto um homem verte vinho sobre as chamas. C. 460.

110 O mundo de Atenas

O ancião queimou-as sobre gravetos e derramou o cintilante
Vinho sobre elas e os jovens com garfos nas mãos se postaram ao seu lado.
Mas, depois que haviam queimado as coxas e saboreado as vísceras,
Cortaram todo o resto em pedaços e puseram nos espetos,
Com cuidado tudo assaram e tiraram do fogo os pedaços.
Então, depois que todos haviam acabado o trabalho e o banquete estava pronto,
Banquetearam-se, não sendo à fome de homem algum negada uma boa porção.
(Homero, *Ilíada*, 1.449 ss.)

Observe-se o lava-mãos cerimonial, o "sacrifício" simbólico com grãos de cevada antes que a vida seja realmente tirada, a queima dos ossos da coxa, as entranhas assadas, a degustação das entranhas assadas, o cozimento da carne e finalmente o consumo humano desta (1.11).

2.31 A razão que Hesíodo apresenta para esse padrão de sacrifício está contida na história de como Prometeu (uma divindade pré-olímpica) enganou Zeus, chefe dos olimpos, para que se dispusesse a aceitar os ossos de um sacrifício (ver 2.9). Sugeriu-se que a história de Hesíodo, que acontece imediatamente após a separação entre os homens e os deuses, pode evocar os vínculos e divisões entre homens e deuses. Os fêmures também continham o tutano, matéria-prima da vida, e por este motivo seria mais valioso para os deuses. Como acontece com o banquete humano, talvez haja aí um sentido de participação com o deus, mas não de comunhão, no sentido místico cristão.

2.32 O sangue tem maior importância no outro tipo de sacrifício, o holocausto, quando se queimava o animal inteiro. O holocausto era usado principalmente em duas ocasiões. Primeiro, em caso de homicídio, a transferência de um animal inteiro da esfera secular para a sagrada representava

2:15 Na presença de Hermes, Odisseu acaba de abater um carneiro para evocar a sombra de Elpenor. C. 450-425.

a troca de uma vida por uma outra e poderia apaziguar os poderes vingativos do mundo subterrâneo (*alástores*, "vingadores", ou Erínias, "Fúrias"), uma vez satisfeitos os parentes do morto. Em segundo lugar, o culto aos heróis. Os heróis eram poderes locais ou os grandes mortos do passado, como Teseu (I.H.5), ou divindades menores que não haviam sido assimiladas ao sistema olímpico, ou homens cuja lembrança permanecia viva, como os fundadores de novas cidades. Brásidas, general espartano do século V, foi elevado à condição de herói como fundador de Anfípolis, embora na verdade tivesse sido fundada pelo ateniense Hágnon. Os heróis eram considerados deuses mais fracos, literalmente necessitados de sustento físico para que não assombrassem a comunidade como fantasmas. O sangue do holocausto podia fornecer esse sustento (cf. Homero, *Odisséia*, 11.23 ss.).

2.33 Os sacrifícios particulares, realizados para manter a proteção do deus sobre a família e a propriedade familiar, ou para garantir proteção durante uma viagem, ou ainda por muitas outras razões, eram parte importante da vida religiosa. Os dois sacrifícios seguintes mostram como o ritual particular era parte integrante da vida quotidiana. Ele podia ser, de maneira igualmente apropriada, um evento familiar solene ou parte de um banquete ou festa:

> Mais tarde, aconteceu que Filôneo tinha de celebrar um sacrifício a Zeus Ctésio no Pireu e meu pai estava saindo para Naxos de navio. Assim, Filôneo decidiu que o melhor plano seria fazer uma única viagem e, no Pireu, ver meu pai (que era amigo dele) fazer o sacrifício e fazer-lhe companhia. A amante de Filôneo acompanhou-o para assistir ao sacrifício. Quando chegaram ao Pireu, Filôneo celebrou o sacrifício, como era de se esperar. Terminado o sacrifício, a mulher deliberou se devia dar-lhes a droga antes ou depois do jantar. Após pensar um pouco, decidiu dá-la após o jantar, o que estava de acordo com os planos desta miserável Clitemnestra... Depois de jantarem, como era de se esperar, após sacrificar a Zeus Ctésio e receber um amigo que estava prestes a partir em uma viagem, começaram a fazer libações e a espalhar incenso. E foi enquanto ela estava misturando as libações e eles estavam fazendo orações – orações estas que, infelizmente, nunca seriam atendidas – que a amante dele derramou o veneno. (Antifonte (*Contra a madrasta*), 1.16 ss.)

> Além disso, há outro indício que podemos citar para mostrar que somos filhos da filha de Círon. Como é natural com os filhos de uma filha, ele nunca fazia sacrifícios sem a nossa presença; estávamos presentes e participávamos de todos os sacrifícios, fosse grande ou pequena a cerimônia. Éramos convidados não só para esses ritos domésticos, mas também éramos levados às Dionísias Rurais, e sentávamos com ele nos entretenimentos públicos e íamos à casa dele para todos os festivais. Ele dava especial importância aos sacrifícios a Zeus Ctésio, que ele mesmo

2:16 Ajax ora antes de suicidar-se jogando-se sobre sua espada fincada no chão (cf. 3:8). C. 475-450.

realizava e aos quais não admitia nem escravos, nem homens livres que não fossem parte da família. Nós, porém, tomávamos parte na cerimônia, pondo nossas mãos sobre as vítimas, fazendo nossas oferendas juntamente com as dele e participando plenamente dos ritos, enquanto ele orava por nossa saúde e prosperidade da maneira que seria de esperar de um avô. (Iseu *Sobre o legado de Círon*), 8.15)

(ii) Orações

2.34 As orações, todavia, eram mais ou menos fixas em sua forma geral. A que se segue, tirada da Ilíada, é típica. O velho é Crises, sacerdote de Apolo, que ora para que os gregos (*dânaos*) sofram por terem levado embora sua filha:

Muitas preces fazia o velho; enquanto caminhava, orava
Ao Rei Apolo, que Leto de lindos cabelos deu à luz: "Ouve-me,
Senhor do arco de prata que colocas teu poder sobre Crises
E Cila, a santa, que reinas pela força em Tênedo,
Esminteu, se jamais agradou ao teu coração que eu tenha construído o teu templo,
Se jamais te agradou que eu queimasse todas as gordas coxas
De touros, de cabras, então realiza meu desejo:
Que tuas flechas façam os *dânaos* pagar pelas lágrimas que derramo".
Assim falou ele em sua prece e Febo Apolo o ouviu...

(Homero, *Ilíada*, 1.35 ss.)

O deus é invocado pelo nome ou pelos títulos que, muitas vezes, são numerosos. No momento da súplica é lembrado pelos atos de bondade do passado. Sem que houvesse laços de união entre o deus e seus cultuadores não haveria razão alguma para esperar ajuda divina, pois basicamente se assumia que devia haver reciprocidade (cf. 3.13). A oração aos deuses

O ambiente metafísico 113

olímpicos era feita de pé com as mãos levantadas para o alto e para os deuses do mundo subterrâneo com as mãos abaixadas para o chão. Se um sacerdote fazia a prece, isso devia ocorrer junto ao altar, no recinto do templo (*témenos*, área sagrada); se fosse uma cerimônia particular, qualquer homem – em geral o chefe da família – podia celebrá-la.

(iii) Purificação

2.35 A purificação fazia parte de todos os rituais. Em geral o lava-mãos cerimonial era tudo o que se exigia antes de um sacrifício, juntamente com a purificação do local onde ele seria realizado, que a partir de então era chamado de *kátharma*, "lugar purificado". Uma purificação mais elaborada era exigida em certos casos, em especial a de assassinos que tivessem sido excluídos do terreno sagrado e depois de relações sexuais ou parto (cf. 4.77 ss.). A purificação podia ser necessária até quando alguém entrava em contato com um assassinato. Nessas questões, assim como em outras, havia corporações oficiais de pessoas a que se podia recorrer em busca de conselho. Em Atenas, uma delas era a corporação dos *exēgētaí*, que eram ministros oficiais de Apolo. Alguns deles eram nomeados pelo oráculo de Delfos para essa tarefa, outros eram eleitos pelo povo ateniense dentre uma ou duas famílias nobres com autoridade hereditária em tais questões (uma dessas famílias era a dos Eumólpidas). Aconselhavam em questões tais como templos, procedimentos dos cultos, sacrifícios e, particularmente, purificação após um assassinato. Quando uma dessas corporações era incapaz de aconselhar, o assunto era remetido a Delfos. Pode-se apenas especular até que ponto uma corporação de cidadãos cujos membros são cidadãos, controlados por Delfos e vistos como ministros de Apolo, podia contribuir para o início de uma política especificamente délfica num lugar como Atenas.

2:17 Um ímpio centauro tenta arrancar uma mulher lápita da estátua de Atena onde ela buscava asilo. Final do séc. V.

(iv) Súplica

2.36 A segurança e a posição de um homem na Grécia antiga dependiam basicamente dele mesmo, de sua família, seus amigos e suas posses. Esses eram os únicos meios materiais à sua disposição para ajuda ou defesa. Além disso, o cidadão gozava da proteção de certos direitos por ser membro de uma cidade-estado. Um forasteiro, porém, ou estrangeiro não tinha direito algum. Por ser estrangeiro ou forasteiro estava longe de amigos, familiares e propriedades (cf. 4.17). Já em Homero e Hesíodo vêem-se os deuses estendendo sua proteção aos que estavam excluídos da proteção legal dos homens. Um método de auto-proteção em uma emergência era o ato da súplica.

2.37 Tornar-se um suplicante em relação a um homem ou deus era proclamar a abjeção de sua condição e reconhecer e honrar de maneira excessiva o poder e a posição do outro. Tratava-se de uma completa inversão dos padrões normais de comportamento e contatos entre iguais (cf. 3.2). Para um deus ou para um homem seria uma ofensa à sua honra e poder deixar de proteger seu suplicante.

Em uma súplica simples a um deus, bastava que o suplicante tocasse o altar. Mais formalmente, um suplicante levava guirlandas na cabeça e portava ramos de árvores decorados com lã antes de aproximar-se do altar e tocá-lo. Enquanto estivesse em contato com o altar, qualquer violência feita ao suplicante era uma ofensa contra o deus e uma violação da santidade de seu poder e do próprio Zeus, sob seu título de Zeus *Hikésios* (protetor dos suplicantes). Conseqüentemente, usar diretamente a força para afastar um suplicante do altar era um recurso raro e, por isso, mais chocante se usado. Métodos menos diretos eram tentados às vezes, mas, mesmo assim, nem sempre se evitava a ira do deus. No trecho seguinte, o político Terâmenes refugia-se no altar sem que isso o salve. Ele acabava de ser excluído da lista de cidadãos e os Trinta oligarcas que estavam no poder na época aproveitam a oportunidade para livrarem-se dele. Crítias (que fora amigo de Sócrates) era o líder dos Trinta (cf. I.H.57-8):

"Eu, portanto", concluiu Crítias, "excluo da lista o nome de Terâmenes, por nossa decisão unânime, e o condenamos à morte."

Ao ouvir isso, Terâmenes saltou sobre o altar e gritou: "O que peço está bem dentro da lei: que Crítias não exclua da lista a mim, nem nenhum de vós que ele quiser: Há uma lei sobre os que estão na lista e, de acordo com ela, vós e eu devemos ser julgados. Sei muito bem, garanto-vos, que este altar não me dará proteção alguma, mas quero mostrar que eles, em relação aos homens, são muito injustos e, em relação aos deuses, são muito ímpios. Estou surpreso, porém, que vós, homens de bem, não nos ajudeis, sabendo bem, como sabeis, que em nada é mais fácil excluir o meu nome que o vosso".

O ambiente metafísico 115

Nesse momento o arauto dos Trinta ordenou aos Onze que prendessem Terâmenes. Eles entraram com os seus assistentes, chefiados por Sátiro, o mais atrevido e desavergonhado. Crítias disse aos Onze: "Nós vos entregamos este homem, Terâmenes, condenado de acordo com a lei. Levai-o ao lugar adequado e executai a sentença".

Ao ouvirem essas palavras, Sátiro e seus assistentes arrastaram Terâmenes para longe do altar. Ele, como era natural, apelou aos deuses e aos homens para que fossem testemunhas do que estava acontecendo. A *boulé*, porém, permaneceu quieta, vendo que os que estavam junto à balaustrada eram semelhantes a Sátiro e que a parte da frente do tribunal estava cheia de guardas que, como sabiam, estavam armados. Terâmenes foi arrastado através da *agorá*, com seus gritos, contando o que sofria. (Xenofonte, *Helênicas*, 2.3.51)

Para suplicar a uma *pessoa*, o suplicante abraçava-lhe o joelho e a canela. A pessoa não podia recusar o pedido que lhe faziam enquanto durasse o contato. *Era* possível fazer uma súplica a um ser humano sem contato físico, mas o sucesso não era garantido, pois o contato físico entre as duas partes não tinha sido feito. Examine-se a seguir o dilema de Ulisses: nu, sujo, perdido, precisa desesperadamente de ajuda e, por isso, sai da moita onde estivera dormindo. Apavoradas, as moças fogem dele – todas, exceto Nausica, filha de Alcínoo:

> Só ficou a filha de Alcínoo, pois Atena
> Pôs coragem em seu coração e tirou o medo de seu corpo,
> E ela ficou onde estava e encarou-o, e então Ulisses ficou pensando
> Se deveria fazer uma súplica à bela donzela abraçando
> Os joelhos dela ou ficar onde estava e, com palavras de lisonja,
> Perguntar se ela lhe mostraria a cidade e daria vestes.
> Então, na dúvida de seu coração, isto lhe pareceu melhor,
> Manter-se bem longe e suplicar com palavras de lisonja,
> Pois temia que, se lhe abraçasse os joelhos, a moça ficasse irada.
> Então, com lisonjas e cheio de arte, começou a falar-lhe:
> "Estou a teus pés, ó Rainha. Mas és mortal ou deusa?".
> (Homero, *Odisséia*, 6.127 ss.)

Ironicamente, as palavras com que ele inicia sua súplica significam, literalmente: "Abraço teus joelhos!".

(v) Santuários e templos

2.38 Um santuário (*témenos*) é uma área sagrada, vedada ao uso humano profano, por ser tradicionalmente uma reserva sagrada. Muitos santuários tinham um ou mais templos, mas o tamanho e a importância do *téme-*

nos e dos templos não tinham relação. A magnificência de um templo podia refletir pressões tanto políticas como religiosas. Conseqüentemente, o tamanho e a importância dos templos variavam muito. Em um extremo, um grupo de indivíduos chamado de *orgeônes* podia homenagear um herói pouco conhecido e, no outro, muitos milhares de devotos podiam comparecer aos grandes festivais – o de Atena em Atenas ou o de Zeus nos jogos de Olímpia.

2.39 O próprio templo podia conter uma enorme estátua cultual do deus (a Atena Parténos, no Partenon, tinha quase quatorze metros de altura) ou apenas um objeto sagrado antigo, amiúde uma pequena efígie do deus em madeira. O contraste entre imagem cultual e objeto sagrado mostra dois aspectos da divindade: a primeira imagina o deus em termos humanos, em termos de aparência física, ao passo que o objeto sagrado tem poder religioso em termos não humanos de mistério e reverência. Assim, na Acrópole, o objeto mais sagrado não era a estátua de Atena no Partenon, mas uma imagem em madeira de Atena Pólias no Erecteu (cf. 1.34), e a procissão Panatenaica culminava diante dela e não no Partenon. Pode-se comparar isso com uma suposta "máscara" de Dioniso, objeto sagrado de madeira de idade imemorial que, segundo se dizia, tinha caído do céu em Metimna, na ilha de Lesbos. Pausânias conta a história:

> Minha próxima história vem de Lesbos. Alguns pescadores de Metimna puxaram do mar em suas redes um rosto feito em madeira de oliveira. Na aparência,

2:18 O altar de Zeus Frátrio e Atena Frátria na *agorá* de Atenas; as divindades eram invocadas com esse epíteto quando eram relacionadas com a fraternidade religiosa ancestral (*phratríai*). Meados do séc. IV.

tinha alguma semelhança com uma divindade, mas estrangeira, não no estilo normal dos deuses gregos. Conseqüentemente, os habitantes de Metimna perguntaram à sacerdotisa pítica de que deus ou herói era aquela imagem, e ela disse-lhes que prestassem culto a Dioniso Fálico. Por isso, os habitantes de Metimna guardaram para eles a imagem de madeira saída do mar e a honraram com sacrifícios e orações. Enviaram, porém, uma réplica em bronze para Delfos. (Pausânias, *Guia da Grécia*, 10.19.2)

A adoração do deus costumava ser conduzida junto a um altar – o foco do *témenos* – fora do templo, ao leste. Essa era uma das razões pelas quais o exterior do templo era o lugar das decorações arquitetônicas elaboradas.

Religião cívica na Grécia

2.40 No século V, proliferaram na Ática santuários e cultos tanto de heróis e divindades menores como de Atena e dos outros deuses olímpicos. Sentia-se que a maioria das funções cívicas, além das sagradas, estava sob o patrocínio dos deuses: Zeus, Ártemis, Atena e Hermes, em particular, supervisionavam as atividades da maioria dos funcionários na *agorá* – assim, Zeus Boulaios e Ártemis Boulaia na *boulé*, Zeus e Hermes Agoraios na *agorá*, e assim por diante. A presença dos deuses dava autoridade e estabilidade a essas instituições. O mesmo se dava com o corpo dos cidadãos: um templo na *agorá* a Apolo Patroos ("de nossos ancestrais" – Apolo era o ancestral mítico da estirpe ateniense) e outro a Zeus Frátrio e Atena Frátria (das "phrátriai") eram núcleos de vida cívica que uniam pequenos grupos de cidadãos. Quase todos os cidadãos pertenciam a uma das *phrátriai*, e muitos tinham santuários dedicados a Apolo Patroos em seus lares (cf. 4.20). Ao serem qualificados para o cargo, os candidatos a magistrado eram interrogados especificamente sobre isso (ver 4.13).

Os túmulos familiares dos ricos, mencionados por Aristóteles, mostram mais que qualquer outra coisa a influência conservadora da religião. Esses venerados jazigos eram construídos nas propriedades rurais, mostrando que a família vivera nelas por muito tempo e deixando implícito que lá continuaria vivendo.

2.41 Os festivais eram importantes rituais públicos que muitas vezes duravam vários dias e ocupavam grande parte do ano cívico e sagrado. Prestavam-se homenagens tradicionais aos deuses, mantinham-se antigas cerimônias em favor da colheita de grãos e de uvas e, ao mesmo tempo, os participantes desfrutavam de todo tipo de estímulos intelectuais, religiosos e físicos. A ocasião podia ser comparada às festas do dia do padroeiro que existem em alguns países, embora, como veremos, os atenienses incluís-

118 *O mundo de Atenas*

sem nessas festas tragédias e comédias, provas de atletismo e muitas formas diferentes de atividade religiosa.

2.42 Antes de mais nada, o calendário ateniense:

Meses do calendário civil ateniense, com equivalentes modernos	
Hekatombaiṓn	junho-julho
Metageitiniṓn	julho-agosto
Boēdromiṓn	agosto-setembro
Pyanepsiṓn	setembro-outubro
Maimaktēriṓn	outubro-novembro
Poseideiṓn	novembro-dezembro
Gamēliṓn	dezembro-janeiro
Anthestēriṓn	janeiro-fevereiro
Elaphēboliṓn	fevereiro-março
Mounikhiṓn	março-abril
Thargēliṓn	abril-maio
Skiroforiṓn	maio-junho

Todo mês era lunar, de modo que os atenienses tinham problemas referentes à adequação do calendário lunar ao solar (cf. sobre Sólon, 2.22). O mês *hekatombaiṓn*, por exemplo, começava com a lua nova em junho e ia até a lua nova de julho.

(i) O ano religioso

2.43 Além dos festivais e sacrifícios mensais, é preciso distinguir dois tipos de festivais anuais: os festivais centrados nos *dêmói* ou nas *phrátriai* e os festivais da cidade. Os festivais mensais consistiam de sacrifícios a certos deuses em datas que lhes correspondiam (por ex., o sétimo dia era dedicado a Apolo) e não impediam, por exemplo, o trabalho normal. Os festivais centrados nos *dêmói* ou nas *phrátriai* (2.50-2) envolviam apenas membros de um *dêmos* ou de uma *phrátria* particular e, como parecem ter ocorrido em datas diferentes nos diferentes *dêmói*, não havia possibilidade de um feriado geral. Durante um festival da cidade, para todos era feriado; a *ekklēsía* só se reunia em caso de emergência grave e a *boulḗ*, provavelmente, nessas circunstâncias entrava em recesso nesses dias. Os atenienses do século V tinham orgulho do número e da magnificência de seus festivais. De fato, sendo 130 os festivais com data fixa, se acrescentamos os sem data fixa, fica evidente que na metade dos dias do ano havia um ou outro festival. Com base em diversas fontes, podemos demonstrar que, por

O ambiente metafísico 119

exemplo, os tribunais do júri podiam ter a expectativa de trezentos dias de trabalho por ano (mas não há acordo sobre o número de dias e é possível que fossem apenas 150). Sobram cerca de 54 "feriados" em um ano comum. Mas temos também um contrato feito com operários para trabalharem em Elêusis por um período de quarenta dias que incluía os festivais das Crônias, das Sinécias e o grande festival cívico das Panatenéias. Deve-se concluir que, mesmo que as pessoas esperassem ter um feriado de verdade durante os festivais da cidade, ele não era obrigatório.

(ii) Os festivais e o sentimento religioso

2.44 Os festivais eram acontecimentos religiosos e alguns dos mais importantes festivais da cidade envolviam todos os membros da população, tanto escravos como homens livres, cidadãos e *métoikos* (metecos). Sentia-se que os deuses também estavam assistindo aos festivais. Baseando-se na procissão das Grandes Panatenéias, Fídias representou na frisa do Partenon um grupo de imortais postados para assistir ao espetáculo. Não há dúvida de que eram as grandes e sublimes celebrações ou a participação dos melhores atletas ou poetas e atores que, de modo especial, atraíam a simpatia e o interesse (7.76).

(iii) Os elementos constituintes do ritual público

2.45 Já discutimos o sacrifício (2.28 ss.). Ele era o clímax de muitos festivais e, muitas vezes, exigiam grandes despesas e grande número de vítimas. Nas Panatenéias, por exemplo, exigia-se que as comunidades ultramarinas atenienses enviassem uma vaca como vítima sacrificial e as rendas das terras públicas eram usadas para comprar mais animais (a soma envolvida era equivalente aos salários de um dia de dois a três mil trabalhadores especializados). Todas as vítimas, exceto uma, eram abatidas no

2:19 Uma procissão dirige-se a um altar para o sacrifício de um touro, um porco e um carneiro (*trittús*). C. 500.

grande altar de Atena na Acrópole. Depois que parte da carne era separada para os funcionários religiosos e seculares da comunidade, o resto talvez fosse distribuído ao povo da Ática segundo os *dêmói*, em proporção ao número de membros com que cada *dêmos* participara da procissão. Não devemos subestimar os gastos e a complexidade do ritual público.

2.46 Também as procissões eram uma peça central de muitos festivais e, mais uma vez, em grau bastante considerável de solenidade e grandiosidade. Incluíam os portadores de objetos e oferendas rituais, tais como as *kanēphóroi* (portadoras de cestos de ouro com grãos que eram lançados nos sacrifícios), os *skaphēphóroi* (estrangeiros residentes que carregavam bandejas como presentes como tortas e favos de mel), carregadores de tigelas de prata, jarras e turíbulos, de cadeiras para os sacerdotes celebrantes se sentarem e de grandes sombrinhas sob as quais os sacerdotes caminhavam. Na procissão, muitas pessoas levavam ramos de oliveira ou de carvalho como emblemas sagrados. Nas procissões em homenagem a Dioniso, *phálloi* eram carregados, bem como odres de vinho e pães especiais chamados *obelíai*. Tais procissões atravessavam Atenas (do Cerâmico através da *agorá* até a Acrópole nas Panatenéias) ou percorriam rotas mais longas através da Ática. Nas Dionísias, a imagem em madeira do deus era levada em procissão da Academia até o templo do deus junto ao teatro, para celebrar sua primeira vinda de Eleuteras, na fronteira entre a Ática e a Beócia, até Atenas. Os participantes da grande procissão dos mistérios eleusinos caminhavam de Atenas a Elêusis (22 quilômetros) levando os "objetos sagrados" de Deméter ou escoltando os iniciados. A imagem de Atena em madeira era levada em procissão da Acrópole até o mar em Falero (sete

2:20 Alguns festivais incluíam, em seus eventos, uma corrida com tochas. Final do séc. V.

2:21 Um coro, participando de uma competição musical durante um festival, dirige-se ao tocador de flautas. C. 480.

quilômetros) para ser lavada por seus guardiães tradicionais, membros de uma família chamada Praxiérgidai.

2.47 É possível que estranhemos que torneios e competições em homenagem ao deus sejam exemplos de culto religioso. Esses torneios, não menos que os sacrifícios e procissões, eram uma parte recorrente dos rituais religiosos gregos. Podiam assumir muitas formas: torneios atléticos (corridas de bigas, a pé, lutas, lançamento de disco ou lança); competições entre coros e entre recitadores profissionais de poesia heróica, ou entre equipes de autores teatrais, atores e administradores (*khorēgoí*); corridas com tochas (a cavalo, em um caso) que terminavam em um altar. Alguns festivais combinavam mais de um tipo de torneio, como as Panatenéias, que combinavam atletismo e corridas de tochas com competições entre "rapsodos" homéricos; outros podiam oferecer apenas um tipo, como os festivais de Dioniso em Atenas que apresentavam torneios entre autores teatrais e suas trupes (cf. 7.35-6). Podemos ver essas atividades sob dois aspectos, seja como espetáculos que alegram os deuses que a eles assistem (tal como os vemos alegres ao assistirem a guerra dos heróis da *Ilíada*), seja como arena para apresentar aos olhos de todos a agressividade da competição entre os homens, sancionando e reconhecendo esse aspecto do comportamento humano que traz em si as sementes da subversão e do conflito (cf. 3.2, 16). Assim como os gregos imaginavam seus deuses em conflito constante uns com os outros, também imaginavam que eles entendiam e apreciavam o conflito humano. Assim como Pátroclo (*Ilíada*, 23.257 ss.) fora honrado na morte por homens que competiam entre si, os deuses eram honrados pela exibição competitiva da excelência humana em todas as suas formas – mesmo que fosse equilibrar-se sobre um odre de vinho untado com sebo!

2:22 Olímpia.

2.48 As maiores dessas competições religiosas eram ocasião de encontro de grandes agrupamentos de gregos de muitas partes do Mediterrâneo. Como as grandes festas medievais em homenagem a um santo, elas proporcionavam uma oportunidade para o intercâmbio de bens e idéias. Em Olímpia, por exemplo, durante os jogos em homenagem a Zeus que os gregos acreditavam terem sido realizados a cada quatro anos desde 776, milhares de pessoas reuniam-se em um acampamento provisório para testemunhar as proezas dos maiores atletas do mundo de língua grega, mas também para realizar uma feira e ouvir exibições de virtuosismo intelectual e retórico de homens como Górgias e Lísias (7.19).

(iv) Festivais e rituais públicos

2.49 As procissões, os sacrifícios e os torneios são componentes de muitos rituais públicos. Alguns dos rituais mais importantes, porém, que freqüentemente duravam vários dias, tinham características individuais próprias. A seguir discutiremos uma amostra deles.

(a) O Festival das Panatenéias

Tinha lugar todos os anos no final da primeira lua nova depois do ano novo no mês de Hekatombaiṓn. A cada quatro anos era celebrado com

2:23 Nas Grandes Panatenéias é trazido o novo manto (*péplos*) que vestirá a imagem da deusa durante os próximos quatro anos. C. 440.

mais esplendor, sendo chamado de Grandes Panatenéias. Já discutimos os torneios que ocorriam durante o festival e dissemos alguma coisa sobre a grande procissão e o sacrifício que eram o seu clímax. A procissão era feita para escoltar até o alto da Acrópole o manto novo (*péplos*) que, a cada quatro anos, com rituais que lhe eram próprios, era tecido por donzelas escolhidas dentre as de famílias aristocráticas atenienses, para ser apresentado a Atena Pólias, deusa protetora de Atenas, e não à Atena do Partenon. Tal como seu nome implica, as Panatenéias, como outros festivais parecidos em outros lugares (as Panjônicas e as Pambeócias, por exemplo), eram uma celebração da solidariedade da comunidade grega sob a proteção da grande deusa, na data que se julgava ser a de seu aniversário. Era um reforço do sentimento de "ser ateniense", onde quer que se vivesse, na Ática ou no ultramar, do sentimento de ser diferente dos demais gregos não-atenienses e superior a eles.

(b) O Festival das Apatúrias

2.50 As Panatenéias tinham seu equivalente, em termos de religião local, nas Apatúrias, celebradas no outono de cada ano. Eram também um festival cívico, mas não eram celebradas em massa por todos os atenienses, nem organizadas por funcionários da cidade de Atenas. Eram organizadas e celebradas pelas próprias *phrátriai* (grupos hereditários de famílias) e seu principal propósito, além da renovação da solidariedade religiosa e secular da *phrátria*, era, como "rito de passagem" (ou seja, a transição de uma condição a outra), registrar e atestar a condição de filhos de cidadãos.

Cada *phrátria* tinha um centro local de culto. Nele, os membros (todos eles homens) celebravam diversos rituais. Por exemplo, no terceiro dia, *koureõtis* (o nome pode significar "Dia dos Jovens" ou "corte de cabelo") era a ocasião para a apresentação dos filhos dos membros da *phrátria* para uma "legitimação" pública. As novas noivas também eram apresentadas às *phrátriai* no terceiro dia. Havia também oferendas de bebidas (*khoaí*) aos membros já falecidos da *phrátria*.

2.51 O papel das Apatúrias, portanto, era concentrar o sentimento religioso no agrupamento tradicional das *phrátriai* e aceitar os filhos como elegíveis para o exercício da cidadania. Isso enfatiza a relação constante, em Atenas, entre a organização das instituições da *pólis* e os laços de lealdade local do povo. A inserção nas *phrátriai* não era apenas um meio prático de manter afastados os estranhos, mas combinava um sentido positivo de aceitação a um profundo sentimento dos valores religiosos tradicionais que podia ser usado com bom efeito nos tribunais (4.20). As Apatúrias eram um festival antiqüíssimo que existia também, no Egeu, em todas as cidades da Jônia e da costa da Ásia Menor.

(c) Festivais centrados nos dêmoi

2.52 Os *dêmoi*, comunidades locais das aldeias da Ática, também tinham seus próprios rituais públicos, tal como as *phrátriai*. De uma delas, Érquia, temos uma inscrição que lista mais de cinqüenta sacrifícios em um ano, oferecidos a quase quarenta poderes divinos diferentes. Os deuses honrados com mais freqüência em Érquia são Zeus, Apolo, a Curótrofo ("a que cria os jovens") e Atena. Em certos dias do ano, os homens iam de Érquia a Atenas (do outro lado do monte Himeto, ou mais de vinte quilômetros) para fazer oferendas aos deuses de Atenas, a Zeus e Atena "da cidade", a Apolo Liceu e a Deméter de Elêusis. Na própria aldeia havia uma Acrópole onde eram adoradas as mesmas divindades, grandes ou pequenas, que se adoravam em Atenas, mas em Érquia os homens também ofereciam sacrifícios a deuses obscuros tais como Zeus *Epopiõtēs*, ninfas, Heróides, Arres, Tritopálato e os Heraclidas, e também a heróis locais como Leucáspis ("o do escudo branco") e, aparentemente, até à Épops, a poupa. Esse quadro tem paralelo com a prática cristã de muitos países do Mediterrâneo e da América Latina onde a devoção aos santos locais pode ser tão importante para o sentimento religioso quanto para o reconhecimento dos grandes deuses no mundo grego. Nisto, Érquia parece ter sido típica das comunidades de aldeia da zona rural da Ática (cf. 1.21).

O ambiente metafísico 125

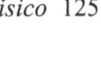

2:24 O portador de tochas (*daidoûkhos*) era figura importante nos rituais dedicados às divindades eleusinas. Meados do séc. V.

(d) Os Mistérios de Elêusis

2.53 Os rituais públicos que consideramos até agora abrangem todos os membros da comunidade, local ou nacional, e têm como objetivo a segurança e o bem-estar de toda a comunidade. Isso, em geral, é típico da religião grega antiga em seus ritos públicos, mas há algumas exceções.

Os Mistérios de Elêusis, celebrados lá pelo final do verão, eram um festival com muitos pontos em comum com as Panatenéias – procissões, sacrifícios, envolvimento pan-helênico –, mas eram também, o que não era muito comum, um culto exclusivo com firme ênfase na revelação e salvação pessoal. "Três vezes abençoados", diz uma personagem de Sófocles, "são aqueles dentre os homens que, após terem visto esses ritos, descem para o Hades. Somente para eles há vida" (Plutarco, *Moralia*, pp. 21 ss.; Dindorf, fr. 719). O culto, que se concentrava em torno do mito de como Deméter trouxe de volta do mundo subterrâneo sua filha Perséfone, era celebrado em Atenas como um festival da cidade, supervisionado pelo *árkhōn* rei, embora o seu sacerdócio mais importante, o do Hierofante ("revelador de coisas santas"), estivesse nas mãos da família dos Eumólpidas, e o do Daiduco ("o portador da Tocha") estivesse nas mãos da família dos Cérices. Ao contrário da prática em outros cultos das cidades, esses sacerdotes usavam vestes trabalhadas. Embora os mistérios enfatizassem a diferença entre iniciados e não-iniciados, o acesso à iniciação não era restrito; qualquer um, escravo ou livre, cidadão ou não-cidadão, homens ou mulheres, contanto que falassem grego, podiam tornar-se iniciados, mas tinha de ser apresentado por um *mustagōgós* ("chefe dos iniciados").

2.54 A iniciação tinha dois estágios. Os Mistérios Menores, realizados no mês de Anthestēriōn (cf. 2.42) em Agras, perto do Ilissos, nas cercanias

2:25 Um Dioniso em êxtase, com o manto de pele de pantera e com os cabelos cobertos de hera, brande uma corça que despedaçou. C. 480-470.

de Atenas, eram dedicados a Perséfone. Os *mústai* usavam grinaldas e carregavam em procissão ramos de murta. Uma mulher portava na cabeça o *kérnos* sagrado, que continha uma variedade de sementes e grãos para simbolizar os dons de Deméter, a deusa das plantações. Para os Grandes Mistérios, no mês de Boēdromiṓn (cf. 2.42), declarava-se uma trégua de 55 dias para que as pessoas pudessem viajar em segurança de toda a Grécia para o festival. Os *éphēboi*, rapazes de dezoito ou dezenove anos, escoltavam os objetos sagrados (*hierá*) em caixas (*kístai*) até Atenas. Esses objetos eram uma parte central do ritual, mas, devido à reverência e ao respeito universais pelo segredo dos Mistérios na Grécia, não temos absolutamente nenhum indício que sugira o que fossem. No 15º dia, realizava-se o *agurmós* ("reunião"); no 16º, talvez o dia conhecido como *hálade mústai* ("iniciados para o mar"), eram celebrados ritos de purificação. No 18º, os iniciados não saíam, enquanto o resto de Atenas celebrava o festival de Asclépio. No 19º, os iniciados iam em procissão até Elêusis, conduzidos por Íaco, personificação do grito ("Iakkhḗ!") dos celebrantes que se aproximavam de Deméter. Usavam guirlandas de murta e levavam *bákkhoi* (ramos de murta amarrados com lã), bem como provisões presas a um bastão, provavelmente roupas de cama e mudas de roupa de vestir. Na noite do 20º dia, a procissão chegava a Elêusis, à luz das tochas. O *kérnos* era apresentado a Deméter. No 21º, faziam-se sacrifícios às duas deusas; uma vasta oferenda de trigo moído, bastante para mil homens, era separada para isso. As revelações, que duravam toda a noite, não eram feitas ao ar livre, já que, no ritual grego, só elas tinham lugar no interior do Telesterion que, no período de sua maior extensão, podia abrigar até dez mil *mústai*. Pouco se sabe do ritual central, a não ser que era dividido em "coisas ditas", "coisas feitas" e "coisas reveladas". Os iniciados que tinham permissão para ver o último estágio ficavam sendo conhecidos como *epoptai* ("espectadores"). Podemos estar razoavelmente seguros de que duas coisas vistas pelos iniciados eram luz aparecendo das trevas e uma espiga de trigo (de Deméter) sendo levada em torno do recinto. Quanto ao efeito religioso, podemos dizer que são revelações simples, semelhantes às que se dão nas cerimônias de Páscoa dos católicos ortodoxos.

2.55 Não se pode duvidar de que os Mistérios proporcionassem um intenso envolvimento pessoal e uma experiência emocional de mais alto grau. A iniciação, como mostra a citação de Sófocles, era vista com reverência. Dizia-se que os ritos "inspiram naqueles que deles participam esperanças mais doces acerca do fim da vida e de toda a eternidade". Não é nenhuma surpresa que os jovens aristocratas Alcibíades e seus amigos tenham causado uma hostilidade tão intensa ao serem implicados em uma paródia desses mesmos ritos. A paixão dedicada à investigação dessas alegações é mais uma indicação do imenso respeito em que os Mistérios eram tidos por todos os atenienses (cf. I.H.49).

(e) O Festival de Anthestèria

2.56 Este festival, em homenagem a Dioniso, deu seu nome ao mês em que ocorria (Anthestēriṓn). O nome deriva da palavra grega que significa "flores" e o festival tinha lugar quando o primeiro sinal de vida na natureza, a floração, começava a aparecer. O tema principal do festival era o vinho novo (ou seja, a volta de Dioniso) e os espíritos de mau agouro (cf. 4.82). Durava três dias. No primeiro dia (*pithoigía*, "abertura dos tonéis"), o vinho novo era aberto e experimentado; no segundo dia (*khóes*, "libações"), havia uma procissão em que Dioniso ia em uma carruagem em forma de barco e a esposa do *árkhon* rei "casava-se" com ele em um "matrimônio sagrado" (talvez o *árkhon* rei estivesse vestido como Dioniso durante toda a cerimônia). À noite, era a hora de festejar bebendo, mas cada conviva trazia seu próprio vinho e o bebia em silêncio, justamente o contrário do que se espera de uma reunião de camaradas. Os gregos explicavam isso com um mito. Orestes, contagiado pela poluição de sangue por ter matado a própria mãe, chegou em Atenas no dia das *khóes* e, para que ele não ficasse excluído das comemorações e as pessoas não ficassem poluídas, o rei ordenou que todos bebessem o próprio vinho em seus próprios copos. Talvez prefiramos explicar o ritual mais como uma tentativa de impor um limite aos efeitos do excesso de álcool que poderiam ser destrutivos. O terceiro dia era o das *khútrai*, "odres" que tinham um caráter totalmente diferente. Cozinhavam-se hortaliças nesses odres não para os vivos, mas para os espíritos dos mortos. Era de mau agouro esse dia quando, segundo se dizia, esses espíritos ficavam vagando. Ao final do dia, os donos das casas gritavam: "Vão embora *kêres* [maus demônios]! As Antestérias acabaram!".

2.57 Isto parece ser uma extraordinária miscelânea de eventos, mas talvez ganhe sentido à luz do caráter ambíguo de Dioniso. Ele é não só o deus da vida, do vinho e das festas, mas é também deus da destruição. O próprio vinho tem qualidades ambíguas: dá bem-estar, mas pode também desencadear paixões violentas e destrutivas. O lado destrutivo de Dioniso é exposto com muito vigor em Eurípides que, em sua tragédia *As bacantes*, mostra que Dioniso tinha o poder de tornar seus seguidores selvagens com o êxtase quando o buscavam. Perdiam todo controle sobre si mesmos e estraçalhavam animais selvagens para obter a carne cruenta que havia dentro deles e, junto com ela, o deus da vida, o próprio Dioniso. Eurípides, nessa peça, faz com que Dioniso diga de si mesmo que é o deus mais venerável e o mais gentil para com os homens.

2.58 Essa é a outra face da religião grega. Por um lado, temos uma religião cívica e política cuja função era integrar os indivíduos na sociedade, definindo-os como "cidadãos", ou "membros da família", ou ainda "hóspedes" (cf. 2.51); por outro lado, temos religiões de mistério (cf. 2.53) e elementos no culto de Dioniso que parecem ter arrancado as pessoas de sua vida como cidadãos do mundo civilizado da *pólis* na direção de algo bem diferente. Não deve surpreender-nos que as mulheres, desqualificadas para a participação igualitária com os homens na vida social, parecessem ser mais atraídas por essas religiões alternativas (mas cf. 3.18; 4.30-1). As Antestérias eram um festival cujo propósito mais profundo pode ter sido o de desarmar e conter alguns dos aspectos mais selvagens do culto dionisíaco.

Homero

2.59 Num sentido, os deuses de Homero são muito semelhantes aos homens. Em outro, são deuses verdadeiros, de um poder que aterrorizava e inspirava reverência, de grandeza e nobreza, que podem exigir e obter respeito integral por parte dos seres humanos. Como resultado disso, os heróis humanos podem às vezes parecer bem à vontade na presença divina, tratando os deuses como se fossem (quase) homens, amigos seus, ao passo que em outros momentos a reação humana é de terror e reverência. Um resultado específico dessa atitude ambivalente é que, se os deuses desejam estar presentes e intervir na vida humana, isso reforça e eleva a humanidade, pois os homens são vistos como dignos da atenção divina.

Os trechos seguintes ilustram alguns aspectos do comportamento dos deuses.

2.60 O poder total e aleatório dos deuses: aqui, Zeus chega a um acordo com sua esposa Hera: se ela insistir na destruição de Tróia, ele poderá, em revide, saquear qualquer cidade cara a ela, se ele o desejar. É Zeus quem fala:

"E guarda em teus pensamentos esta outra coisa que te digo:
Sempre que eu, ávido por devastar uma cidade,
Quiser uma em que morem homens que te são caros,
Não fiques no caminho de minha ira, mas deixa-me,
Pois de bom grado te concedi isso, sem que, porém, meu coração quisesse.
De todas as cidades sob o sol e o céu estrelado,
Habitadas por homens que vivem sobre a terra, nunca houve uma
Mais honrada em meu coração que a sagrada Tróia,
Príamo e o povo de Príamo de forte lança de freixo.
Até agora nunca meu altar ficou sem o sacrifício em que todos têm sua parte,
A libação e o odor, posto que é esta a honra que nos cabe."
Então, a deusa, a senhora Hera, de olhos de boi, respondeu:
"De todas as cidades, há três que ao coração me são caras:
Argos, Esparta e Micenas de largos caminhos. A elas,
Sempre que forem odiosas ao teu coração, destrói!
Não as defenderei contra ti, nem te quererei rancor!"
(Homero, *Ilíada*, 4.39 ss.)

2.61 A grandeza do deus: aqui, Posêidon parte sobre o mar em sua carruagem:

Então logo desceu da escarpada montanha com os largos passos
De seus pés rápidos; tremeram as altas montanhas e as árvores
Sob os pés imortais de Posêidon em marcha.
Deu três grandes passos e, no quarto, alcançou sua meta,
Egas, onde sua gloriosa casa estava construída nas profundezas
Das águas, cintilante de ouro, imperecível para sempre.
Lá atrelou à sua carruagem seus cavalos de patas de bronze,
Alados, com longas crinas de ouro e vestiu
Vestes de ouro o seu próprio corpo e pegou o látego
De ouro e bem trabalhado, subiu em sua carruagem
Dirigindo-a através das ondas. À sua volta os monstros do mar subiram
De suas moradas profundas, brincaram diante dele e o reconheceram seu senhor.
Em júbilo o mar se abriu. Os cavalos voaram
Com leveza e, embaixo, o eixo de bronze não se molhou.
Os céleres cavalos transportaram-no até os navios dos gregos.
(Homero, *Ilíada*, 13.17 ss.)

2.62 A possibilidade de um relacionamento íntimo entre o homem e a divindade é mostrada no próximo texto. Ulisses desembarcou em Ítaca, sua terra natal, mas não a reconhece. Atena, sua deusa protetora, aparece disfarçada e Ulisses passa a entretê-la inventando uma longa história. Veremos a resposta da deusa:

> A deusa, Atena dos olhos glaucos, sorriu para ele
> E acariciou-o com a mão. Assumiu a forma de uma mulher
> Bela e alta, conhecedora de brilhantes trabalhos.
> Falando-lhe em voz alta disse-lhe palavras aladas:
> "Seria trapaceiro e bem furtivo quem te deixasse para trás
> Em um ardil, mesmo que fosse um deus que estivesse contra ti.
> Ó homem mau, astucioso, cheio de ardis, não vais
> Nem mesmo em tua terra deixar de enganos
> E de histórias de ladrão? Tu as tens lá no fundo de teu coração!
> Mas vem! Não mais falemos disso, pois ambos sabemos
> Buscar nosso lucro já que tu és de longe o melhor dos mortais
> Para conselhos e histórias e eu, dentre todas as divindades,
> Sou famosa pela inteligência e astúcia..."
>
> (Homero, *Odisséia*, 13.287 ss.)

2.63 A aceitação da vontade divina pelos homens: Heitor, enganado por Atena (disfarçada de Deífobo, parente próximo de Heitor), decide resistir e lutar contra Aquiles. Tarde demais, percebe o que aconteceu:

> E Heitor soube a verdade em seu coração e falou em voz alta:
> "Ai! Ai! Agora os deuses me chamaram para a morte.
> Pensei que o herói Deífobo estivesse aqui ao meu lado,
> Mas ele está atrás da muralha e era Atena que me enganava.
> Agora perto de mim e não longe está a cruel morte
> E não há como escapar dela. Há muito, certamente, era do agrado
> De Zeus e do filho de Zeus, o que atinge de longe, que antes
> Solícitos me defendiam. Agora, porém, minha morte é iminente.
> Que pelo menos eu não morra sem combate, sem glória,
> Mas faça algo grande de que os homens tomem conhecimento!
>
> (Homero, *Ilíada*, 22.296 ss.)

2.64 Se um herói homérico fosse subitamente colocado na Atenas do século V, é provável que ele ficasse bem à vontade com a atitude geral dos homens para com os deuses (cf. 4.13), mas teria notado algumas diferenças importantes: (i) os homens não esperavam que um deus estivesse tão próximo pessoalmente, nem que se materializasse tão freqüentemente quanto um herói homérico esperaria; (ii) os deuses do século V não eram vistos unanimemente como uma família; (iii) tinha havido um considerável crescimento do culto comunitário dos deuses (os heróis homéricos simplesmente sacrificavam, embora haja um ou dois indícios de atos de culto em Homero: por exemplo, a oferta do manto a Atena na *Ilíada*, 6); (iv) havia também uma considerável interferência da cidade no culto aos deuses (sacrifícios e cultos cívicos, rituais dos *dêmoi* e assim por diante). As formas de culto haviam mudado, mas é provável que não houvesse mudado o que os homens sentiam sobre as intervenções dos deuses e as razões que eles tinham para fazê-lo.

Conclusão

2.65 Como as divindades que os gregos cultuavam pareciam agir irracionalmente e havia poucas regras de comportamento, se é que havia, que pudessem ser observadas para apaziguá-los, não é fora de propósito perguntar por que razão a religião conseguia manter a fidelidade das pessoas. Afinal de contas, Zeus foi cultuado por muito mais tempo que Jesus Cristo foi (até hoje). Um grego poderia muito bem replicar que se tratava de observar o mundo como ele de fato era, em vez de como gostaríamos que fosse – e, se fosse irracional e intratável, o melhor era conviver com ele. Mesmo assim, como já vimos, havia pontos fixos. O orador Lísias com certeza pensava assim no excerto seguinte em que o político Andócides é indiciado por acusações de impiedade:

> Mas tornai a refletir, olhai com os olhos da inteligência para o que ele fez e sereis capazes de formar um juízo melhor. Este homem vestiu a veste sagrada, representou uma paródia dos ritos sagrados diante de não-iniciados e falou as palavras proibidas; mutilou os deuses que cultuamos e aos quais oferecemos nossa devoção, sacrifícios e preces. Por isso, os sacerdotes e sacerdotisas puseram-se de pé e amaldiçoaram-no, voltados para o oeste e despindo suas vestes purpúreas como é seu costume antigo e tradicional. E ele confessou. E, mais, violou a lei que fizestes vedando aos transgressores nossas cerimônias santas e, desafiando-a, entrou na cidade, sacrificou diante dos altares que lhe são proibidos, assistiu aos próprios ritos que profanou, entrou no Eleusínion e lavou as mãos na água sagrada. Quem pode tolerar tudo isso? Poderá, como indivíduo, um amigo, parente ou concidadão ter a ousadia de incorrer na ira do céu por mostrar-se indulgente com ele? Hoje deveis, na verdade, considerar que, punindo Andócides e livrando-se dele, estareis limpando a cidade e livrando-a da poluição, expulsando um bode expiatório e livrando-vos de um transgressor. É isto, com efeito, o que ele é. (Lísias (*Contra Andócides*), 6.50 ss.)

2.66 Ao mesmo tempo, a crítica dos deuses era uma característica do pensamento intelectual do século VI (cf. 7.11) e, no século V, Atenas assistira a uma ampliação geral do espectro de atitudes para com os deuses de modo que, na verdade, a imagem é menos coerente do que possa parecer pela descrição acima. No final do dia, um grego podia dizer que a própria existência, a dele mesmo e a de sua comunidade, era uma espécie de prova de que os deuses haviam dado ouvidos às suas preces e assim, nessa medida, quanto mais longe fosse a tradição do culto prestado *desta* ou *daquela* maneira em vez de outra qualquer, mais aceitável ela deveria ser por definição. Isócrates resume tudo com precisão:

> Nas questões religiosas (é correto começar por elas), nossos antepassados não eram nem incoerentes, nem irregulares em seu culto ou celebrações. Não faziam sacrifício de trezentos bois, nem negligenciavam os ritos tradicionais quando queriam. Não celebravam os festivais de cultos estrangeiros gastando muito, se houvesse uma festa ligada a eles, mas realizavam os ritos de sua própria religião gastando moderadamente. Pretendiam unicamente não enfraquecer a religião de seus pais e não introduzir inovações indesejadas. Aos olhos deles, a piedade não consistia em gastos extravagantes, mas em deixar intacto o que os antepassados lhes tinham legado. Assim as bênçãos do céu caíam sobre eles com ininterrupta regularidade e na devida estação tanto no tempo de arar como no de colher. (Isócrates (*Areopagítico*), 7.29 ss.)

3
Obrigações, valores e preocupações humanas

Introdução

3.1 Pode ser-nos útil ver os valores culturais gregos – regras de comportamento transmitidas de geração a geração – em termos de jogos de equipe. (1) Os jogos são competitivos, mas, em um jogo de equipe, há permanente tensão entre a auto-exibição do indivíduo e as necessidades da equipe. (2) Não há dúvida quanto à identidade dos adversários. (3) Tratamos os adversários como pessoas a serem derrotadas e espera-se que façam o mesmo conosco. (4) Jogados diante do público, os jogos são uma arena onde o sucesso é visto por todos (cf. 1.6). De nada valem as desculpas, tudo os resultados. (5) Finalmente, quase sempre é verdade que, quanto mais perto do topo chega a equipe, mais difícil fica permanecer lá e mais os adversários se dedicam a derrotá-la.

3.2 A competição agressiva e auto-afirmativa, para a qual a palavra grega é *agốn* (cf. "agonia"), com uma clara distinção entre amigos e inimigos, a certeza de que se será tratado como inimigo pelo adversário do mesmo modo que se é tratado como amigo pelos que estão do nosso lado e uma consciência constante de que os árbitros finais serão outras pessoas, o olho do público – essas são as três características importantes do sistema de valores grego. Consideremos como esses valores tornam mais compreensíveis diversos traços comuns da vida grega. A afirmação regular de que era dever de um homem ajudar seus amigos (*phíloi*) e prejudicar seus inimigos (*ekhthroí*) nasce do princípio da ação recíproca. No teatro trágico, os poetas competiam agressivamente uns contra os outros sob o olhar do público para garantir um prêmio. O julgamento em um tribunal visava a garantir que um lado ganhasse e o outro perdesse, não necessariamente que fosse feita justiça. Assim, em muitas causas, parece que a questão colocada aos jura-

134 O mundo de Atenas

dos muitas vezes era: "Quem começou com isso?", ou "Como lidaremos com esses litigantes?", ao invés de: "Onde está o certo e onde o errado?". Em contraposição a instituição da hospitalidade mostra os homens ajudando seus *phíloi*. A amizade se concretizava pela troca de presentes que eram os sinais visíveis de um relacionamento. Quanto maior o homem, maior o presente; quanto maior o presente, mais importante era exibi-lo.

3.3 É evidente que uma sociedade que abraçasse apenas estes valores e não outros logo se sentiria profundamente infeliz. Por isso, havia muitos meios de salvar as aparências e desviar a agressão para outros canais sem que houvesse o confronto público implícito acima. Sólon (I.H.8) impôs limites a uma exibição extravagante que poderia inflamar os ânimos, legislando contra a ostentação de riqueza nos funerais (cf. a Sicília e o sul da Itália hoje, onde em muitos lugares o luxo de um funeral é um indício do status da família). O uso comum do sorteio na seleção de candidatos a cargos públicos era um modo de escolher um candidato sem classificar nem julgar os demais (cf. 5.34). O ostracismo era um meio de evitar a agressão aberta entre facções políticas rivais.

3.4 A competição, as exibições públicas de condição e poder e o orgulho em ajudar os amigos e prejudicar os inimigos não são os termos com que explicamos o nosso comportamento para nós mesmos e para os demais. Um grego ficaria desconcertado com o nosso sistema de valores que parece (segundo o modelo do jogo) ter sido concebido de modo que o resultado mais provável seja um empate (o que pode explicar por que o críquete é o jogo inglês *par excellence*). Para nós, com nossos valores predo-

3:1 Aquiles I: Aquiles se lamenta em sua tenda quando os arautos de Agamenão levam embora Briseida, sua cativa.

3:2 Aquiles II: Diomedes, Odisseu e Fênix tentam em vão persuadir Aquiles a retornar à luta em defesa dos gregos. C. 480.

minantemente cristãos, os valores gregos podem parecer estranhos. Para eles, porém, o sistema funcionava. Conseqüentemente, quando C. S. Lewis descreveu Aquiles na *Ilíada* como "pouco mais que um rapaz impetuoso", não estava julgando a poesia, mas a cultura, com olhos de alguém que não entendia como uma cultura assim podia ser entendida de modo adulto por aqueles que nela viviam.

O pano de fundo homérico: *timé e aidós*

3.5 Na *Ilíada*, Livro 12, Sarpedão, grande guerreiro lício que lutava do lado troiano, pergunta a Glauco, seu companheiro:

> Glauco, por que tu e eu somos honrados antes dos demais,
> Com os melhores lugares, as carnes mais seletas e as taças cheias de vinho
> Na Lícia, e todos nos olham como se fôssemos imortais
> E recebemos um grande pedaço de terra às margens do Xanto,
> Terra boa para pomar e vinhedo e também para o trigo?
> Então, é nosso dever na linha de frente dos lícios
> Assumir nosso posto e suportar nossa parte do calor da batalha
> Para que cada um dos lícios de forte armadura possa dizer de nós:
> "De fato, não são sem nobreza os que são senhores da Lícia,
> Esses nossos reis que se alimentam da gorda ovelha
> E bebem do excelente vinho doce; ao contrário, há força
> De valor neles, já que lutam na linha de frente dos lícios".
> (Homero, *Ilíada*, 12.310-321)

O trecho ilustra elegantemente três das principais pedras angulares do sistema grego de valores; a sociedade precisa da habilidade do guerreiro e

3:3 Aquiles III: enquanto Príamo e Hécuba se lamentam, Aquiles arrasta o corpo de Heitor ao redor dos muros de Tróia e da tumba de Pátroclo. Final do séc. VI.

3:4 Aquiles IV: Príamo traz a Aquiles presentes para resgatar o corpo de seu filho. C. 480.

recompensa-a com presentes materiais e aplauso público. *Timé* é a palavra grega para "aplauso". É com freqüência traduzida por "honra", mas deriva de uma palavra que significa "valor", "avaliação fiel". Essas recompensas tinham como recíproca o dever que tinham os guerreiros de combater na linha de frente. Quando Aquiles, o maior dos guerreiros gregos, se recusa a lutar pelos gregos por causa da afronta que lhe fora feita pelo rei Agamenão, Fênix, seu velho preceptor, tenta convencê-lo a voltar à luta e também a aceitar o presente compensatório de Agamenão:

> Não! por causa dos dons
> Vai em frente! Os gregos te honrarão como a um imortal.
> Mas, se fores, sem presentes, ao combate onde os homens perecem,
> Tua honra já não será tão grande, mesmo que de nós afastes o combate.
> (Homero, *Ilíada*, 9.602-5)

Sem a evidência física de uma compensação com presentes, qualquer grego acharia que Aquiles simplesmente se dobrara.

Obrigações, valores e preocupações humanas 137

3.6 Como a aprovação pública era o maior estímulo ao sucesso, a *desaprovação* pública agia profundamente na mente do herói homérico para convencê-lo a não falhar em suas obrigações. O termo técnico para essa sensação de ter os olhos dos homens sobre si era *aidós*, freqüentemente traduzido como "vergonha". No trecho seguinte, Heitor justifica sua decisão de continuar lutando numa situação difícil, sem esperanças:

> Ora, já que, por minha própria temeridade, levei meu povo à ruína,
> Perante os troianos e as troianas de longos mantos,
> Tenho vergonha de que alguém, menos homem que eu, venha a dizer de mim:
> "Heitor acreditou em sua própria força e arruinou o seu povo".
> Assim falarão; quanto a mim, teria sido muito melhor,
> Naquele momento, ir contra Aquiles, matá-lo e voltar,
> Ou então ter sido morto por ele em glória diante da cidade.
> (Homero, *Ilíada*, 22.104-110)

3.7 Descrito nos termos acima, o sistema parece elegante e funcional. Mas não mencionamos o forte elemento de competitividade entre os heróis, que procuravam mostrar-se melhores que outros heróis.

A *Ilíada* começa com a briga pública entre Agamenão e Aquiles. O cerne da discussão deles é: "Quem merece as recompensas públicas? Os que são os melhores combatentes ou os que são líderes (estejam certos ou não)?". No calor do momento, Agamenão (filho de Atreu) promete tirar de Aquiles (filho de Peleu) a sua prisioneira, como compensação pela prisioneira a que ele, Aquiles, fora forçado a renunciar antes. O velho Nestor, sabiamente, tenta encontrar uma solução de compromisso:

> "Tu, grande homem que sejas, não leves ainda a donzela,
> Mas deixa-a ficar como prêmio, tal qual os filhos dos gregos a deram
> No início. Tampouco, filho de Peleu, penses em medir tua força
> Com a do rei, já que nunca é igual à dos demais a porção de honra
> Do rei, portador do cetro a quem Zeus deu magnificência
> Mesmo que sejas forte e a mãe que te deu à luz seja imortal,

3:5 Ajax I: Ajax levanta do campo de batalha o corpo de Aquiles. *C.* 570.

3:6 Ajax II: Ajax e Odisseu discutem sobre as armas e armaduras de Aquiles. *C.* 490.

3:7 Ajax III: Os chefes gregos votam para decidir a posse das armas. À esquerda, Odisseu, alegre, levanta as mãos; à direita, Ajax vai-se embora triste e envergonhado. *C.* 490.

> Mais forte é ele, pois é rei de maior número de homens.
> Filho de Atreu, cessa tua ira. Até eu te suplico
> Que esqueças tua mágoa contra Aquiles que, para todos os Aqueus,
> É como grande muralha que os defende da guerra cruel."
> (Homero, *Ilíada*, 1.275-284)

Em outras palavras, no mundo de Homero, a excelência no combate era apenas uma das qualidades que exigiam *timé*. A riqueza, o número de súditos de um homem ou a qualidade dos conselhos davam igual direito ao *status*. É evidente que deveria haver restrições e sanções para que uma so-

3:8 Ajax IV: Depois do suicídio de Ajax (cf. 2:16), Tecmessa, sua cativa, cobre compassivamente seu corpo. C. 480.

ciedade assim não estivesse sujeita a uma incessante competição entre seus membros e fosse capaz de agir em comum.

Atenas clássica

3.8 Os atenienses do século V davam tanto valor à competição, à aprovação pública aos olhos de todos e às obrigações recíprocas quanto qualquer herói homérico. Também admitiam sanções que ajudassem a garantir que a sociedade não fosse permanentemente dilacerada por rivalidades pessoais em público (cf. I.H.72).

A diferença mais importante entre o mundo da Atenas do século V e o do herói homérico era que a natureza do combate mudara radicalmente. Os homens já não lutavam primariamente como indivíduos, mas como parte de uma falange hoplita (cf. 6.17; I.H.7), cuja eficácia dependia da coordenação entre todos os seus membros. A arena para as rivalidades interpessoais deslocou-se do campo de batalha para outras áreas – para a competição política, social e intelectual. Os festivais gregos (as Panatenéias, por exemplo) e as competições atléticas (especialmente em Olímpia, Delfos, Neméia e no istmo de Corinto) passaram a ser arenas importantes para as demonstrações de rivalidade tanto intelectual e social quanto atlética. É significativo que os gregos não conhecessem nada de parecido aos recordes atléticos. O que importava era derrotar os adversários. Não havia prêmios para quem chegasse em segundo ou terceiro lugar. O poeta tebano Píndaro, contratado para escrever poemas para celebrar vitórias nos jogos, via no atletismo e não na guerra o paradigma do indivíduo em sociedade:

> Zeus, honra o pugilista vencedor
> E dá-lhe o respeito e a gratidão

3:9 Prêmio concedido nos jogos das Grandes Panatenéias, a ânfora mostra Atena e uma disputa numa corrida. C. 520.

> Igualmente dos cidadãos e dos estrangeiros,
> Pois ele percorreu o caminho reto que odeia a violência
> E aprendeu bem as lições ensinadas
> Pela sabedoria de seus pais.
>
> (Píndaro, *Olímpicas*, 7.88-93)

Compare-se isto com a metáfora de Péricles sobre o atletismo citada na p. 60, seção 46.

(i) Vida pública e inveja

3.9 Na Atenas clássica, a vida pública dos cidadãos, em especial na assembléia, oferecia tanto campo para o sucesso visível quanto o campo de batalha para Aquiles. No trecho seguinte Alcibíades, ainda jovem mas extraordinariamente talentoso e rico, explica à assembléia por que ele deveria comandar a expedição à Sicília, mesmo tendo Nícias, um respeitado estadista de mais idade, acabado de advertir a assembléia contra ele (cf. I.H.46 ss.):

3:10 Vitorioso, um jovem é coroado após seu sucesso nos jogos. Início do séc. V.

Atenienses, já que Nícias me atacou neste ponto, permiti que eu comece dizendo que tenho mais direito que outros ao comando e me acho qualificado para isso. Com efeito, aquilo mesmo por que sou criticado na verdade honra meus ancestrais e a mim e ajuda nossa cidade. Pois, após terem pensado que a guerra arruinara a nossa cidade, os gregos passaram a superestimar o poder dela em virtude do magnífico espetáculo que apresentei nos jogos olímpicos: inscrevi sete carros para a corrida de carros (um número maior que o de qualquer indivíduo até então), fiquei em primeiro, segundo e quarto lugar e fiz tudo em um estilo adequadamente grandioso. O costume honra tais sucessos e eles, ao mesmo tempo, dão uma impressão de poder. Também, qualquer ostentação que eu possa ter feito em Atenas, custeando coros e coisas semelhantes, embora possa ter provocado uma inveja natural em meus concidadãos, lá fora dá uma impressão de poder. Não é tolice inútil quando um homem beneficia não só a si mesmo, mas também sua cidade, às suas próprias custas, nem é injusto que os ambiciosos esperem um tratamento especial; os fracassados não encontram ninguém para compartilhar de seus infortúnios. Se ignoramos o fracasso, devemos estar igualmente preparados para sermos olhados de cima por causa do sucesso, a menos que estejamos dispostos a que todos sejam tratados como iguais. O que sei é que os homens desse tipo e todos aqueles que alcançaram distinção são impopulares durante a vida, tanto entre os de seu círculo imediato como, de maneira mais geral, entre seus contemporâneos, mas que as gerações posteriores têm a pretensão de um parentesco com eles, mesmo que não tenham nenhum, enquanto seu próprio país vangloria-se deles sem insinuar que sejam estrangeiros ou malfeitores, mas como compatriotas e heróis. Esta é a minha ambição e é por isso que minha vida particular é criticada. O que, porém, deveis perguntar-vos é se tendes alguém que administre vossos negócios públicos melhor que eu. (Tucídides, *A Guerra do Peloponeso*, 6.16 ss.)

A importância deste trecho é óbvia. Ele sublinha perfeitamente quanto um ateniense, ambicioso e motivado politicamente como ele, valorizava a exibição pública, o sucesso público e o reconhecimento público (cf. 1.6).

Mas também soa com um tom de advertência. Em uma sociedade competitiva, a dor dos adversários derrotados e a inveja dos que tinham sido superados eram sinais seguros do êxito. Se era desejável ser invejado, os que eram vistos como inferiores tinham um poderoso estímulo à ação.

3.10 A inveja trazia consigo seus próprios perigos. O mais sério era o risco de tornar hostis os que sentiam inveja. É um fato notável que muitas das figuras mais conhecidas da Atenas dos séculos V e IV tenham tido de enfrentar algum tipo de julgamento que, em geral, terminava em pesadas multas ou em exílio ou, até mesmo, em morte (por exemplo, Aristides, Alcibíades, Anaxágoras, Címon, Fídias, Demóstenes, Péricles, Temístocles, Xenofonte). A *philotimía*, "amor à *timé*", "ambição", era uma espada de dois gumes. Não é surpreendente que os trágicos gregos distinguissem um padrão recorrente nas vidas das grandes figuras do mito que sofreram um revés.

3.11 Não obstante, apesar de todos os perigos, o grego gostava de ser invejado e tinha muita sensibilidade para como o público o via. Átis, filho de Creso, usou um argumento irresistível quando perguntou ao pai o que as pessoas pensariam dele por manter-se afastado do campo de batalha e das caçadas:

> Quando Creso insistiu em recusar que seu filho participasse da caçada, o rapaz disse: "Meu pai, no passado eu procurava a honra e a fama na guerra e na caça. Agora tu me manténs afastado de ambas, embora em mim não tenhas visto nenhum sinal de covardia ou falta de ânimo. Com que olhos me verão quando eu for e vier da assembléia? Que pensarão de mim as pessoas? E minha esposa o que pensará? Que tipo de homem será este com que vivo?, pensará ela. Deixa-me ir a esta caçada, ou então apresenta-me boas razões para que eu obedeça ao teu desejo". (Heródoto, *Histórias*, 1.38)

(ii) Desonra e vingança

3.12 A palavra para desonra era *atimía* (cf. *átimos*, "desonrado"). Isso significava que alguém não tinha recebido a *timé* que, normalmente, merecia. *Atimía* tinha uma série de sentidos que se estendiam desde uma censura pessoal ao exílio de sua comunidade, com perda de todos os direitos (cf. 5.64). As conseqüências da *atimía*, sob qualquer forma, eram graves. Consideremos a seguir de que modo uma ameaça de *atimía* política, que, na verdade, nunca se concretizava, resultou em poderosíssimas pressões sociais por vingança:

> Peço-vos, senhores do júri, que considereis quais teriam sido as prováveis conseqüências para mim, para minha esposa e minha irmã se Estevão houvesse sido capaz de causar o dano que pretendia, seja em sua primeira ação, seja na segunda,

Obrigações, valores e preocupações humanas 143

e quão grande seria minha vergonha e meu infortúnio. Fui por todos instado, em particular, a vingar-me dos males que ele nos causara e foi-me dito que eu seria covarde ao extremo se não providenciasse para que se fizesse justiça à minha irmã, ao meu sogro, aos filhos de minha irmã e à minha própria esposa – todos parentes próximos. ([Demóstenes] (*Contra Neera*), 59.11-12; cf. 5.51)

A instituição do ostracismo indica quanto pesava aos atenienses o sentimento de ter caído em desgraça junto dos homens. O propósito do ostracismo era remover da cidade o líder de uma facção política que estivesse impedindo tomadas de decisão (falha a que uma democracia radical estava especialmente sujeita). Como resultado, o ostracismo permitia que os cidadãos expressassem seu medo e inveja de alguém mais poderoso que eles. Ao mesmo tempo, porém, que um ateniense condenado ao ostracismo podia ser enviado a um exílio forçado por até dez anos, nem ele nem sua família perdiam direito algum, o que protegia os sentimentos do exilado e evitava a vingança. Também, como já observamos na introdução (3.3), o uso do sorteio para a seleção de funcionários da cidade era um meio de escolher uma pessoa sem, de algum modo, preterir ou julgar abertamente os demais. O candidato escolhido vencia, mas isso não se dava às custas da posição de nenhuma outra pessoa na sociedade.

Mesmo assim, a vingança continuava a ser vista como um motivo altamente louvável para a ação:

Reconheçamos que, no trato com um inimigo, é legítimo, ao exigirmos vingança por sua agressão, dar rédeas à ira em nossos corações e que, como se diz, não há nada mais doce que repelir os inimigos, como agora faremos. (Tucídides, *A Guerra do Peloponeso*, 7.68)

Um ateniense, quando ofendido, apressava-se em buscar reparações e, em geral, isso se fazia através dos tribunais. O excerto seguinte é típico:

Considerava o homem que me pusera naquele impasse como um inimigo com o qual nenhuma reconciliação pessoal era possível. Mas, quando descobri que ele fraudara a cidade como um todo, processei-o com a ajuda de Euctêmon, julgando ser esta uma oportunidade adequada para prestar um serviço à cidade e vingar o mal que me fizera. (Demóstenes (*Contra Timócrates*), 24.8)

(iii) Amigos e inimigos

3.13 O mundo dos gregos podia ser dividido em três grupos: aqueles a quem se deviam obrigações e aqueles de quem elas eram esperadas (*phíloi*, "amigos"); aqueles aos quais se era hostil (*ekhthrói*, "inimigos"); e os "de fora", aqueles a quem não se devia coisa alguma e que podiam ser completamente ignorados. O pressuposto básico subjacente a essas categorias pode ser resumido em uma só palavra – reciprocidade (cf. 2.34). Como, quando a pessoa orava a um deus, esperava que este lhe fosse favorável porque ela mesma prestava favores ao deus (e por nenhuma outra razão), assim também se esperava que os *phíloi* prestassem ajuda e que os *ekhthrói* causassem dano. Entre os *phíloi* contavam-se os familiares, antes de mais nada; depois, os amigos e outros com quem as obrigações, em um ou outro momento, houvessem criado vínculos. Um *ekhthrós* era quem causara um mal no passado, ou pretendera causar, ou estava relacionado com alguém que o fizera. A seguir, Medéia pensa como tratar Jasão, seu marido, que a deixou por uma nova esposa:

> Matarei meus filhos. Ninguém os salvará. E, depois de fazer desmoronar toda a casa de Jasão, fugirei da terra, deixando para trás o assassinato de meus filhos muito queridos, ato muito ímpio que ousarei cometer, porque não suportarei o riso de meus inimigos. De que me serve viver? Não tenho pátria, nem lar, nem abrigo contra o sofrimento. Errei ao deixar a casa de meu pai, cedendo às palavras de um grego de quem, com a ajuda do deus, hei de vingar-me. Ele não voltará a ver com vida os filhos que lhe dei, nem gerará outros com sua esposa recém-casada que deverá morrer com o veneno que lhe darei, pobre infeliz! Que ninguém ache que sou uma pobre mulher fraca e serena. Sou de outro tipo, boa para os amigos, mas implacável com os inimigos – é assim que se conquista a fama. (Eurípides, *Medéia*, 792 ss.)

Seu desejo de vingança era ainda maior por ter sido Jasão o homem a quem ela, em teoria, estava mais intimamente ligada (cf. *Contra Neera* em 3.12).

3.14 Saber quem eram os amigos e os inimigos é essencial para compreender a motivação da política grega. Péricles podia imaginar ter de enfrentar uma acusação de que estivera intimamente ligado a Arquidamo, de Esparta, a ponto de ele não devastar suas terras quando invadiu a Ática:

> Péricles, filho de Xantipo, um dos generais, sabendo que a invasão era iminente, suspeitava que, como Arquidamo era um amigo* dele, poderia poupar suas terras da devastação geral. Poderia fazer isso como um favor pessoal ou por instrução dos espartanos, desejosos de estimular os preconceitos contra ele, tal como haviam feito ao exigirem que fosse expulso por sua maldição. Péricles, portanto, admitiu na *ekklēsía* que Arquidamo era de fato um amigo dele, mas que com certeza

---

* A palavra é *xénos*, "amigo-hóspede", usada com freqüência para um estrangeiro com que havia sido estabelecida uma sólida aliança.

essa amizade não seria em detrimento da cidade e que, se por acaso o inimigo deixasse de devastar suas terras e propriedades como as dos outros, ele as cederia para que fossem propriedade pública, de modo que nenhuma suspeita recaísse sobre ele por causa delas. (Tucídides, *A Guerra do Peloponeso*, 2.13)

De maneira mais ampla, a *stásis* (conflito civil interno) era endêmica no mundo grego (Atenas só passou por ela duas vezes, em 411 e 404) e pode-se entendê-la melhor pensando-a como ação de grupos descontentes de indivíduos que viam sua própria condição social ameaçada por outros. A brilhante descrição de Tucídides da *stásis* em Corcira destaca a natureza pessoal das rivalidades:

Foi selvagem o desenrolar do conflito de partidos em Corcira e pareceu ainda mais selvagem do que foi por ter sido um dos primeiros a ocorrer. Mais tarde, pode-se dizer, todo o mundo grego foi dilacerado por conflitos internos em que os democratas buscavam a intervenção de Atenas e os oligarcas a de Esparta. Em tempos de paz, não havia nem justificação para a intervenção estrangeira, nem desejo dela; na guerra, porém, uma facção sempre tinha pretextos para chamar o estrangeiro, cuja assistência traria vantagens para uma facção e a destruição de seus adversários... Além disso, os laços de sangue tornavam-se menos importantes que os de facção, pois o membro do partido era menos escrupuloso: as facções não se formavam para trabalhar no seio do sistema existente, mas para derrubá-lo, e derivavam sua força não de uma sanção religiosa qualquer e sim da cumplicidade no crime. As propostas razoáveis de um adversário eram tratadas pela facção mais forte com crescente prevenção e não com generosidade. Valorizava-se mais a vingança que a autopreservação. Os acordos solenes, se havia, eram feitos para solucionar dificuldades imediatas e só tinham valor até que se apresentasse uma arma melhor. O lado que primeiro se aventurasse, quando a ocasião se oferecia, a apanhar desprevenidos seus adversários desfrutava ainda mais de sua vingança por tê-la alcançado com a traição, considerando-a como o método mais seguro que lhes grangearia, por ser obtido pela astúcia, a reputação de uma inteligência superior. A raiz de todos esses males era a ambição e a sede de poder, e daí vinha a violência do conflito quando nele entravam. De ambos os lados, os líderes armavam-se de palavras de ordem altissonantes: uma facção alegava lutar pela igualdade social e pelos direitos do povo, a outra defendia a ordem e a tradição. Ambas afirmavam ter em mente o bem da comunidade, quando na verdade visavam a obter o controle político e, em seus esforços para alcançá-lo, davam-se aos piores excessos. Seus atos de represália eram ainda mais selvagens por não terem nenhuma consideração pelos padrões normais de justiça e pelo bem comum, mas apenas pelo capricho da facção no momento e, desse modo, para satisfazer as paixões da hora, estavam dispostas a perverter a justiça ou a obter o poder pela violência desabrida... (Tucídides, *A Guerra do Peloponeso*, 3.82 ss.)

3:11 Uma briga de bêbados. Início do séc. V.

(iv) Hubris

3.15 *Hubris* é com freqüência traduzido por "orgulho" e usado com este sentido, por exemplo, pelos críticos literários profissionais. Seu significado básico, para um grego, era "agressão", "violência", e veio a significar um ataque *não provocado* contra a pessoa ou o status de alguém, com a intenção expressa de humilhá-lo publicamente (cf. Demóstenes (*Contra Mídias*), 21.180, onde a essência da *húbris* é "tratar homens livres como escravos"). Aqui, um querelante, após ter esboçado seu encontro com um bando de desordeiros (cujo líder era Cônon), relata o incidente que levara ao julgamento:

> Quando chegamos perto, um deles, não sei qual, caiu sobre o meu amigo Fanóstratos e imobilizou-o, enquanto o réu Cônon e seu filho caíram sobre mim, arrancaram-me a roupa, levantaram-me, jogaram-me na lama e finalmente pularam sobre mim e espancaram-me com tanta violência que meu lábio partiu e meus olhos ficaram inchados e, quando me deixaram, eu não conseguia nem ficar em pé, nem falar. Enquanto estive lá caído, ouvi deles muita linguagem de baixo calão, grande parte dela sendo do tipo de insultos que eu hesitaria em repetir-vos. Mas há uma coisa que devo dizer-vos para mostrar que isso foi uma violência (*húbris*) e provar que a coisa toda foi obra dele. Ele começou a cacarejar como um galo vitorioso e o resto do bando pediu-lhe que batesse os braços contra os costados como asas. (Demóstenes (*Contra Cônon*), 54.7 ss.)

Ser espancado já era bem ruim, mas o que foi claramente a gota d'água foi Cônon imitar um galo triunfante sobre um inimigo caído. Tratava-se de um caso de violência não provocada, acompanhada de uma degradação pú-

Obrigações, valores e preocupações humanas 147

blica intencional, para que todos vissem. Como resultado, diz o querelante, ele quase abrira um processo por *húbris*, que acarretava uma penalidade mais severa que o mero *aikeía* (agressão e ameaça).

A questão é que a busca da *timé* (*philotimía*) podia ser levada longe demais, como deixa claro Demóstenes:

> Eu poderia, com efeito, evocar o dinheiro que gastei com trieraquias, no resgate de prisioneiros de guerra e em outros atos de generosidade; vou, porém, deixar isso em silêncio. Meus motivos nunca foram o ganho pessoal ou a ambição (*philotimía*) e defendi com firmeza um rumo que me tornou impopular, mas que seria de grande vantagem para nós se o seguíssemos. (Demóstenes (*Sobre o Quersoneso*), 8.70.)

Quando um homem passava dos limites, podia facilmente tornar-se um *hubristés* e, como tal, incorrer na ira não só de seus semelhantes, mas também dos deuses.

(v) Restrições

3.16 Aparentemente, os gregos tinham uma capacidade quase endêmica de auto-aniquilação e autodestruição e, a julgar por suas tragédias, pareciam saber disso (cf. 7.40). É fácil entender como um sistema de competição do tipo descrito acima contribuísse para essa característica desastrosa, em especial quando jovens estavam envolvidos. A seguir, Demóstenes dá conselhos a um rapaz jovem:

> Mesmo que sejas superior ao comum dos homens, não esmoreças no esforço de seres melhor que todos os demais; que seja tua ambição seres o primeiro em tudo. Mirar este alvo traz mais crédito que a mediocridade respeitável. (Demóstenes (*Sobre o amor*), 61.52.)

Apesar disso, essa capacidade latente para a destruição era canalizada, como já vimos, para saídas menos danosas, tais como, por exemplo, os festivais, o atletismo, os tribunais, o ostracismo e o uso do sorteio para selecionar os funcionários de estado. A própria instituição da democracia podia ser eficaz para diminuir e esvaziar as ambições de um homem quando se revelassem contrárias aos interesses do povo. Com certeza permitia que os invejosos se vingassem adequadamente dos invejados sem conseqüências (necessariamente) violentas; especialmente em Atenas – já vimos como a *stásis* era mais comum em outras partes. O racionalismo pode também ter sido uma força restritiva; afinal de contas, ele podia estimular as pessoas a verem outras razões que não o auto-interesse puro ou o respeito pelas práticas do passado para tomarem sua decisões.

3.17 Pode-se ver em tudo isso um contrapeso eficaz para o modelo de uma competição esportiva como a melhor imagem dos valores gregos. É possível que essa oposição seja mais bem resumida em uma única palavra – *sṓphrōn* (a forma substantiva é *sōphrosúnē*). A palavra tem uma ampla gama de sentidos: "prudente", "discreto", "sensato", "casto", "obediente às leis", "modesto", "moderado" e "disciplinado". No fundo, implica contenção e reconhecimento dos próprios limites. Sua força é perfeitamente captada pelos dois famosos lemas inscritos sobre a entrada do templo de Apolo em Delfos: "*mēdèn ágān*", "nada em excesso" e "*gnỗthi seautón*", "conhece a ti mesmo". Conhecer a si mesmo era saber o que se podia fazer e o que não se era capaz de fazer; era ser restringido pelo fato de ser um homem e não um deus (e, portanto, não pretender desafiar os deuses, cf. 2.23); era perceber que, como ser humano, a pessoa tinha certas capacidades, mas outras não. Não fazer nada em excesso fazia parte do mesmo quadro.

Tal estilo de comportamento tinha tanta aceitação e era tão elogiado quanto o da competitividade feroz e exercia uma influência moderadora sobre a agressão latente. Os coros das tragédias gregas, em geral compostos por pessoas de situação social consideravelmente inferior à daquelas a quem aconselhavam (e, sendo assim, talvez uma corporação de pessoas com quem o populacho que assistia à peça podia identificar-se imediatamente), instavam sem cessar os reis e príncipes que, por sua posição, eram tentados a ir até o limite a adotarem esse caminho "sensato".

(vi) Mulheres e escravos

3.18 Em uma obra padrão sobre direito ateniense, no verbete "Mulheres" o índice remissivo tem apenas uma referência: incapacidades (cf. 4.23 ss.). O fato é que as mulheres e os escravos *não eram independentes*, mas tinham de apoiar-se em alguém para sua existência e condição social. Em outras palavras, eram incapazes de competir. O mesmo se dava com os pobres. Um grego definia a "riqueza" como a condição em que se podia viver sem trabalhar e "pobreza" como a condição em que só se podia viver trabalhando. Esta última condição eliminava a sua independência de ação (cf. 7.14), em especial se a pessoa fosse forçada à mais vil categoria de trabalho – trabalhar *para outra pessoa*.

Podemos entender facilmente quão dependentes eram os escravos (cf. 4.62). Quanto às mulheres livres, é importante lembrar que elas tinham um papel mínimo fora do lar (os festivais em homenagem aos deuses eram uma exceção importante, cf. 4.30) e, portanto, tinham pouca ou nenhuma oportunidade para fazer amigos e inimigos identificáveis, sendo conseqüentemente incapazes de retribuir do modo que obrigatoriamente os ho-

Obrigações, valores e preocupações humanas 149

mens retribuíam (ver 3.13). O papel da mulher estava, por definição, entre seus *phíloi* em sua própria casa.

3.19 Em geral, as mulheres eram vistas pelos homens que escreviam sobre elas como mais fracas não só do ponto de vista físico, mas também moral, social (cf. 4.20-22) e intelectual. Contudo, há uma ambigüidade nisso. Por um lado, elas eram vistas como a fonte e as provedoras arquetípicas universais da vida, por outro como criaturas monstruosas de ultrajante e diabólica astúcia (cf. o mito de Pandora em 2.9 e 2.58). Quando Clitemnestra se viu diante do filho Orestes, que voltava para casa, sabendo muito bem que ele planejava matá-la, sua primeira reação foi pedir um machado para abatê-lo, mas segundos depois estava apelando a ele como mãe:

Clitemnestra: Qual é o problema? Que gritaria é essa no palácio?
    Criado: Digo-te que os mortos [ou seja, o espírito de Agamenão] estão massacrando os vivos.
Clitemnestra: Ai! Falas por enigmas, mas entendo. Nós o matamos [Agamenão] traiçoeiramente e à traição morreremos. Rápido, traze-me um machado de batalha. Agora é o momento decisivo; será a morte ou a vitória?
(*Entra Orestes*)
    Orestes: É a ti que procuro. Já tratei dele.

3:12 Zeus rapta Ganimedes: sanção divina do amor de um homem mais velho por um jovem.

Clitemnestra: Ai! Meu forte e querido Egisto, morto.
Orestes: Amas o teu marido? Ficarás no mesmo túmulo; não tens como abandonar o morto.
Clitemnestra: Detém tua mão, filho; olha para este seio, filho, no qual dormias e sugavas o leite que te fez crescer.

(Ésquilo, *Portadores de libação*, 885 ss.)

3.20 É difícil dizer exatamente por que as mulheres eram vistas como um perigo potencial. Talvez uma das razões fosse que elas tinham de ultrapassar as linhagens do parentesco para poder realizar-se no casamento: deixavam uma família e eram absorvidas por outra. Estranhas, elas podiam ser vistas como uma perigosa ameaça a instituições tão fechadas como a família, nas quais as regras eram ditadas pelos homens e a transmissão da propriedade era feita pela linha masculina (cf. 4.21). Também, considerava-se, em geral, que as mulheres desfrutavam mais do ato sexual que os homens. Tirésias, o profeta mítico que teve o prazer dúbio de ser ao mesmo tempo homem e mulher, certa vez, quando lhe perguntaram quem tinha mais prazer ao fazer amor, respondeu que de dez unidades de prazer o homem ficava com uma e a mulher com nove. Só por causa disso, por ter revelado o grande segredo das mulheres, a deusa Hera tirou-lhe a visão. Conseqüentemente, o homem ateniense tendia a sentir-se ameaçado por qualquer homem de fora em sua casa e era aconselhado com insistência a manter sua esposa sob estreita vigilância (cf. 4.29). Tal como observou Xenofonte, quando se detectava uma falha no rebanho, era provável que se culpasse o pastor, mas, quando se encontrava uma falha em uma mulher, não poderia haver dúvidas de que a culpa era do marido (cf. 4.23-31).

(vii) Homossexualidade

3.21 Um grego achava natural que todo aquele que desfrutasse de relações heterossexuais pudesse também desfrutar de relações homossexuais. Por relação homossexual, porém, em geral o grego queria dizer pederastia. Se nossos indícios foram interpretados corretamente, as relações homossexuais masculinas ocorriam geralmente entre um homem mais velho e um adolescente.

A literatura grega fazia uma cuidadosa distinção entre o *erastés*, o parceiro ativo e mais velho, e o *erómenos* (ou *paidiká*), o rapaz que o *erastés* tenta conquistar. A cerâmica grega fornece indícios abundantes de como era a abordagem típica de um *erastés* a um possível *erómenos*: conversas íntimas, presentes, manipulação do corpo do *erómenos* (em especial os testículos) e por fim a cópula, quase sempre entre as coxas. Os gregos acredita-

3:13 Um homem assedia sexualmente um jovem. Meados do séc. VI.

vam que, ao mesmo tempo que a gratificação física do *erastés* era intensa, o *erómenos* obtinha (ou deveria obter) pouco ou nenhum prazer físico dos avanços do *erastés* mais velho (de modo que, ao passo que o *erastés* costumava ser representado com uma ereção, o *erómenos* nunca era). Também, os gregos tendiam a olhar com um certo desprezo para o *erómenos* que cedia aos avanços do *erastés*, embora aplaudissem naturalmente o *erastés* que conseguia o que queria. (Do mesmo modo que podemos aplaudir um homem de idade por ter um caso com uma moça jovem, sem deixarmos de sentir, ao mesmo tempo, que a moça se está desperdiçando.)

3.22 Que prazer ou vantagem podia o *erómenos* obter disso? Em uma sociedade em que as relações sexuais com uma mulher não eram vistas, necessariamente, senão como um meio de procriação ou de satisfação puramente física (estando esta última amplamente disponível através de prostitutas e escravas), a abordagem de um *erastés* era um meio pelo qual um rapaz jovem podia sentir-se querido e valorizado por si mesmo. O amor de uma mulher, membro dependente da sociedade, talvez não fosse sentido como tão valioso quanto o de um homem, em especial se fosse mais velho, rico, bonito e influente. Mesmo assim, o *erómenos* só chegava até certo ponto. Permitir a penetração anal era, para um grego, ser tratado como mulher e, portanto, uma humilhação degradante (cf. 3.18). É interessante notar que os cidadãos atenienses eram privados da cidadania, se condenados por prostituição masculina. Em Atenas, tal atividade podia ser deixada com segurança à prática dos não-atenienses.

3.23 Seria totalmente errado, contudo, concluir que todos os gregos praticavam tanto relações heterossexuais como homossexuais. A homossexualidade pode ter sido uma exclusividade mais dos ricos e ociosos que do homem grego normal, que lutava para arrancar da terra o seu sustento e, provavelmente, era limitada a fases definidas do ciclo de vida masculino (parece ter havido bem poucos "gays" constantes). Com certeza Aristófanes ria com tanta força e brutalidade das "bichas" quanto qualquer comediante moderno. Não há dúvidas, porém, de que a homossexualidade era uma característica importante da vida social e intelectual dos gregos e, em Esparta, possivelmente até da vida política (cf. I.H.10).

3.24 No trecho seguinte, Platão coloca na boca de Alcibíades a história da tentativa de sedução de Sócrates por ele mesmo, Alcibíades. Isso nos permite ver, em primeira mão, como um homem ateniense conduzia um caso. A história tem em seu cerne uma deliciosa ironia. Alcibíades era o menino de ouro de Atenas – jovem, muito bonito, riquíssimo, altamente bem-sucedido e cortejado por todos. Qualquer homem ateniense teria dado um dente da frente para dormir com ele. A ironia é que foi o jovem Alcibíades que, em vão, tentou seduzir Sócrates – que era mais velho e com certeza mais feio (cf. I.H.46 ss.).

> Como eu estava dizendo, estávamos sozinhos juntos e eu estava brincando com a idéia de que logo mergulharíamos no tipo de conversa que um amante tem quando está sozinho com seu bem-amado. Nada disso. Ele passou o dia comigo com sua conversa habitual e finalmente foi embora e me deixou. Depois disso, convidei-o a fazer ginástica comigo, o que ele fez, e tive esperanças de chegar a alguma parte. Mas, embora nos tenhamos exercitado e lutado juntos, muitas vezes sem ninguém mais presente, nem preciso contar-vos que não cheguei muito longe. Achando que não progrediria desse jeito, decidi fazer um ataque direto ao homem e não desistir de meus esforços, mas descobrir qual era minha situação. Assim, convidei-o para jantar comigo, em tudo como se eu fosse o amante e ele o bem-amado. Ele não se apressou em aceitar, mas acabei convencendo-o. Da primeira vez que veio, quis ir embora logo depois de comer e eu, com vergonha, deixei-o ir. Mas tentei de novo e prolonguei a conversa até bem tarde da noite e, quando ele quis ir embora, observando que era tarde demais, consegui forçá-lo a ficar. Então ele deitou-se no divã ao lado do meu, no qual jantara. Não havia mais ninguém dormindo naquele cômodo além de nós dois, e até aqui a história pode ser contada com decência a qualquer pessoa...
>
> [*Alcibíades passa então a oferecer-se a Sócrates, mas este faz ver que a beleza física e a bondade interna são diferentes. Mesmo assim...*]
>
> Depois disso, julguei que algumas de minhas flechas haviam acertado o alvo, levantei-me e, sem permitir que ele dissesse uma só palavra a mais, coloquei minha capa em torno dele (era inverno) e deitei-me sob suas roupas maltrapilhas, colocando meus braços em torno de sua pessoa extraordinária e maravilhosa. Fiquei deitado assim toda a noite e isso não podes negar, Sócrates. Mas, a despeito de tudo o que fiz, ele derrotou-me, desprezou-me e escarneceu de mim, e rejeitou todo o meu encanto juvenil. E era precisamente nesse encanto que eu pensava ter conseguido alguma coisa, senhores do júri, pois estais aqui para julgar o desdém

de Sócrates por mim. Eu juro, por todos os deuses e deusas, que me levantei no dia seguinte sem que nada houvesse acontecido que não pudesse ter ocorrido se tivesse dormido com meu irmão mais velho ou com meu pai. (Platão, *Banquete*, 217a ss.)

Conclusão

3.25 Os gregos não concebiam um deus que atribuísse um valor absoluto a cada indivíduo (cf. 4.62), nem achavam que uma pessoa tivesse direito inalienável à vida, à liberdade e à felicidade, muito menos à propriedade. Os "direitos" (que hoje tanto reivindicamos porque o estado é considerado o protetor das liberdades individuais) eram limitados pelas leis que estivessem em vigor no momento. Em geral, as necessidades do indivíduo eram vistas como totalmente subordinadas às da cidade. Afinal de contas, em uma democracia radical, as pessoas *eram* a cidade e os indivíduos não pareciam ser tiranizados por uma força externa (cf. 5.1 ss.).

3.26 Um dos resultados disso era que os gregos tendiam a não ser complicados em sua visão da responsabilidade humana. O que contava não era tanto as intenções (embora fosse possível, é claro, argumentar que eram relevantes) quanto os resultados. Se alguém dissesse, em um tribunal grego, que um indivíduo deveria ser desculpado por ter morto os pais, baseando-se no argumento de que ele havia tido uma educação conturbada, um grego poderia considerar que não se tratava de uma excusa para absolver esse indivíduo, mas antes uma *razão* a mais para condená-lo. Os gregos tendiam a não confundir razões com excusas.

Isso parece uma moralidade rigorosa. Contudo, em uma civilização em que o oposto da liberdade não era o aprisionamento, mas a escravidão, e na qual a existência era, na melhor das hipóteses, precária, isso é compreensível. Os estados modernos, quando em guerra, tornam-se mais totalitários do que na paz. Apesar disso, a leitura mais superficial de Homero ou das tragédias deixa claro que os gregos também atribuíam um alto valor à misericórdia e à piedade. Se enfatizamos aqui o lado mais severo dos valores gregos, é para chamar a atenção para isso. Os valores cristãos levarão seiscentos anos para chegar e a compreensão freudiana da motivação humana dois mil anos.

4
A sociedade ateniense

(1) A população de Atenas

4.1 Nossa palavra "sociedade" tem uma raiz latina (*socius*, "um aliado"). O equivalente grego mais próximo era *koinōnía*, "comunidade" (*koinós*, "comum, compartilhado"). As *póleis* (1.3) gregas mantiveram o seu sentido de comunidade política através de leis de cidadania estritas e geralmente exclusivas.

4.2 A cidadania era muito mais imediata e tangível para um ateniense do que para um cidadão de uma nação moderna. Nenhuma desgraça podia ser maior que a perda dos direitos de cidadão (*atimía*, discutida em 3.12; 5.64). O ateniense vivia numa cidade cujo corpo de cidadãos (em oposição à população total) provavelmente nunca passou de cinqüenta mil pessoas. Todo ano havia para o cidadão ateniense a expectativa de servir no exército ou na frota. Todo ano poderia reunir-se com outros milhares deles na *ekklēsía* ou ser colocado na lista anual de seis mil pessoas dentre as quais, segundo as necessidades, eram sorteados os jurados para os tribunais populares. Cinqüenta mil é bem pouco, pelos nossos padrões modernos. No mundo grego antigo, porém, isso significava que Atenas tinha uma população de cidadãos bem maior que a de qualquer outro das centenas de estados gregos espalhados desde a Espanha até o sul da Rússia de hoje.

4.3 Além disso, Atenas era uma cidade extraordinariamente cosmopolita. Um ateniense podia observar milhares de imigrantes temporários ou permanentes de outras cidades gregas ou de terras não gregas trabalhando à sua volta, muitas vezes fazendo exatamente o mesmo trabalho que ele sem, contudo, compartilhar de nenhum de seus direitos de cidadão (cf. 4.67). A característica mais marcante da cidadania do ateniense é que, quando viajava para além dos limites de sua própria *pólis*, era imediatamente privado de seus direitos políticos e, com freqüência, para sua proteção e bem-estar, dependia mais de decisões baseadas nos costumes que nas leis.

4.4 Por essas razões, um ateniense, como todos os demais gregos, sentia muito profundamente pertencer à sua própria cidade. Esse sentimento era reforçado pelos mitos segundo os quais todos os atenienses descendiam de Íon (cf. jônios), filho de Apolo, e seus ancestrais sempre haviam vivido na Ática. Além desses mitos, e acima deles, Atenas tinha leis de cidadania que eram estritas até pelos padrões gregos. Após a lei de cidadania promulgada por Péricles em 451, só os homens que tivessem a mãe e o pai atenienses podiam ser cidadãos. O pensamento que estava por trás dessa nova restrição legal, que voltou a ser aplicada em 403, não é muito claro. Essa lei mostra, porém, sucintamente como os atenienses se haviam tornado ciosos de seus extensos privilégios como cidadãos de uma democracia (cf. 3.2, 4.21).

4.5 A palavra grega *dēmokratía* é um composto que significa, literalmente, o poder soberano (*krátos*) do *dêmos*. Como essa soberania era exercida e qual era a gama de significados do *dêmos* são questões que serão discutidas no Capítulo 5. Para os propósitos presentes, *dêmos* é o corpo de cidadãos ou o povo como um todo. Como já vimos, o sexo masculino e pai e mãe atenienses tornaram-se as primeiras exigências para que alguém pertencesse a esse corpo exclusivo. A outra condição era a inscrição, aos dezoito anos de idade, no registro do *dêmos* hereditário do pai (ver 4.16).

4.6 Assim, entre a população livre de Atenas, todas as mulheres, qualquer que fosse a sua condição, e todos os homens que não tivessem pai e mãe atenienses eram por definição excluídos da cidadania. Era realmente muito excepcional que os cidadãos aprovassem pelo voto que um estrangeiro residente (*métoikos*, meteco) ou não residente (*xénos*) (cf. 4.67) recebesse a cidadania ateniense, como recompensa por um serviço extraordinário prestado à democracia. Quanto aos escravos, que eram numerosos e em sua maioria não-gregos, não tinham nenhum tipo de direito privado ou público aplicável segundo as leis (4.62; 3.18). Em resumo, só uma fração da população total do estado ateniense desfrutava de direitos políticos na democracia.

4.7 Além disso, no seio desse corpo privilegiado de cidadãos havia distinções de classe econômica que afetavam os papéis políticos. Desde o tempo de Sólon, no início do século VI, os cidadãos haviam sido divididos em quatro grupos censitários baseados na renda agrícola para fins de distribuição do poder político (cf. 5.26, 6.15). O crescimento da democracia, a partir do final do século VI, fez com que essas divisões ficassem menos importantes politicamente, mas a influência exercida pelo pequeno número de famílias muito ricas dos dois grupos superiores continuou sendo

A sociedade ateniense 157

forte. Além disso, a riqueza determinava o papel militar do cidadão e, na Grécia antiga, o poder político andava de mãos dadas com a função militar. Só os muito ricos podiam fornecer seus próprios cavalos e servir na cavalaria (ver 6.15); só os moderadamente ricos podiam pagar o equipamento de um infante de armamento pesado ("hoplita", ver 6.17). A maioria pobre necessariamente tinha um papel subalterno na guerra em terra, como soldados da infantaria ligeira (6.18). No entanto, à medida que o poder marítimo ateniense foi assumindo uma importância crucial a partir da década de 480, os atenienses pobres exerciam a principal função militar da cidade, sendo remeiros da frota ateniense. A correlação entre a democracia e o império naval, como veremos, era estreita (cf. I.H.27).

4.8 Consideremos agora o tamanho da população da Ática, o território de 2.500 quilômetros quadrados que formava a *pólis* de Atenas. Infelizmente, é impossível dar números precisos quer para a população total, quer para os seus três componentes principais, os cidadãos (inclusive mulheres e crianças), os metecos e os escravos. Nenhuma cidade grega antiga fazia recenseamentos regulares da população. Com uma exceção que, em breve, veremos, nossas fontes limitadas apresentam números, somente em contextos militares, para as tropas terrestres (homens), ou em contextos políticos, para a população de homens adultos (ver a tabela em 4.11). Isso explica a variação nas estimativas modernas mais sérias baseadas nessas fontes inadequadas.

(i) Cidadãos

Data	Fonte	Efetivos militares	População total de cidadãos (= homens adultos)
500	Heródoto		30.000
431	Tucídides	13.000 ativa ⎫ hoplitas 16.000* reserva ⎭ 1.000 cavalaria	
411	Lísias	9.000 hoplitas	
322	Plutarco		21.000
	Diodoro		31.000
317	Ctésicles		21.000
	[Demóstenes]		20.000

* Este número inclui uma quantidade desconhecida de metecos.

Nossa primeira cifra para a população total de cidadãos (homens adultos) é extremamente pouco confiável, mas parece razoável supor que o número de hoplitas tenha crescido bastante desde o início do século V até a eclosão da Guerra do Peloponeso, em 431, que houvesse diminuído nitidamente por ocasião da contra-revolução oligárquica de 411 e que tenha permanecido relativamente baixo durante o século IV. O grande aumento do século V reflete o aumento geral da prosperidade, quando as rendas da cidade de Atenas alcançaram níveis sem paralelo e as oportunidades de enriquecimento pessoal abertas aos atenienses de todas as classes eram maiores que nunca, antes ou depois. Por exemplo, muitos dos pobres podem ter sido capazes de chegar ao nível de hoplitas mediante a aquisição das terras no estrangeiro que o poderio naval de Atenas pusera à disposição deles. A cifra de nove mil hoplitas para o ano de 411 parece ser um tanto baixa, mas vinte anos de guerra e a ocorrência da terrível peste, em 430 e depois disso, haviam cobrado o seu preço em vidas (ver I.H.36), e talvez muitos atenienses houvessem caído abaixo do nível de hoplitas devido ao empobrecimento.

(ii) Métoikoi *(sing.* métoikos*)*

4.9 Conhecem-se *métoikoi* (ver 4.6) de cerca de setenta cidades gregas, mas, de longe, o maior número absoluto deles residia em Atenas, onde é provável que formassem também a mais alta proporção da população livre residente. A cifra mais confiável é a de 317, quando dez mil *métoikoi* (entre os quais, provavelmente, um pequeno número de mulheres independentes) foram registrados em um recenseamento geral extraordinário, realizado após a abolição da democracia pelos macedônios (em 322). Quase com certeza, o número absoluto deve ter sido muito maior um século antes: uma autoridade no difícil campo da demografia antiga argumentou recentemente que no início da Guerra do Peloponeso havia cerca de doze mil hoplitas *métoikoi*, ou talvez mais ainda, que não tinham condições de pagar pelo equipamento de hoplita. Se isto estiver correto, em 431 os *métoikoi* podem ter formado cerca de um terço da população de homens livres residentes na Ática.

(iii) Escravos

4.10 O tamanho da população escrava é o mais difícil de avaliar. O único número que chegou até nós – quatrocentos mil escravos, também do recenseamento de 317 – está absurdamente inflado, o que talvez seja devido à adulteração dos algarismos no processo de cópia dos manuscritos. Mas é impossível dizer a quanto se deva reduzi-lo e não é possível determinar números para a população em outros períodos. Por exemplo, Tucídides conta que, após 413, mais de vinte mil escravos passaram para o lado dos espartanos na última fase da Guerra do Peloponeso, quando não mais havia esperança de vitória, e que a maior parte deles era composta por trabalhadores especializados. Há motivos para crer que os números de Tucídides estejam razoavelmente corretos, mas não há meios de saber que proporção do total de escravos, especializados ou não, homens ou mulheres, velhos ou jovens, esses "mais de vinte mil" representavam. Em termos gerais, parece razoável sugerir que a população escrava fosse pelo menos tão grande quanto as dos cidadãos homens adultos e dos *métoikoi* combinadas, em especial se forem feitos os devidos acréscimos para o uso generalizado de escravos na agricultura, bem como na manufatura e nos serviços domésticos.

4.11 Com grande cautela, podemos sugerir os totais apresentados na tabela abaixo para os três grupos principais da população da Ática nos dois momentos mais bem documentados da história:

	431 a.C.	317 a.C.
Cidadãos homens adultos	50.000	21.000
Métoikoi	25.000	10.000
Escravos	100.000	50.000

Para chegar à população total da Ática, o número de cidadãos (homens adultos) deve ser multiplicado por mais ou menos quatro para incluir as mulheres e as crianças de suas famílias. Os números dos *métoikoi* devem ser multiplicados por um fator menor, já que pelo menos alguns deles teriam famílias fora da Ática. Normalmente, não se permitia que os escravos tivessem família. Em 431, portanto, o total estaria entre trezentos mil e 350.000 e, em 317, entre 150.000 e duzentos mil. Isso fazia de Atenas a cidade grega mais populosa, mas o total de 431 ainda é cerca de 1/30 do tamanho da população atual (1983) da área metropolitana de Londres e cerca de 1/38 da de Nova York.

(2) Família e parentes

(i) O oîkos ("a casa")

4.12 A unidade familiar típica do mundo ocidental moderno acabou tornando-se a família nuclear formada pelos pais e um número relativamente pequeno de filhos. Os atenienses antigos não conheciam nada de parecido com isso. Na verdade, os gregos nem mesmo tinham uma palavra para "família" nesse sentido restrito. O equivalente mais próximo era *oîkos*, que quer dizer "casa" e cobre uma gama de referências muito mais ampla que a "família" moderna, mais afim à acepção tradicional de "família", conjunto de todas as pessoas – parentes ou não, senhor e escravos – que vivem sob um mesmo teto. É vital ter essa importante diferença em mente ao longo de toda a discussão que se segue, quando às vezes será impossível evitar o uso de "família" por simples conveniência.

4.13 Os atenienses, em especial quando comparados à outra grande potência grega da época, os espartanos, tinham a reputação de serem inovadores compulsivos. No entanto, em sua organização familiar e de parentesco, eram quase neuroticamente conservadores. O *oîkos* ateniense dos séculos V e IV teria parecido perfeitamente normal aos olhos do público original de Homero. A riqueza do *oîkos* e sua permanência na propriedade familiar era mantida, ao longo de várias gerações, por uma estrutura de parentesco fechada e complicada (para nós) e o status de um ateniense como ateniense dependia, como vimos, do parentesco e dos laços familiares. Tudo isso é perfeitamente ilustrado pelas perguntas a que tinha de responder um cidadão que iria exercer uma função pública:

> Quando estão verificando as qualificações, perguntam primeiro: "Quem é o teu pai, qual o teu *dêmos*? Quem é o pai do teu pai, quem é a tua mãe e o pai dela e o *dêmos* dele?" Depois disso perguntam se ele tem um Apolo Patroos e Zeus Herkeios e onde ficam os santuários e se tem túmulos familiares e onde ficam, e ainda se trata bem os seus pais... ([Aristóteles], *Constituição de Atenas*, 55.3)

Além disso, o primeiro ato oficial do principal funcionário civil, o *árkhōn* "epônimo", era proclamar que todo ateniense "manterá e controlará até o fim do ano a propriedade que tinha antes [que o *árkhōn*] entrasse em exercício".

4.14 Tal como fica implícito nas citações acima, o *oîkos* ateniense ia além da nossa família nuclear e incluía a propriedade, isto é, a terra e as habitações, depósitos e túmulos nela construídos. Mas o *oîkos* incluía também os instrumentos necessários para trabalhar a terra e servir à propriedade em geral. Portanto, os instrumentos, os animais e os escravos (*ktḗmata émpsuka*, "objetos com alma", na frase desagradavelmente precisa de Aristóteles) se encaixam nessa definição de *oîkos*. À frente dessa entidade composta estava o *kúrios*, o senhor da família que, em teoria, exercia um poder soberano sobre todos os elementos que a constituíam. Voltaremos às suas funções no final desta seção (cf. 4.16, 4.23).

4.15 O *oîkos* ateniense tinha como meta a auto-suficiência econômica (cf. 3.18). Social e politicamente, porém, nenhum *oîkos* era uma ilha nem podia ser. Todos ou quase todos os cidadãos atenienses também pertenciam a uma das associações basicamente religiosas conhecidas como *phrátriai* (ver 2.40). Eram, literalmente, "irmandades de sangue" (compare-se o latim *frater*, vindo da mesma raiz indo-européia), mas nem todos os membros de uma mesma *phrátria* do século V estavam ligados por laços de sangue. Por outro lado, um grupo formado estritamente por parentes era a *ankhisteía*, que incluía parentes até os primos de segundo grau. Isso tinha importância legal nas áreas de matrimônio, herança e vingança. Acima das *phrátriai* e dos grupos de *ankhisteía*, e em relação incerta com ambos, estavam os *génē* (singular, *génos*), corporações religiosas com regras especiais de admissão. Não há provas seguras, mas parece que relativamente eram poucos, não necessariamente aristocráticos, os cidadãos que pertenciam a um *génos* (palavra muitas vezes traduzida erroneamente como "clã").

4.16 No século V, os grupos de parentesco ou pseudoparentesco de *génos* e de *phrátria* haviam perdido qualquer significado político que pudessem ter tido para as unidades locais em que todos os *oîkoi* atenienses se agrupavam, os *dêmoi*. Conforme a divisão de Clístenes, aparentemente havia 139 *dêmoi* distribuídos em dez "tribos" criadas artificialmente (ver I.H.11, 5.24). Como usamos nomes e sobrenomes, um ateniense identificava-se pelo seu nome, seu patronímico (o nome do pai) e o nome de seu *dêmos*: por exemplo, *Periklês Xanthíppou Kholargeús* (Péricles, filho de Xantipo, do *dêmos* Colargos).

Estavam sob a *kuríeia* (proteção, tutela) do *kúrios* todos os filhos que não houvessem ainda alcançado a maioridade e todas as mulheres do *oîkos*. Aos olhos da lei (criada por homens), as mulheres eram tratadas como menores perpétuas, estando primeiramente sob a *kuríeia* do pai ou tutor, depois sob a do marido (voltando à do pai nos casos de divórcio ou viuvez) e finalmente sob a do filho se, como acontecia às vezes, ele assu-

4:1 Um *óstrakon* com voto contra Cleofonte dá o seu patronímico (filho de Clípides) e seu demo (Acarnas). Final do séc. V.

162 *O mundo de Atenas*

misse a *kuríeia* quando se casava ou quando o pai se "aposentava". O *kúrios* tinha, portanto, uma função dupla. Representava todas as mulheres e todos os homens menores do *oîkos* nos assuntos legais e cívicos e era o detentor atual das propriedades ancestrais.

(ii) Legitimidade e propriedade

4.17 A real propriedade, isto é, a propriedade de terras, era a base da posição social e da influência política do ateniense (cf. 1.10, 2.36). Salvo em casos de especial isenção, a terra, na Ática, só podia ser possuída legalmente por um cidadão ateniense legítimo do sexo masculino. Em quase todos os casos, era transmitida por legado de pai a filho, ou pelo parente mais próximo na linha masculina da família. Um herdeiro, portanto, tinha de ser capaz de provar sua legitimidade para garantir o direito à propriedade das terras (cf. 2.40, 58).

4.18 Devemos supor que, na maioria dos casos, a transmissão dos legados ocorria sem atritos, mas vários dos discursos jurídicos do século IV (em especial os de Iseu, o mais importante advogado de direito sucessório da época) que chegaram até nós dizem respeito a disputas sobre parentesco e a tentativas de impugnação de decisões feitas pelos não-favorecidos na partilha. Como a propriedade de terras era a forma básica de riqueza, os dois lados tinham muito a ganhar ou perder e valia a pena pagar pela melhor assessoria legal possível. Parte dos motivos das disputas estava em que os atenienses não tinham certidões de nascimento, não tinham nada de parecido a um cartório de registro civil. Tampouco tinham à sua disposição os modernos métodos científicos para provar a paternidade. Ao invés disso, tinham de provar para um grande júri de cidadãos sua legitimidade e cidadania provando a inscrição em uma *phrátria* quando criança e em um *dêmos* na maioridade.

4.19 Um dos melhores exemplos do que podia estar envolvido em um processo desses nos é dado por um discurso ([Demóstenes] (*Contra Eubulides*) 57) escrito para um homem cujo *dêmos* decidira numa votação eliminá-lo de seus registros em 346-45. Naquele ano, excepcionalmente, fora ordenada uma revisão geral dos registros dos *dêmoi*, talvez por haver suspeitas de que grande número de homens haviam, de algum modo, conseguido inscrever-se ilegalmente. Para provar sua legitimidade e sua cidadania, o orador apelou ao tribunal central ateniense e procurou mostrar que tanto seu pai como sua mãe eram verdadeiros atenienses e que ele fora legitimamente inscrito no registro do *dêmos* hereditário de seu pai aos dezoito anos de idade.

4.20 Como testemunhas da legitimidade do pai, o orador lista, em primeiro lugar, cinco parentes masculinos do pai por nascimento e vários parentes masculinos por matrimônio (maridos das primas de seu pai); depois, os *phratéres* (companheiros de *phrátria*) do pai, aqueles com quem compartilhava do Apolo Patroos e do Zeus Herkeios e os mesmos túmulos familiares, e outros membros do *dêmos* do pai. Com as mulheres, por outro lado, era muito mais difícil estabelecer a legitimidade, já que, aparentemente, não eram inscritas nem na *phrátria*, nem no *dêmos*. Assim, o orador cita, além de uma lista semelhante de parentes homens, apenas os *phratéres* e os membros do *dêmos* dos parentes masculinos do lado materno.

Quanto à história de sua própria vida, primeiro ele chama testemunhas do (segundo) casamento de sua mãe e depois apresenta provas de sua admissão na *phrátria* e, mais importante, no *dêmos*. Insiste em que fora depois escolhido como sacerdote de Héracles do *dêmos* e até presidente do *dêmos* (*démarkhos*), sem que seus adversários fizessem objeções à legitimidade em qualquer das duas ocasiões. Finalmente, resume sua alegação ao direito à cidadania nos termos das respostas exigidas para os candidatos a cargos públicos em Atenas (ver 4.13). O que estava em jogo era assustadoramente importante: se perdesse, provavelmente seria vendido como escravo (cf. 2.33).

4.21 A propriedade costumava ser transmitida por testamento, outra fonte potencial de disputas de herança. Não se ouvia falar de um filho ser excluído da herança e entre todos a propriedade era dividida igualmente de acordo com o costume grego geral. Se os filhos, porém, não tivessem idade suficiente, nomeava-se um guardião para proteger seus interesses. As filhas não podiam herdar por direito próprio, como veremos. A cidade, na pessoa do *árkhōn* "epônimo", interessava-se de perto pelo bem-estar das crianças sob sua guarda, mas isso não impedia que os guardiões fossem desonestos ou fossem acusados de o serem. O caso mais célebre de uma suposta fraude por parte de um guardião diz respeito a Demóstenes, que fez sua estréia nos tribunais para garantir a grande herança que ele afirmava ter-lhe sido ilegalmente roubada.

Tecnicamente, uma filha não podia ser herdeira no sentido pleno, porque pelas leis atenienses as mulheres não podiam ter nem controlar nenhuma propriedade por direito próprio. A filha que não tivesse irmãos sobreviventes do mesmo pai herdava apenas como *epíklēros*, assim chamada porque fazia parte do *klēros*, ou propriedade. Ou seja, servia como instrumento passivo na transmissão da propriedade para o herdeiro legítimo mais próximo na linha paterna. O *árkhōn* "epônimo" providenciava para que ela se casasse, segundo o costume, com o parente mais próximo (de preferência parente por nascimento e não por matrimônio) e que a propriedade fosse devidamente transmitida. Se já estivesse casada, a *epíklēros* podia até ser obrigada a divorciar-se de seu marido para poder casar-se com o parente apropriado, embora o pai dela tivesse a possibilidade de adotar o filho dela ou algum outro parente homem. Isso pode parecer extraordinário para o nosso modo de pensar, mas é simplesmente a ilustração mais marcante da firme determinação que tinham os atenienses de manter a propriedade na família e assim preservar o número de *oîkoi* em funcionamento. Desse modo evitavam-se as concentrações de propriedade e mantinha-se a base social da democracia (cf. 7.63).

4.22 O principal objetivo reconhecido do casamento ateniense era, como veremos, a procriação de filhos legítimos. Contudo, pressões contraditórias operavam sobre os pais em uma sociedade sem controle científico de natalidade e onde a morte de crianças por doença ou violência podia acontecer com mais freqüência que entre nós. Por um lado, havia o risco de haver muitos filhos, de modo que a propriedade ficasse fragmentada entre os herdeiros homens ou fosse dilapidada pelos dotes das filhas. Por outro lado, se um pai ateniense seguisse o conselho de Hesíodo e tivesse apenas um filho homem, este poderia morrer prematuramente e deixar a propriedade sem um herdeiro. Havia várias respostas possíveis para essas pressões. As crianças recém-nascidas podiam ser deixadas expostas para morrer, o que acontecia mais com as meninas que com os meninos, ou um filho e herdeiro podia ser adotado. Fosse como fosse, o objetivo básico da reprodução era garantir a continuidade do *oîkos*, com todas as suas implicações sociais, religiosas, políticas e militares.

(iii) As mulheres e o matrimônio (cf. 3.18 ss.)

4.23 O noivado e o matrimônio manifestavam também a preocupação da cidade e dos *kúrioi*, como indivíduos, com a propriedade e a legitimidade. A própria palavra para noivado, *enguē*, significa também "caução", ou "garantia", e, portanto, enfatiza o elemento vital da propriedade na transação. O *kúrios* da noiva prometia a moça a seu futuro marido com a seguinte fórmula: "Dou-te esta mulher para gerar filhos legítimos". Essa cerimônia acontecia na presença do maior número possível de testemunhas para atestar a virgindade da moça e o tamanho de seu dote. A moça, que

4:2 Um cortejo nupcial dirige-se para o novo lar. *C*. 540.

podia ser prometida aos cinco anos de idade, não tinha nada a dizer na questão de seu casamento, que era essencialmente um contrato entre os *kúrioi* de dois *oîkoi*. Em Atenas, o casamento e o amor romântico não andavam juntos.

4.24 Outra diferença em relação ao casamento ocidental moderno é que o matrimônio ateniense era um contrato particular, sem registro junto às autoridades da cidade; o matrimônio legal não era constituído por uma cerimônia de casamento e pela assinatura do registro. Em vez disso, era um simples "morar juntos" (*sunoikeîn*), iniciado como um empreendimento particular e válido a partir do momento em que a noiva entrava na casa de seu senhor e dono. Em geral, esse passo era dado quando a menina tinha apenas cerca de quatorze anos de idade. A nova esposa trazia consigo um dote, em geral uma soma em dinheiro. Isso era considerado tão importante que o pai poderia até hipotecar terras para proporcionar um dote de tamanho adequado. Tecnicamente, porém, a esposa não era dona de seu dote, que continuava sendo propriedade de seu pai ou guardião, e o controle de como era gasto estava nas mãos do marido. Apesar disso, as providências para a devolução do dote, por exemplo em caso de divórcio, garantiam alguma proteção para a esposa ou pelo menos para a família dela, de cuja propriedade se tratava, em verdade. Os procedimentos de divórcio podiam ser iniciados por qualquer das partes, mas, como de costume, nessa sociedade dominada pelos homens era mais fácil para o marido obter um divórcio.

4.25 Não é de estranhar, portanto, que o "duplo padrão" que existe até hoje em muitos países estivesse em pleno vigor em Atenas. Enquanto os maridos tinham permissão para ter concubinas e amantes e para freqüentar prostitutas, qualquer relação sexual entre uma esposa e um homem com o qual não estivesse casada contava automaticamente como adultério e a esposa condenada por adultério podia ser submetida a uma cruel humilhação pública. A razão prática para isso era que a paternidade de uma criança poderia ser contestada por um inimigo, mas as opiniões atenienses sobre o adultério refletiam também o chovinismo dos homens de Atenas. Eles consideravam a sedução de uma mulher um crime mais hediondo que o estupro, pois a sedução implicava que o afeto da esposa fora desviado de seu marido (cf. 3.20).

4.26 Uma das ilustrações mais claras dos extremos a que um marido ateniense podia chegar para preservar a legitimidade de seu *oîkos* encontra-se em um discurso pronunciado em um tribunal no início do século IV. O orador fora acusado de assassinar um homem. Sua defesa era que se tratava de homicídio justificado, pois ele apanhara o homem em flagrante delito de adultério com sua esposa em sua própria casa:

166 O mundo de Atenas

Quando decidi casar-me, atenienses, e levar uma esposa para a minha casa, estive por algum tempo decidido a não incomodá-la, mas também a não deixá-la livre para fazer o que quisesse. De modo que a vigiei tanto quanto possível e dei-lhe toda a atenção razoável. Mas quando meu filho nasceu, julgando ser isso a mais fiel expressão do estreito vínculo entre nós, comecei a confiar nela e pus nossos recursos à sua disposição. No início, senhores, ela foi a melhor das esposas – uma dona de casa competente, frugal e exata no serviço da casa. A origem de todos os meus problemas foi a morte de minha mãe. Quando ela foi levada à sepultura, minha esposa acompanhou o cortejo, foi vista por aquele homem e acabou sendo seduzida. Ele esperava pela escrava que ia ao mercado e, fazendo propostas através dela, provocou a falha de minha esposa. (Lísias (*Contra Eratóstenes*), 1.6 ss.).

4.27 O trecho acima tem outro ponto de interesse. Foi quando estava assistindo aos funerais da sogra, fora do lar conjugal, que a esposa do orador foi vista pelo suposto adúltero. Depois disso, de início as relações do par culpado tiveram a ajuda de uma intermediária, a criada da esposa. Em outras palavras, como regra, segundo o código social ateniense, as esposas respeitáveis ou, pelo menos, as esposas dos homens mais ricos não podiam ser vistas em público. O lugar delas era em casa, onde em breve as veremos de novo. Só por ocasião dos funerais e festivais elas podiam, legitimamente e sem vergonha, sair de casa e desempenhar um papel social em público (cf. 3.18). O orador do caso de contestação de cidadania já discutido ficou muito embaraçado ao ser forçado a admitir no tribunal que sua família era tão pobre que sua mãe tinha de ir ao mercado vender fitas: "Não vivíamos", confessa, "da maneira que gostaríamos".

4.28 Citações como essas vêm tendo um papel central num debate que se arrasta há muito tempo sobre o que se costuma chamar de "a posição das mulheres" em Atenas. Colocar a questão nesses termos, contudo, envolve perigosa ambigüidade, pois depende de que mulheres, precisamente,

4:3 Mulheres preparam bois para o sacrifício. *C.* 440.

se está falando: filhas, irmãs ou esposas; esposas como mães ou parceiras no casamento; mulheres ricas ou pobres, livres ou não-livres. Além disso, essa questão espinhosa coloca problemas fundamentais de método. Os indícios à nossa disposição são quase que inteiramente apresentados por homens e para homens que viviam em um mundo dominado por homens e foram expressos na linguagem dominante dos homens. Acima de tudo, talvez, o estudo da "questão da mulher" na antiga Atenas não pode deixar de ser afetado pelos acalorados debates acerca da situação da mulher em nossa própria sociedade, também dominada pelos homens. É preciso, portanto, usar-se de cautela ao tratar desse assunto.

4.29 Qualquer pessoa que olhe com alguma profundidade para os papéis sociais desempenhados pelas mulheres na sociedade ateniense (por enquanto, essas observações ficarão limitadas às mulheres da categoria de cidadãs) logo se depara com um aparente paradoxo. No mundo particular, fechado e muitas vezes secreto do lar ateniense, as relações entre homens e mulheres que são parentes podem ser calorosas, íntimas e familiares. É certo que homens e mulheres ocupam diferentes espaços físicos dentro de casa e que as mulheres são relegadas aos fundos ou ao andar de cima, mas, por si só, isso não é tanto um sinal de desprezo por parte dos homens quanto de seu desejo de proteger as mulheres contra o contato indesejado com homens não pertencentes à família; a separação não implica, necessaria-

4:4 Uma menina embala uma lebre; ela é uma "ursa" no culto de Ártemis em Brauron, na Ática. Séc. IV.

mente, desigualdade. Fora do lar, porém, no mundo público, só os homens tinham oportunidade de brilhar (a não ser em uma área importante que logo veremos) (cf. p. 60, seção 45).

4.30 A exceção a que se fez referência já foi vista em um contexto diferente. Trata-se do papel extraordinariamente proeminente atribuído às mulheres no ritual. As mulheres atenienses serviam como sacerdotisas em mais de quarenta importantes cultos públicos, inclusive no da deusa padroeira da cidade, Atena Pólias, e desempenhavam papel importante nas grandes procissões religiosas (2.3, 19, 49). Ouçamos o coro feminino em uma peça de Aristófanes:

> Quando eu tinha sete anos, carreguei os símbolos sagrados; depois, aos dez anos, fui moleira da cevada de Atena; depois, no festival de Ártemis em Brauron, fui a menina-urso do manto cor de açafrão e, já moça e bonita, carreguei o cesto sagrado, usando um colar de figos secos... (Aristófanes, *Lisístrata*, 641 ss.)

Além disso, havia festivais exclusivos para as mulheres, especialmente o culto de Deméter nas Tesmofórias. Finalmente, nos ritos de passagem – nascimento, iniciação, casamento e morte – as mulheres eram indispensáveis, proporcionando o elemento de continuidade fundamental para a perpetuação da *pólis* e a manutenção das relações corretas entre os homens e os deuses.

4.31 Mais um fator deve ser levado em conta: o papel das mulheres no mito. Também aqui, tal como no seu papel no ritual, o que chama a atenção é a proeminência das mulheres. Mas, enquanto no ritual o valor do papel das mulheres é grandemente positivo, no mito suas funções e papéis – vistos pelos homens – são permeados de ambigüidades e tensões (cf. 3.19). Ou seja, as atitudes masculinas em relação às mulheres atenienses, tal como são reveladas nas projeções imaginativas do mito, mostram um profundo sentimento de mal-estar. Elas oscilam entre os pólos do medo, até repulsa, e da dependência total em relação às mulheres (cf. 2.9-11).

Talvez aí esteja a chave para explicar, tanto quanto nossas fontes limitadas e unilaterais permitem, a "posição" das cidadãs atenienses na sociedade. Elas eram essenciais para o funcionamento e a continuidade da sociedade, mas, por causa de sua sexualidade potencialmente incontrolável (segundo alegavam) e porque cruzavam as linhagens de parentesco, eram uma constante ameaça à ordem social dominada pelo elemento masculino. Em público – ou seja, nas arenas estritamente políticas da democracia – às mulheres não cabia função alguma. Não tinham direitos políticos e, diante da lei, precisavam ser representadas por seus guardiões homens. Nos rituais celebrados fora de casa, onde a esfera pública e a privada se sobre-

4:5 Mulheres selvagens do mito: mulheres trácias enraivecidas perseguem e matam Orfeu.

4:6 Reconstrução (desenho) de casas do séc. V em Atenas.

punham, permitia-se que tivessem um papel que, muitas vezes, era até importante. Entretanto o verdadeiro espaço da cidadã ateniense era o lar, espaço onde sua dependência em relação aos homens era mais tangível, mas, apesar disso, podia também ser mais atenuada.

(iv) A vida no lar

4.32 Esperava-se que as mulheres de todas as classes levassem uma vida bem diferente da de seus maridos. Enquanto os homens se encontravam na *ekklēsía*, nos tribunais ou na *agorá* para conduzir os negócios da cidade e passavam grande parte do tempo livre com seus amigos ou seus amantes nos rinques de lutas, nas *stoás* ou nos bosques aprazíveis da Academia ou do Liceu, esperava-se que suas esposas passassem quase toda a vida dentro de casa. Mesmo à noite, quando os homens traziam amigos para jantar em casa, não se esperava que as esposas e as filhas se juntassem a eles. O fato de uma mulher jantar com um homem que não fosse seu parente podia ser usado nos tribunais como prova de que ela não era uma esposa ateniense legítima. O salão de jantar dos homens (*andrôn*) era um mundo à parte dos aposentos femininos (*gunaikeîon, gunaikōnîtis*), e eram mulheres ou escravas não atenienses trazidas de fora de casa especialmente para a ocasião que alegravam as ritualizadas festas de bebidas (*sumpósia*) realizadas nesse aposento.

4.33 É claro que essa descrição é uma generalização e marca com demasiado rigor o contraste. Acima de tudo, ela não descreve adequadamente a vida das mulheres pobres, das esposas e filhas dos atenienses pobres e, em termos atenienses, a maioria dos cidadãos era mais ou menos pobre. Assim, tanto na cidade como no campo, as esposas devem ter trabalhado lado a lado com seus maridos, caso não pudessem comprar escravos. Assim, também, as mulheres pobres iam às compras e traziam água das fontes públicas – tarefas que, se fosse possível, seriam realizadas por escravos. A pobreza levava algumas mulheres a trabalhar como amas-de-leite, parteiras ou pequenas feirantes. Há alguma razão para supor que as mulheres dos ricos ficavam em reclusão mais rígida que a de suas pobres irmãs, em parte por motivos de esnobismo. Até elas, porém, devem ter conseguido estabelecer relações de mexericos com as vizinhas e conviver com outras mulheres nos festivais públicos. Apesar de tudo isso, contudo, continua sendo verdade que o lugar da mulher ateniense era a casa.

4.34 Desde a mais tenra idade, ela era criada para realizar ou supervisionar tarefas exclusivamente domésticas. Esse era o trabalho da mulher.

4:7 Mãe estimula seu bebê que está sentado numa cadeira alta.

A sociedade ateniense 171

4:8 Mulheres fiam e tecem em casa. *C*. 540.

4:9 A mãe ensina a filha a cozinhar. Final do séc. VI.

O trecho abaixo ilustra a variedade desses deveres de supervisão em uma família abastada. Iscômaco está falando à mulher com quem se casara quando ela tinha quinze anos:

> Tua função será ficar em casa e ajudar a despachar os serviçais que trabalham fora de casa e supervisionar os que trabalham dentro. Receberás as rendas que entram e as destinarás a quaisquer despesas necessárias, serás responsável por todos os excedentes e providenciarás para que a alocação para as despesas de um ano não seja gasta em um mês. Quando a lã te for entregue, providenciarás para que sejam feitas roupas para os que delas necessitem e cuidarás para que os grãos sejam mantidos em condições de consumo. E há outro dever teu que temo possa parecer um tanto ingrato – terás de providenciar para que qualquer dos serviçais que fique doente receba o tratamento adequado. (Xenofonte, *Econômico*, 7.35 ss.)

É claro que uma esposa pobre teria de fazer todo o trabalho sozinha: a criação dos filhos, a provisão de alimentos, o cardeamento e a fiação da lã, o trabalho no tear e assim por diante. Como todas essas tarefas tomavam tempo, ela tinha pouco ou nenhum tempo livre, ao contrário do marido. Com efeito, era da essência das tarefas femininas que consumissem tempo, pois, aos olhos de um homem desconfiado, isso poderia ser visto como um modo de preservar da má conduta a sua mulher.

4.35 Em geral, para os homens essa separação dos sexos é algo aceito como uma convenção. Em [Demóstenes] (*Contra Evergo*) 47.34 ss., o orador, um trierarca, não havia recebido o equipamento do navio de seu predecessor (sobre a trierarquia, ver 6.42). Foi até a casa de Teofemo, trierarca anterior, para exigir os equipamentos ou o valor equivalente. Quando lhe recusaram, preparou-se para entrar na casa à força; mas, como teve o cuidado de apontar à corte, "eu já me tinha certificado de que Teofemo não era casado". Um completo estranho simplesmente não entrava em uma casa em que estivesse presente uma mulher casada. Mais adiante, o orador compara seu próprio comportamento ao de Teofemo, quando este e seus amigos invadiram a fazenda do orador na presença da esposa, dos filhos e dos criados e levaram tudo o que ele tinha. O orador assinala que até um vizinho, ao ver o ataque, recusou-se a entrar na fazenda porque o *kúrios* não estava presente.

4.36 Esse ideal de trabalho em unidades separadas revela-se no desenho de uma casa ateniense. Normalmente, havia apenas uma única entrada que dava para os aposentos masculinos, os quais às vezes eram literalmente vedados às mulheres. Nossos indícios sugerem que as casas gregas, mesmo as dos ricos, não eram muito elaboradas. Seus poucos cômodos tinham paredes sem adornos e havia pouca coisa em matéria de móveis ou de ornamentos não essenciais. Conhecem-se algumas exceções na zona rural da Ática (cf. 1.37). Mesmo assim, porém, as mulheres atenienses passavam a vida em ambientes apertados, malcheirosos e anti-higiênicos. A comida também era simples; a dieta basicamente vegetariana dos gregos parece ter sido notavelmente pouco variada, mesmo segundo os padrões da Grécia rural contemporânea (o consumo de carne era reservado para os sacrifícios, ver 2.30-3). As roupas, contudo, que como hoje tinham muitas outras implicações além da riqueza sugerida pelo material, podiam ser mais elaboradas. Pinturas em vasos e as peças de Aristófanes mostram muitas variações de padrões, cores e desenhos.

(v) As mulheres não-cidadãs

4.37 Até aqui estivemos estudando diretamente apenas as cidadãs, em especial as esposas. No entanto, como observamos antes, os costumes atenienses toleravam ligações temporárias ou permanentes com outras mulheres. Essas concubinas (*pallakaí*), cortesãs (*hetaírai*, literalmente, "companheiras") e prostitutas (*pórnai*) normalmente não eram nascidas em Atenas. Alcibíades era notório por ter numerosas amantes e manter concubinas, escravas e livres, além de sua esposa aristocrática. Péricles, que durante algum tempo foi guardião de Alcibíades, divorciou-se da esposa e formou uma união duradoura com Aspásia. Contudo, por ser ela nativa de Mileto, foi apenas como marca de excepcional respeito a Péricles que os atenienses concederam a cidadania grega ao filho deles. (Ele foi um dos generais executados após Arginusas: ver I.H.54-6 e 5.10.)

4.38 O concubinato, porém, tinha algum respaldo legal. A prostituição também era legalizada e estava à disposição de todos – fato que, por causa

4:10 Homens de Atenas gozam os costumeiros prazeres de um *sumpósion*: vinho, mulheres e cantos. Início do séc. V.

4:11 Três homens negociam com mulheres seus favores sexuais. *C*. 480.

da trama, Aristófanes foi obrigado a eliminar em *Lisístrata* (7.59). Em classe e preço, as prostitutas iam das moças dos bordéis do Pireu, passando pelas flautistas mais sofisticadas que um ateniense poderia contratar para animar uma festa em que se bebia vinho (*sumpósion*) no *andrōn* (4.32), até as cortesãs eufemisticamente chamadas *hetaírai*.

A história mais divertida a respeito de uma *hetaíra* em Atenas encontra-se nas fictícias *Memórias de Sócrates*, de Xenofonte. Em uma hábil exibição de estudada inocência, Sócrates, observando a riqueza de Teódota, vai aos poucos arrancando dela sua verdadeira fonte – os amantes ricos. Incidentalmente, o trecho apresenta uma lista das principais fontes de riqueza em Atenas, em ordem de importância:

> Sócrates perguntou: "Tens terras, Teódota?". "Não." "Então talvez tires rendas de imóveis?" "Não." "Bom, então ela vem de algum negócio de manufatura?" "Não." "Então de que vives?" "Vivo das contribuições de bons amigos." (Xenofonte, *Memorabilia*, 3.11.4)

(3) Educação (cf. 7.15-31)

4.39 As *hetaírai* de Atenas podiam ser mulheres cultas que possuíam consideráveis habilidades literárias ou musicais além de seus encantos físicos. As moças atenienses, por outro lado, parecem em geral ter sido educadas principalmente para tarefas manuais e domésticas (embora haja pinturas de vasos que mostram cenas de moças lendo e referências ocasionais dos oradores a mulheres envolvidas em transações financeiras de pequena escala). Assim, esta descrição da educação ateniense aplica-se exclusivamente a meninos e rapazes (cf. 7.15-16; 7.20 ss.).

Em Atenas, como em quase todas as demais cidades gregas com a notável exceção de Esparta, a educação era um assunto particular, combinado e pago por pais que não eram legalmente obrigados a proporcionar uma educação formal a seus filhos. Muitas vezes os professores eram de baixa condição social e mal pagos: uma característica do Homem Mau de Teofrasto era fazer deduções da paga do professor se a criança faltasse por estar doente. As escolas funcionavam em casas ou cômodos particulares ligados a um campo de treinamento (*palaístra*) público ou particular que podia ser usado para a educação física. Os meninos começavam a freqüentá-las por volta dos sete anos de idade, ou mais cedo, se a família fosse rica.

4.40 Havia três áreas principais de educação: alfabetização básica (e talvez aritmética), música e educação física. Algumas escolas ofereciam formação nas três áreas, mas os pais podiam escolher professores diferentes para os temas individuais. A alfabetização básica, que foi grandemen-

4:12 Um menino recita sua lição para seu mestre na presença de seu guardião (*paidagōgós*). C. 490.

4:13 Dois jovens aprendem a tocar instrumentos musicais, um a lira, o outro a flauta dupla. C. 480.

te facilitada pela invenção grega de uma escrita alfabética totalmente fonética, era ensinada pelo *grammatistés*. A despeito de sua baixa condição, seu trabalho era de fundamental importância, pois muitos aspectos da democracia dependiam, para seu funcionamento eficiente, de um conhecimento pelo menos rudimentar de leitura e escrita. Depois de aprender a ler, o menino era apresentado a Homero e outros poetas, muitas vezes para aprendê-los de cor e recitá-los de memória. Tal como diz Platão:

> Quando o menino aprende as letras e está pronto para passar da palavra falada para a escrita, seus professores colocam-no em sua mesa e fazem-no ler as obras dos grandes poetas e aprendê-las de cor; nelas ele encontra muitos bons conselhos e muitas histórias, grandes elogios e glorificação dos grandes homens do passado, que o estimulam a admirá-los e imitá-los e a modelar-se com base neles. (Platão, *Protágoras*, 325e-326a)

4:14 Jovens exercitam-se no lançamento de dardos e discos na palestra. No fundo, pendem uma esponja e uma garrafa de óleo. C. 500.

Monótonos exercícios repetitivos em placas cobertas de cera eram usados para praticar a escrita e algumas das poucas pinturas de vaso sobre cenas escolares mostram o professor com uma sandália na mão para estimular os demais. Mesmo assim, havia analfabetos atenienses. A história mais famosa – e provavelmente apócrifa – a esse respeito é sobre o analfabeto que pediu a Aristides que escrevesse seu próprio nome em um pedaço de cerâmica para ser ostracizado, porque o homem estava enjoado de ouvir Aristides sendo elogiado por ser justo (I.H.23).

4.41 O professor de música ensinava os meninos a cantar e tocar o *aulos* ou lira. Talvez nem todas as crianças tivessem uma educação musical muito extensa, já que Aristófanes apresenta a capacidade de tocar a lira como a marca de um homem de cultura. Mas a música era com certeza importante para as pessoas em todos os níveis da sociedade ateniense. Platão, inclusive, levava tão a sério o significado moral da música que baniu de sua cidade utópica todos os modos musicais, exceto um. A música tinha um grande papel em muitos festivais, sobretudo nas Dionísias, com seus corais líricos na tragédia e na comédia e suas competições entre coros de homens e meninos no canto de ditirambos (cantos em homenagem a Dioniso). Essas competições de coros apontam para a íntima ligação entre a música e a poesia em Atenas. Até mesmo a poesia narrativa como a *Ilíada* e a *Odisséia*, de Homero, era recitada com acompanhamento musical. Igualmente íntimo era o vínculo entre a música e a dança: *khorós*, em grego, quer dizer "uma dança" e "coro". Para os abastados, o entretenimento musical era uma parte integrante também do simpósio particular (cf. 7.1, 35, 37; 4.38).

A sociedade ateniense 177

4.42 O treinamento físico era supervisionado por um *paidotríbēs*, que dava instrução em corrida, salto em distância, lançamento de dardo e disco, boxe e luta livre. Como as *póleis* gregas dependiam, para sua sobrevivência, de suas tropas de cidadãos, a capacidade e a boa forma físicas eram vitais (ver 6.28). Para esse propósito, Atenas proporcionava ginásios públicos (assim chamados porque os que neles se exercitavam estavam *gumnoí*, ou seja, "nus em pêlo") além das muitas *palaístrai*. Estas eram locais de reunião gerais, usados para uma variedade de fins além do exercício físico; a Academia de Platão, por exemplo, tira o seu nome de sua localização no interior do ginásio de Academos (ou Hekademos).

O treinamento físico não tinha em vista apenas os objetivos militares. A excelência atlética era um dos campos mais importantes em que os gregos expressavam seu sistema de valores essencialmente competitivo (ver 3.1, 3.8). A maior das famas cabia aos vencedores nos festivais pan-helênicos, mas, em matéria de prestígio, os Jogos Panatenaicos (de toda Atenas), o maior dos festivais locais (ver 2.44, 2.49), não ficavam muito atrás. Durante essas celebrações, realizavam-se competições em honra aos deuses, no início com corridas, mas posteriormente com outros esportes e também com música e poesia. Os competidores vinham de todos os cantos do extenso mundo grego e os vencedores cobriam de glória não só a si mesmos, mas também a suas cidades (3.9).

4.43 Em Atenas, a duração da educação de uma criança variava segundo os meios e a visão de mundo de seus pais e não havia uma idade determinada para deixar a escola. Em seu panfleto sobre o sistema social de Esparta, Xenofonte presume que nos outros lugares as crianças não eram educadas normalmente após a infância. Embora fosse ateniense de nascimento e criação, Xenofonte eleva Esparta às nuvens por seu currículo educacional abrangente que era obrigatório para os meninos desde os sete anos de idade até a vida adulta. Mas Xenofonte silencia acerca do caráter quase exclusivamente físico e marcial da educação espartana. Nessa cidade não havia nada de correspondente à educação secundária e, muito menos, à superior, pois não havia nenhuma necessidade para isso em uma sociedade guerreira. Em Atenas, porém, em especial após as Guerras Persas, novas necessidades sociais e políticas criaram a procura por novos tipos de educação, procura essa que foi satisfeita por homens conhecidos – muitas vezes pejorativamente – como "sofistas".

4.44 Originariamente, um *sophistḗs* significava simplesmente um homem sábio. Heródoto refere-se a Sólon (I.H.8) como *sophistḗs* e Sólon tornou-se membro regular dos seletos Sete Sábios da Grécia antiga. Já no final do século V, porém, *sophistḗs* adquirira um significado pejorativo do qual derivamos nossos "sofístico" e "sofisma". Segundo essa visão hostil, um sofista era um charlatão, um trapaceiro verbal esperto cujo negócio era fazer o pior argumento parecer o melhor. Para agravar seu delito (na opinião dos críticos), o sofista cobrava um polpudo estipêndio de seus alunos em troca de corromper o sentido moral deles e transformá-los em sabichões imorais que se rebelavam contra as convenções estabelecidas.

A persuasão (*peithō*) é o cerne da questão. Em uma era de rápidas mudanças políticas, econômicas e sociais, o sucesso político deixara de depender apenas de um sobrenome e da glória conquistada no campo de batalha, mas também, e acima de tudo, do poder do discurso persuasivo na *ekklēsía* e no tribunal. Aquele que com uma retórica habilidosa conseguia conquistar para o seu ponto de vista as grandes audiências atenienses tornava-se um líder (*prostátēs*) da democracia ateniense (cf. 7.16-19, 24-6).

4.45 O que sabemos sobre os sofistas e seus ensinamentos é, infelizmente, muito unilateral. Vem quase inteiramente de seus adversários, em especial Platão. Só um punhado de escritos sofísticos originais sobreviveu intacto da Antiguidade. Contudo, nem Platão, com todo o seu brilho intelectual e destreza verbal, consegue esconder por inteiro o fato de que o ensino do sofista preenchia uma lacuna grave. Em dois de seus diálogos, a pergunta de por que os jovens fracassaram em igualar-se a seus pais famosos é colocada explicitamente em termos de falhas na educação. Na verdade, as realizações filosóficas do próprio Platão são inexplicáveis a menos que se levem em conta as contribuições dos sofistas.

4.46 O que os sofistas ofereciam era na verdade uma educação superior para os filhos dos ricos. Embora não formassem uma única escola, a questão que estava no centro de seus ensinamentos era a *aretḗ*, "virtude" ou "excelência". Os sofistas afirmavam ser capazes de, ao mesmo tempo, saber o que era a *aretḗ* em qualquer campo dado, política, religião ou moralidade individual, e ensinar essa *aretḗ* a seus alunos. Seus adversários ou afirmavam, como Platão, que a *aretḗ* não se podia ensinar ou, como Aristófanes em concordância com Platão, que suas versões da *aretḗ* eram imorais e erradas. Parecia-lhes, como a muitos outros atenienses comuns, que a visão tradicional da moralidade – segundo a qual padrões universais de comportamento eram sancionados pelos deuses – era ameaçada pela capacidade que os sofistas tinham de apresentar argumentos aparentemente convincentes para os dois lados de qualquer questão moral.

4.47 Quase todos os sofistas que ensinavam em Atenas eram estrangeiros, homens como Protágoras de Abdera ou Hípias de Élis (sofista de prodigiosa memória e erudição). Essa é uma das razões pelas quais Aristófanes, na sua *As nuvens*, preferiu atacar Sócrates como representante de todos os sofistas, por tratar-se de um cidadão ateniense e, portanto, poder ser identificado como uma ameaça mais imediata por uma audiência ateniense. Platão negou veementemente que seu venerado mestre fosse sofista, em parte baseado no argumento técnico de que ele não aceitava pagamento de seus alunos. Na *Apologia* porém (que alega ser o discurso que Sócrates fez em sua própria defesa ao ser julgado em 399), Platão faz Sócrates dizer que a peça de Aristófanes influenciara muitos atenienses. As acusações contra ele era ter corrompido os jovens e não ser ortodoxo em religião, mas a primeira acusação era claramente a mais importante. Sócrates tivera entre seus alunos o oportunista Alcibíades e Crítias, um traidor declarado (cf. 2.37 e I.H.57-8).

A condenação de Sócrates não significou o fim da educação superior em Atenas. Longe disso. A certa altura da década de 390, Isócrates abriu a primeira "universidade" em Atenas, essencialmente uma escola de retórica avançada, e seu exemplo foi logo seguido por Platão com sua Academia, de base mais filosófica. Contudo, esses institutos de ensino superior já não ocupavam o centro do cenário político ateniense do mesmo modo que os sofistas haviam feito, muitas vezes, na segunda metade do século V.

4.48 Contudo, mesmo que essas instituições não fossem tão centrais para a vida política de Atenas quanto os pensadores individuais haviam sido no século V, nem por isso deixavam de envolver-se em violentos debates entre si mesmas. Isócrates atacou os sofistas, por seus trocadilhos verbais, Platão, por ter "cabeça nas nuvens" em relação à filosofia, dedicando sua própria escola ao princípio da utilidade na educação. O debate continua até hoje. No trecho seguinte (*c.* 370), Isócrates ataca os filósofos por suas especulações inúteis:

> Há quem tenha muito orgulho da capacidade de formular uma proposição absurda e paradoxal e depois fazer dela uma defesa razoável. Há homens que passam suas vidas dizendo que é impossível fazer ou negar uma declaração falsa ou argumentar dos dois lados de uma mesma questão; há outros que sustentam que a coragem, a sabedoria e a justiça são a mesma coisa, que não nascemos com nenhuma delas, mas que são todas objeto de um único tipo de conhecimento; e há outros ainda que perdem tempo em disputas que são totalmente inúteis e podem perturbar seus alunos... Deveriam desistir desse pedantismo da minúcia que pretende encontrar, no argumento verbal, a prova de absurdos que, na prática, já foram há muito refutados e voltar-se para o mundo real, dando a seus alunos instrução na prática dos negócios públicos e alguma perícia para isso. Deveriam lembrar-se de que é muito melhor ser capaz de formar um juízo razoável sobre assuntos práticos do que ter qualquer quantidade de conhecimento preciso, mas inútil, e que é melhor ter uma pequena superioridade em questões de importância do que ser excelente em conhecimentos detalhados mas sem nenhuma conseqüência.
>
> A verdade é que eles não ligam para coisa alguma, a não ser para tirar dinheiro dos jovens. É isso que a sua pretensa filosofia, com sua preocupação com a dispu-

ta pela disputa, pode fazer. Pois os jovens, que pouco pensam em negócios públicos ou particulares, têm um prazer especial na discussão totalmente sem objetivo. Podemos muito bem perdoá-los por isso, pois sempre tiveram inclinação para os extremos e foram atraídos pelas novidades surpreendentes. (Isócrates, *Helena*, 1 ss.)

(4) Trabalho e escravidão

4.49 Se fôssemos julgar as atitudes atenienses para com o trabalho por aquelas que nos são apresentadas nas fontes literárias sobreviventes, concluiríamos que os valores agrários tradicionais continuavam vigentes e sem contestação nos séculos V e IV. Riqueza quer dizer riqueza agrícola derivada da terra, que garante estabilidade e status social. O trabalho significa a lavoura do cavalheiro ou a labuta do camponês. O comércio e os ofícios manuais são desprezados e considerados próprios apenas para escravos, estrangeiros ou proletários urbanos (cf. 1.10).

Aqui, mais que em qualquer outra parte, o ponto de vista da classe privilegiada das nossas fontes pode levar a erros sérios. Estas são atitudes antigas da classe superior que podem ser encontradas já em Homero e Hesíodo. Mas foram reforçadas quando o poder político passou da elite proprietária de terras para o *dêmos* (no sentido da massa de atenienses pobres) e quando a escravidão se tornou ainda mais predominante na agricultura e na manufatura. É pouco provável que esses valores fossem compartilhados pelos atenienses e não-atenienses que ganhavam a vida com os ofícios manuais, o pequeno comércio varejista e grande número de outras ocupações necessárias para a sociedade relativamente grande e complexa de Atenas.

(i) Lavoura

4.50 Tucídides registra que, ao irromper a Guerra do Peloponeso, a maioria dos atenienses era ainda do campo por nascimento e criação e tinha suas casas nos distritos rurais da Ática. Os longos anos que se seguiram assistiram a um deslocamento demográfico do campo para a cidade quando os espartanos devastavam as lavouras atenienses, em especial de-

4:15 Lavra com o arado e semeadura. Início do séc. VI.

pois da ocupação permanente de Deceléia, ao norte de Atenas, em 413. As peças de Aristófanes atestam com freqüência a sensação de perda do camponês ateniense. Como foi assinalado em 1.21, para ele sua residência rural era sua *pólis*.

4.51 Apesar disso, a economia ateniense continuou sendo inabalavelmente agrícola em sua base e o padrão da propriedade agrária amplamente dispersa não parece ter sido alterado de maneira significativa em todo o período. O ideal do agricultor auto-suficiente manteve-se intacto. Essa é uma das razões mais importantes pelas quais Atenas, em grande medida, ficou livre (tal como foi observado em 3.14) da *stásis*, conflito civil, que passou a afligir cada vez mais a maioria dos demais estados gregos a partir do final do século V. Pelos padrões do Império Romano subseqüente, até as grandes propriedades eram comparativamente pequenas. Os grandes de Atenas tendiam a possuir propriedades em várias áreas diferentes da Ática ao invés de acrescentar um campo a outro em seu *dêmos* hereditário. Para gerir suas propriedades, empregavam capatazes escravos à maneira recomendada por Iscômaco, personagem de Xenofonte, o cavalheiro agricultor ideal. Os capatazes supervisionavam uma força de trabalho de escravos, mas estes não eram organizados em grupos de prisioneiros como no sul dos Estados Unidos, pois o que se cultivava na Ática – sobretudo trigo e cevada, uvas e olivas – não exigia para produção eficaz força de trabalho grande e concentrada (ver 1.9 ss.).

4.52 Os pequenos proprietários produziam menos para o mercado que para o consumo de seu próprio *oîkos*. Não podiam pagar por tantos escravos quanto seus concidadãos ricos, mas seria um engano supor que até os atenienses relativamente pobres não tentassem ter pelo menos um escravo para o trabalho agrícola. A lavoura mediterrânea, não irrigada, é cíclica, com rápidos momentos de intensa atividade na época de arar, semear e colher, entremeados por longos períodos de relativa inatividade (cf. 1.11). Para o pequeno proprietário, portanto, seria antieconômico ter vários escravos que precisassem ser alojados, alimentados e vestidos mesmo quando não fossem economicamente produtivos. Mas a essa lei de ferro da economia deve-se opor o fato de que mesmo um único escravo agrícola podia proporcionar ao seu dono, ocasionalmente, o tempo livre sem o qual a atividade política seria fisicamente impossível. A participação do maior número possível de cidadãos era essencial para a democracia ateniense. Nesse sentido, a democracia baseava-se no trabalho escravo.

(ii) Indústria

4.53 Em muitas das oligarquias gregas, se não na maioria, em que os direitos políticos dependiam da riqueza, a propriedade de terras era uma exigência para a cidadania plena. Na democracia ateniense, os laços entre a posse de terras, a cidadania e a propriedade herdada não eram tão estreitos e, em 403, uma proposta que pretendia ligá-las foi apresentada, mas rejeitada. Mesmo homens sem terra cuja renda vinha inteiramente de fontes urbanas podiam aceder aos mais altos cargos da cidade. Foi isso que se quis dizer no início deste capítulo, quando foi assinalado que os quatro grupos censitários de Sólon baseados na renda agrícola haviam perdido parte de seu significado político (4.7). Mas a proporção desses homens sem propriedade era pequena.

O reacionário Platão viu nessa separação entre posse de terras e cidadania um dos males do governo democrático e discorreu sobre os sapateiros e outros trabalhadores rudes cujos votos, na opinião dele, controlavam as decisões da *ekklēsía* e dos tribunais. Não há dúvida de que a porcentagem de cidadãos que eram artesãos era mais alta em Atenas, mas, ao contrário de Platão, nós temos de manter o senso de proporção.

4.54 A própria palavra "manufatura" pode levar a engano se sugerir idéia de empresas industriais de grande porte produzindo bens para distribuição em massa e consumo em larga escala. Ao considerarmos os ofícios em Atenas, devemos esquecer a Revolução Industrial e ver-nos de volta a um sistema relativamente primitivo de indústrias domésticas que empregam poucos trabalhadores e funcionam em um nível quase inacreditavelmente baixo de tecnologia, e até a palavra "sistema" pode não ser apropriada. Um único exemplo talvez baste para mostrar a escala em que operava a produção artesanal ateniense. Durante todo o século V, quando as cerâmicas atenienses forneciam quase toda a louça de luxo para todo o mundo grego, estima-se com segurança que não havia mais de quinhentos ceramistas e pintores em atividade.

A indústria ateniense, em outras palavras, era feita em pequenas oficinas. Os dois maiores estabelecimentos de que temos notícia, que estão entre

4:16 Fazendo sapatos sob medida. Final do séc. VI.

os maiores conhecidos em toda a Antiguidade, empregavam respectivamente cerca de 120 e cerca de cinqüenta trabalhadores (escravos). O artesão ateniense típico, porém, trabalhava sozinho ou com uns poucos ajudantes escravos (nenhum homem livre trabalharia para outro por um salário a menos que fosse obrigado pela pobreza – cf. 3.18). Deve ter havido centenas de artesãos, se não milhares, para satisfazer as necessidades de uma cidade do tamanho de Atenas, que exibia, entre outras coisas, complexas obras-primas arquitetônicas como o Partenon e tinha uma procura regular por navios de guerra de construção elaborada. No entanto, esses e outros artefatos eram produzidos por uma multidão de especialistas individuais e não por grandes firmas com máquinas à sua disposição (ver 7.64 ss.).

(iii) Comércio

4.55 Grande parte da discussão moderna tem-se concentrado na quantidade de comércio realizado em Atenas e, através dela, na maneira como era organizado e na ligação entre o comércio e a política. Também aqui, tal como no caso dos ofícios, o mais sensato é esquecer noções modernas tais como ciclos comerciais, déficits da balança de pagamentos e companhias multinacionais de navegação. O comércio ateniense – ou seja, o comércio que se dava dentro e através do território ateniense e que de modo algum estava exclusivamente nas mãos dos cidadãos atenienses – do ponto de vista econômico era um negócio relativamente pequeno quando comparado à agricultura, gerido de um modo que nos pareceria não só simples, mas também ingênuo (cf. 1.11-13). A cidade ateniense, ao contrário do estado moderno, tinha pouco interesse direto pelo aumento das exportações e com certeza não tinha a mesma preocupação com isso que os estados modernos. A grande exceção à regra da indiferença estatal, o comércio de grãos, será abordada no próximo capítulo, precisamente por tratar-se mais de uma questão de política que de economia (5.74 ss.).

4.56 O Pireu é um entreposto ou centro de comércio natural para o Egeu e, no século V, tornou-se o centro do comércio de todo o mundo mediterrâneo oriental (cf. 1.23, 32). Contudo, no início do século, Atenas não tinha um porto comercial propriamente dito e seu ancoradouro naval era a baía de Falero. Já em meados do século V, o Pireu tornara-se praticamente uma cidade separada, com ruas retas traçadas segundo o plano de Hipodamo de Mileto, ligada a Atenas pelos Grandes Muros e provida de ancoradouros comerciais e militares e equipamentos portuários adequados.

O Pireu controlava uma notável variedade de artigos. Mas nem todos eles chegavam a Atenas simplesmente através dos canais comerciais particulares. O anônimo panfletista ateniense (que com certeza não era Xeno-

4:17 Picando atum. C. 470.

fonte) que escreveu no início da Guerra do Peloponeso enfatiza corretamente o papel desempenhado na troca de bens e matérias-primas pelo poderio marítimo ateniense:

> Como pode uma cidade rica em madeira para barcos dispor de seus bens sem a concordância dos donos do mar? Se é rica em ferro, cobre ou linho, como pode dispor de seus bens sem que os donos do mar consintam? Mas é disso que preciso para os barcos – madeira de uma, ferro de outra e cobre, linho e cera de outras... Mesmo sem fazer nada, tenho todos esses produtos da terra por causa do mar, enquanto nenhuma outra cidade tem dois deles. ([Xenofonte], *Constituição de Atenas*, 2.11-12)

Uma passagem do poeta cômico Hermipo concentra-se mais nos luxos que nas importações necessárias:

> De Cirene galhos de sílfion e couros de boi,
> Do Helesponto cavala e peixes salgados de todo tipo,
> Da Tessália pudins e costelas de boi...
> Dos siracusanos porcos e queijo...
> Tais cidades, tais produtos. Do Egito cordame
> Para velas e papiro, da Síria incenso,
> Da gloriosa Creta cipreste para os deuses,
> Da África marfim em quantidade, mas a que preço!
> De Rodes uvas e figos secos que trazem sonhos doces,
> De Eubéia peras e maçãs bem macias,
> Da Frígia escravos,...
> De Págasas criados marcados a ferro,
> Dos paflagônios as nozes do próprio Zeus e lustrosas
> Amêndoas, adornos de um jantar,

Da Fenícia o fruto da palma e boa farinha,
De Cartago tapetes e almofadas de cores brilhantes.
(Citado em) *Ateneu*, 1.27-8

4.57 Dois pontos se destacam nesses textos: a dependência ateniense de importações para coisas básicas como madeira para barcos (cf. 6.4, 36) e a afirmação de que a importação seja feita por mar. Ambos foram constantes da história ateniense. Em meados do século IV, quando o poderio marítimo ateniense estava em baixa, Xenofonte, em um panfleto intitulado *Recursos financeiros* (*Póroi*), avançou uma série de propostas notáveis pelas quais, segundo argumentava, Atenas se tornaria muito mais atraente para os mercadores estrangeiros, que então seriam estimulados a estabelecerem-se como *métoikoi*. Desse modo, Atenas teria a garantia de um suprimento regular de importações necessárias. As propostas não foram adotadas, em parte porque algumas delas teriam tornado pouco nítidas as diferenças de condição entre os cidadãos e os *métoikoi*. Mas os atenienses tomaram outras providências para facilitar o comércio e garantir que o estado recebesse a sua parte dos lucros. (O que não fizeram, significativamente, foi dar algum auxílio às principais exportações atenienses de azeite, vinho e prata ou dar preferência aos mercadores atenienses sobre os estrangeiros.)

4.58 Nomearam comissários de mercado (*pōlētaí*) para regulamentar as transações no Pireu e na *agorá*. Leiloaram o direito de recolher a taxa de 2% sobre o valor dos bens que entravam ou saíam do Pireu. Sabemos, por acaso, que essa taxa em um ano rendeu 36 talentos (ver 5.68-9). Em casos de disputa envolvendo mercadores, tribunais especiais eram nomeados e instituiu-se um novo tipo de julgamento que tinha de ser concluído em um mês, para que os mercadores pudessem viajar o mais rapidamente possível e não tivessem de pagar a taxa compulsória de imigração (4.67). Um tipo de processo penal que aparece nos discursos que chegaram até nós envolvia uma inovação ateniense concebida para estimular o comércio de artigos de alto valor a longa distância. A inovação é conhecida como empréstimo naval e merece que gastemos algum tempo com ela.

4.59 Apesar de todo o seu significado econômico e estratégico para Atenas, grande parte do comércio estava nas mãos de não-atenienses – imigrantes, estrangeiros e escravos. Mas cidadãos atenienses poderiam possuir um cargueiro ou financiar o comércio. Um dos meios para financiá-lo era através do empréstimo que tinha como garantia a carga de um navio. Esse tipo de empréstimo era feito a taxas altíssimas de juros (até 120%!), para permitir que um mercador adquirisse uma carga. Raramente chegavam a mais de dois mil dracmas e seu prazo era apenas a duração da viagem. Se a carga chegasse em segurança ao seu destino e fosse vendida, o empréstimo

186 *O mundo de Atenas*

devia ser pago com os juros, mas, se por qualquer razão a encomenda deixasse de chegar (para os riscos da navegação no Mediterrâneo e no mar Negro, ver 1.4-5, 1.15), quem tinha tomado emprestado não devia mais nada. Esse tipo de empréstimo, atestado pela primeira vez em 421, continha assim um elemento de seguro. Vemos aqui como nasceu o Lloyd's de Londres... Não temos nenhuma noção da extensão do uso desse método para financiar o comércio, mas sabemos, através de discursos legais, que estava aberto ao abuso de vigaristas determinados que podiam afundar o navio e com isso ter esperanças de escapar ao pagamento do empréstimo. No trecho seguinte, dois escroques são apanhados no ato (cf. 5.74-7):

O acordo, como era comum nesses casos, era que o dinheiro seria devolvido assim que o navio chegasse em segurança. Para fraudar seus credores, porém, eles fizeram planos para afundá-lo. De acordo com ele, Hegéstrato, dois ou três dias depois de iniciada a viagem, desceu ao porão durante a noite para cortar o casco do navio. Enquanto isso, Zenótenis, aqui presente, ficou no convés com os demais passageiros. Mas as outras pessoas a bordo ouviram o barulho que Hegéstrato estava fazendo e correram para baixo para evitar os estragos que estavam sendo feitos ao casco. Hegéstrato foi preso em flagrante e, antecipando o castigo, fugiu e, quando os outros foram atrás dele, saltou fora da amurada e, como estava escuro, não conseguiu encontrar o bote do navio e afogou-se. Era um homem mau que acabou mal, sofrendo como era de se esperar a sina que planejara infligir aos outros. Seu companheiro de conspiração e cúmplice, que aqui está, no início fingiu não saber nada do crime planejado e estar tão alarmado quanto os outros. Tentou convencer o timoneiro e a tripulação a embarcarem no bote do navio e abandoná-lo sem demora, afirmando não haver esperanças de que ele continuasse flutuando e que afundaria imediatamente. Desse modo, o objetivo deles seria alcançado, o navio estaria perdido e os credores fraudados. Mas não teve êxito, porque o nosso agente a bordo opôs-se a ele e prometeu uma grande recompensa aos tripulantes se o navio fosse

4:18 Moedas gregas de prata do séc. V: tetradracma, dracma, trióbolo, triemióbolo, óbolo (1/6 de uma dracma), hemióbolo.

salvo. Pela graça do deus e a coragem dos tripulantes o navio salvou-se e atracou com segurança em Cefalênia. (Demóstenes (*Contra Zenótenis*), 32.5)

4.60 Uma característica marcante deste e de outros discursos relativos ao comércio ateniense é a alta proporção dos mercadores de longa distância (*émporoi*) que não são nem cidadãos atenienses, nem mesmo estrangeiros residentes, mas forasteiros; os comerciantes varejistas (*kápēloi*) locais, ao contrário, são atenienses ou *métoikoi*. Os discursos não podem ser vistos como amostra representativa, mas apóiam a forte impressão, dada por nossas fontes como um todo, de que o comércio ultramarino não era uma coisa a que o cidadão ateniense se dedicava normalmente e que, apesar de poder render ocasionalmente belos lucros, não conferia prestígio aos que o exerciam. Do mesmo modo, a atividade bancária que, de qualquer modo, não tinha nada de parecido com a nossa, mas consistia simplesmente em empréstimos de dinheiro e câmbio de moedas das diferentes cidades gregas, costumava ser praticada por escravos.

4.61 Finalmente, a cunhagem. De certo modo, leva a resultados enganosos discutir a cunhagem no contexto do comércio, posto que ela não foi inventada para facilitar o comércio e nunca chegou a desempenhar nele o papel que têm hoje as letras de câmbio. Mesmo assim, após a invenção das moedas de bronze de pequeno valor nominal, no final do século V, a cunhagem passou a ocupar um lugar mais importante ao lado do escambo tradicional nas trocas em pequena escala do mercado local e as moedas de prata atenienses, que valiam o que pesavam e eram famosas por sua pureza, sempre podiam ser trocadas fora da Ática como metal precioso. Vejamos mais uma vez Xenofonte em seu panfleto, *Recursos financeiros*:

> Na maioria das cidades, os mercadores devem levar consigo uma carga de retorno, pois a moeda que usam não é válida no estrangeiro; mas em Atenas a maioria dos bens que sejam úteis para alguém pode ser levada como carga de retorno e, caso não se queira fazer isso, pode-se exportar prata, uma excelente mercadoria, pois, sempre que alguém a vende, tem lucro em relação à despesa que teve. (Xenofonte, *Recursos financeiros*, 3.2)

(iv) Escravidão

4.62 Em Atenas, os escravos tinham uma relação íntima, embora longe de ser feliz, com a cunhagem das moedas de prata atenienses. Quase todos os mineiros que, sob condições penosas, extraíam a prata das minas de Láurion (talvez quarenta mil, no auge) eram escravos. Também era mineiro o funcionário da cidade encarregado de testar a pureza das moedas (*do-*

kimastḗs). Os escravos já foram mencionados em vários outros contextos neste capítulo – seu número e seu uso na agricultura, na manufatura e nas operações bancárias. A presente seção tem por fim fazer um breve resumo geral de suas origens, status, funções e tratamento na sociedade ateniense.

Como instituição, a escravidão muito raramente foi questionada no mundo antigo (cf. 3.25). Caracteristicamente, porém, uma dessas raras ocasiões ocorreu durante o auge do movimento sofístico, quando alguns espíritos ilustrados sustentaram que a escravidão era contrária à natureza e, por ser baseada na força, moralmente errada. Eram, porém, vozes que soavam no deserto e nem mesmo os escritores de utopias conseguiam imaginar um mundo sem trabalho escravo. Aristóteles gasta os primeiros capítulos de sua *Política* tentando, sem muito êxito, refutar esses sofistas heterodoxos e provar que a escravidão era natural (cf. 2.53)

4.63 A força era a base do relacionamento entre senhor e escravo, cuja condição sem nenhum direito representava a versão extrema do trabalho forçado (cf. 3.18, 25). Em algumas outras cidades gregas, notadamente em Esparta e na Tessália, havia grandes populações submetidas com direitos restritos, cujo status se caracteriza melhor como o de servos. A principal diferença entre essas populações e os escravos em Atenas é que os servos desfrutavam de algum tipo de vida familiar em terras que haviam outrora pertencido a seus ancestrais. Os escravos, ao contrário, haviam perdido suas raízes, amigos e parentes em suas terras natais e sido transportados à força para um ambiente estranho. O seguinte excerto de um documento que registra a venda compulsória de propriedade pertencente a homens condenados por sacrilégio em 415 ilustra bem a equivalência escravo/forasteiro:

4:19 Uma moça, escrava trácia, carrega água numa jarra que leva sobre a cabeça (cf. 1:11); note-se a tatuagem feita em seus braços e pescoço, sinal de sua origem estrangeira. C. 475-450.

Propriedade de Cefisodoro (*métoikos*), residente no Pireu: escravos – mulher trácia, 165 dracmas; mulher trácia, 135; homem trácio, 170; homem sírio, 240; homem cário, 105; homem ilírio, 161; mulher trácia, 220; homem trácio, 115; homem cítio, 144; homem ilírio, 121; homem colco, 153; rapaz cário, 174; menino cário, 72; homem sírio, 301; homem maltês (?), 151; mulher lídia, 85.

Esse documento, que dá informações detalhadas sobre os preços atenienses, sugere que lá pelo fim do século V, quando o comércio de escravos já estava firmemente estabelecido por dois séculos, os escravos eram relativamente baratos no mercado ateniense. (Uma dracma era então o salário diário de um trabalhador especializado.) Isso ajuda a explicar a disseminação da posse de escravos na sociedade ateniense. A maioria dos escravos vinha do norte e do leste – da Trácia, da região do Danúbio, da Ásia Menor. A guerra era a fonte mais importante: os cativos eram vendidos por seus captores a traficantes de escravos e colocados no mercado do Egeu (6.2). Mas alguns trácios, segundo Heródoto, chegavam a vender seus próprios filhos como escravos para livrá-los da miséria. Outros escravos eram vítimas da pirataria, embora esta tenha sido bastante reduzida sob o império ateniense. Alguns escravos de Atenas eram nascidos lá mesmo, mas eram exceções raríssimas.

4.64 Como princípio geral, um escravo era por definição um homem ou uma mulher sem nenhum direito dado pela lei. Eram bens móveis, mera propriedade, de que seus donos podiam dispor como quisessem (cf. 4.14). Os escravos, portanto, estavam no fundo da escala social ou perto dele. Mesmo assim, havia diferenças de condição na ampla categoria dos escravos. Em primeiro lugar, havia a diferença entre os escravos públicos, como o *dokimastés* e o *hupērétēs*, e os particulares, como os mineiros de Laurion. O primeiro grupo, dentre os quais os mais famosos formavam a força policial de arqueiros cítios da cidade, era visto como uma elite. Também eram relativamente privilegiados os artesãos especializados que ou eram alugados por seus donos ou até instalados por eles em oficinas independentes em troca de uma porcentagem dos ganhos. Esses homens mais capacitados podiam ter esperanças de um dia comprar a própria liberdade, embora, no geral, a manumissão não pareça ter sido nem de perto uma perspectiva tão plausível em Atenas quanto viria a ser para os escravos romanos. É provável que os escravos domésticos tivessem uma vida melhor que os da lavoura e podiam em alguns casos estabelecer uma espécie de relacionamento pessoal com seu senhor ou senhora. Podia-se pedir a um escravo homem adulto que cuidasse das crianças, ou podia-se usá-lo para tomar conta de um homem idoso (por exemplo, o cego Tirésias, na tragédia grega, era tradicionalmente acompanhado por um escravo adulto).

Dentre todos, os que tinham a pior situação eram os escravos das minas, para os quais a morte decorrente das assustadoras condições de trabalho talvez fosse vista como uma abençoada libertação (cf. I.H.15; 5.70).

4.65 Não havia ocupações específicas dos escravos, além da de policial e talvez também as de mineiro e banqueiro. Nas demais, atenienses e escravos podiam realizar exatamente as mesmas tarefas, muitas vezes lado a lado, como cuidando dos vinhedos da Ática rural ou esculpindo as colunas do Erécteion na Acrópole. Isso explica por que os atenienses, como outros gregos, não costumavam julgar uma tarefa pela natureza do trabalho. O que lhes interessava era saber se a pessoa estava trabalhando para si mesma ou a serviço de outrem (cf. 3.18). A marca do homem verdadeiramente livre, segundo Aristóteles, era não viver por conta de outra pessoa. A palavra para o escravo doméstico, que era também usada para designar os escravos em geral (*oikétēs*), podia ser aplicada também a um criado doméstico livre.

4.66 A escravidão, repetindo, era básica para a democracia ateniense, por proporcionar até aos atenienses comuns o tempo livre para tomar parte do processo político. Seu significado estritamente econômico é mais difícil de avaliar, na ausência do tipo de dados estatísticos que um economista moderno tem como válidos. Se as nossas aproximações para a população de Atenas estiverem na ordem de magnitude correta, os escravos devem ter formado de um quarto a um terço do total (4.11). A maior parte da produção ateniense, em outras palavras, terá sido devida ao trabalho livre e não ao servil. Foi sugerido que o nível da produção e da produtividade poderia ter sido mais alto se os atenienses se tivessem apoiado menos no trabalho escravo, mas não está claro que a escravidão tenha sido a única causa, ou mesmo a principal, da estagnação da tecnologia grega. Não é irrelevante que os maiores avanços tecnológicos não fossem aplicados à indústria dos tempos de paz, mas na guerra, que os gregos consideravam como um importante meio de produção. Para nós (e para um pequeno número de gregos antigos), a escravidão é um grande mal. Em última análise, porém, foi o crescimento da escravidão que permitiu o avanço da liberdade dos cidadãos e da democracia de Atenas, dois aspectos centrais "da glória que foi a Grécia" (4.52).

(v) Os métoikoi e os xénoi (estrangeiros)

4.67 As leis atenienses de cidadania, como já vimos, eram muito rigorosas. Qualquer não-ateniense, fosse grego ou bárbaro (não-grego), era legalmente um estrangeiro e só podia residir na cidade de Atenas sob condições especiais. Após um mês de residência, o estrangeiro era obrigado a registrar-se como *métoikos* e pagar a taxa de uma dracma por mês (*metoí-*

kion). Ele ou ela tinha de ter um patrono (*prostátēs*) ateniense e, embora os *métoikoi* tivessem acesso aos tribunais, fossem admitidos nos teatros e festivais e pudessem ganhar a vida muito bem, nunca havia nenhuma dúvida quanto à inferioridade da condição do imigrante como tal. Acima de tudo, os *métoikoi*, com raras exceções, eram considerados incapazes de possuir bens imóveis na Ática.

4.68 A maioria dos *métoikoi* atenienses era, com toda probabilidade, constituída por pessoas humildes que, por uma ou outra razão, achavam mais fácil viver nos espaços mais amplos de uma cidade grande e cosmopolita como Atenas que em sua terra natal (cf. 4.9). Em 401-400, os atenienses votaram pela concessão de recompensas aos *métoikoi* que haviam ajudado a derrubar, dois anos antes, a odiosa junta dos Trinta Tiranos, apoiados por Esparta (cf. I.H.57-8). Abaixo vê-se a lista, no documento oficial, de alguns dos homenageados, alguns dos quais são com toda probabilidade *métoikoi*, juntamente com suas ocupações muitas vezes humildes:

Queredemo, lavrador; Leptines, cozinheiro; Demétrio, carpinteiro; Euforião, muleteiro; Cefisodoro, construtor; Hegésias, jardineiro; Epaminon, tropeiro; [...]opos, mercador de azeite; Glauquias (?), lavrador; [...], vendedor de nozes; Dionísio (?), lavrador; Bendífanes, fabricante de banhos (?); Emporion, lavrador; Pédico, padeiro; Sósias, pisoeiro; Psâmis, lavrador; ... Eucólion, criado assalariado; Cálias, fabricante de estatuetas. (Austin/Vidal-Naquet, nº 70)

4.69 Contudo, de longe, o mais famoso libertador meteco estava na ponta oposta do espectro social, convivendo em termos de igualdade com a aristocracia ateniense. Trata-se de Lísias, o notável escritor de discursos que, juntamente com o irmão (assassinado pelos Trinta Tiranos), possuía a fábrica de escudos com cerca de 120 trabalhadores escravos mencionada acima (4.54). Seu pai era de Siracusa e dizia-se que fora convidado por ninguém menos que Péricles, seu amigo, para fixar residência em Atenas. No início da *República*, Platão retrata essa família distinta e com certeza excepcional de *métoikoi* em casa, no Pireu (ver 1.24). É evidente que eles se acomodaram sem problemas na sociedade ateniense. Homens como estes estavam fadados a realizar dispendiosos serviços públicos (as *leitourgíai* discutidas em 5.71) ou, se fossem menos abastados, a servir como hoplitas no exército ateniense (6.17).

4.70 Outra categoria de *métoikoi* merece ser mencionada à parte, a dos ex-escravos. Quando um escravo ateniense era libertado, não se tornava um cidadão, como em Roma, mas um *métoikos*. É provável que houvesse relativamente poucos *métoikoi* ex-escravos na grande população de metecos, mas um deles – a exceção que confirma muitas regras – não pode ser omitido de nenhum estudo da sociedade ateniense. Pásion, que morreu por volta de 370, começou sua carreira em Atenas como banqueiro escravo. Pelo testamento de seu senhor, ele não só foi alforriado, mas também adquiriu o banco – e a viúva de seu senhor também. Depois disso, como *métoikos*, ele ficou extraordinariamente rico, dono não só do banco, mas também de uma fábrica de escudos cujos trabalhadores eram, sem dúvida, escravos. Diplomaticamente, desembolsava grandes partes de sua riqueza para benefício do povo ateniense – tão grandes que, em troca, foi recompensado com a concessão pública da cidadania ateniense. Ao morrer, legou ao filho propriedades fundiárias no valor de vinte talentos espalhadas em três *dêmoi*. Portanto, ele parece ser o que mais se aproxima da noção de "sonho americano" do empreendedor que vai da miséria à fortuna e à estima do povo e sua carreira, aparentemente, contradiz as tradicionais concepções atenienses de fronteiras rígidas entre as categorias sociais. (Seu filho Apolodoro, o orador de *Contra Neera*, apresenta-se como mais ateniense que os atenienses em sua visão moral e política.) Contudo, o mais importante aqui é que Pásion era excepcional, quase único de fato. A maioria dos escravos e a maioria dos *métoikoi* não tinham nenhuma perspectiva de tal promoção social.

4.71 Os estrangeiros em Atenas (*xénoi*, singular *xénos*) eram, por definição, residentes temporários: estadistas ou embaixadores em viagem oficial, aristocratas visitando seus amigos-hóspedes, participantes e espectadores dos Jogos Panatenaicos, mercadores de passagem e assim por diante. Pode-se dizer com segurança que Atenas recebia melhor os *xénoi*, gregos e não-gregos, que qualquer outra cidade e que também os recebia positivamente. Neste aspecto, como em muitos outros, Atenas está no pólo oposto a Esparta, que realizava periodicamente expulsões de *xénoi* (*xenēlasíai*) (p. 57, seção 39).

Um dos exemplos mais interessantes da tolerância ateniense para com os *xénoi* pode ser visto em um decreto de estado de 333, parte do qual diz o seguinte:

> Posto que nos pareceu que os mercadores de Cítion [em Chipre] estão fazendo uma solicitação legítima ao pedirem ao povo [o direito] de adquirir terras onde propõem construir um templo a Afrodite, o povo resolve conceder aos mercadores de Cítion [o direito] de adquirir terras onde poderão construir seu templo a Afrodite, do mesmo modo que os egípcios ergueram o seu templo a Ísis. (LACTOR nº 9, inscrição nº 16)

O estabelecimento de cultos estrangeiros e, no caso de Ísis, não-gregos em solo ateniense mostra a que ponto a sociedade ateniense se tornara variada e relativamente aberta (2.12).

A sociedade ateniense 193

(vi) Os médicos gregos (cf. 7.10, 32)

4.72 Os médicos gregos são um bom exemplo de uma categoria de pessoas que viajava extensamente por toda a Grécia. Eram artesãos e viajavam de cidade a cidade, servindo os distritos rurais ao longo do caminho, ou se instalavam nas grandes cidades. O autor de uma obra atribuída a Hipócrates recomenda que o bom médico preste muita atenção ao ambiente de qualquer lugar novo que esteja visitando:

> Quando um médico se muda para uma cidade com a qual não está familiarizado, deve considerar sua situação, os ventos predominantes e sua orientação. Pois uma orientação, norte, sul, leste ou oeste, tem seus efeitos particulares próprios. Deve ter esses efeitos cuidadosamente em mente, bem como o suprimento de água, que pode ser extraída de solos pantanosos, pode ser suave ou dura e extraída de terreno alto e pedregoso, ou ainda salobra e azeda. O solo pode ser infecundo e sem água ou coberto de bosques e com boa aguada, profundo e úmido ou seco e frio. Os habitantes terão estilos de vida diferentes; podem beber muito, comer ao meio-dia e ficar inativos, ou fazer muito exercício, ter um bom apetite e beber pouco.
> ([Hipócrates] *Ares, águas e lugares*)

4.73 Para os médicos que se instalavam, o consultório era um ponto de encontro onde métodos rivais de tratamento podiam ser discutidos. Os padrões de prática variavam muito. Alguns deles parecem ter mantido padrões altíssimos, tanto na prática como na ética, e foram escritos tratados sobre como o bom médico devia comportar-se em todos os momentos, como se pode ver no seguinte excerto:

> O médico deve ter uma certa flexibilidade; a inflexibilidade repele tanto os doentes quanto os sadios. Deve estar muito atento à sua atuação e não perder o controle dela, não deve tagarelar com leigos, falar não mais que o necessário; falar demais é expor seu tratamento à crítica.

4:20 Um médico cuida de um paciente enquanto outros esperam. *C.* 470.

> Presta atenção na má conduta de teus pacientes. Muitas vezes eles mentem dizendo ter tomado o remédio que receitaste. Não tomam o remédio de que não gostam, sejam laxantes ou tônicos, e às vezes em conseqüência disso morrem. Nunca confessam o que fizeram e o médico carrega a culpa.
> Encaminha o tratamento de maneira calma e ordenada, ocultando muitas coisas ao paciente, enquanto dele cuidas. Se deves dar-lhe ordens, faze-o com bom humor e calma, fazendo-te surdo a qualquer comentário. Repreende teu paciente, às vezes, cortante e enfaticamente, outras vezes encoraja-o com interesse e atenção cuidadosa. Nada, porém, reveles sobre sua situação presente ou futura. Declarações sobre isso freqüentemente causam recaída...
> Quando tiveres terminado esses arranjos e os preparativos necessários para o que deve ser feito, decide antes de entrares no aposento do doente qual é o tratamento necessário. Pois com freqüência o que se precisa não é um diagnóstico racional, mas ajuda prática. Assim deves prever o desfecho com base nas tuas experiências passadas; isso dá uma boa impressão e é bastante fácil. Ao entrares, cuida de como te sentas e mantém-te reservado. Cuida de como te vestes, sê firme no que dizes, mas sê também breve, procura dar tranqüilidade e simpatia, mostra preocupação e responde às objeções, enfrenta as dificuldades com calma segurança, proíbe todo barulho ou perturbação, e prepara-te para fazer o que deve ser feito.
> ([Hipócrates], *Decoro*, 7-13, excertos)

Ao mesmo tempo, havia também os vendedores de drogas, os herboristas, usuários de mágicas e um bom número de charlatães. Sabemos pelo orador Antifonte que, num caso, pelo menos, a morte foi devida à incompetência do médico e [Hipócrates] comenta que, embora os bons médicos fossem uma minoria, também o eram, felizmente, as doenças graves.

4.74 Aconselhava-se ao bom médico que arrumasse o consultório, que devia ser aberto à rua, de maneira a obter a melhor luz para examinar e operar sem expor o paciente à luz solar direta e que garantisse um suprimento de água pura e ataduras limpas. Uma pintura mostra duas cenas de um consultório médico, os pacientes à espera e o médico tratando alguém (4.20)

Os médicos também saíam para tratar de pacientes em outros lugares, como aconteceu no incidente seguinte, em que Áriston foi espancado por um bando de rufiões:

> Aconteceu então, senhores do júri, que Euxíteo de Colidas, um parente meu que está aqui no tribunal, e Mídias, ambos a caminho de casa após um banquete, alcançaram-me quando eu estava quase em casa, seguiram-me quando fui carregado para os banhos e estavam presentes quando o médico chegou. Eu estava tão fraco que eles resolveram, para não terem de me carregar por toda a longa distância dos banhos até minha casa, que seria melhor levar-me para passar a noite na casa de Mídias. E assim fizeram.

O resultado imediato dos golpes e maus-tratos a que eu fora submetido foi ter ficado reduzido à condição que vos descrevi e sobre a qual depuseram todas as testemunhas oculares cujas provas ouvistes. Posteriormente, embora meu médico houvesse dito que as inchações no meu rosto e os ferimentos não lhe causavam nenhuma grande preocupação, sofri febre contínua e graves dores corporais, particularmente nas costelas e no abdômen, e fiquei incapacitado de ingerir alimentos. E, com efeito, meu médico disse-me que, se eu não tivesse tido uma hemorragia espontânea quando a dor estava pior e os que cuidavam de mim desesperados, teria morrido de supuração interna. Foi a hemorragia que me salvou. (Demóstenes (*Contra Cônon*), 54.9-10)

4.75 Para essas visitas, aconselhava-se ao médico que tivesse preparada uma caixa portátil de remédios com drogas e instrumentos para uso imediato. Os médicos adquiriam experiência no trato com ferimentos servindo em expedições militares e os exercícios na *palaístra* ("campo de lutas") proporcionavam uma grande experiência com o ajuste de ossos quebrados e o tratamento de distensões e juntas deslocadas.

4.76 Os honorários eram objeto de negociação, mas preferivelmente não antes que o paciente houvesse começado a melhorar. Nas grandes cidades, médicos públicos eram às vezes empregados para prover tratamento gratuito aos pobres. Um posto como esse marcava o auge de uma carreira e era concedido com base na reputação acumulada na prática particular. Sabemos que em Delfos cobrava-se uma taxa de saúde para pagar os honorários do médico público.

4:21 Cura divina sendo realizada por Asclépio, deus da medicina. Séc. IV.

196 *O mundo de Atenas*

(5) A morte, o sepultamento e os ancestrais

4.77 Um candidato a funcionário tinha de dar satisfações à cidade quanto aos túmulos de sua família (ver 4.13). Tanto a cremação como o enterro eram praticados na Atenas dos séculos V e IV, deixando-se a escolha às preferências da família e às circunstâncias externas. Em uma terra tão pouco arborizada como a Ática, a cremação podia ficar cara, mas as vítimas da peste que atingiu Atenas em 430 foram obrigatoriamente cremadas, em pilhas desordenadas, e os espartanos invasores retiraram-se da Ática quando avistaram a fumaça que se erguia das piras funerárias (I.H.36).

O desejo de um funeral decente feito pelas mãos de parentes e na própria terra natal era extremamente forte. A trama de *Antígona*, de Sófocles, em que Antígona é proibida, por um decreto da cidade, de realizar o devido funeral do irmão, deve ter calado fundo na audiência ateniense (2.25). Igualmente poderosa era a preocupação de deixar um bom nome entre os vivos, para continuar vivendo após a morte através das lembranças deixadas. Daí a ênfase tradicional na honra (*timế*) e na glória (*dóxa*) nos discursos fúnebres (*epitáphioi*) pronunciados junto aos túmulos de guerreiros mortos, como o de Péricles, citado na p. 56.

4.78 Péricles começa falando sobre os ancestrais dos atenienses, tanto dos já quase esquecidos e distantes como dos da geração imediatamente precedente, que haviam criado a democracia radical e o império. Faz depois um elogio do modo de vida presente dos atenienses e, em especial, de seus ideais democráticos. Só então ele chega aos que haviam morrido no primeiro ano da Guerra do Peloponeso, quando pronuncia uma metáfora inesquecível (p. 59, seç. 43, ll. 17 ss.). Finalmente, Péricles dirige-se aos parentes dos mortos. Seus pais não devem ficar cabisbaixos, diz ele, mas antes sen-

4:22 Em sua exposição (*próthesis*) uma jovem é velada por um membro de sua família que corta seus longos cabelos e por uma velha escrava que segura carinhosamente a cabeça.

4:23 O profundo afeto do esposo e da esposa é mostrado nessa lápide funerária de Ctesíleos e Teano. C. 410.

tirem-se exaltados pela boa fortuna de terem tido filhos que morreram gloriosamente ao serviço de seu país; seus filhos e irmãos deveriam esforçar-se para igualar as realizações de seus pais e irmãos, embora essa tarefa fosse quase impossível.

4.79 A memória dos mortos era preservada pela realização de ritos anuais junto ao túmulo familiar (cf. 1.31, 4.13). Alguns desses ritos são pungentemente representados nos vasos atenienses, em particular naqueles destinados a guardar o óleo especial usado nessas ocasiões. Se uma família pudesse pagar por isso, uma lápide ou qualquer outro marco funerário podia ser erguido e um adequado epitáfio laudatório podia ser gravado. O próprio túmulo dependia, para a sua elaboração, da riqueza da família. Os funerais dos ricos podiam transformar-se em uma ocasião para gastos ostentatórios e, já na época de Sólon, foram feitas tentativas no sentido de limitar por lei a soma que poderia ser gasta, o número de carpideiras presentes e a extensão da demonstração pública de pesar. O luto formal foi limitado à casa e à reunião junto ao túmulo e a procissão fúnebre tinha de ser realizada antes do nascer do sol (cf. 3.3)

4.80 No dia da morte, o corpo era formalmente preparado (a *próthesis*), em geral na casa dos parentes mais próximos, pelas mulheres das famílias. O corpo era ritualmente banhado, ungido, vestido e enfeitado com grinaldas e colocado em um esquife. Amigos e parentes vinham prestar as últimas homenagens e as mulheres, vestidas de negro e com os cabelos cortados, batiam no peito e cantavam um lamento ritual. Desde a Antiguidade até os dias de hoje, esse lamento sempre foi uma prerrogativa das mulheres na Grécia. Já que se considerava que a morte poluía tanto a casa como os que choravam o morto, um jarro com água fresca era colocado do lado

4:24 Uma mulher e um menino trazem oferendas a uma tumba. *C.* 450-425.

de fora da entrada para avisar aos demais da poluição e permitir que os visitantes se purificassem antes de partir (cf. 2.35).

O funeral ocorria no terceiro dia, antes do nascer do sol. O corpo, envolto em uma mortalha e coberto por um manto, era transportado em procissão (*ekphorá*) ao cemitério. Na cremação, o corpo era queimado em uma pira e as cinzas eram recolhidas em uma urna funerária. O enterro tinha lugar nos cemitérios municipais de Atenas, que ficavam do lado de fora dos muros para evitar a poluição, ou no campo, nas terras da família do falecido. Junto ao túmulo eram feitas oferendas e libações de vinho e azeite. Depois disso vinha o banquete fúnebre.

4.81 É claro que essa descrição só serve para as épocas de normalidade. Mas, no caos provocado pela Grande Peste:

> Os ritos fúnebres que costumeiramente se observavam foram desrespeitados, e eles enterravam seus mortos da melhor maneira possível. Muitos recorriam aos mais vergonhosos métodos de enterro, por falta dos meios necessários e porque tantas mortes já haviam ocorrido na família. Antecipavam-se aos construtores de uma pira, colocavam nela o morto e acendiam-na, ou atiravam o corpo que estavam carregando em uma pira já acesa e deixavam-no lá. (Tucídides, *A Guerra do Peloponeso*, 2.52)

Essa cena de horror é descrita por Tucídides no contexto da indiferença geral a todas as regras religiosas e legais causada pela peste.

4.82 Após o funeral, outros ritos realizavam-se no nono dia e depois disso anualmente. A manutenção dos túmulos familiares e os ritos anuais dos mortos eram os deveres mais solenes. Isso, em parte, era devido a razões religiosas. Embora não houvesse uma visão ateniense "ortodoxa" da vida após a morte, existia um sentimento difuso de que, se os mortos não fossem tratados com decência e seus túmulos adequadamente cuidados, seus espíritos ofendidos poderiam de algum modo conseguir voltar para assombrar os vivos como espectros (cf. 2.56). É possível, porém, que fossem ainda mais fortes os motivos que nós chamaríamos de sociais e políticos, mais que religiosos. O grande grito patriótico dos atenienses em Salamina era lutar para libertar sua terra, os túmulos de seus ancestrais e os templos dos deuses. Era isso também que o povo das zonas rurais da Ática relutava tanto em abandonar diante das invasões espartanas durante a Guerra do Peloponeso (cf. 1.21). Nos túmulos de seus ancestrais, os atenienses viam testemunhos tangíveis daquilo que os unia como atenienses. Assim, no final, voltamos ao sentido de comunidade com que este capítulo teve início (cf. 2.40).

5
A democracia e o imperialismo atenienses

(1) Teoria e prática da democracia

5.1 Hoje em dia somos todos democratas, das democracias populares do bloco soviético e China às democracias ocidental e japonesa do Mundo Livre. Isso faz com que seja difícil entender que, em época tão recente quanto o século XVIII, a palavra "democracia" tenha sido um palavrão e ainda mais difícil imaginar uma época do passado em que não havia democracia em parte alguma do mundo.

A democracia foi uma invenção ateniense. Tradicionalmente é atribuída a Clístenes (cf. I.H.11), mas as reformas de 508-07 que levaram o seu nome resultaram de forças que estavam além do seu controle. A democracia tampouco brotou na sua forma plena da cabeça de Clístenes, mas de-

5:1 Democracia coloca uma grinalda sobre a cabeça do Demos, personificação do povo de Atenas. 336.

senvolveu-se ao longo de quase dois séculos de existência, de 508 a 322. Durante esse período ela foi interrompida duas vezes em Atenas, em 411 e 404, por contra-revoluções oligárquicas alimentadas pelas pressões da Guerra do Peloponeso (I.H.52; 57-8). Mesmo assim, tomada como um todo, a democracia ateniense representa um dos mais longos períodos de autogoverno popular da história humana, igualado entre os países modernos apenas pelos Estados Unidos.

5.2 Foi uma façanha espantosa. É importante, porém, fazer uma distinção básica entre a democracia antiga e as várias versões modernas de governo que reivindicam o nome. Na Antiguidade, o governo do povo, pelo povo e para o povo era exercido diretamente pelos cidadãos, ao passo que, nas democracias modernas, os eleitores (que não são necessariamente todos os cidadãos) elegem representantes para tomarem decisões em seu lugar e não têm acesso direto ao poder político no dia-a-dia. Atenas, em resumo, era uma democracia direta e não uma democracia representativa.

5.3 Logo de começo é necessário tratar com precisão de uma questão de terminologia. Os atenienses, através de Clístenes, inventaram um sistema de democracia em 508-07, mas a palavra "democracia" só foi inventada algum tempo depois, talvez uma geração mais tarde. Clístenes, em outras palavras, não poderia ter chamado a si mesmo de democrata, nem que o quisesse. Em vez disso, os contemporâneos caracterizavam sua constituição, ao que parece, como *isonomía*, igualdade perante a lei. Era um ideal obviamente atraente para os atenienses de todas as tendências políticas, em especial depois da derrubada da tirania, e não trazia em si nenhuma implicação constitucional.

5.4 A *dēmokratía,* por outro lado, era ambígua, de um modo diferente e potencialmente explosivo. Literalmente, significa o *krátos*, "poder soberano", do *dêmos*. Na Atenas dos séculos V e IV, porém, *dêmos* tinha uma ampla gama de sentidos. Podia significar o povo como um todo, o conjunto integral dos cidadãos adultos do sexo masculino; ou então as pessoas comuns, a maioria pobre do corpo de cidadãos, em oposição às classes superiores; ou a democracia como constituição; ou os democratas em contraste com os que favorecessem outra forma de governo; ou o estado democrático de Atenas; ou o povo de Atenas na *ekklēsía*; ou, finalmente, trazendo mais uma confusão, a divisão local, o *demo* (ver 4.16, 19 ss.). Só os dois primeiros de todos esses sentidos são relevantes para a invenção da *dēmokratía*. Assim, um partidário do sistema clistênico afirmaria naturalmente que *dēmokratía* significava o governo do povo como um todo. Já um opositor do sistema, um membro conservador das classes superiores, por exemplo, poderia muito bem vê-la como o governo sectário das pessoas comuns sobre os melhores, a ditadura do proletariado.

5.5 Infelizmente, os indícios de que dispomos não revelam quem inventou a palavra *dēmokratía* nem quando, exatamente, ela foi cunhada. Ésquilo, em sua tragédia *As suplicantes*, de (provavelmente) 463, faz Teseu falar da *dḗmou kratoûsa kheír*, "a mão soberana do *dêmos*", o que pode ser um equivalente poético; mas a palavra *dēmokratía* propriamente dita só vem a ser encontrada nas *Histórias* de Heródoto e na *Constituição de Atenas*, de [Xenofonte], ambas "publicadas" provavelmente na década de 420. No entanto, a *dēmokratía* não aparece no trecho de Heródoto em que os méritos relativos da democracia e de duas outras formas de governo são discutidos.

5.6 O texto abaixo pretende ser um debate entre três aristocratas persas por volta de 522. Na verdade, é inteiramente grego em sua concepção (cf. P.1-2) e a versão original do debate sobre a qual Heródoto baseou a sua provavelmente só foi composta quando o século V já ia bem avançado. O trecho é também o mais antigo exemplar de teoria política da história. No Debate Persa de Heródoto, os oradores argumentam respectivamente a favor da democracia (governo por todos, aqui chamado de *isonomía*), da oligarquia (governo por alguns, neste caso os poucos ricos e bem-nascidos) e da monarquia (governo por um, aqui a realeza hereditária):

Otanes ordenou que os persas colocassem abertamente seus pontos de vista na política:
"Acho", disse ele, "que não devemos mais ter um único monarca; essa não é uma forma de governo nem agradável, nem boa. Como poderia ele admitir um ajuste adequado quando permite que um homem sozinho faça o que quiser sem ser responsável por isso? Mesmo o melhor dos homens, colocado nessa posição, está fadado a ultrapassar os limites da normalidade. As vantagens de que ele goza engendram o orgulho e a inveja e estão profundamente enraizadas na natureza humana [cf. 3.9]. Um homem com essas duas falhas é totalmente mau... A pior característica de todas é que ele viola a lei e o costume tradicionais, manda homens para a morte sem julgamento e submete as mulheres à violência sexual. O governo do povo, por outro lado, tem a mais atraente das descrições, o governo por todos (*isonomía*), e além disso não faz nenhuma das coisas que um monarca faz. Os cargos públicos são preenchidos por sorteio e seus detentores respondem pelo que fazem e todas as questões são debatidas publicamente. Proponho, portanto, que nos livremos da monarquia e elevemos o povo ao poder. Pois é no povo que todas as coisas estão."

Essa era a opinião de Otanes. Foi seguido por Megabizo, que recomendava a oligarquia: "Livrar-nos da violência de um tirano só para cairmos sob a violência de uma multidão incontrolável seria intolerável. Um tirano, pelo menos, sabe o que está fazendo, enquanto a multidão não tem nenhum conhecimento. Como o poderia ter, sem ter educação, nem o sentido do que é certo e apropriado? Sem pensar se precipita dentro dos assuntos públicos como um rio numa enchente. Portanto, deixemos a democracia para os inimigos da Pérsia e entreguemos o poder a uns poucos escolhidos entre os melhores de nós".

Essa era a opinião de Megabizo e Dario finalmente deu a sua com as seguintes palavras: "Temos diante de nós três alternativas, democracia, oligarquia e monarquia. Das três, a última parece-me de longe a melhor. Não pode haver nada melhor que o governo pelo melhor homem. Com sua capacidade, seu controle sobre o povo estará acima da crítica e as medidas que ele tomar contra os malfeitores terão o máximo de segredo. Para concluir, pergunto de onde obtivemos a nossa atual liberdade e quem nô-la deu? Foi da democracia, da oligarquia ou da monarquia? Minha opinião é que, se recebemos nossa liberdade de um homem, devemos preservar esse tipo de constituição; e, bem além disso, nunca é um aperfeiçoamento mudar nossas leis e costumes ancestrais enquanto estiverem funcionando tão bem". (Heródoto, *Histórias*, 3.80 ss.)

5.7 Além de alguns trechos de Tucídides, quase não sobreviveram declarações de ideais democráticos. A razão é que, quase sem exceção, nossas fontes não eram simpáticas à democracia ateniense ou eram abertamente hostis a ela. Os críticos menos extremados preferiam a constituição moderada de Clístenes à democracia radical inaugurada pelas reforma de Efialtes em 462 (ver I.H.27, 5.27). Os mais extremados críticos apelavam desonestamente por uma volta à "democracia" de Sólon (que não era nenhuma democracia) ou de Clístenes, ou defendiam abertamente alguma forma de oligarquia. De qualquer modo, a teoria democrática, tal como era, teve de ser reconstruída, ao revés, a partir dos ataques de seus críticos e da *Política* de Aristóteles. Mas seus dois elementos principais estão claros: a crença de que só a democracia garantia a verdadeira liberdade e que isso garantia a igualdade (cf. 7.14).

5.8 Uma palavra final sobre os dados que temos. O período mais conhecido, ou pelo menos mais famoso, da democracia é a segunda metade do século V. No entanto, no que diz respeito à maquinaria da democracia, a maior parte das fontes disponíveis – tanto inscrições como fontes literárias – vem do século IV e está relacionada com ele. Isso é importante, pois, como já foi assinalado, a democracia continuou desenvolvendo-se. A democracia da década de 320 que é descrita com alguns pormenores em [Aristóteles] *Constituição de Atenas* (*Athēnaíōn Politeía*) não é a democracia de Péricles. O quadro que delinearmos da democracia de qualquer período anterior a 320 sempre conterá traços hipotéticos.

(2) A democracia em ação

5.9 A estrutura e o funcionamento da democracia direta ateniense difeririam radicalmente da nossa democracia representativa. Não havia, por exemplo, departamentos governamentais, nem serviço público, e havia um sistema de arquivos muito limitado. As decisões eram tomadas e executadas diretamente pelo Povo Ateniense.

(i) Duas reuniões da ekklēsía (Assembléia)

5.10 Começaremos por dois relatos da *ekklēsía*, uma instituição básica de democracia, em sessões realizadas num espaço de setenta anos. Nas duas ocasiões, Atenas estava em um ponto crítico de uma guerra que estava prestes a perder. Os sentimentos, portanto, estavam anormalmente exaltados e essas reuniões não devem ser vistas como inteiramente típicas. Nenhum dos dois relatos vem de uma fonte imparcial. Mesmo assim, dão uma boa idéia da imediatez dos procedimentos políticos em Atenas e apresentam algumas das características mais importantes da democracia.

Em 406, parte do final da Guerra do Peloponeso, Atenas venceu, contra a tendência dos acontecimentos, a batalha naval de Arginusas (I.H.55). A vitória, porém, foi manchada pelo fato de que os sobreviventes atenienses não haviam sido resgatados, o que levou Terâmenes, homem de simpatias oligárquicas, a iniciar processos contra os comandantes gerais por negligência no cumprimento do dever. Realizou-se uma *ekklēsía* em que os comandantes tiveram permissão de falar, embora mais brevemente do que o previsto pela lei, em sua própria defesa. Alegaram que o resgate se fizera impossível em virtude de uma violenta tempestade e ofereceram-se para apresentar testemunhas desse fato.

Com esses argumentos, estavam prestes a convencer a *ekklēsía*; muitos cidadãos estavam levantando-se e oferecendo-se para lhes dar fiança. Contudo, foi decidido que a questão deveria ser adiada para outra reunião, pois ficara tarde e seria impossível contar os votos, e que a *boulé* deveria apresentar uma moção sobre que tipo de julgamento os homens deveriam ter...

Veio então a reunião da *ekklēsía* em que a *boulé* apresentou uma moção baseada nas propostas de Calíxeno [partidário de Terâmenes]: "Resolve-se que, como discursos de acusação contra os *stratēgoí* e discursos dos *stratēgoí* em sua própria defesa foram ouvidos na *ekklēsía* anterior, todos os atenienses agora deverão votar por tribos; que para cada tribo haverá duas urnas; que em cada tribo um arauto proclame que todo aquele que ache que os *stratēgoí* erraram ao deixar de resgatar os que haviam conquistado a vitória na batalha naval deposite seu voto na primeira urna e todo aquele que ache o contrário faça-o na segunda; e que, se ficar decidido que erraram, sejam punidos com a morte e entregues aos Onze e que sua propriedade seja confiscada e que um décimo desta caiba à Deusa (Atena)".

... Em seguida foi apresentada uma intimação a Calíxeno por ter feito uma proposta inconstitucional; Euriptólemo... e alguns outros foram os responsáveis pela proposta. Parte do Povo demonstrou sua aprovação, mas a grande maioria gritou que era terrível que não se permitisse ao Povo fazer o que quer que lhe agradasse... Então, alguns dos *prutáneis* declararam que não submeteriam a moção a voto, posto que era ilegal. Com isso, Calíxeno subiu novamente à tribuna e fez contra eles a mesma queixa que apresentara contra Euriptólemo e a multidão gritou que, se eles se recusassem a apresentar a moção para votação, seriam processados. Isso aterrorizou os *prutáneis* e todos concordaram em apresentar a moção, exceto Sócrates... que disse que não faria nada contra a lei.

Euriptólemo, então, ergueu-se e falou em defesa dos *stratēgoí*... Depois desse discurso, propôs que os homens fossem julgados de acordo com o decreto de Canono, cada um deles separadamente. A moção da *boulḗ*, porém, estabelecia que a sentença fosse dada para todos eles por um único voto. Quando houve uma contagem de mãos para decidir entre as moções, o primeiro resultado favoreceu a proposta de Euriptólemo, mas, quando Mênecles alegou ilegalidade sob juramento, houve uma nova votação e a moção da *boulḗ* foi aprovada. Votaram então sobre os oito *stratēgoí* que haviam tomado parte da batalha e os seis que estavam em Atenas foram executados. Não muito tempo depois, porém, os atenienses arrependeram-se e decidiram no voto que queixas preliminares deveriam ser apresentadas contra os que haviam enganado o Povo. (Xenofonte, *Helênicas*, 1.7.7-35)

5.11 Sessenta e sete anos depois, Atenas estava em guerra contra o rei Filipe II da Macedônia (I.H.75, 81). Atenas fora aliada de Filipe, segundo os termos de um tratado concluído entre eles em 346. Porém, sob a influência sobretudo de Demóstenes, os atenienses foram convencidos de que Filipe queria o mal de Atenas e declararam guerra contra ele. Certa noite de novembro de 339 chegou a Atenas a notícia de que Filipe tomara Elatéia, na Grécia central, e estava, portanto, ameaçando Atenas. Foi assim que, nove anos depois, Demóstenes descreveu a cena:

> Era noite quando o mensageiro chegou aos *prutáneis* com a notícia de que a Elatéia caíra. Eles estavam no meio do jantar, mas levantaram-se na hora, retiraram as barracas da praça do mercado e queimaram os painéis de vime, enquanto outros mandavam buscar os *stratēgoí* e convocavam os corneteiros. Em pouco tempo, a cidade inteira estava em polvorosa.
>
> Na madrugada do dia seguinte, os *prutáneis* convocaram a *boulḗ* ao *bouleutérion* enquanto vós todos vos dirigíeis para a *ekklēsía*; todo o corpo dos cidadãos já havia ocupado seus lugares antes que a *boulḗ* pudesse iniciar os trabalhos ou apresentar uma moção. Subseqüentemente, quando a *boulḗ* chegou e os *prutáneis* relataram as notícias que haviam recebido, o mensageiro foi apresentado e contou sua história. O arauto fez então a pergunta: "Quem quer falar?". Ninguém se levantou. Ele fez a pergunta mais algumas vezes, mas continuava não havendo resposta, embora todos os *stratēgoí* estivessem presentes, da mesma forma que todos os políticos ativos, e embora a nossa pátria estivesse gritando que alguém falasse por sua salvação. Fui eu quem respondeu ao seu chamado naquele dia e me apresentei para dirigir-me a vós. (Demóstenes (*Sobre a Coroa*), 18.169)

A democracia e o imperialismo atenienses 207

(ii) Ekklēsía

5.12 As duas instituições principais envolvidas nessas emergências eram a *boulé* (Conselho dos 500), com seu subcomitê de *prutáneis* ("Presidentes"), e a *ekklēsía* ("Assembléia"). Todas as emergências de estado iam bater primeiro à porta dos cinqüenta *prutáneis* que viviam às custas da cidade no *thólos*, em um plantão de 24 horas. Era dever deles convocar primeiro uma reunião plenária da *boulé* dos 500 e depois, se necessário, da *ekklēsía* (cf. 1.33, 35; p. 212).

5.13 Quando convocada, a *ekklēsía* (a palavra significa um grupo que é "chamado") reunia-se na Pnix, colina a sudoeste da *agorá*, centro cívico de Atenas (1.25, 29). Os cidadãos de mais de dezoito anos e devidamente inscritos no registro de seu *demo* formavam a *ekklēsía*, órgão de tomada de decisões da democracia. No século V a *ekklēsía* também fazia leis, além de decidir sobre as políticas a serem seguidas (*psēphísmata*), mas, após a restauração da democracia em 403, a função de aprovar leis gerais (*nómoi*) foi delegada a um órgão menor de Legisladores (*nomothétai*).

5.14 Pela constituição da década de 320, tal como é descrita por Aristóteles, a *ekklēsía* realizava quatro reuniões fixas em cada um dos dez meses civis. Não se sabe se esse número já fora fixado no século V. A primeira das quatro reuniões era chamada de *ekklēsía* soberana (*kuría*), na qual deviam sempre ser discutidos o suprimento de grãos, a defesa nacional e a continuação dos funcionários em seus cargos. Reuniões de emer-

5:2 A Pnix de Atenas, local de reunião da assembléia (*ekklēsía*).

gência podiam ser convocadas caso necessárias. A *ekklēsía* reunia-se sempre no início do dia e, pelo menos a partir do século V, os que estivessem sem fazer nada na *agorá* eram amarrados com uma corda tingida de vermelho pela força policial da cidade, trezentos escravos cítios encarregados da ordem pública. As credenciais dos participantes eram verificadas, a ordem era mantida pelos cítios, faziam-se oferendas de purificação, pronunciava-se uma maldição contra os traidores e a sessão começava.

Em seu *Acarnenses*, de 425, Aristófanes, com típica licença cômica, descreve o início de uma reunião da *ekklēsía* sob o ponto de vista de um pobre homem do campo que anseia pela paz e pela volta ao seu lar rural:

> Hoje de manhã há uma *ekklēsía* soberana e a Pnix aqui está vazia. Estão todos tagarelando na *agorá*, indo para lá e para cá para evitar a corda vermelha. Nem os *prutáneis* chegaram ainda. Vão chegar atrasados e depois todos virão acotovelando-se como loucos para pegar o primeiro banco como se fossem uma torrente. Mas, quanto à paz, não ligam a mínima para ela. Ó minha cidade, minha cidade! E sempre sou o primeiro a chegar para a *ekklēsía* e a tomar o meu lugar; e então, quando estou sozinho, fico resmungando, bocejando e espreguiçando-me, peidando e sem saber o que fazer, ansiando pela paz, olhando para o meu *dêmos* ao longe. Por isso, hoje vim plenamente disposto a gritar e interromper e xingar os oradores se algum deles disser uma só palavra que não seja a respeito da paz. Mas aqui estão os *prutáneis*, chegando – agora que já é meio-dia. (Aristófanes, *Arcanenses*, 17 ss.).

5.15 No século V, o presidente dos *prutáneis*, o *epistátēs*, era também presidente da *ekklēsía*. O arauto lia a agenda e o povo votava se discutiria ou não os pontos constantes dela, tal como vimos no julgamento dos *stratēgói*. Se quisessem discuti-los, o arauto proclamava: "Quem quer falar?". Os oradores subiam à tribuna (*bêma*) e depois dos discursos fazia-se uma votação por levantamento de mãos (donde o *dêmou kratoûsa kheir* de Ésquilo (ver 5.5)). Teoricamente, qualquer um podia dirigir-se à *ekklēsía*, mas as questões a serem discutidas e votadas tinham antes de ser consideradas pela *boulé*, que, neste aspecto, servia como comitê diretivo da *ekklēsía*.

5.16 Essa era a função básica da *boulé*. Sua deliberação prévia (*proboúlesis*) determinava se uma questão seria colocada na agenda da *ekklēsía* como proposta para discussão (*proboúlema*) e como isso seria feito; um exemplo disso aparece no trecho citado de Xenofonte (5.10). Mas a *ekklēsía* era livre para fazer quaisquer emendas às propostas sobre as quais tivesse objeções. Muitos decretos que sobreviveram em registros feitos na pedra (*stêlai*) mostram emendas que em geral acrescentam detalhes menores a um *proboúlema* aprovado pela *ekklēsía*. Os atenienses inscreviam seus decretos em pedra para fornecer um registro público permanente que qualquer cidadão podia consultar, se quisesse (cf. 1.35). A *ekklēsía*, além

5:3 *Óstraka* com votos contra Címon e Temístocles na década de 70 do século V. Pode-se ver que os nomes foram inscritos em cacos de um mesmo vaso.

disso, podia exigir que qualquer plano fosse colocado na agenda para a próxima reunião. Em nenhuma hipótese a *boulé* poderia determinar algo para a *ekklēsía*, que, nisto como em tudo o mais, era soberana.

5.17 Teoricamente, como vimos, todos os cidadãos podiam assistir à *ekklēsía* e dirigir-se a ela. Mas quantos cidadãos assistiam a ela, na prática, e quem de fato falava? A população de cidadãos, no período que estamos focalizando, flutuava entre vinte e cinqüenta mil pessoas (ver 4.8). Contudo, em 411, alegou-se que nunca mais de cinco mil haviam de fato assistido a uma *ekklēsía*, por mais grave que fosse o assunto. É certo que era do interesse dos que fizeram essa alegação minimizar os números dos que supostamente compareciam e é provável que essa cifra seja relativa a tempos de guerra, quando muitos cidadãos estariam servindo no estrangeiro. Há, porém, razões para se achar que cinco mil talvez não estivesse muito longe da verdade, pelo menos quanto ao século V. A Pnix, tal como estava disposta no século V, não parece ter sido capaz de acomodar mais de seis mil pessoas. (Os ostracismos exigiam um quorum de seis mil votantes, mas eram realizados na *agorá*.) É provável que, para uma reunião de assuntos ordinários, os cidadãos não estivessem dispostos a fazer a longa viagem dos *demos* mais distantes, tais como Súnion ou Ramnunte, e perder um tempo precioso de trabalho sem uma compensação financeira. Mesmo os moradores da área urbana parecem ter precisado do estímulo da corda tingida de vermelho.

5.18 No século IV, as condições eram diferentes. Por volta de 400, o pagamento pelo comparecimento à *ekklēsía* foi introduzido pela primeira vez para compensar, em parte, a perda de horas de trabalho; em 392 esse pagamento fora elevado três vezes para três óbolos e, na época de Aristóteles, havia chegado a uma dracma, sendo uma dracma e meia por uma *ekklēsía* soberana (ver 5.14). Entre 400 e 330, a área da Pnix foi aumentada para acomodar entre 6.500 e 8.500 cidadãos e, em 330, uma grande obra de ampliação passou a permitir o comparecimento de cerca de treze mil cidadãos. Sabe-se que, também no século IV, certas medidas, por exemplo a ratificação de um título de cidadania honorária, exigiam um quorum de seis mil. Portanto, aparentemente, embora no século IV a população estivesse diminuindo, seis mil pessoas constituíam uma assistência normal, ao passo que, no século V, essa cifra só era alcançada em ocasiões excepcionais (o debate sobre a Expedição à Sicília, talvez). É provável que a maioria dos participantes viesse mais da cidade de Atenas e do Pireu que dos *demos* rurais.

5.19 Mesmo cinco mil pessoas, porém, era uma reunião de massa e a tarefa física de falar diante dela deve ter causado problemas. Mas, também, a qualidade essencial de um orador na *ekklēsía* era o poder de persuasão baseado no conhecimento e na previsão e, tal como é sugerido pela ascensão da educação sofística, o poder de persuasão exigia habilidades oratórias e não apenas uma voz estentória (cf. 7.16-19). Além disso, ao longo do século V, a direção não apenas dos assuntos internos, mas também de um império, tornou muito mais complexa a tarefa da *ekklēsía*, isto é, tomar decisões. Assim, por todas essas razões, é compreensível que, normalmente, o ateniense comum não respondesse quando o arauto perguntava "Quem quer falar?".

5.20 Os atenienses que respondiam faziam-no regularmente e ficaram conhecidos como *rhḗtores* (oradores) ou *hoi politeuómenoi* (os políticos). Formavam um grupo definível no seio do corpo de cidadãos, muito embora, para nós, muitos deles não passem de nomes em um *óstrakon* (caco de cerâmica usado para o ostracismo). No século IV, com freqüência os dez *stratēgói* eram *rhḗtores* também, ou mais retores que comandantes militares e navais. Contudo, no século V, a era do especialista, cristalizou-se uma divisão de funções entre os *rhḗtores* como Demóstenes, que nunca foi *stratēgói*, e os comandantes semiprofissionais (cf. 6.24-5).

5.21 Os *rhḗtores* falavam na *ekklēsía* como indivíduos ou líderes de pequenos grupos de políticos de idéias parecidas. Na democracia direta de Atenas, não havia partidos políticos como os entendemos hoje. No seio desses agrupamentos informais, alguns homens falavam melhor e, por isso, tornavam-se seus porta-vozes. As tradições aristocráticas ainda tinham um certo peso para a liderança no século V, mas foram enfraquecendo cada vez mais. A carreira de Cleão, um não-aristocrata que fez fortuna como dono de uma fábrica operada por escravos e não como proprietário de terras, marca uma virada (I.H.37). Ele e outros homens, como Hipérbolo, Ândrocles e Cleofonte, foram rotulados de "demagogos" pelos atenienses mais conservadores, como o comediógrafo Aristófanes. *Dēmagōgós* significa, literalmente, "condutor do *dêmos*". Como em um certo nível a

A democracia e o imperialismo atenienses 211

democracia ateniense era um governo exercido pelas reuniões de massa, o demagogo uma parte indispensável da estrutura democrática. Nesse sentido, Péricles não era menos "demagogo" que Cleão. Mas, ao chamar esse e outros como ele de "demagogos", Aristófanes pretendia insinuar que eram maus condutores do Povo, que favoreciam os caprichos mais vis da *ekklēsía*. Tucídides, simplificando demais, responsabilizou os demagogos pela derrota de Atenas na Guerra do Peloponeso.

5.22 Com respeito à duração da reunião da *ekklēsía* não estamos bem informados, mas parece que até as reuniões normais (não as de emergência) costumavam durar menos de um dia inteiro. Como o assunto principal da *ekklēsía* era a política externa, as reuniões deviam ser mais breves nos meses de inverno fora da estação de navegação e ainda mais curtas se a chuva fazia parar tudo. Indícios comparativos dos Cantões da Suíça de hoje sugerem que é perfeitamente possível que seis mil pessoas, todas com direito à palavra, discutam e votem levantando as mãos sobre uma dúzia de moções, em um espaço de duas a quatro horas. Na prática, talvez os votos na *ekklēsía* ateniense só fossem contados se a decisão fosse apertada ou se, como pode ter acontecido no julgamento dos *stratēgói* em 406, fosse realizada uma votação secreta com utilização de seixos de voto (*psêphos*).

(iii) A boulế (Conselho dos 500)

5.23 A maneira como a *boulế* era recrutada e operava mostra o cuidado que os atenienses tomavam para manter nesse órgão pessoas até certo ponto amadoras, evitando com isso que ela adquirisse um poder político independente do controle exercido pela *ekklēsía*. Os *bouleutaí* (sing. *bouleutếs*) ("conselheiros") tinham de ser cidadãos atenienses de trinta ou mais anos de idade que serviam por um ano de cada vez e não podiam servir mais de duas vezes no total. Reuniam-se na Casa do Conselho (*bouleutếrion*) na *agorá*, salvo nos dias de festivais anuais, e o público podia observar seus trabalhos. Algum tempo antes de 411, quando a *boulế* foi abolida por uma contra-revolução oligárquica, foi introduzido um pagamento para os *bouleutaí*, baseado no princípio democrático de que nenhum cidadão deveria ser impedido de tomar parte do governo pela pobreza. Não sabemos de quanto era esse pagamento, mas é provável que não fosse menos que os três óbolos pagos aos jurados (cf. 5.47).

5.24 Os 500 eram formados por cinquenta homens de cada uma das dez "tribos" (*phulaí*), divisões artificiais do corpo de cidadãos concebidas para garantir que os cidadãos de todos os distritos da Ática fossem igualmente representados. Esse sistema tribal era uma inovação democrática de Clístenes e substituía as quatro antigas tribos de parentesco que haviam sido

212 O mundo de Atenas

dominadas pelas principais famílias aristocráticas (ver I.H.5; 11). Os candidatos à *boulḗ*, no nível do *dêmos*, eram escolhidos pelo processo democrático do sorteio, exigindo-se que cada um deles contribuísse com um número fixo de *bouleutaí*. O mínimo era de três e o máximo de 22 e pode ter ocorrido que, nos *dêmoi* menores, praticamente cada cidadão tenha tido de ser *bouleutḗs* pelo menos uma vez na vida. O calendário civil era dividido em dez "meses". Cada uma das dez tribos fornecia a cada mês os cinqüenta *prutáneis* (ver 5.12); a tribo "em pritania" era aquela que fora apontada por sorteio para presidir durante aquele mês. O *epistátēs* ("presidente") dos *prutáneis* era escolhido todos os dias, também por sorteio, e só podia servir nessa qualidade uma vez na vida. Portanto, havia mais de 70% de probabilidade de que cada membro da *boulḗ* se tornasse o *epistátēs*, havendo 35 ou 36 dias em cada mês do calendário civil. É possível que, no dia do julgamento do *stratēgói* em 406 (5.10), o *epistátēs* tenha sido ninguém menos que Sócrates – o que seria notável se verdadeiro, pois sua participação da *boulḗ* nessa época foi o único cargo público que ele jamais teve em toda sua longa vida adulta.

5.25 Tanto quanto sabemos, a principal função da *boulḗ* era servir de comitê diretivo da *ekklēsía*. Não podia ter iniciativas políticas. Além de preparar a agenda da *ekklēsía*, era essencialmente um órgão administrati-

5:4 O interior do *thólos* no lado oeste da *agorá*. Aí residiam os *prutáneis* durante o exercício do cargo.

vo, providenciando para que as decisões da *ekklēsía* fossem devidamente levadas a cabo. A *boulé*, ou antes seus vários conselhos e subcomitês (sabemos de cerca de dez na época de Aristóteles), portanto, administrava as transações financeiras e outras necessárias e, juntamente com os tribunais, exercia uma supervisão geral dos funcionários responsáveis. Um exemplo ilustrará isso. Segue-se uma parte da descrição feita por Aristóteles da responsabilidade da *boulé* pelo principal braço militar de Atenas, a frota (cf. 6.42):

> A *boulé* é encarregada das trirremes já construídas, dos equipamentos e abrigos e constrói trirremes novas... As trirremes são construídas sob a supervisão de uma junta de dez membros da *boulé*. A *boulé* inspeciona todas as obras públicas e, se decide que alguém cometeu um delito, denuncia o fato ao povo e entrega a pessoa ao tribunal de jurados, se a julgarem culpada. ([Aristóteles], *Constituição de Atenas*, 46.1-2)

(iv) O Areópago (Áreios Págos, *"Rochedo de Ares"*)

5.26 O conselho do Areópago, assim chamado devido ao rochedo de Ares, entre a Acrópole e a Pnix, onde se reunia desde tempos imemoriais, era o órgão permanente mais antigo da *pólis* ateniense. Na verdade, fora o corpo governante durante os regimes aristocrático e oligárquico que precederam a democracia. Os nove *árkhontes*, que, desde os tempos de Sólon, eram eleitos entre os membros dos dois grupos censitários superiores (*pentakosiomedímnoi* e *hippeîs*), tornavam-se automaticamente membros do Areópago após cumprirem um ano de serviço (I.H.5, 8). Antes das reformas de Clístenes (que foi *árkhōn* em 525-24), o arcontado era o principal cargo da cidade de Atenas; sob a democracia, porém, seu poder e seu prestígio foram progressivamente diminuindo. O *árkhōn* mais importante continuava dando o seu nome ao ano civil (por exemplo, os atenienses referiam-se ao ano que chamamos de 403-02 como "o arcontado de Euclides"). Contudo, em 501, o novo cargo de *stratēgós* começou a assumir algumas das funções do *árkhōn* (ver 5.29); em 487 os *árkhontes* deixaram de ser eleitos e passaram a ser escolhidos pelo instrumento democrático do sorteio; finalmente, em 458-57, o arcontado foi aberto ao terceiro grupo censitário de Sólon, os *Zeugîtai*, e, na prática, até os *thêtes*, membros do grupo censitário mais baixo, podiam assumir o cargo.

5.27 Essa perda de prestígio afetou inevitavelmente o Areópago, cuja posição na democracia foi ficando cada vez mais anômala. Tratava-se de um resquício de épocas passadas e, apesar disso, conservava poderes polí-

5:5 Uma maquete de alguns edifícios do lado oeste da *agorá* incluindo (da esquerda para a direita) o *thólos*, uma construção circular, o *bouleutérion* atrás e a *Stoá* Real à esquerda. O templo de Hefesto e Atena situa-se mais acima na Colina do Mercado.

ticos consideráveis. Era o "guardião das leis", ou seja, o órgão responsável, em última instância, pelo código ateniense de leis, e fazia o exame da conduta dos funcionários após o término de seu tempo de serviço ou após seu impedimento durante esse tempo. Essa anomalia foi corrigida pelas reformas de Efialtes em 462-61, que criaram a democracia radical (no sentido de aposta à democracia moderada de Clístenes). Os poderes do Areópago foram repartidos entre a *ekklēsía*, a *boulé* e os tribunais do júri (I.H.27). Efialtes pagou por essas reformas com a própria vida, mas elas continuaram em vigor.

5.28 Os conservadores nostálgicos, como Isócrates, tentaram revitalizar a importância do Areópago no século IV, mas o seu poder estritamente político foi encerrado em 462-61. Diz-se que Ésquilo esteve entre os que aprovaram as reformas de Efialtes. Eis as palavras que faz Atena pronunciar no julgamento de Orestes, em sua *Eumênidas,* de 458:

> Ouvi agora o meu decreto, homens da Ática, que pronunciais vossa sentença neste primeiro julgamento por derramamento de sangue. A partir de hoje, já agora, esta corte de juízes permanecerá fiel ao povo do Egeu para sempre. E... sobre este Rochedo de Ares a Reverência, no coração de meus cidadãos, e o Temor, seu parente, impedirão para sempre que façam o mal... E aconselho meus cidadãos a não sustentar, nem reverenciar, a anarquia ou a tirania e a não banir completamente da cidade o temor. Pois qual dentre os homens é justo, se nada teme? Mantende-vos, portanto, em justa reverência dessa majestade. Este tribunal eu agora estabeleço, inviolável à ambição de ganhos, augusto, célere na vingança, um guardião da terra, vigilante na defesa dos que dormem. (Ésquilo, *Eumênidas*, 681 ss.)

Tal como este mito de fundação pretendia mostrar, após 462-61 o Areópago conservou sua função como tribunal. Além dos casos de homicídio proposital (outras formas de homicídio eram tratadas pelos *ephétai*), julgava os casos de incêndio criminoso e algumas formas de sacrilégio. Por exemplo, investigou a condição de Fanó, casada ilicitamente com o principal funcionário religioso da democracia; julgou homens acusados de danificar as oliveiras sagradas, de cujos frutos era espremido o azeite especial oferecido em magníficas ânforas como prêmio nas Panatenéias (2.49). Em 403, o Areópago foi encarregado de supervisionar o código ateniense de leis, recentemente revisado, em deferência à experiência jurídica de seus membros (ver a seguir sobre as funções jurídicas dos *árkhontes* após 462-61).

*(v) Funcionários (*arkhaí*)*

5.29 No século VI, os *árkhontes* eram os funcionários mais graduados do estado ateniense. Em 501, porém, os atenienses criaram o novo posto dos dez *stratēgói*, um de cada uma das dez novas tribos de Clístenes. Como inovação democrática isso ilustra ao mesmo tempo o desenvolvimento e o caráter da democracia. Durante alguns anos, o papel dos *stratēgói* em relação ao cargo de *árkhōn* da guerra (*polémarkhos*) era ambíguo, ambigüidade esta que ficou exposta aos olhos de todos por ocasião da Batalha de Maratona em 490. Milcíades, o principal promotor da famosa vitória ateniense, era um *stratēgós*, mas, mesmo assim, o *árkhōn* da guerra, Calímaco, fez que lhe erigissem um dispendioso monumento, como comandante geral e inconteste do exército (I.H.13). Não é de estranhar, portanto, como já vimos, que o arcontado tenha decaído de sua posição logo após Maratona, e era na qualidade de *stratēgói* que Temístocles, Címon e Péricles exerciam sua influência sobre a *ekklēsía*.

5.30 Com a Guerra do Peloponeso, porém, houve mais uma mudança. O general mais importante de Atenas, Demóstenes (que não deve ser confundido com seu homônimo do século IV, que era orador), foi ofuscado na liderança política pelos "demagogos". É certo que Cleão também serviu como *stratēgós*, mas, no início, quase por acaso e sem nunca demonstrar nenhuma capacidade real para o camando militar (I.H.41). Nícias foi quase o último a alcançar o sucesso tanto como *stratēgós* quanto como político. No século IV, a distinção entre os *stratēgói* e os políticos tornou-se absoluta. Demóstenes, por exemplo, nunca foi *stratēgós* e, mesmo assim, sua autoridade sobre a *ekklēsía* e os tribunais não tinha paralelo, ao passo que Fócion foi *stratēgós* 45 vezes, mas tinha de curvar-se às decisões de Demóstenes.

5.31 Ao contrário de quase todas as *arkhaí* na democracia, os *stratēgói* eram escolhidos por eleição (pela *ekklēsía*) e não por sorteio. Os atenienses tiveram a sensatez de não sacrificar a eficiência ao princípio democrático, em uma época em que estavam em guerra em três de cada quatro anos. Além disso, os *stratēgói*, ao contrário das demais *arkhaí*, podiam servir tantas vezes quanto o eleitorado desejasse e em anos sucessivos. Péricles, por exemplo, foi *stratēgós* por quinze vezes entre 443 e 429. Se um *stratēgós* falasse na *ekklēsía*, podia ter a certeza de ser ouvido, mas era o seu discurso, e não o seu cargo, que decidia se seus conselhos seriam ou não seguidos. Se as medidas que ele defendia se revelassem um fracasso, rapidamente a *ekklēsía* deixava de dar-lhe ouvidos e ele talvez perdesse a vida. Ser *stratēgós* podia ser arriscado e até o grande Péricles foi multado (e talvez deposto de seu cargo) em 430 (cf. 3.9-10).

5.32 A multa imposta a Péricles ilustra outro princípio cardeal da democracia, o de que todos os funcionários deveriam ser responsáveis perante o povo. Da mais alta à mais baixa, todas as *arkhaí* tinham de prestar contas (*eúthunai*) ao final de seus mandatos, geralmente de um ano. A auditoria era realizada em duas etapas. Na primeira, as contas financeiras eram examinadas por trinta contadores (os *logistaí*, um subcomitê da *boulḗ*). Ficavam depois à disposição de qualquer um que desejasse apresentar uma queixa por má administração. Desse modo, o povo ateniense mantinha um controle dos ramos executivo e administrativo do governo.

5.33 Portanto, é completamente errado ver em Péricles o rei sem coroa de Atenas. Por outro lado, ele teve de fato uma ascendência extraordinária e quase sem paralelo sobre a *ekklēsía* durante muitos anos, e essa ascendência precisa ser explicada. Em parte, como vimos acima, ela se devia à sua hábil oratória; mais especialmente, porém, tinha ascendência porque suas propostas soavam para a maioria dos atenienses como consistentes com seus maiores interesses. Isso acontecia principalmente porque Péricles era um franco imperialista e o imperialismo naval era benéfico para as massas atenienses (5.91). Mas era igualmente crucial que as propostas imperialistas de Péricles funcionassem na prática. Também é provável que Péricles tenha tido de lutar para manter sua ascendência durante a Guerra do Peloponeso, tal como é sugerido pela multa que lhe foi aplicada em 430. Outras forças, não democráticas, também estavam em ação. Por exemplo, depois que o desastre que atingiu a frota ateniense na Sicília quase deixou Atenas de joelhos, um golpe de estado oligárquico foi organizado por sociedades aristocráticas conhecidas como *hetaireíai* em 411 (sobre os *sumpósia*, cf. 4.32). De modo que a imagem geral não é a de uma democracia ininterrupta e sem nuvens.

5.34 Com exceção dos *stratēgói*, de outros oficiais militares de alta patente e dos *Hellēnotamíai* (tesoureiros que supervisionavam os gastos do império no século V), todos os funcionários eram escolhidos por sorteio (cf. 3.3). Somente o arcontado e o cargo dos Dez Tesoureiros de Atena estavam ligados a uma qualificação censitária e, mesmo nesse caso, até os atenienses mais pobres podiam candidatar-se ao arcontado (cf. 5.26). A não ser nesses casos, as qualificações eram ter trinta anos ou mais de idade e ser cidadão de boa posição social. Para testar a posição do candidato, ele tinha de ser submetido a um exame preliminar (*dokimasía*). O início do trecho em que Aristóteles lista as perguntas feitas na *dokimasía* foi citado em 4.13. O restante é o seguinte:

... depois [perguntam] se trata bem aos seus pais, paga seus impostos e cumpriu o serviço militar obrigatório. Depois que essas perguntas são feitas, pede-se ao candidato que apresente testemunhas. Depois que ele as apresenta, coloca-se a pergunta: "Alguém tem uma acusação a fazer contra este homem?". Caso haja um acusador, concede-se o direito de acusação e defesa e passa-se à votação que é feita através do levantamento das mãos, se for feita na *boulé*, ou (se houver apelação contra) através de seixos de votos, no tribunal. Se não houver acusador a votação é feita imediatamente. ([Aristóteles] *Constituição de Atenas*, 55.3-4)

Os candidatos aprovados nesse difícil exame prestavam seu juramento de cargo postados sobre um bloco de pedra (ver 1.33).

5.35 Atenas carecia de uma burocracia no sentido moderno, mas isso era, de certo modo, compensado pelo número enorme de funcionários em seus postos, a cada ano. Na segunda metade do século V, segundo a *Constituição de Atenas* [de Aristóteles], havia setecentos funcionários cujas responsabilidades estavam em Atenas e outros tantos cujos deveres eram exercidos fora da Ática, no império ateniense. Essa cifra para os funcionários que exerciam funções na própria Atenas no século V foi considerada alta demais, pois aparentemente havia mais funcionários no século IV e Aristóteles lista apenas 350 na época dele. Todavia, quando se levam em conta os indícios (incompletos) das inscrições oficiais contemporâneas, vê-se que a lista de Aristóteles é apenas parcial e um estudo recente conclui que é possível que houvesse de seiscentos a setecentos funcionários na época dele. Se acrescentarmos os funcionários que não eram tecnicamente descritos como *arkhaí* (por não serem nomeados diretamente pelo Povo e não responderem diretamente a ele) e os quinhentos *bouleutaí*, de uma população de cerca de 21.000 pessoas na década de 320, não menos de 5% delas teria ocupado um posto em um ano qualquer – ou cerca de 8% daqueles com a idade mínima exigida. É provável que essas porcentagens tenham sido menores em 431 (quase duas vezes mais funcionários, mas para uma população bem mais de duas vezes maior), mas ainda maiores nos últimos anos da Guerra do Peloponeso. Atenas era, de fato, uma democracia dire-

218　*O mundo de Atenas*

5:6 Reconstrução (desenho) da prisão da cidade de Atenas, onde Sócrates foi mantido como prisioneiro.

ta e satisfazia perfeitamente o critério de Aristóteles para a cidadania em uma democracia, isto é, que todos os cidadãos tenham a oportunidade de ocupar as *arkhaí* por turnos.

5.36 Os direitos e deveres de todos os funcionários atenienses não podem ser dados aqui; seja como for, a maioria deles era pouco importante e até de meio período. Alguns, porém, eram excepcionalmente importantes. Depois dos *stratēgói*, em importância, vinham os nove *árkhontes*. O *árkhōn* "epônimo" tratava dos festivais da cidade e das questões de família e dava seu nome ao ano. O *árkhōn* rei supervisionava a vida religiosa da cidade. O *polémarkhos*, a despeito do nome, tornou-se após as reformas de Efialtes o funcionário civil encarregado dos processos legais que envolvessem metecos e estrangeiros (5.26-7). Os seis *árkhontes* restantes, conhecidos como *thesmothétai*, organizavam a administração da justiça pela cidade e presidiam eles próprios os vários tribunais do júri.

5.37 Abaixo dos *árkhontes* vinham "os Onze", funcionários responsáveis pela execução das punições legais e pela manutenção da prisão da cidade (*desmōtérion*). Para manter a ordem na cidade, eram auxiliados pelos trezentos arqueiros cítios, mas a prisão dos criminosos era em grande parte deixada a cargo de qualquer indivíduo (5.48). Depois, havia os vários tesoureiros, mais notadamente os Helenotâmias e os Dez Tesoureiros de Atena já mencionados. Entre os tesoureiros religiosos também havia homens importantes como os *epistátai Eleusinóthen*, os administradores financeiros dos Mistérios de Elêusis. Dentre os demais tesoureiros sabemos, por exemplo, dos Tesoureiros do Povo que administravam a dotação anual para despesas públicas, tais como a publicação dos decretos. Especialmente importante no século IV era o administrador do fundo que permitia a presença dos atenienses pobres nos festivais.

A democracia e o imperialismo atenienses 219

5.38 Dos funcionários de baixo escalão podemos mencionar os *astunómoi*, cuja tarefa era providenciar para que as ruas e estradas fossem mantidas em bom estado e limpas; os dez *agoranómoi*, que inspecionavam os mercados, recolhendo as taxas dos proprietários de barracas e verificando as mercadorias em busca de adulterações; os *metronómoi*, que verificavam os pesos e medidas de acordo com os padrões oficiais da Casa da Moeda e do *thólos*; e, finalmente, os *grammateîs*, que atuavam como secretários da *boulế*, da *ekklēsía* e dos *thesmothétai*.

Na ausência de algo parecido com um ministério do exterior, as relações diplomáticas eram conduzidas por meio dos arautos (*kếrukes*) e delegados (*présbeis*). Essas figuras importantes requerem uma discussão mais detalhada.

*Os arautos (*kễrux*, pl.* kếrukes*)*

5.39 Nos tempos homéricos, o *kễrux* era um braço do rei, mantendo a ordem nas reuniões, fazendo proclamações, levando mensagens e até servindo vinho à mesa. Considerava-se que estivesse sob a proteção de Hermes. Na Atenas clássica, o *kễrux* continuou gozando de uma condição especial e era visto como protegido pelos deuses. Os *kếrukes* eram nomeados pela *ekklēsía*, pagos pelos fundos públicos e mantidos a expensas do povo. Em geral, a presença de um *kễrux* indicava que a cidade estava agindo oficialmente. Seus deveres eram amplos. Internamente, convocavam e

5:7 Pesos atenienses de bronze com inscrições que confirmam que eram oficiais; outras inscrições e símbolos (tartaruga, escudo, ossos dos dedos) indicam seus pesos. *C.* 500.

5:8 Medida ateniense de capacidade para secos feita em terracota, com timbre oficial e marcada com a palavra DEMOSION (público). Séc. IV.

controlavam as reuniões da *boulḗ* e da *ekklēsía* e estavam encarregados de acompanhar as delegações oficiais (por exemplo, quando os Onze iam prender alguém). Os *kḗrukes* também podiam ser enviados ao exterior por ordem da *boulḗ* ou da *ekklēsía*. No seguinte decreto, eles estão sendo enviados para garantir que Atenas receba os tributos que lhe cabem:

> A *boulḗ* deverá designar oito *kḗrukes* para convocar representantes das cidades e dez *táktai* para listar e avaliar as cidades passíveis de tributação... Os *kḗrukes* trabalham sob as ordens dos *táktai* [quanto à viagem a fazer] e da *ekklēsía* [quanto ao que deverão dizer]. (M e L 69)

Observe-se, porém, que eles tinham apenas o poder de enviar uma mensagem, nunca de negociar.

5.40 No exterior, o *kêrux* tinha um papel vital na declaração e na cessação dos combates. Ele declarava a guerra, solicitava uma trégua, abria as negociações de paz. Nessas situações, precisava contar com a imunidade que seu cargo lhe conferia. Em geral, essa imunidade era respeitada, pois estava sob a proteção dos deuses. Qualquer violação de sua imunidade podia provocar a vingança divina.

*Enviados (*présbeis*, sing.* presbeutḗs*, literalmente, "anciãos")*

5.41 Os próprios *présbeis* não gozavam de uma imunidade *específica*, embora, como cidadãos importantes que eram, tivessem laços particulares como *xénoi* de cidadãos da cidade para onde eram mandados. Entre cidades em guerra, normalmente se mandavam *kḗrukes* antes para obter um acordo sobre o envio de *présbeis*, o que impunha uma obrigação moral à cidade que os recebesse, ou um enviado podia ser levado por um *kêrux*, cuja tarefa seria garantir-lhe salvo-conduto. Maltratar *présbeis* era falta grave e, normalmente, mesmo que não fossem bem-vindos ou fossem dispensados, somente um ultimato os faria partir.

Muitas vezes conferia-se aos *présbeis* o poder de negociar dentro de limites estabelecidos; em geral, tratava-se de homens importantes em suas próprias cidades. A palavra *présbeis* implica que deviam ser, originariamente, os anciãos da cidade (em Atenas, a idade mínima era de cinqüenta anos).

5.42 Esparta costumava enviar três *présbeis*, mas o número enviado por outras cidades podia variar, dependendo da importância atribuída à missão ou da necessidade de que uma variedade de posições políticas fosse representada na embaixada. Fazer parte de uma missão diplomática dava prestígio e era um serviço prestado à cidade que podia ser motivo de orgulho. Os *présbeis* eram escolhidos pela cidade e recebiam fundos públicos simbólicos (uma dracma por dia) para a viagem, mas era provável a ocorrência de consideráveis despesas particulares e ainda mais provável que fossem compensadas de um ou outro modo, por exemplo pelo suborno.

5.43 Mas os *présbeis* não eram sagrados, tal como os *kêrukes*. No texto seguinte, um ataque repentino ao Pireu comandado por Esfódrias, comandante espartano na Beócia (378), deixa em situação embaraçosa os três *présbeis* espartanos que, por acaso, se encontram em Atenas (ver I.H.67):

> Ora, aconteceu que havia embaixadores dos espartanos em Atenas na casa de Cálias, seu agente diplomático*: Etímocles, Aristóloco e Ocilo; e, quando a invasão foi anunciada, os atenienses detiveram-nos e puseram-nos sob guarda, achando que também estavam envolvidos no complô. Mas eles estavam completamente chocados com essa ação e disseram em sua defesa que, caso houvessem sabido que se faria uma tentativa de tomar o Pireu, nunca teriam sido tolos a ponto de colocar-se à mercê dos atenienses em sua cidade e menos ainda na casa de seu agente diplomático, onde seriam encontrados com mais rapidez. Disseram ainda que ficaria claro para os atenienses que tampouco a autoridade espartana sabia coisa alguma desse ataque. Quanto a Esfódrias, afirmaram que estavam certos de que logo ouviriam dizer que fora executado pela cidade. Assim, julgaram que eles nada sabiam e foram libertados. (Xenofonte, *Helênicas*, 5.4.22)

(vi) Os tribunais do júri (dikastéria) e o sistema legal

(a) Lei e política

5.44 Os *thesmothétai* eram os seis funcionários com responsabilidade geral pela condução da justiça em Atenas (ver 5.36), uma tarefa extraordinariamente exigente, pois os atenienses – não sem razão – eram internacionalmente famosos pelo amor que tinham aos processos legais (cf. 1.27). O *dêmos* ateniense, no século IV, exercia o seu *krátos* não só na *ekklēsía*, mas também, e cada vez mais, nos tribunais do júri.

5.45 Aristóteles, em sua *Política*, definiu o cidadão de uma democracia como o homem que participava da *krísis* e das *arkhaí*. As *arkhaí* já foram discutidas (ver 5.35). Por *krísis*, Aristóteles entendia o poder de pronunciar sentenças em um tribunal. Isso pode ser uma surpresa para o leitor cuja formação o faz desaprovar os julgamentos "políticos" e a existência de prisioneiros "políticos". Mas em Atenas, como em geral na antiga Grécia, nem em teoria, nem na prática havia separação alguma entre os poderes. Quando o Povo Ateniense se tornou senhor dos tribunais, nas palavras de [Aristóteles], tornou-se senhor da constituição.

---

* A palavra é *próxenos* (ver 5.95).

222 O mundo de Atenas

5.46 Em 594, Sólon havia estabelecido um tribunal popular de recursos contra as decisões das autoridades, que foi chamado de Eliaia. Após as reformas de Efialtes em 462-61, todos os vários tribunais do júri passaram a ser coletivamente conhecidos como Eliaia, mas eram agora tribunais de primeira instância, bem como tribunais de recursos, com freqüência chamados de *dikastéria*, por serem constituídos por jurados (*dikastaí*) em um número que variava de 201 a 2.501, segundo o caso. No século V, os júris eram escolhidos de acordo com a necessidade, a partir de uma lista anual de seis mil jurados, e, no século IV, dentre os que se ofereciam. Estritamente, porém, "jurados" é uma tradução enganosa, pois não havia juízes no nosso sentido e os *dikastaí* eram ao mesmo tempo juízes e jurados.

5.47 Os jurados eram pagos por cada dia de sessão. Calcula-se que, excetuando-se os dias de festivais, *ekklēsíai* e assim por diante, havia entre 150 e duzentos dias de sessão por ano (2.43). O pagamento foi introduzido por Péricles como medida democrática e, no início, era de apenas dois óbolos por sessão. Cleão aumentou-o para três óbolos, nível em que o pagamento ficou, embora fosse apenas a metade, ou menos, da remuneração por um dia de trabalho de um artesão especializado. No entanto, se dermos crédito à extensa sátira de Aristófanes sobre os tribunais, *As vespas*, de 422, os atenienses idosos tinham paixão pelo serviço na Eliaia. A seguir, um escravo descreve a mania do seu senhor:

> Ele adora isso, esse negócio de jurado. Resmunga se não consegue sentar-se no banco da frente. Não dá nem uma dormidinha durante a noite, mas, se por acaso

5:9 Modelos reconstruídos de relógios-d'água oficiais para marcar o tempo concedido aos oradores nos tribunais. Séc. IV.

cochilar só por um instante, sua mente continua voando durante a noite para a clepsidra... E, por deus, se ele visse junto à entrada da casa uma inscrição com os dizeres: "*Demos*, o filho de Pirilampo é belo", escreveria ao lado: "Bela é a urna de votação"...

Logo depois do jantar ele pede os sapatos aos gritos e parte para o tribunal de madrugada e dorme lá, agarrado à coluna como uma craca. E, por mau humor, dá a todos os réus a linha comprida e depois volta para casa como uma abelha (5.61)... com cera debaixo das unhas. E como teme ficar um dia sem seixos de votação, tem uma praia inteira em casa. É totalmente doido... (Aristófanes, *As vespas*, 87-112)

5.48 Por mais ou menos crédito que dermos à caricatura de Aristófanes, não há dúvida de que os homens que se ofereciam para o júri e os que compareciam à *ekklēsía* eram do mesmo tipo; esta, como já vimos, podia às vezes funcionar como tribunal. Conseqüentemente, muitas vezes os oradores em um tribunal apelavam aos jurados tanto como cidadãos quanto como juízes em um caso específico. Além disso, não havia promotoria pública em Atenas, nem uma força policial adequada. Se a cidade fosse lesada, ou se a comunidade fosse atacada, não existia nenhuma corporação oficial para dar início a um processo por reparação ou punição nos tribunais. Isso era deixado a cargo da iniciativa particular. O estado dependia de "quem quisesse" (*hò boulómenos*) iniciar um processo – uma característica da justiça ateniense que deu origem aos notórios *sukophántai* (ver 5.63). Assim, embora os atenienses, tal como os tribunais modernos, distinguissem entre casos públicos e casos particulares, todos os processos eram iniciados por indivíduos. Nos casos particulares, só a parte ofendida podia mover uma ação que era, então, chamada de *díkē* (o assassinato – o que é estranho para o nosso modo de pensar – contava como *díkē* em Atenas, mas cf. 3.13 sobre o papel da família). Nos casos públicos, "quem quisesse" podia emitir uma intimação (*graphḗ*, assim chamada por ter de ser depositada por escrito).

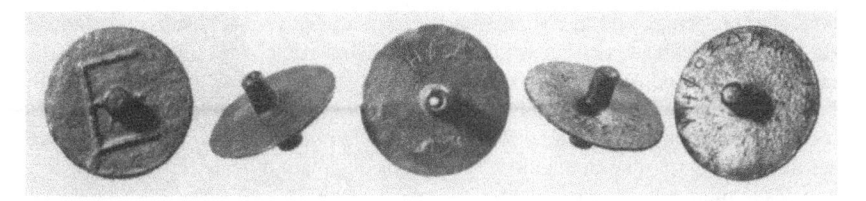

5:10 Tentos de voto de bronze. Os que tinham um orifício central eram usados para condenação e os outros para absolvição. Alguns eram marcados com a inscrição PSEPHOS DEMOSIA (tento de voto oficial) e com uma letra que indicava o tribunal pertinente.

5.49 O exemplo de um caso público particularmente importante, a *graphḗ paranómōn*, serve para ilustrar tudo isso. Essa intimação podia ser emitida contra qualquer orador na *ekklēsía* que apresentasse uma proposta supostamente inconstitucional (cf. 5.10). Isso podia ser feito por quem quisesse e, originariamente, pretendia ser uma salvaguarda constitucional contra os ataques à democracia; seu primeiro uso verificado foi em 415, época de crise e rumores de subversão (I.H.48-50). Mas podia também ser empregada como arma de ataque contra um político rival. Tanto em um como em outro uso, a *graphḗ paranómōn*, em certa medida, substituiu o ostracismo que foi abandonado por volta de 416. Uma vez emitida a intimação, a moção, lei ou decreto era suspenso e seu propositor era levado a um tribunal do júri. Se fosse julgado culpado de comportamento inconstitucional, a lei ou decreto era cancelado automaticamente, e quem o propusera era multado (cf. 3.2).

5.50 Em um estado moderno, em geral uma segunda câmara (tal como a Câmara dos Lordes, na Inglaterra) revê as decisões da primeira e o chefe de Estado tem o poder de vetar os atos do Parlamento. Em Atenas, era o Povo, como jurado, que julgava as decisões do Povo na *ekklēsía* e era o propositor, não a decisão, que estava sujeito à condenação. Aqui, mais uma vez, vemos em ação o princípio democrático cardeal da responsabilidade, ampliado neste caso para abranger aqueles que, no momento, pudessem não ser detentores de qualquer cargo público. Mas isso significava também que a *graphḗ paranómōn* podia transformar-se em munição na furiosa competição pelo sucesso político (cf. 3.2, 12). Considere-se o caso de Apolodoro, filho de Pásion.

5.51 Ele fora escolhido por sorteio como *bouleutḗs* para 349-48 e, em 348, em um momento de crise da guerra contra Filipe, nas palavras de Teomnesto,

propôs na *boulḗ* um decreto e apresentou-o como um *proboúleuma* para a *ekklēsía*, segundo o qual o Povo deveria decidir se os fundos remanescentes das despesas da cidade seriam usados para fins militares ou para espetáculos públicos, pois a lei ditava que, em tempos de guerra, os fundos remanescentes das despesas da cidade deveriam ser dedicados a fins militares; e, quando a votação teve lugar, não houve ninguém que se opusesse a esse uso. Ainda hoje [final da década de 340], quando o assunto é mencionado em qualquer lugar, reconhece-se universalmente que Apolodoro deu o melhor conselho e foi tratado injustamente. Vossa ira, portanto, deve ser dirigida contra o homem cujos argumentos enganaram os jurados e não contra aqueles a quem ele enganou.

Esse sujeito, Estêvão, indicou o decreto como ilegal e levou a questão aos tribunais. Apresentou testemunhas falsas para caluniar Apolodoro dizendo que ele fora devedor da cidade por 25 anos e, fazendo todo tipo de acusações estranhas ao incidente, obteve um veredito contra o decreto. ([Demóstenes] (*Contra Neera*). 59.4-6)

A democracia e o imperialismo atenienses

Esse tipo de caso não tinha uma pena fixa. Portanto, depois que o júri julgava alguém culpado, primeiro a acusação e depois a defesa propunham penalidades alternativas:

> Quando os jurados estavam votando para fixar a penalidade, imploramos a Estevão que aceitasse um compromisso, mas ele recusou-se; fixou a soma em quinze talentos com o objetivo de privar Apolodoro e seus filhos de seus direitos cívicos e de causar à minha irmã e a todos nós aflição e privação muito grandes. A propriedade de Apolodoro não valia mais de três talentos, o que tornava o pagamento de uma tal multa totalmente impossível. Contudo, a falta de pagamento até a nona pritania dobraria a multa e Apolodoro seria registrado como devedor de trinta talentos ao Tesouro; sua propriedade seria confiscada pelo estado e vendida e o próprio Apolodoro, sua esposa e seus filhos e todos nós seríamos reduzidos à extrema pobreza. Ainda por cima, sua outra filha não poderia casar-se, pois quem se casaria com uma moça sem dote e com um pai em dívida com o Tesouro e sem recursos?... Ficarei, portanto, profundamente agradecido aos jurados do caso por se terem negado a deixar que Apolodoro fosse arruinado, fixando a multa em um talento, soma que ele pôde pagar, embora com dificuldades. ([Demóstenes] (*Contra Neera*), 59.6-8)

(b) Julgamento pelo júri (o agốn)

5.52 O jurado de Aristófanes desesperado por uma condenação, Apolodoro ameaçado de ruína social e econômica, os tribunais como instrumento para atrapalhar os inimigos políticos – tudo isso sugere emocionantes dramas em salas de tribunais. E de fato isso acontecia, sobretudo em virtude da ausência de qualquer coisa parecida com os procedimentos adotados nos tribunais modernos. Sócrates, na versão de Platão do discurso de defesa que fez no julgamento em que foi condenado à morte, de 399, pediu aos jurados que não fizessem tumulto para que ele fosse ouvido. Não havia advogados no sentido moderno da palavra e os querelantes tinham de falar em sua própria defesa, embora os mais ricos pudessem contratar um Lísias ou um Demóstenes para escrever seus discursos. Não havia regras estritas para a apresentação de provas e nenhum juiz para forçar sua aplicação, mesmo que existissem. As testemunhas não eram inquiridas pelas duas partes. Os jurados não podiam ser orientados em questões legais, a não ser pelos próprios querelantes, e reagiam tanto aos apelos às suas emoções e preconceitos morais quanto aos fatos concretos que dificilmente se poderiam estabelecer. Finalmente, os julgamentos tinham de acabar no mesmo dia e os jurados votavam sobre a questão imediatamente após ouvirem as duas partes. Não se retiravam para uma sala fechada para deliberar em particular, longe do burburinho da sala do tribunal, e muito menos procuravam conselhos de um juiz sobre questões legais.

5.53 Em um sistema ainda mais aberto e imprevisível que os nossos sistemas judiciais modernos, as testemunhas eram da mais alta importância, embora não fossem questionadas pelos dois lados (pedra angular dos processos nos tribunais modernos). Enquanto nós poderíamos achar que testemunhas imparciais pesam mais que as parciais, os gregos tinham plena consciência da importância dos *phíloi* e sabiam que era perigoso tentar obter provas de alguém que não se conhecesse e mais ainda de um *ekhthrós* (3.13). O orador Iseu diz isso com elegância:

> Todos sabeis que, quando estamos agindo sem ocultamento e precisamos de testemunhas, normalmente usamos nossos parentes próximos e amigos íntimos como testemunhas de tais ações; quanto ao imprevisto e inesperado, porém, recorremos a qualquer um que, por acaso, esteja presente. Quando se precisa de uma prova em um tribunal, temos de trazer como testemunhas pessoas que estavam de fato presentes, sejam elas quem forem. (Iseu (*Sobre as propriedades de Pirro*), 3.19)

5.54 Além disso, o testemunho de escravos só podia ser aceito se houvesse sido obtido sob tortura. Afinal de contas, como não passavam de "objetos com alma" (ver 4.64), não se podia esperar que os escravos dissessem a verdade sem uma certa pressão. Também temia-se que o excesso de lealdade ou de ódio para com o senhor pudesse distorcer seu testemunho. Na medida em que um escravo era um bem familiar valioso, nenhum senhor estava disposto a submetê-lo à tortura e possivelmente a lesões graves. Isso pode ter tido o efeito de limitar os testemunhos de fontes tão "pouco confiáveis".

5.55 Contra esse pano de fundo de aparente caos, devemos mencionar o extraordinário cuidado tomado, pelo menos no século IV, para que um caso que devesse ir a julgamento de fato o fosse e para que os jurados fossem escolhidos de modo a evitar a corrupção (cf. 5.63). A parte ofendida apresentava sua alegação ao oponente perante testemunhas. Os mal-entendidos podiam ser resolvidos nesse primeiro estágio. Se isso não acontecesse, chamavam-se árbitros particulares. Ambas as partes concordavam sobre uma equipe de arbitragem, sobre seus termos de referências se comprometiam a acatar suas decisões que tinham força legal. Em qualquer altura de um processo civil, as partes podiam solicitar uma arbitragem.

5.56 Se esses métodos falhassem, emitia-se uma intimação. A parte ofendida visitava a *agorá* e verificava (para sua satisfação, pelo menos) se as leis que lá estavam expostas apoiavam sua causa e quando o seu tipo de caso deveria ser ouvido. A intimação era feita verbalmente e o réu era comunicado, diante de testemunhas, de que deveria apresentar-se ao *árkhōn*

A democracia e o imperialismo atenienses 227

ou ao conselho judiciário apropriado em um dia determinado. Nesse dia, o *árkhōn* decidia se o caso era ou não passível de processo; se o fosse, a queixa era formalmente registrada por escrito, embora o acusado pudesse apresentar uma objeção oficial. Ambas as partes depositavam um sinal por conta das custas que o perdedor pagava por inteiro após o julgamento. O *árkhōn* fixava um dia para a audiência e uma cópia da queixa era afixada publicamente na *agorá*.

5.57 A audiência preliminar assumia a forma de uma arbitragem pública, sendo o árbitro um cidadão acima da idade militar que era selecionado por sorteio. Ambos os lados prestavam um juramento de que sua causa era correta e apresentava as provas de apoio. Se uma decisão fosse alcançada neste estágio, seu cumprimento era obrigatório e o caso era encerrado. Se não, todas as provas eram seladas em uma caixa, para serem lidas no tribunal; depois disso, nada mais podia ser acrescentado a elas. A caixa era deixada sob a guarda do *árkhōn* e a questão era entregue à jurisdição pública em um tribunal do júri.

5.58 O cuidado tomado com a seleção do júri tinha sobretudo a intenção de evitar subornos. Essa era também a razão pela qual os júris atenienses eram, pelos nossos padrões, tão grandes. Os cidadãos colocados na lista dos jurados do ano juravam obedecer às leis e recebiam, cada um, o *pinákion*, uma placa com seu nome, que lhes dava o direito de exercer a função. Os jurados para um julgamento específico eram escolhidos no último minuto por uma máquina de sorteio (*klērotérion*) que, ao acaso, selecionava os jurados e os distribuía por tribunais. É claro que não havia nenhuma garantia de que um certo jurado seria selecionado. Uma vez selecionado e agora de posse de uma bola marcada com uma letra, tirada de uma urna, o jurado seguia para o tribunal cuja marca era a letra correspondente. Lá chegando, entregava o seu *pinákion*, que receberia de volta juntamente com o pagamento, no final da sessão. Em troca, davam-lhe um bastão curto (*baktérion*) pintado com uma cor determinada, outra medida para garantir que ele fosse para o tribunal certo. Lá dentro, recebia mais uma ficha, desta vez a que lhe dava direito a receber o pagamento.

5:11 Placa de identidade ateniense (*pinákion*), feita de bronze, com a qual um cidadão elegível para o júri obtinha permissão de entrar no tribunal. Séc. IV.

5:12 Cidadãos colocam seus votos em jarros. *C.* 470.

5.59 Após todo esse procedimento extraordinariamente complicado, o julgamento propriamente dito pode parecer ridiculamente informal. Assim, talvez não seja totalmente inadequado voltarmos às *Vespas*, de Aristófanes, para assistir à paródia de um julgamento. Como sempre na fantasia de Aristófanes, o humor depende em grande parte de que ele permaneça em contato íntimo com a realidade cotidiana; e, juntamente com o material de primeira mão descoberto na *agorá* pelos arqueólogos, Aristófanes proporciona-nos grande parte dos indícios que possuímos acerca do equipamento de um tribunal de júri. O que se segue é o enredo de *As vespas*.

5.60 Um tribunal absurdo foi instalado na casa de Filocleão ("amante de Cleão"). Seu filho concordou em dar-lhe, como único jurado, pagamento habitual. Antes de mais nada, Filocleão pede aos gritos uma amurada para separar os jurados do público (temos indícios de que multidões se reuniam em torno aos tribunais abertos e reagiam com tanto vigor quanto os jurados). O filho vai então buscar a lista dos casos pendentes afixada na *agorá*, enquanto Filocleão improvisa urnas de votação com grandes cuias e põe um penico para servir de clepsidra para medir a duração dos discursos. Seguem-se as orações. O filho anuncia: "Se algum jurado estiver fora, que entre, pois depois de começarmos não o admitiremos". A acusação é lida e os discursos começam.

Neste ponto, afastamo-nos da peça: os réus são cães e precisam de ajuda para falar. Em um processo real, os querelantes pronunciariam seus apelos aos jurados, apresentando provas escritas e pedindo que as leis relevantes fossem lidas em voz alta. Filocleão então apresenta-se para votar e, por engano, absolve o réu. Na citação anterior, vimos Filocleão agarrado ao seu seixo de votação; no século IV, fichas de bronze eram feitas especialmente e muitas delas foram encontradas a nordeste e a sudoeste da *agorá*. O veredito era obtido por votação secreta. Os jurados depositavam suas fichas na urna de absolvição ou na de condenação.

5.61 Se o veredito fosse "culpado" e a pena não fosse fixa, como nos casos de Apolodoro (5.51) e de Sócrates (5.52), os jurados tinham de votar novamente sobre a punição. O escravo descreve Filocleão indo para casa com as unhas cheias de cera (5.47). Isso acontecia porque Filocleão estivera votando sobre a punição raspando uma tabuleta coberta de cera conhecida como "tabuleta de penalidades". Uma linha comprida na cera era um voto pela sentença mais severa; uma curta, pela mais branda; Filocleão sempre votava pela sentença mais pesada.

5.62 Em uma *díkē*, a aplicação do veredito era deixada a cargo do indivíduo envolvido. Uma recusa repetida a fazer um acerto podia levar a mais processos e a uma possível perda dos direitos civis plenos (*atimía*, ver 5.65, 3.12). Se o homem condenado se negasse a pagar a quantia determinada no tribunal, o querelante vencedor podia apossar-se de propriedades correspondentes ao valor da quantia imposta (cf. 4.35). O *árkhōn* que presidia o julgamento estava obrigado a providenciar, se possível, que a decisão do júri fosse cumprida, posto que deveria prestar contas ao Povo no final de seu mandato. Mesmo assim, muitas vezes o cumprimento era difícil na prática. Os julgamentos em uma *graphḗ* e sentenças de morte eram atribuições de funcionários da cidade (5.37).

(c) Os sukophántai

5.63 Os atenienses tinham fama de litigiosos, fama injustificada na medida em que tomavam o maior cuidado para ter certeza de que um caso devia ou não ir parar nos tribunais. Por outro lado, com efeito, o fato de, nas *graphaí*, ficar a cargo de "quem quisesse" iniciar um processo deixava a porta aberta aos abusos. Por volta do final do século V, começou a surgir o sentimento de que havia gente demais abrindo processos, não por espírito público, mas para ficarem bem com seus chefes políticos ou para ter ganho ilícito com as recompensas financeiras provenientes da vitória em um caso. Tais homens ficaram conhecidos como *sukophántai* (palavra de etimologia desconhecida) e Aristófanes retratou-os, sem dúvida, com distorção cômica em diversas peças. A seguir, uma cena da última delas, *Ploutos*, de 388:

Homem Justo: Como vives, então, e de que, se não *fazes* coisa alguma?
Sukophántes: Sou supervisor de assuntos públicos; assuntos particulares também. Tudo.
Homem Justo: Tu? Quem te pôs nisso?
Sukophántes: Faço isso porque gosto.
Homem Justo: E tu te chamas de bom cidadão, tu que entras nas casas dos outros

     e fazes com que te odeiem por te meteres em coisas que não são da tua conta?
Sukophántes: E então servir a minha terra com o que tenho de melhor não é da minha conta, imbecil?
Homem Justo: Então servir a sua terra é fazer-se de intrometido?
Sukophántes: Dar o nosso apoio às leis estabelecidas e intervir para evitar que delitos sejam cometidos: isso é servir à sua terra.
Homem Justo: Mas a cidade não emprega os jurados precisamente para esse fim?
Sukophántes: Mas quem faz as acusações?
Homem Justo: Quem quiser.
Sukophántes: Bom, sou eu quem está querendo. Assim cabe a mim o governo da cidade.
                  (Aristófanes, *Ploutos*, 906 ss.)

As típicas acusações feitas por *sukophántai* incluíam informação contra alguém que não houvesse pago uma quantia imposta no tribunal ou uma denúncia por práticas comerciais ilícitas. Suas vítimas tinham de enfrentar um julgamento ou submeter-se à chantagem. Medidas foram tomadas para intimidar os *sukophántai*; por exemplo, se não conseguissem obter pelo menos um quinto dos votos dos jurados, ou se abandonassem um processo após tê-lo começado, podiam ter de pagar uma multa pesada e perder o direito de abrir de novo processos semelhantes (uma forma de *atimía*). Contudo, os indícios, em seu conjunto, sugerem que os atenienses tinham grandes dificuldades para efetivar essas medidas.

*(d) A perda dos direitos civis plenos (*atimía*)*

5.64 Os *sukophántai* e muitas outras características do sistema legal ateniense podem parecer inacreditáveis ao leitor moderno. Os próprios atenienses, porém, eram exageradamente orgulhosos de seu respeito pela lei e pela justiça. Tal como o herói fundador ateniense Teseu diz ao tebano Creonte na peça *Édipo em Colono*, de Sófocles: "Chegaste a uma *pólis* que cultiva a justiça e que nada sanciona sem a lei" (cf. 7.17). Para vermos o sistema legal ateniense na perspectiva adequada, devemos considerar quanto o sistema já desenvolvido do final do século V e do século IV está distante de suas origens muito mais rudes. A lei relativa à *atimía* destaca isso de modo particularmente nítido.

5.65 *Atimía* significa, literalmente, privação da *timḗ*, ou aprovação (cf. 3.12). No século VI e início do século V, estar em um estado de *atimía* (*átimos*) equivalia a estar fora da lei: o homem *átimos* podia ser morto ou roubado sem possibilidade de reparação legal. Logo, a prudência ditava que ele se exilasse da Ática. Por volta do final do século V, a proscrição distinguira-se da *atimía*, sendo esta a menos severa das duas penas. Desse modo, os cidadãos que foram considerados culpados de sacrilégio, em 415, foram condenados à proscrição e não à *atimía*; teriam sido executados se não tivessem fugido a tempo para o exterior, suas propriedades foram confiscadas pela cidade e vendidas em hasta pública (I.H.49).

5.66 Por outro lado, a *atimía* não acarretava necessariamente a perda das propriedades, nem obrigava ao exílio. Mesmo assim, era a sentença mais severa pronunciada pelos tribunais depois da de morte e de exílio. Em suas formas mais extremas, equivalia à morte política, pois o cidadão, totalmente privado de seus direitos civis, não podia falar na *ekklēsía* nem nos tribunais, ter um cargo público, servir como *bouleutés* ou jurado ou entrar nos templos e na *agorá*. Qualquer pessoa que visse um *átimos* em um lugar proibido podia prendê-lo no ato e entregá-lo aos Onze ou aos *thesmothétai*. Além disso, em geral a perda dos direitos era perpétua e, nos casos particularmente graves, podia estender-se aos descendentes também. Apesar disso, tratava-se de um avanço considerável em relação à lei da selva.

5.67 Em 415, Andócides sofreu perda parcial dos direitos por seu envolvimento na profanação dos Mistérios de Elêusis. A sentença foi revogada pela anistia geral extraordinária de 403, a primeira registrada na história humana, mas, em 399, Andócides viu-se de volta aos tribunais. Aqui, ele lista alguns dos delitos para os quais a *atimía* era a pena prescrita:

> Os que deviam dinheiro ao Tesouro, todos os que haviam deixado de passar as *eúthunai* ou eram culpados de desobediência a ordens de um tribunal, ou haviam perdido processos públicos ou haviam sido multados sumariamente ou que, depois de comprarem os direitos de coletar impostos, haviam deixado de pagar a soma acordada, ou que, tendo sido fiadores do Tesouro, haviam deixado de pagar: todos esses tinham de pagar durante a nona pritania ou seus débitos seriam dobrados e

5:13 Fragmento de uma das *stêlai* áticas que registra a venda da propriedade confiscada de Alcibíades e outros depois que foram declarados culpados de sacrilégio em 415.

suas propriedades vendidas. Essa era uma forma de *atimía*; uma outra era imposta a pessoas que perdiam seus direitos civis, mas continuavam gozando da posse e usufruto de propriedades. Neste segundo grupo estavam os condenados por fraude ou suborno. Esses e seus descendentes deviam sofrer a perda de direitos. Todos os que abandonavam seu posto ou eram condenados por fugir ao serviço militar por covardia no campo de batalha ou por ter evitado uma batalha naval ou por ter jogado fora o escudo, ou que tinham sido condenados três vezes por prestar falso testemunho ao alegar falsamente ter testemunhado uma intimação, ou que houvessem abusado dos pais – todos esses perdiam os direitos, mas conservavam a propriedade. Outros ainda perdiam seus direitos... não totalmente, mas parcialmente; por exemplo, os soldados que... haviam ficado na cidade no tempo dos Quatrocentos (411)... não tinham permissão para falar na *ekklēsía* do *dêmos*, nem de ser *bouleutaí*... Outros não tinham o direito de iniciar processos públicos; outros, de prestar informações a um funcionário. Para outros ainda, a especificação era a de não navegarem para o Helesponto ou para a Jônia, para outros [como o próprio Andócides], não entrar na *agorá*. (Andócides (*Sobre os mistérios*), 1.73.6)

Em resumo, a legislação da *atimía* ilustra com clareza as relações inextricáveis entre a política e o direito com que iniciamos esta seção.

(vii) Finanças da cidade

(a) Renda e despesas

5.68 A cidade ateniense tirava sua renda regular de diversas fontes, dentre as quais as taxas dos tribunais e as multas não eram as menos importantes. O estado não tinha um orçamento no sentido moderno, mas, muito embora os indícios sejam fragmentários, é possível calcular por cima os seus rendimentos anuais. Em 431, a soma dos rendimentos internos e externos parece ter chegado a cerca de mil talentos, ao passo que, em 355, o rendimento interno havia caído para 130 talentos por ano, cerca de um quarto da cifra de 431. Além das taxas dos tribunais, a renda interna derivava de taxas sobre os portos e mercados, impostos sobre os metecos, rendas das concessões de mineração e outros rendimentos controlados pelos *pōlētaí* (vendedores) e uma multidão de fontes menos importantes. A principal fonte de renda externa no século V era o tributo imperial, mas este foi abolido em 405 e nunca foi restabelecido com sucesso no século IV.

As rendas da cidade eram usadas sobretudo para pagar os cidadãos que realizavam algum serviço público. Desde que isso foi introduzido por volta de 460 para pagar os jurados, as despesas cresceram notavelmente. Também se pagava pelo serviço como *bouleutés* ou funcionário, pelo serviço militar como hoplita ou remeiro, pelo comparecimento à *ekklēsía* e a certos festivais. Itens importantes das despesas, sem falar da construção de trirremes ou templos, ficavam a cargo de indivíduos ricos, tal como veremos.

5.69 Dois exemplos servirão para ilustrar os processos pelos quais a cidade obtinha sua renda interna. O Pireu, como já vimos (4.56), tornou-se o centro comercial mais importante do Mediterrâneo oriental. Servia não só como centro das importações e exportações de Atenas, mas também como centro de distribuição de artigos que circulavam entre outras cidades. É natural que Atenas tratasse de extrair desse comércio algo em seu próprio benefício e um dos meios mais importantes para fazer isso era vender pela melhor oferta o direito de coletar a taxa de 2% sobre o valor da mercadoria que entrasse ou saísse do Pireu. Também aqui, algumas de nossas informações mais detalhadas encontram-se no discurso de Andócides *Sobre os mistérios*, mas é preciso lembrar que ele falava diante de um júri:

> Agírrio, aquele homem honesto que bem conheceis, fora por dois anos o arrendatário geral da taxa de 2%. Obtivera o direito de coletá-la por trinta talentos... [Ele e seus sócios], após terem realizado um lucro de seis talentos e perceberem como era lucrativo o negócio que tinham em mãos, formaram um sindicato, subornaram os rivais dando-lhes uma participação nos lucros e ofereceram de novo trinta talentos pela taxa. Como ninguém iria apresentar uma contra-oferta, fui à *boulé* e cobri o lance deles, comprando o direito de coletar as taxas por 36 talentos... Assim, graças a mim, evitou-se que aqueles homens dividissem entre si seis talentos de dinheiro que por direito era vosso. (Andócides (*Sobre os mistérios*), 1.133-4)

5.70 Como segundo exemplo, examinemos o arrendamento das minas de prata do distrito de Láurion, no sudeste da Ática. Já desde a Idade do Bronze que se minerava naquela área, mas a produção começou a adquirir importância nacional para Atenas no final do século VI e no início do século V (nessa altura, as minas já eram propriedade da cidade, cf. I.H.15). Os indícios sobre os métodos de mineração no século V são escassos, mas sabemos que a esmagadora maioria da mão-de-obra era formada por escravos e que alguns dos atenienses mais ricos tinham investimentos na mineração. Para o século IV, porém, temos informações de inscrições, bem como fontes literárias. Aristóteles especifica que os *pōlētaí* arrendavam as minas e ratificavam as concessões feitas pela *boulé*. A seguir um extrato do único registro anual que sobreviveu inteiro, o de 367-66. Todos os arrendatários são cidadãos:

Pōlētaí no arcontado de Polizelo
Polieucto do demo Lamptras, Dínias do demo Érquias, Teeu do demo Peânia, Teotimo do demo Frearros, Aristógenes do demo Ifistíadas, Glauko do demo Lakíadas, Cefísocles do demo Pireu, Nikokles do demo Anaflisto, com Execesto do

demo Cotócidas como secretário... Na primeira pritania, a de Hipotonte, [as seguintes] minas foram arrendadas: Dexíacon, no despenhadeiro do Mirante, cujos limites são em todos os lados [propriedade de] Nícias do demo Cidântida; arrendatário Cálias de Esfeto: vinte dracmas. Diacon em Láurion, cujos limites são para leste as terras de Exópio, para oeste a montanha; arrendatário Epíteles do demo Cerameis: vinte dracmas (*Hesperia* 10 (1941), 14 ss.)

(b) Leitourgíai *(liturgia)* e eisphoraí *(taxas de guerra)*

5.71 O leitor moderno terá notado de imediato que não havia nenhum imposto direto sobre a renda. Em vez disso, a cidade impunha uma forma de taxação sobre os ricos e, em situações de emergência, impunha taxas sobre a propriedade.

Uma *leitourgíai* significava, originalmente, um serviço voluntário para a comunidade, mas, na democracia ateniense, as "liturgias" eram compulsórias para aqueles que possuíssem um certo nível de propriedades. Eram classificadas em duas categorias principais: a trierarquia e as liturgias dos festivais. Um trierarca era designado para uma trirreme da cidade (ver 6.41-2) que, por um ano, tinha de ser mantida em boas condições, equipada com uma tripulação (teoricamente paga pela cidade, mas, no século IV, os tempos eram difíceis) e oficiais de comando. Uma *leitourgíai* de festival envolvia a seleção, o financiamento e o treinamento das equipes que concorriam nos torneios atléticos, dramáticos ou musicais dos vários festivais religiosos de Atenas (7.35). (Parece ter havido quase uma centena de *leitourgíai* de festivais que deviam ser exercidas a cada ano.) Veja-se a seguir parte de um discurso pronunciado em um tribunal por volta de 400, que ilustra claramente o amplo alcance e os gastos potenciais das *leitourgíai*:

Submeti-me à *dokimasía* para tornar-me cidadão no arcontado de Teopompo (411-10). Fui então nomeado produtor (*khorēgós*) de tragédias e gastei trinta minas. Três meses depois, ganhei o primeiro prêmio nas Targélias com um coro ditirâmbico masculino, tendo gasto duas mil dracmas. No arcontado de Glaucipo (410-09), gastei oito mil dracmas com dançarinos pírricos nas Grandes Panatenéias e conquistei o primeiro prêmio como *khorēgós* com um coro ditirâmbico masculino nas Dionísias gastando cinco mil dracmas, incluindo-se nestas o custo da oferenda da trípode. No arcontado de Díocles (409-08), gastei trezentas dracmas em um coro cíclico nas Pequenas Panatenéias.

Entrementes, fui trierarca por sete anos e gastei sete talentos e... duas vezes paguei *eisphoraí,* em uma ocasião trinta minas e na outra quatro mil dracmas.

Logo depois de navegar de volta para Atenas, no arcontado de Aléxias (405-04), servi como produtor de uma exibição de ginástica (*gumnasíarkhos*) nas Prometéias e ganhei o primeiro prêmio, tendo gasto doze minas. Depois, fui nomeado *khorēgós* de um coro de meninos e gastei mais de quinze minas. Em seguida, no arcontado de Euclides (403-02), ganhei o primeiro prêmio como *khorēgós* de uma comédia de Cefisodoro e gastei dezesseis minas, contando-se o custo da oferta dos equipamentos. Então, nas Pequenas Panatenéias, fui produtor de uma dança pírrica de meninos e gastei sete minas.

Ganhei o primeiro prêmio em uma corrida de trirremes partindo de Sûnio, com um gasto de quinze minas; nem menciono que conduzi delegações para os festivais e paguei as Arrefórias e outros itens semelhantes que, em conjunto, me custaram mais de trinta minas. (Lísias (*Sobre uma acusação de suborno*), 21.1 ss.)

5.72 Esse orador, que está se defendendo de uma acusação de fraude e, portanto, é passível de *atimía*, não é um liturgista típico. Os dez talentos e meio que gastou em dez anos representam mais de quatro vezes o mínimo legalmente exigido e, tal como ele diz expressamente ao júri, gastou a mais para aumentar seu crédito com o Povo. É provável que sua riqueza excepcional (talvez entre vinte e trinta talentos) ou a sua vida política o tenham exposto a acusações nos tribunais. Aparentemente, no século IV, para o liturgista médio as *leitourgíai*, em especial a trierarquia, foram transformando-se em encargos cada vez mais pesados. Isso foi reformado em 357 para que houvesse distribuição mais eqüitativa dos encargos (ver 6.46), mas sem muito sucesso.

Se alguém quisesse evitar a *leitourgíai*, podia encontrar alguém mais rico que, no entanto, estivesse participando menos do que devia nas *leitourgíai*, desafiá-lo ou a exercê-la em seu lugar ou a fazer com ele uma troca de propriedades, esclarecendo ao mesmo tempo que, se a propriedade do desafiado fosse realmente menos valiosa, mesmo assim ele aceitaria a troca.

5.73 As *eisphoraí*, imposto de emergência de guerra, talvez tenham sido cobradas pela primeira vez na primeira parte da Guerra do Peloponeso. No século IV, quando não havia tributo imperial e as finanças da cidade de Atenas iam ficando cada vez mais precárias, as *eisphoraí* tornaram-se cada vez mais freqüentes e, em 378-77, os cidadãos que poderiam pagá-las eram agrupados em *summoríai*, grupos formados por aqueles que, de acordo com suas posses, deviam pagar imposto igual (6.46), para que o pagamento fosse mais regular e eficiente. Todavia, os discursos de Demóstenes estão cheios de apelos aos cidadãos para que cumpram seu dever patriótico na luta contra Filipe, pagando as *eisphoraí* devidas, de modo que, na prática, o sistema parece ter sido muito menos bem-sucedido do que se esperava.

(viii) O suprimento de cereais

5.74 Outra questão de vida e morte que não era tão bem administrada quanto seria desejável, no século IV, era a do suprimento de grãos. Os grãos, isto é, trigo e cevada, juntamente com a vinha e a oliveira, formavam a "tríade mediterrânea" de produtos alimentícios (1.9, 12). No entanto, apesar de os 20% de área cultivável da superfície da Ática servirem muito bem para a vinha e os olivais, não eram muito adequados à cevada, nem, o que é ainda mais importante, ao trigo. Estima-se, com base exclusivamente em seus próprios recursos, que a Ática podia alimentar um máximo de 75.000 pessoas por ano, incluindo uma população urbana de, quando muito, dez mil pessoas. Todavia, se nossos cálculos aproximados forem corretos, a população da Ática, em 431, era quatro vezes maior que essa cifra máxima e mais de duas vezes maior um século depois. A carência de cereais produzidos localmente tinha de ser compensada de algum modo por suprimentos externos (cf. 1.20).

5.75 As cidades gregas já haviam sentido a pressão populacional desde o século VIII e reagiram exportando a população excedente para todos os quadrantes (cf. I.H.4). Os que emigraram para o litoral norte do mar Negro viram-se ao norte da linha dos olivais, mas, em compensação, tiveram acesso às melhores terras para o trigo da Europa, a região de solos negros da Ucrânia e da Criméia. É provável que, já no final do século VIII, houvesse um comércio de trigo entre o mar Negro e a Grécia continental. Quando a população urbana de Atenas cresceu notavelmente no século V, também aumentou sua dependência dos cereais importados e a necessidade de controlar o comércio de grãos tornou-se a mais premente de todas. Felizmente, o instrumento de controle já estava à mão: a frota ateniense (cf. 6.31 ss.), desenvolvendo uma ligação íntima entre o imperialismo e o suprimento de cereais (cf. 4.59).

5.76 No século V, portanto, de certo modo, o poderio naval ateniense disfarça a extensão da dependência de Atenas em relação ao suprimento externo de cereais, mas alguns dados a confirmam. Em 445, os atenienses ficaram felizes por receber um presente de cereais de um rei egípcio e, em 405, foi o corte do fornecimento de trigo do mar Negro para Atenas que finalmente a forçou a capitular diante de Esparta. Contudo, no século IV, a dependência ateniense foi revelada em toda a sua nudez. Como o poderio naval ateniense era uma coisa do passado e se exercia, na melhor das hipóteses, durante breves períodos, foi preciso empregar outros instrumentos para influir no comércio de cereais.

São numerosos os indícios de que os grãos constituíam o mais essencial item das importações de Atenas. A taxa de 2% sobre as importações e exportações no Pireu (cf. 5.69) era administrada de maneira a que o imposto sobre os cereais fosse cobrado separadamente dos demais artigos. A supervisão do comércio de cereais não estava a cargo dos *agoranómoi*, mas de uma comissão especial de inspetores de grãos. Essa comissão vigiava os preços, garantindo que os moleiros e padeiros não auferissem lucros indevidos. O que era ainda mais notável é que o comércio de cereais era o único ramo do comércio exterior tratado como questão estritamente política.

5.77 Na época de Aristóteles e, provavelmente, algum tempo antes, o suprimento de cereais era item estatutário na agenda da *ekklēsía* soberana de todos os meses. Uma das medidas adotadas pela *ekklēsía* para resguardar, no que estivesse em seu poder, o suprimento de grãos é altamente reveladora da debilidade de Atenas no século IV. Ao invés de ditar suas ordens aos pequenos soberanos do norte, Atenas agora tinha de curvar-se àqueles que controlavam os pontos de suprimento. De modo que a *ekklēsía* decidiu pelo voto conceder a Lêukon, soberano do Bósforo Cimério (a Criméia), a cidadania honorária, juntamente com a isenção da taxação a que os cidadãos atenienses estavam sujeitos. No texto seguinte, em 355-54, Demóstenes faz referência aos benefícios recíprocos entre Lêukon e Atenas:

> Sabeis que, mais que ninguém, dependemos do cereal importado. Nossas importações do mar Negro equivalem às de todas as demais fontes. Não há nisto nada de surpreendente. Não só aquela é a área de maior produção, como também Lêukon, que a controla, garantiu isenção de taxas para os transportes destinados a Atenas e anunciou que eles devem ter prioridade no carregamento...
>
> Refleti qual é o preço disso. Ele cobra taxas de um trigésimo sobre todas as exportações de cereais. Importamos dele cerca de quatrocentos *médimnoi* – os números podem ser verificados nos registros dos comissários de cereais. De modo que,

5:14 Início de uma inscrição ática em honra dos três filhos de Lêucon em 346; os filhos são retratados no entalhe em relevo que encabeça a inscrição.

para cada trezentos mil *médimnoi*, ele nos dá um presente de dez mil *médimnoi* e, sobre os cem mil restantes, mais ou menos outros três mil...

Há dois anos, quando houve uma carência geral de cereais, ele supriu vossas necessidades com tanta generosidade que ficastes com um excedente no valor de quinze talentos. (Demóstenes (*Contra Léptines*), 20.30-3)

Em 346, depois da morte de Lêukon (349-48), Atenas confirmou os privilégios para seus três filhos, e temos até hoje o belo decreto que registra essa concessão. Além disso, os atenienses legislaram para proteger seu suprimento de cereais, considerando, por exemplo, crime capital o envio de cereais, feito por qualquer pessoa residente em Atenas, para qualquer porto que não o Pireu.

(3) O imperialismo ateniense

(i) Liga e império

5.78 Se os atenienses que criaram o império um século antes tivessem lido o decreto em favor dos filhos de Lêukon, teriam ficado escandalizados pela maneira como Atenas era obrigada a rastejar diante de governantes de tão pouca importância (3.2). Na época em que viviam, era Atenas que fazia estalar o chicote graças ao seu poderio naval. Apenas uma geração antes das Guerras Persas de 480-79, Atenas não era uma potência na região. Esparta interferira nos assuntos atenienses quatro vezes em dez anos e, em 499, os atenienses foram capazes de enviar apenas vinte navios para ajudar a seus irmãos jônios em revolta contra o poderoso Império Persa (I.H.12). A verdadeira virada na fortuna militar ateniense ocorreu com as vitórias navais de Salamina e Mícale (I.H.18, 20).

5.79 Depois delas, Esparta deixou de ser a condutora inconteste da Hélade. Em 478, a divisão de opiniões em Esparta sobre a conveniência de continuar a guerra contra a Pérsia levou algumas ilhas e cidades gregas mais poderosas da costa oeste da Ásia Menor a solicitar que Atenas assumisse a liderança. Atenas não hesitou, mas, ao invés de simplesmente assumir a direção da liga existente (conhecida pelos estudiosos modernos como Liga Helênica), criou outra inteiramente nova, que hoje costuma ser chamada de Liga de Delos (ver mapa 4, cf. I.H.22-4).

5.80 No inverno de 478-77, representantes dos estados gregos reuniram-se na ilha sagrada de Delos, no centro do mar Egeu, para prestar os juramentos de aliança. Juraram ter os mesmos amigos e inimigos, ou seja, concluíram uma aliança ofensiva e defensiva; jogaram pedaços de ferro no mar e juraram não se retirar da aliança antes que eles voltassem à superfície. Em outras palavras, a aliança deveria ser eterna. Formalmente, todos os aliados tinham o mesmo *status*, mas, na verdade, a predominância de Atenas ficou clara desde o início. Em primeiro lugar, nem todos os aliados juraram aliança entre si, mas cada um jurou individualmente ter os mesmos amigos e inimigos que Atenas, e Aristides retribuiu os juramentos em nome de Atenas, que iria ser reconhecida como *hēgemṓn* (líder).

5.81 As metas da aliança eram três: libertar o Egeu dos restos de controle persa, assolar as terras do Grande Rei da Pérsia em represália pelos danos que a invasão de Xerxes infligira à Grécia e garantir segurança permanente para os gregos contra qualquer nova tentiva persa de reconquistar seu controle. Dada a geografia da região, a aliança seria inevitavelmente naval, ao contrário da Liga do Peloponeso, baseada em terra, na qual Esparta era *hēgemṓn*. Como a guerra naval era incomparavelmente mais cara que a guerra de hoplitas, os aliados da Liga de Delos teriam de pagar mais para cobrir os custos de sua aliança, contribuindo com navios ou fazendo um pagamento em dinheiro.

A posição dominante de Atenas fica ainda mais clara nesse estágio. Era ela quem decidia quais cidades aliadas deveriam contribuir com navios, quais com dinheiro, e o valor da quota paga por cada uma. Era Atenas quem fornecia os chefes supremos da aliança escolhidos dentre os dez *stratēgói* e também os seus tesoureiros, os *Hellēnotamíai* (literalmente, "Tesoureiros dos gregos"). Esses funcionários eram escolhidos pelo Povo ateniense e a ele respondiam, não aos aliados como um todo. O tesouro da aliança, porém, ficaria em Delos (I.H.23). Também foram tomadas providências para a realização periódica de congressos dos aliados em Delos. Na prática, a maioria dos aliados, sendo relativamente pequenos, tenderia a votar do modo que o *hēgemṓn* quisesse. Em resumo, um nome melhor que Liga de Delos teria sido "Organização do Tratado do Egeu", ou "Pacto das Potências de Delos" (para a lista de tributos, ver I.H., p. 22).

5.82 Tanto quanto sabemos, no início não houve nenhuma queixa pública contra o predomínio de Atenas na aliança. O tributo em navios ou dinheiro, aparentemente, não era visto como indevidamente oneroso e, como a contribuição dos atenienses em navios era de longe maior que a de qualquer outro aliado e eles haviam conquistado um grande respeito por sua resistência contra os persas, considerava-se que sua liderança era justificada. Quinze anos depois, porém, as ilhas de Naxos e Tasos, cidades que contribuíam com muitos navios, haviam tentado afastar-se da Liga de Delos (I.H.26) e os conflitos com Atenas cresceram rapidamente no final da década de 450 e início da seguinte. Atenas, por sua vez, enrijeceu seu controle sobre a aliança. Os congressos da Liga deixaram de ser realizados, o tesouro foi levado de Delos para Atenas em 454 e os aliados, como Naxos e

240 *O mundo de Atenas*

Tasos, foram forçados a permanecer na aliança e severamente punidos por aquilo que os atenienses viam, de modo estritamente correto, como uma revolta. Por volta do início da Guerra do Peloponeso, conta Tucídides, Atenas estava tão impopular que a maioria dos gregos queria que Esparta vencesse. Mesmo que Tucídides estivesse exagerando (como quase com certeza estava), a natureza das relações entre Atenas e seus aliados em 431 já não era o que fora em 478-77 (I.H.33-4).

5.83 A maioria dos estudiosos descreve essa mudança em termos da transformação da Liga de Delos em império (*arkhḗ*) ateniense. Essa interpretação tem certo fundamento. Por exemplo, por volta de 450 os atenienses começaram a referir-se aos aliados como "as cidades que os atenienses governam [*árkhousi*]"; mais ou menos na mesma época, pela primeira vez ouve-se falar em intervenção ateniense nas constituições das cidades aliadas e em instalação de guarnições e governadores atenienses. Não menos importante foi a decisão ateniense de apropriar-se de terras dos aliados para assentamentos de atenienses e nelas fundar cidades que podiam também servir como guarnições militares informais. No entanto, falar de uma transformação da Liga de Delos em um império ateniense por volta de meados do século V é esquecer-se de uma questão fundamental apresentada acima na narrativa da fundação da aliança (cf. I.H.27). Desde o início, Atenas foi inquestionavelmente *hēgemṓn*, parceira dominante e, como os valores competitivos dos gregos estavam profundamente arraigados tanto nas relações entre as cidades quanto em tudo o que se referia à vida deles (3.1, 14), o predomínio no poder tendia a ser traduzido em uma relação de domínio de governo. As primeiras ofensivas da Liga foram mais benéficas para Atenas que para a aliança como um todo e fixaram o padrão para o futuro. Na época em que Naxos tentou separar-se, em 470, Tucídides trata a Liga, com razão, como já sendo, na realidade, o império ateniense.

(ii) A economia do império

5.84 Tucídides é a nossa principal fonte literária sobre o império, mas seu relato sobre os seus primeiros anos é muito incompleto. Atenas decidia quais estados contribuíam com navios e quais com dinheiro, mas Tucídides não nos diz qual era o total de cidades envolvidas, nem quantas contribuíam com navios e não com dinheiro. Tudo o que sabemos com certeza é que o número das que contribuíam com navios diminuiu, em parte, porque o custo foi considerado excessivo e, em parte, porque Atenas, como punição, privava de suas frotas os aliados revoltosos.

5.85 A obrigação de contribuir com navios, aparentemente, foi considerada pesada sobretudo por causa dos custos com tripulação, equipamentos e operação. Só o pagamento da tripulação de uma trirreme custava um talento por mês em 431. Mesmo que fosse apenas a metade disso cinqüenta anos antes, ainda seria muito mais caro contribuir desse modo que fazer um pagamento em dinheiro a Atenas. Em comparação, o tributo em dinheiro (*phóros*), no início, parece ter sido apenas uma imposição suave. À medida que o tempo passou, porém, até esse tributo foi julgado incômodo e não só por motivos puramente econômicos. A própria palavra *phóros* adquiriu matizes desagradáveis de subserviência, pois era possível considerar-se que Atenas o estava usando para construir uma frota predominantemente ateniense para, com ela, aumentar seu controle sobre os aliados.

5.86 Parece que a crise começou no início da década de 440. Em 460, Atenas havia enviado uma grande expedição ao Egito para ajudar um soberano local em revolta contra o Império Persa (I.H.25). A expedição transformou-se em um grande desastre e foi em decorrência dela que o tesouro da Liga foi removido de Delos para a segurança de Atenas. Após o desastre egípcio, parece que surgiram desavenças difusas no seio da aliança e os sentimentos dos aliados não devem ter-se acalmado com o fracasso dos atenienses em desalojar de Chipre os fenícios (que forneciam aos persas o principal braço naval no Mediterrâneo). A maioria dos estudiosos acredita que, no início da década de 440, Atenas fez a paz com a Pérsia, a Paz de Cálias.

5.87 Do ponto de vista de Atenas, essa paz foi uma realização honrosa e até gloriosa, mas parece ter aumentado a relutância de alguns aliados em pagar o tributo. Essa relutância deve ter sido agravada quando Atenas decidiu dedicar o enorme excedente acumulado por quase trinta anos de tributos para reconstruir os templos e monumentos da Acrópole ateniense, destruídos pelos persas em 480 e 479. A decisão de desviar o dinheiro dos aliados de seus objetivos iniciais para a glorificação da cidade era questionável e Atenas tentou aplacá-los tratando-os como seus colonos honorários e envolvendo-os intimamente nos festivais das Grandes Panatenéias e Dionísias.

5.88 Os sinais do descontentamento dos aliados são visíveis nas Listas de Tributos. Faltam os registros de um ano inteiro, talvez o de 449-48, e no ano seguinte muitos pagamentos são parciais ou simplesmente não existem. Por causa disso, a *ekklēsía* ateniense baixou, provavelmente em 447, um decreto concebido para endurecer a coleta de tributos. Segue-se um extrato da parte mais bem conservada desse decreto, tal como foi reconstituída por estudiosos modernos. O decreto foi proposto por uma moção de Clínias, provavelmente o pai de Alcibíades e associado político de Péricles:

A *boulé*, os governadores nas cidades (*árkhontes*) e os inspetores (*epískopoi*) deverão todos providenciar para que os tributos sejam coletados todos os anos e trazidos para Atenas. Selos de identificação deverão ser confeccionados para as cidades, de modo a impossibilitar a fraude por parte daqueles que trazem os tributos. Depois que a cidade tenha inscrito em um livro de contas o tributo que estiver mandando e lhe tiver aposto o seu selo, que seja enviado para Atenas. Que aqueles que trouxerem o livro de contas o entreguem à *boulé*, para que seja lido ao mesmo tempo em que estiverem pagando o dinheiro do tributo. E que os *prutáneis*, depois das Dionísias, convoquem uma *ekklēsía* dos *Hellenotamíai* para que os atenienses saibam quais cidades pagaram seus tributos inteiramente e quais deixaram de fazê-lo... (M e L 46 = Fornara 98)

5.89 A despeito dos gastos com o programa de construções da Acrópole e dos altos custos da repressão à revolta de Samos em 440-39 (I.H.33), o fundo de reserva de Atenas contava ainda, em 431, com a gigantesca soma de seis mil talentos. O rendimento externo anual dos tributos, das indenizações tais como a imposta a Samos e o derivado de outras fontes somavam seiscentos talentos. Com razão, Péricles ressaltou a preparação financeira de Atenas para a guerra vindoura. Cinco anos depois, porém, as exigências da guerra que não foi, é claro, contra os persas, como se pensava a princípio, revelaram-se incontroláveis. Um decreto semelhante ao de Clínias foi baixado pelos atenienses, tornando delito de traição o impedimento da coleta de tributos. Em 425, a arrecadação do tributo foi pelo menos dobrada, chegando talvez a um total de 1.460 talentos anuais. Mas as dificuldades com a coleta perduraram e, após a expedição desastrosamente cara contra a Sicília, em 415-13 (I.H.48-50), o tributo foi abolido em favor de uma taxa de 5% sobre todo o comércio interno do império. Isso acabou sendo apenas um expediente temporário e, em 410, o tributo foi reinstituído, apenas para ser abolido para sempre em 405, pelos espartanos.

O encargo do pagamento de tributos ficava sobretudo para os aliados ricos que, provavelmente, já não morriam de amores pela democracia ateniense. Portanto, não é nenhuma surpresa que cada vez mais eles se ressentissem com o pagamento dos tributos. Por outro lado, é possível que os aliados pobres tenham recebido o império ateniense de braços abertos por motivos econômicos, pois proporcionava empregos para remeiros, estivadores e assim por diante, e também oportunidades de pilhagem. Todavia, do ponto de vista econômico, eram os atenienses que, coletivamente, mais se beneficiavam com o império.

5.90 Os atenienses ricos podiam não ter muita simpatia pela democracia radical, mas até os oligarcas devem ter-se aquecido com o reflexo da glória do poderio ateniense e não faziam objeções ao imperialismo como tal. Além disso, eram eles que preenchiam muitos dos mais altos cargos do império e havia muitos a serem ocupados. Aristóteles diz que até setecentos funcionários estavam empregados no exterior na segunda metade do século V, mais, proporcionalmente, que no Império Romano. Parece também que, sob a proteção do império, os atenienses ricos puderam ficar ainda mais ricos, adquirindo terras ilegalmente nos territórios dominados. O ateniense mais rico, dentre aqueles de que tivemos conhecimento (ele foi condenado por sacrilégio em 415 e teve suas propriedades vendidas em hasta pública), tinha propriedades na Eubéia e em outras partes fora da Ática. Finalmente, os tributos e outras fontes de renda imperiais, de certo modo, aliviavam a carga de impostos sobre os ricos de Atenas e isso pode ter ajudado alguns deles a aceitarem a democracia.

5.91 Os verdadeiros beneficiários do império, contudo, eram os atenienses pobres, em especial os *thêtes*. Graças à marinha ateniense, em cujos navios tinham um grande papel como remeiros, Atenas tinha um suprimento de cereais razoavelmente garantido. Com efeito, tal era o poder ateniense que seus funcionários, chamados de "Guardiões do Helesponto" (*Hellespontophúlakes*), podiam controlar para onde ia o trigo do mar Negro. O crescimento do império implicava um aumento dos empregos, não só na frota, mas também nas docas, na fabricação de armas e outras necessidades e nas obras públicas. Alguns atenienses – talvez dez mil deles – beneficiaram-se também das terras que receberam no exterior, como clerucos (*kleroûkhoi*) ou como colonos (*ápoikoi*). A diferença é que os clerucos conservavam sua cidadania ateniense. Eis parte do decreto que fundou uma colônia em Brea, na Trácia, provavelmente por volta de 445:

> Distribuidores de terras (*geōnómoi*) serão eleitos, dez em número, um de cada tribo. Estes deverão distribuir as terras. Demóclides deverá estabelecer a colônia a seu critério, o melhor que puder. Os sítios sagrados que tiverem sido reservados para os deuses deverão ser deixados como estão e outros não serão consagrados. Uma vaca e uma panóplia deverão ser trazidas para as Grandes Panatenéias e, para as Dionísias, um *phállos*. Se alguém empreender uma campanha contra o território dos colonos, o auxílio será despachado pelas cidades tão rápido quanto possível como é prescrito pelos acordos... (M e L 49 = Fornara 100)

Segue-se uma emenda em que se especifica que os colonos deviam provir dos dois grupos censitários mais baixos da população de cidadãos.

(iii) A política do império

5.92 À vista de seus benefícios econômicos, não é de estranhar que, até o último homem, os atenienses aprovassem o império. Para os aliados, porém, era uma bênção que continha elementos negativos ou uma franca maldição sob o ponto de vista político.

5:15-16 Pode-se ver a influência exercida por Atenas no final do séc. V comparando-se o detalhe dos cavaleiros do friso do Partenon com os homens a cavalo de um sarcófago do fim do séc. IV, encontrado na antiga necrópole real de Sidon.

É bem possível que os aliados pobres, tal como se sugere acima, tenham recebido bem o império por suas vantagens econômicas. Mas eles também tinham benefícios políticos. A democracia era o governo da maioria e, em termos gregos, a maioria era pobre. Atenas, sendo uma democracia, tinha naturalmente interesse em promovê-la no seio do império, quando mais não fosse, pela razão prática de que um aliado democrático provavelmente seria mais leal que um aliado oligárquico. Por outro lado, não devemos supor que, por princípio, Atenas fizesse um esforço deliberado para criar a democracia em toda a aliança, posto que isso teria apenas alienado ainda mais os ricos que tradicionalmente formavam a classe governante dos estados oligárquicos e pagavam tributo. Em vez disso, Atenas tolerava a oligarquia, pelo menos nos maiores estados aliados, tais como Mileto e Samos, a menos que e até que o conflito civil surgisse na cidade aliada ou que ela tentasse sair da aliança. Então, Atenas intervinha ao lado dos democratas e da democracia. Contudo, em um mundo ideal, até mesmo um estado democrático teria preferido não estar sujeito a Atenas. Tratava-se de comparar a perda da liberdade política tão cara aos gregos com a alternativa ainda menos desejável de um controle persa e/ou oligárquico.

5.93 Talvez nem mesmo o mais ardoroso imperialista ateniense negasse que o império infringia dois princípios cardeais da soberania política: a autonomia (*autonomía*) e a independência (*eleuthería*), mas teria alegado que essa infração era necessária para fazer da aliança um instrumento eficaz contra a Pérsia. Dois decretos que chegaram até nós ilustram o pensamento ateniense e as formas que a interferência imperial podia assumir. Em primeiro lugar, um extrato dos regulamentos que Atenas prescreveu para a cidade grega asiática de Éritras, provavelmente em 453-52:

> Entre os eritreus será feito um sorteio para uma *boulé* de 120 homens. Os sorteados para o cargo deverão submeter-se a um exame no Conselho Eritreu. Ninguém poderá servir como membro da *boulé* com menos de trinta anos de idade. Processos serão instaurados contra os culpados que não poderão ser *bouleutaí* pelo espaço de quatro anos. O sorteio deverá ser realizado e o estabelecimento da *boulé*, no presente, será efetivado pelos Inspetores (*epískopoi*) e pelo Comandante da Guarnição (*phroúrakhos*) e, no futuro, pela *boulé* e pelo Comandante da Guarnição... (IG I³ 14 = Fornara 71)

Segue-se o juramento de fidelidade da *boulé*, no qual se faz referência a "aqueles que fugiram para os medos"; presumivelmente, tratava-se dos simpatizantes dos persas cuja conspiração ocasionara a intervenção de Atenas e a instauração de uma *boulé* democrática. A guarnição não foi necessariamente imposta aos eritreus. Pode ter sido bem-vinda como uma salvaguarda temporária da nova democracia contra qualquer tentativa de subversão apoiada pelos persas.

5.94 Em 446, Atenas viu-se diante de uma crise no final da chamada Primeira Guerra do Peloponeso. As cidades da ilha de Eubéia, importante parada na rota dos cereais, revoltaram-se (I.H.32). A reação ateniense foi severa. A cidade de Histiaia foi totalmente despovoada e ocupada por colonos atenienses. Erétria e Cálcis, as duas cidades principais, foram tratadas com mais clemência, mas não muito mais, como revela esta parte do decreto que registra as regras para Cálcis, de 446-45:

> Os calcidenses prestarão o seguinte juramento: "Não me rebelarei contra o *dêmos* dos atenienses nem por artifícios, nem por ardis de qualquer tipo, seja com palavras, seja com atos. Nem seguirei pessoa alguma em rebelião e, se alguém se rebelar, eu o denunciarei aos atenienses. Pagarei aos atenienses o tributo que conseguir persuadi-los a fixar e, como aliado, serei o melhor e o mais fiel possível. E auxiliarei o *dêmos* dos atenienses e os defenderei se alguém causar dano ao *dêmos* dos atenienses e obedecerei ao *dêmos* dos atenienses". Este juramento será prestado pelos adultos calcidenses, todos sem exceção. Quem não o fizer será privado de seus direitos de cidadão e suas propriedades serão confiscadas e Zeus Olímpico [em Cálcis] receberá o dízimo consagrado proveniente de suas propriedades.

Segue-se um registro da gélida resposta de Atenas aos pedidos de concessões feitos pelos calcidenses. O decreto, tal como foi preservado, termina com a seguinte emenda:

> Os processos legais de punição ficarão nas mãos dos calcidenses, no tocante aos seus cidadãos em Cálcis, assim como o são em Atenas para os atenienses, exceto quando a pena envolvida for exílio, morte ou perda de direitos de cidadão. Com relação a essas punições, o recurso será feito em Atenas, na Eliaia dos *thesmothétai*, em conformidade com o decreto do *dêmos*. (M e L 52 = Fornara 103)

O tom imperialista do documento é inconfundível e totalmente de acordo com o fato de que, precisamente naquela época, Atenas concluíra a Paz dos Trinta Anos, pela qual Esparta de fato reconhecia formalmente o império ateniense. Particularmente importante no documento é que o controle de Atenas sobre os assuntos internos de Cálcis chegava até a esfera da jurisdição e, como já vimos antes, o direito e a política andavam de mãos dadas. Contudo, nem todos os julgamentos seriam transferidos de Cálcis para os tribunais do júri atenienses, mas apenas os que acarretassem penas de morte, exílio ou *atimía*. O objetivo dessa transferência era o de evitar a condenação injusta de amigos de Atenas e a absolvição injusta de inimigos de Atenas. Especificam-se as penas e não os delitos, para evitar subterfúgios em Cálcis como, por exemplo, a acusação de um amigo de Atenas em um processo de homicídio que acarretase pena de morte.

5.95 Isso não era tudo o que Atenas fazia para encorajar seus amigos. Além de estabelecer constituições, instalar guarnições democráticas e instituir salvaguardas legais, Atenas tomava medidas para proteger e honrar os líderes democráticos aos quais tocava principalmente a tarefa de representar os interesses de Atenas nas cidades aliadas. Em seguida, um bom exemplo de decreto de proxenia, pelo qual, por volta de 450, os atenienses nomeavam Aqueloio como *próxenos*, uma espécie de cônsul honorário de Atenas:

> Aqueloio deverá ser *próxenos* e benfeitor dos atenienses; e, se qualquer pessoa prejudicar Aqueloio, ele poderá processá-la em Atenas no tribunal do *polémarkhos* e não pagará as custas do tribunal a não ser cinco dracmas... Se alguém matar Aqueloio ou um de seus filhos em uma das cidades que os atenienses governam, a cidade pagará uma multa de cinco talentos, como se um ateniense tivesse que morrer, e contra essa pessoa deverá ser feita a vingança, como se um ateniense tivesse morrido. (*SEG* 10.23)

Vale notar que a frase "as cidades que os atenienses governam" faz suas primeiras aparições em decretos honoríficos como esse e não nos decretos reguladores como os de Erétria e de Cálcis. Mais tarde, Atenas não seria tão diplomática.

5.96 Um exemplo final das manobras políticas do imperialismo ilustra, ao mesmo tempo, a mentalidade imperialista de Atenas e os limites de seu poder imperial. Em algum momento entre 450 e 446 (provavelmente), Atenas baixou o chamado Decreto de Cunhagem, que procurava impor às cidades do império o uso de moedas, pesos e medidas atenienses com exclusão de todos os outros. O decreto, que sobreviveu apenas em fragmentos de cópias espalhados por toda a área de domínio ateniense, não tem nenhum significado econômico óbvio para Atenas. Assim, o verdadeiro significado é político: Atenas procurava diminuir ainda mais a soberania de seus aliados retirando-lhes o direito de cunhar moedas com a marca de suas cidades. No entanto, como mostram os indícios arqueológicos, nem todos os aliados pararam de cunhar moedas após 446. Por algum motivo, o decreto nunca foi aplicado plenamente.

(iv) O imperialismo ateniense no século IV

5.97 Como vimos, a Guerra do Peloponeso revelou-se enormemente dispendiosa para os atenienses. Nem mesmo o recurso desesperado à reserva de mil talentos, instituída em 431 em termos muito exigentes, pôde contrabalançar a combinação de erros atenienses, deserções dos aliados e ajuda persa que acabou ganhando a guerra para os espartanos. Em 404, Atenas já não governava cidade alguma e ela própria era governada por uma junta oligárquica pró-espartana apoiada por uma guarnição espartana (cf. I.H.57). Esparta privara Atenas dos últimos vestígios de império ao nivelar suas muralhas ao solo e ao reduzir sua frota a doze simbólicos navios. O desejo de império, porém, continuou forte em Atenas, em especial, é claro, entre os pobres sem terra. Em um espaço de tempo notavelmente curto, a democracia (restaurada em 403) estava de volta a seus velhos estratagemas (cf. I.H.58).

5.98 A restauração dos muros do Pireu foi iniciada em 395/4 e mais ou menos terminada alguns anos depois, graças, ironicamente, a um presente de dinheiro persa. Apesar disso, em 390 Atenas aliou-se a um vassalo persa revoltado e, nos dois anos que se seguiram, a frota ateniense rejuvenescida começou a agir de maneira que lembrava notavelmente o império do século V, estabelecendo, por exemplo, um posto fiscal em Bizâncio (cf. I.H.63). Naturalmente, a Pérsia ficou alarmada e foi mais uma vez com dinheiro persa que os espartanos de novo conseguiram, em 387, cortar o suprimento de cereais que vinha de Helesponto para Atenas. Segundo a Paz do Rei, de 386 (cf. I.H.64), ao qual todos os gregos aderiram formalmente, Esparta foi reconhecida de fato como *hegēmōn* do mundo grego fora da Ásia. Esparta, porém, abusou grosseiramente de sua posição, dando a Atenas a oportunidade de reafirmar-se como líder de uma aliança concebida ostensivamente para proteção mútua contra as infrações à Paz do Rei pelos espartanos.

Essa aliança, fundada em 378/7, é hoje geralmente conhecida como Segunda Liga (ou Confederação) de Atenas (cf. I.H.68). O texto do planejamento com o qual Atenas buscava atrair aliados ficou preservado em um monumento magnífico. Como os membros da liga, em sua maior parte, haviam também estado sujeitos ao império de Atenas do século V, as promessas feitas pelos atenienses neste texto de compromisso são os melhores indícios possíveis daquilo que eles e os aliados achavam que não havia dado certo:

> Se um dos gregos ou dos bárbaros que vivem na Europa ou dos ilhéus que não são súditos do Grande Rei desejar aliar-se a Atenas e seus aliados, pode fazê-lo – permanecendo livre e independente, sendo governado pela constituição que desejar, sem receber uma guarnição, nem submeter-se a um governador ou pagar tributo... Para aqueles que fizeram aliança com Atenas e seus aliados, o Povo renunciará a quaisquer possessões atenienses, públicas ou particulares, que possa haver no ter-

A democracia e o imperialismo atenienses 249

ritório dos que fizerem a aliança, dado-lhes garantias disso. Se houver em Atenas *stêlai* [pilares com inscrições] desfavoráveis a qualquer das cidades que fizerem aliança com Atenas, a *boulé* em serviço terá autoridade para demoli-las.

A partir do arcontado de Nausínico, para qualquer ateniense passará a ser ilegal possuir, pública ou particularmente, por compra ou hipoteca ou por qualquer outro meio, qualquer casa ou terra no território dos aliados. Se alguém comprar, adquirir ou aceitar uma hipoteca sobre uma tal propriedade, de qualquer maneira, qualquer aliado que o quiser poderá denunciar isso aos *súnedroi* [delegados] dos aliados: os delegados venderão a propriedade e darão a metade do obtido ao informante, passando a outra metade a ser propriedade comum dos aliados. (Tod 123 = Rhodes 1, linhas 15-45)

5.99 No entanto, como os aliados não tardaram a descobrir, a estrada para o imperialismo é pavimentada com boas intenções. Os atenienses não coletavam tributos, mas, em 373, estavam cobrando "contribuições" (*suntáxeis*) que só um sofista, talvez, conseguiria diferenciar dos tributos. Nenhum ateniense se estabeleceu no território dos aliados cujos nomes são listados no monumento após o texto de compromisso, mas após 373 Atenas fundou cleruquias, por exemplo, na ilha de Samos. No final da década de 360, Atenas infringiu a autonomia da ilha de Cléos e, já na década de 350, governadores e guarnições podiam ser encontrados em alguns dos estados membros da aliança. Os delegados dos aliados tinham seu próprio congresso (*sunédrion*) permanente e separado em Atenas, mas ele não tinha qualquer poder independente sobre as decisões de Atenas.

A Guerra Social (revolta de alguns aliados) de 357/5 (cf. I.H.73) pode ser vista como um anúncio do final do imperialismo ressuscitado de Atenas. A Confederação continuou existindo nominalmente até 338 e Atenas continuou sendo a mais importante potência naval do Egeu, mas isso não bastou para impedir o domínio da Grécia por Filipe da Macedônia (cf. I.H.75 ss.). O imperialismo ateniense morreu no campo de batalha, em Queronéia (cf. I.H.81) e, logo em seguida, a democracia o seguiu, liqüidada pelo édito macedônio de 322 (cf. I.H.85).

6
Atenas em guerra

Introdução

6.1 No mundo ocidental, uma guerra internacional declarada não acontece desde 1945, um período de "paz" mais longo que qualquer outro já vivido. Quando acontecer de novo, será tanto uma questão de alta tecnologia quanto de estratégias complexas e simples coragem humana; se for nuclear, a destruição será espantosa. A guerra civil, no Reino Unido, só é conhecida na Irlanda. A guerra é combatida por profissionais que ganham a vida com ela e é financiada pelos governos que lhe destinam recursos conseguidos através de impostos. Há todo um setor considerável da opinião pública que se opõe à guerra, por motivos morais, em especial à guerra nuclear. O conflito internacional pode surgir por razões tanto econômicas como políticas.

6.2 Para os gregos do século V, a guerra era uma situação permanente da vida. Havia guerra quase todos os anos, em terra, feita por aqueles que podiam pagar por um equipamento adequado e, no mar, com a ajuda de indivíduos abastados que podiam dar-se o luxo de pagar pela manutenção de um navio. Em sua maior parte, as batalhas eram travadas contra outros gregos, nunca por motivos puramente econômicos, raramente para conquistar território (só para mantê-lo e reivindicar fronteiras), em geral para afirmar um domínio político sobre outros (cf. a Irlanda hoje). Os conflitos em grande escala eram ocorrências bastante raras. Muito mais comum e, talvez, mais temível era a devastação, a destruição sistemática dos suprimentos de alimentos. Nenhum grego tinha objeções à guerra por motivos morais. Rejeitar a idéia de conflito com inimigos externos teria parecido francamente inacreditável nas sociedades cujas relações internas eram definidas em termos de *phíloi* e *ekhthroí* (cf. 3.1, 13). Os gregos sabiam que a derrota po-

6:1 Vitória dá o retoque final a um troféu erigido sobre as armas e armaduras capturadas. Meados do séc. V.

deria significar a escravidão para toda a população (4.63). Por razões éticas os gregos não aceitavam a existência de exércitos e frotas permanentes que, de qualquer modo, não tinham como pagar, mas que, em princípio, eram vistos como ameaça sempre presente à sua própria independência (nos estados modernos, o primeiro movimento em qualquer golpe de estado é obter o apoio do exército).

6.3 Na Grécia antiga, também a vida nas forças armadas – antes da partida, durante a marcha, antes e depois do combate – era acompanhada por rituais religiosos. Cada exército tinha seus próprios videntes (*mántis* – ver 2.19) que, a julgar pelo número de vezes que impediram que comandantes militares entrassem em batalha no momento que queriam, nem sempre se submetiam aos desejos destes. A adivinhação antes da batalha (*tà hierá*) e o sacrifício de sangue (*tà sphágia*) quando o exército estava marchando para o combate eram práticas rotineiras (6.14) e, muitas vezes, detinham as ações. A crença de Nícias em seus *mánteis* em Siracusa pode muito bem ter sido a causa da destruição do exército ateniense nessa ocasião. Quando os exércitos marchavam para a batalha, cantavam peãs, hinos para afastar o mal; se vencessem, erigiam um *tropaîon* ("troféu", literalmente o lugar onde começara a retirada dos inimigos, o "ponto da virada"), como oferenda de agradecimento ao deus e como prova tangível e visível da vitória (ver 3.9).

6.4 O poder de Atenas dependia em grande parte de sua frota. Para nós, é difícil visualizar o que pode ter significado construir e manter uma frota que possuía de duzentas a quatrocentas trirremes. Com duzentas pessoas a bordo de cada navio, onde Atenas conseguia o número suficiente de homens para a tripulação? (Mercenários, obviamente (6.35).) E como alimentá-los? (Os gregos não podiam levar alimentos nas trirremes.) De onde vinha a madeira para construir uma frota tão grande? Com 170 remadores, uma frota de duzentos navios exige 34.000 remos, sem contarmos a madeira necessária para os próprios navios, o tecido para as velas, as cordas, os adereços de bronze dos esporões (estes, pelo menos, eram guardados e reutilizados quando o navio em si já não podia ser usado). A resposta é que os grandes fornecedores de madeira eram a Macedônia e o norte, onde as relações de Atenas com os reis eram semelhantes às do mundo ocidental com os xeques do petróleo, tão vital era a madeira para as ambições atenienses (cf. 4.57; 1.7). Além disso, a manutenção da frota (os cascos apodreciam se ficassem na água tempo demais e rachavam se ficassem em terra por tempo demasiado) era uma grande dor de cabeça. Portanto, quando estudamos os gregos em guerra (4.56; 6.40-5), devemos levar em conta graves questões de logística.

Guerra e paz

6.5 De 497 a 338, Atenas esteve em guerra por três em cada quatro anos. Os estados gregos, em geral, viam nos períodos de paz mais uma suspensão da guerra inevitável do que o estado normal das coisas. No século V celebravam-se "tréguas" apenas por períodos limitados. Esparta e Atenas, por exemplo, fizeram uma paz de trinta anos em 446, e nem se podia pensar em um período maior que o correspondente a uma geração. No século IV, sonhos de um estado de paz mais duradouro encontraram expressão nas discussões sobre a "paz", algo mais positivo que a mera cassação da guerra implícita nas "tréguas" e os períodos da chamada Paz Comum (I.H.64), feitos para garantir paz e boa vontade entre todos os gregos, não tinham limites de tempo. Mas os sonhos foram vãos. Em 375, para expressar seu júbilo pelo fim das hostilidades com Esparta, os atenienses erigiram um altar à paz e, a partir de então, todos os anos se celebravam sacrifícios a essa divindade abstrata, mas em 373 eles estavam novamente em guerra. A guerra ocupava o centro da vida grega (I.H.85).

6.6 A maioria das guerras gregas, em grande parte, era travada no mar e era aí que os atenienses mais se destacavam. Em terra, seus feitos estavam longe de ser gloriosos. Excetuando-se a de Maratona (I.H.13), Atenas, sozinha, nunca venceu uma grande batalha em terra e, como parte de um exército maior, nunca teve papel preponderante nas vitórias. Os verdadeiros guerreiros em terra eram (até a ascensão dos macedônios sob Filipe) os espartanos e os beócios e é nos combates deles que devemos procurar esclarecimentos. É certo que combatiam bem e que os atenienses menos bem, mas do mesmo modo. Assim, não há problemas em tratar as técnicas

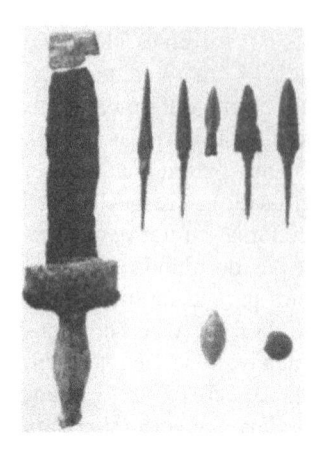

6:2 Armas provenientes do campo de Maratona (cf. I.H.8), incluindo uma espada com punho de osso usada pela infantaria, pontas de setas e balas de chumbo usadas pelas tropas ligeiras.

de guerra terrestres dos gregos como uniformes. Quando, porém, se trata do mar, Atenas pode falar por si mesma.

Guerra terrestre

6.7 A guerra era constante, mas as grandes batalhas eram raras. Entre 479 e 404, Esparta, potência terrestre dominante do período, enfrentou apenas quatro grandes batalhas terrestres e Tucídides só teve duas para descrever: a de Délion (424, I.H.42) e a [Primeira] de Mantinéia (418, I.H.46). No século IV, a supremacia beócia foi estabelecida com apenas dois enfrentamentos importantes: a Batalha de Leuctras (371, I.H.70-1) e a [Segunda] de Mantinéia (362, I.H.71-2). Quanto ao resto, a guerra era mais uma questão de operações menores tais como as escaramuças e as devastações que, aos nossos ouvidos, podem parecer triviais, mas não o eram para os gregos.

Devastações

6.8 A Grécia era uma região pobre. A maioria dos estados vivia do que produzia internamente (ao contrário de Atenas), de modo que uma devastação feita por inimigos era algo de muito temível e as invasões tinham lugar quando os cereais estavam maduros. A palavra grega para devastar era "cortar". As plantações de cereais eram cortadas (e presumivelmente consumidas ou queimadas pelo exército invasor) e os vinhedos também. As árvores tinham uma faixa de casca arrancada em torno ao tronco, para ficarem parecidas a escravos chicoteados (Aristófanes, *A paz*, 747). Os efeitos econômicos de tais devastações devem ter sido graves, mesmo que tenham parecido de pouca importância, no final da Guerra do Peloponeso, comparadas à destruição sistemática da zona rural ateniense. Atenas, porém, não dependia só da Ática e pôde resistir (cf. 1.20, 4.57 ss.). Outras cidades devem ter sofrido muito. As devastações, narradas pelos historiadores com tanta naturalidade, eram um grande desastre para aqueles que as sofriam. Ao pensarmos sobre as técnicas gregas de guerra, não devemos esquecer que, para eles, antes de mais nada, isso significava a danificação e a destruição dos meios de sobrevivência dos inimigos.

As "operações menores" tampouco eram negligenciáveis e não devemos menosprezar sua importância. Inevitavelmente, porém, quando pensamos em guerra grega, pensamos nas batalhas formais, não na descarga das armas a distância, significado da palavra grega para "escaramuça", mas no combate corpo a corpo.

Grandes batalhas

6.9 Comecemos com os relatos de Tucídides sobre as duas grandes batalhas que descreveu. Primeiro, a [Primeira] Batalha de Mantinéia, em 418, entre Esparta e uma coalizão formada por Argos, Mantinéia e Atenas (I.H.46).

Mantinéia [Primeira], 418

(66) No dia seguinte, os argivos e seus aliados puseram-se na ordem de batalha, prontos para o inimigo. Os espartanos, voltando da água para seu antigo acampamento junto ao templo de Héracles, encontraram-se em contato direto com o inimigo, já alinhado para a batalha e avançando a partir da colina. Isso causou-lhes o maior alarme de que tinham memória. Houve pouco tempo para a preparação e formaram suas fileiras às pressas, sob as ordens de Ágis. É regra deles que, quando um rei está no comando, todas as ordens são dadas por ele. Instrui os *polémarkhoi* que passam a palavra aos *lokhagoí* que a passam aos *pentēkontêres* e esses, por sua vez, ao *enōmotía*. Todas as ordens necessárias são transmitidas pelos mesmos canais e chegam rapidamente às fileiras, pois quase todo o exército espartano, com poucas exceções, é formado por oficiais que servem sob outros oficiais e a responsabilidade por fazer com que as ordens sejam cumpridas é amplamente delegada... [*Tucídides passa a descrever a formação e a fazer estimativas sobre os números envolvidos.*]

(69) Antes de travar batalha, os generais de ambos os lados pronunciam algumas palavras de encorajamento... Enquanto isso, os espartanos entoam canções de guerra e, individualmente, trocam palavras de encorajamento, lembrando uns aos outros de seu comprovado valor e cientes de que o longo treinamento em ação é mais eficaz que algumas palavras de encorajamento, por mais bem pronunciadas que sejam.

(70) Depois disso, puseram-se em marcha, argivos e seus aliados avançando com vigor e fúria, os espartanos com lentidão ao som de flautas, uma instituição permanente em seu exército, não por razões religiosas, mas para fazê-los avançar de modo uniforme, em compasso e sem romper fileiras, tal como os grandes exércitos tendem a fazer no momento do impacto. (71) Quando começaram a aproximar-se uns dos outros, Ágis decidiu-se pela seguinte manobra. Todos os exércitos têm uma tendência comum quando entram em ação; desviam-se para a direita e cobrem a esquerda do inimigo com sua própria ala direita, pois cada homem busca para seu próprio lado direito descoberto a proteção do escudo do seu vizinho à direita, achando que, quanto mais cerrados estiverem os escudos, mais seguro estará. O homem basicamente responsável por isto é o que está na extrema direita da primeira linha, que fica tentando manter seu lado desarmado longe do inimigo; o resto o segue pensando o mesmo. Nessa ocasião, os mantineus flanquearam de longe os ciritas, e os espartanos e tegeatas flanquearam os atenienses ainda mais, pois sua força era correspondentemente maior. Ágis temia que sua esquerda fosse cercada e que os mantineus a superassem de muito. Portanto, ordenou aos ciritas e aos homens de Brásidas que, saindo de suas posições na linha, formassem uma frente de igual extensão à dos mantineus, enquanto mandava dizer aos dois generais, Hiponoídas e Arístocles, que deslocassem duas companhias da ala direita para preencher o vazio, achando que tinha homens de sobra na direita e que, com isso, reforçaria a linha que enfrentava os mantineus... (73) Contudo, a fuga e a retirada não foram pressionadas com muito vigor, nem por muito tempo. Os espartanos lutam longa e teimosamente até pôr em fuga o inimigo, mas, isso feito, sua perseguição é curta e breve.

(74) Esse, ou algo muito parecido, foi o curso da batalha que, durante muito tempo, entre os gregos foi a maior e envolveu as mais famosas de suas cidades. Os espartanos tomaram posições diante dos inimigos mortos e passaram imediatamente a erguer um troféu e a saquear os corpos dos que haviam tombado. Seus próprios mortos eles recolheram e transportaram para Tegea onde os enterraram; os inimigos mortos foram devolvidos sob uma trégua. Os argivos, orneatas e kleoneus perderam setecentos homens, os mantineus duzentos e os atenienses e eginetas duzentos, com ambos os generais. Do lado espartano, os aliados não sofreram perdas dignas de menção; dos próprios espartanos conta-se que trezentos foram mortos, mas a cifra verdadeira é difícil de saber. (Tucídides, *A Guerra do Peloponeso*, 5.66-74)

Essa batalha, a mais bem documentada da história militar grega, é reveladora sob muitos aspectos.

(a) O tamanho dos exércitos

A questão dos números espartanos em Mantinéia é uma das que provocam os mais acalorados debates, mas, mesmo que os cálculos de Tucídides estejam errados pela metade, como acham alguns, dificilmente poderia haver mais de dezessete ou vinte mil deles envolvidos na batalha. Contu-

6:3 Um jovem cuida do ferimento na cabeça do amigo. C. 530.

do, Tucídides falou dela como "a maior... por muito tempo". Pelos nossos padrões, os exércitos eram pequenos. Só quando os gregos se uniam, como contra os persas em Platéias ou contra Filipe em Queronéia, é que números muito maiores de homens eram envolvidos.

(b) Os números das baixas fatais

6.10 Do lado espartano, alegou-se ter havido "cerca de trezentas" e, do outro lado, 1.100 no total, discrepância à primeira vista surpreendente. Mas isso é típico. A força principal dos exércitos gregos, o hoplita (ao qual voltaremos em breve), em geral era bem protegida (ver 6.17) e, no combate direto, só uns poucos eram mortos (por exemplo: em Platéias (I.H.19), segundo Heródoto, "91 espartanos, dezesseis tegeatas, 52 atenienses"). Era durante a fuga que ocorria a maioria das baixas fatais, o que explica o grande número de mortos no lado argivo. É claro que deve ter havido muitos homens gravemente feridos ou mutilados, embora os historiadores raramente façam referência a eles, mas, em geral, as baixas fatais não eram muito numerosas.

(c) Outros aspectos da guerra hoplítica

6.11 Geralmente, os espartanos alinhavam-se em oito fileiras, formação normal no século V; a cavalaria era colocada nas alas – o que também era normal, por razões que discutiremos depois; os "carros" de guerra espartanos, mencionados casualmente em Tuc. 5.72, eram provavelmente normais, pois os exércitos precisavam de suprimentos e reposições para os equipamentos danificados e, se os espartanos consideravam necessários esses carros, sem dúvida os outros também pensavam assim. Em tudo isto, a Batalha de Mantinéia é tipicamente reveladora.

6.12 Por outro lado, é preciso lembrar que os espartanos, que lutaram em Mantinéia, eram profissionais em uma época de amadores. Tucídides achou conveniente narrar como faziam para transmitir ordens e o que vemos é que uma medida de bom senso para os gregos era algo digno de menção. Sob todos os aspectos, os espartanos eram mais bem treinados. Os outros recebiam e precisavam de discursos para estimular a coragem; os espartanos, com confiança de um profissional em seu poder e treinamento, não precisavam que os lembrassem disso, mas cantavam suas familiares canções marciais. Seus adversários avançavam para a batalha de maneira desorganizada; os espartanos avançavam com o passo lento e medido, ao som do *aulós*, mantendo assim a distância e o alinhamento. Mas nada demonstra melhor a superioridade de seu treinamento militar que a difícil manobra tática que o rei Ágis ordenou já durante a marcha. Uma tal movimentação só poderia ser concebida para um exército altamente treinado. Com vestes vermelhas e com os cabelos longos, portando escudos polidos onde, bem à vista, estava inscrito o Λ de Lacedemônios, seu nome oficial, os espartanos eram o terror da Grécia. Não é de estranhar que muitos não se atrevessem a enfrentá-los. Não devemos pensar que o exército espartano era igual aos demais (cf. P.7).

Délion

6.13 Vejamos agora a outra grande batalha de Tucídides, a de Délion, em 424 (I.H.42). O general ateniense Hipócrates conduzira o exército ateniense inteiro para a Beócia para juntar-se a outro general, Demóstenes, vindo do oeste, em um ataque de duas frentes. O empreendimento fracassou e Hipócrates, tendo fortificado um templo em Délion, deu início à volta para casa. O exército beócio inteiro preparou-se para atacá-lo. Seu general, Pagondas, discursou às tropas. Hipócrates percorreu as fileiras de seu exército, incitando os atenienses à bravura. Mas foi interrompido pelo avanço beócio.

(93) Avisado em Délion da aproximação dos beócios, Hipócrates ordenou que seu exército assumisse a formação de combate e logo depois ele próprio juntou-se a eles, deixando trezentos cavaleiros em Délion para guardar o local e ficar à espreita de uma oportunidade para atacar os beócios durante a batalha. Os beócios postaram um destacamento para cuidar deles e, quando ficaram prontos, apareceram sobre a crista da colina, pousaram suas armas e detiveram-se na ordem predeterminada. Eram sete mil hoplitas, mais de dez mil tropas de armas ligeiras, mil cavaleiros e quinhentos peltastas. Na ala direita estavam os de Tebas e seus confederados; no centro, os de Haliarto, de Coronéia, de Copas e outros habitantes da beira do lago; na esquerda, os de Téspias, de Tânagra e Orcômeno. A cavalaria e as tropas ligeiras estavam nas alas. Os tebanos estavam alinhados em 25 fileiras, o

resto como lhes pareceu melhor. Isso quanto aos tebanos. (94) Os hoplitas atenienses estavam alinhados em oito fileiras, seus números eram mais ou menos iguais aos dos beócios e sua cavalaria estava nas alas. Os atenienses não tinham tropas ligeiras presentes nesta ocasião, nem a cidade as tinha. Os que se tinham juntado à invasão superavam em muito o inimigo, mas estavam em sua maior parte desarmados; formavam uma expedição geral de residentes estrangeiros e cidadãos e, como haviam sido os primeiros a partir de volta para casa, poucos estavam presentes...
[*Neste ponto, Hipócrates encoraja o exército.*]

(96) Estas foram as palavras de encorajamento ditas por Hipócrates, mas ele só havia chegado à metade da fala quando teve de interromper-se, pois os beócios, após algumas palavras apressadas de Pagondas, entoaram a peã e partiram colina abaixo. Os atenienses também avançaram e o encontro se deu em corrida. Nenhuma das alas dos dois exércitos entrou em ação, tendo sido detidas por cursos d'água. O resto lutou encarniçadamente, batendo escudo contra escudo. A esquerda beócia, até o centro, foi vencida pelos atenienses, sendo os de Téspias particularmente pressionados. As tropas que vinham depois deles na linha cederam, foram cercadas em um espaço estreito e vencidas no combate corpo a corpo. Alguns atenienses ficaram confusos com o movimento de cerco e mataram-se uns aos outros sem saber. Desse modo, os beócios foram vencidos até essa parte do campo e recuaram na direção da frente de batalha, mas, na ala direita onde estavam os tebanos, levaram a melhor sobre os atenienses e, no início, pressionando-os pouco a pouco, foram atrás deles. Aconteceu também que Pagondas, ao ver que sua esquerda estava com problemas, enviou dois esquadrões de cavalaria por detrás da colina por onde não podiam ser vistos, e sua aparição repentina fez com que a ala ateniense vitoriosa entrasse em pânico, achando que outro exército estava avançando contra eles. Com isto e com a pressão e a ruptura das linhas pelos tebanos na direita, todo o exército ateniense pôs-se em fuga. (Tucídides, *A Guerra do Peloponeso*, 4.93-6)

Também aqui revelam-se traços característicos: a profundidade das fileiras atenienses, a cavalaria postada em cada flanco. Ao registrar como detalhe interessante que a batalha começou já tarde, a narrativa sugere que, normalmente, os combates tinham início bem cedo para que houvesse bastante tempo para a luta. Os beócios estavam alinhados em 25 fileiras, uma inovação notável. As tropas ligeiras atenienses haviam sido retiradas e, embora Tucídides sugira que teriam sido de pouca utilidade caso houvessem ficado, não temos idéia de como teriam sido usadas e a topografia do campo de batalha impediu que as tropas ligeiras fizessem demonstração de seu grande poder.

Atenienses e siracusanos

6.14 Outro enfrentamento, reconhecidamente menos importante, descrito por Tucídides pode ser levado em conta. Trata-se da batalha dos atenienses contra os siracusanos e seus aliados nas cercanias da cidade de Siracusa no inverno de 415-14 (cf. I.H.48-50).

(69) O enfrentamento começou com uma escaramuça preliminar entre atiradores de pedras, fundeiros e arqueiros, na qual, como sói acontecer com tropas de armas ligeiras, ora uns, ora outros recuavam. Então, os sacerdotes trouxeram as vítimas usuais para o sacrifício e os trombeteiros deram o sinal para o ataque dos hoplitas que avançaram...
- (70) Quando a batalha teve início, por muito tempo nenhum dos dois lados cedeu terreno. Enquanto isso, caiu uma tempestade, com trovões, raios e chuva pesada que se somou aos temores dos siracusanos que estavam em batalha pela primeira vez e tinham pouca experiência de guerra, ao passo que, para os atenienses, tudo se devia à época do ano e ficaram mais alarmados com a prolongada resistência do inimigo. Os argivos foram os primeiros a forçar o recuo da ala esquerda siracusana e depois os atenienses fizeram o mesmo com a ala que lhes correspondia e, nos demais lugares, a resistência siracusana foi rompida, seguindo-se a fuga. Os atenienses não levaram a perseguição muito longe, tendo sido impedidos pelos numerosos cavaleiros siracusanos que ainda não haviam sido derrotados e atacavam seus hoplitas, atropelando todo aquele que apanhavam adiantado dos demais na perseguição, mas seguiram os fugitivos tanto quanto lhes foi possível fazer isso com segurança, sem romper a formação cerrada. Depois, recuaram e erigiram um troféu. (Tucídides, *A Guerra do Peloponeso*, 6.69-70)

Primeiro, as tropas ligeiras faziam escaramuças antes da batalha, mas não tinham nela nenhum papel efetivo e Tucídides tratou-as com um certo desprezo. Depois, na batalha propriamente dita, houve um longo combate corpo a corpo e o estágio posterior, quando os siracusanos haviam começado a fraquejar, foi o momento de fazer "pressão", isto é, os atenienses e aliados forçaram os siracusanos a recuar. Então eles fugiram e sua cavalaria entrou em ação pela primeira vez (embora os atenienses não tivessem cavalaria) impedindo que os atenienses os perseguissem. Nessa batalha, os três elementos do exército do século V mostram-se com bastante clareza: a cavalaria, os hoplitas e as tropas ligeiras, e agora é o momento de falar sobre eles e seus armamentos.

A economia do serviço

6.15 Como o estado não fornecia o equipamento completo de armas e armadura, os três tipos de forças militares (cavalaria, hoplitas e infantaria ligeira) representam classes econômicas diferentes. Ter cavalos era então, como agora, um negócio dispendioso e os cavaleiros (*hippeîs*) eram os homens mais ricos da cidade, nunca mais de 1.200 em Atenas e, em meados

6:4 Equipamento de um hoplita: couraça, elmo, escudo de bronze, espada; só faltam a lança e as perneiras. Início do séc. V.

do século IV, consideravelmente menos. O equipamento hoplita tampouco era barato e os hoplitas, em Atenas, vinham da terceira classe censitária de Sólon (I.H.8, 5.26), os chamados *zeugítai*, originariamente homens ricos o bastante para possuírem uma junta de bois. Finalmente, os cidadãos mais pobres, os chamados *thêtes* que podiam servir nas tropas ligeiras, eram os *psiloí* (literalmente, "despidos"). Todos os cidadãos estavam sujeitos a algum tipo de serviço militar entre os dezoito e os sessenta anos de idade (1.11).

Cavalaria

6.16 A cavalaria propriamente dita, ou seja, os homens que lutavam a cavalo, foi um desenvolvimento tardio no mundo grego. Nos tempos mais antigos, os mais ricos iam a cavalo para a batalha, mas desmontavam para combater e o nome dos cavaleiros (*hippeîs*) espartanos que combatiam como a guarda do rei em Mantinéia (ver 6.9) era uma sobrevivência de algo que fora generalizado. Com o tempo, a cavalaria viria a conquistar sua própria posição, mas no século V o seu uso era, e tinha de ser, limitado aos papéis bem secundários que desempenhou nas batalhas descritas por Tucídides. Os cavaleiros portavam apenas uma lança e, como o estribo ainda não fora inventado, tanto podiam cair, se errassem o alvo, quanto ser derrubados se acertassem com demasiada firmeza ou fossem atingidos. Além disso, os cavalos do sul da Grécia parecem ter sido de uma raça bem fraca (cf. 1.13). Assim, um ataque frontal contra uma linha de hoplitas seria uma tática não só inútil mas péssima.

6:5 Hoplitas ajustam suas armaduras; um guerreiro tira suas armas dos envoltórios. *C*. 480.

Hoplitas

6.17 O hoplita, portanto, era a força mais importante dos exércitos gregos no século V. Ficava bem protegido, principalmente por um escudo redondo de um metro de diâmetro (o chamado *hóplon*, donde o nome), um elmo, um peitoral ou couraça e perneiras. Sua arma principal era a lança; por isso, Ésquilo, em sua tragédia *Os persas*, 147 ss., apresenta o conflito entre a lança e o arco. Mas o hoplita portava também para as emergências uma espada curta e curva de lâmina simples, para ser usada tal como vemos representado em vasos, em um golpe de cima para baixo. Muitas vezes o hoplita fazia-se acompanhar de um escravo que lhe carregava o equipamento (I.H.7).

Infantaria ligeira

6.18 Sobre a infantaria ligeira, no século V, temos menos informações. Tal como veremos, ela veio a ter um papel importantíssimo nas técnicas de guerra e esse desenvolvimento teve início na década de 420, mas, como observou Tucídides em seu relato da Batalha de Délion (6.13), ainda em 424 Atenas não tinha unidades regularmente constituídas de infantaria ligeira. Sua função era lançar projéteis (pedras, dardos, flechas) à distância, mas eram mais um incômodo para o inimigo do que um perigo sério (mas cf. I.H.39).

Atenas em guerra 263

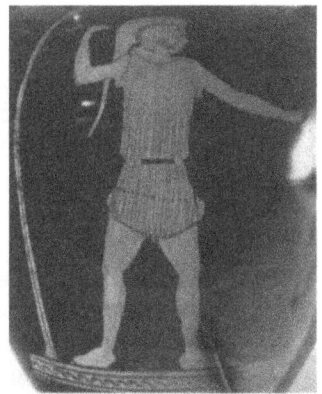

6:6 O guerreiro à direita golpeia o adversário com sua espada. Final do séc. VI.

6:7 Um fundeiro. C. 470.

Combate corpo a corpo

6.19 Devemos agora enfrentar a difícil questão sobre o que acontecia, exatamente, nos combates corpo a corpo. Com base nas pinturas de vasos, podemos ver de que modo a lança era usada. Era elevada acima do ombro e dirigida ao ponto mais vulnerável do hoplita, a brecha entre o elmo e o peitoral. Mas isso é tudo o que podemos afirmar com certeza. A noção comum de que uma batalha de hoplita era em sua essência um grande empurra-empurra tem seus problemas. Com certeza havia uma pressão coordenada (*ōthismós*) em algum momento da batalha; deve ter havido algum motivo para o comedido avanço para a batalha, controlado por um tocador de *aulós*, as fileiras coordenadas com escudos sobrepostos formando um grande esquadrão (ver 6.12). No entanto, em Platéias, segundo Heródoto (*Histórias*, 9.67), houve uma "feroz batalha por muito tempo antes que começassem a fazer pressão", assim como, na batalha nas cercanias de Siracusa em 415, no combate corpo a corpo, os dois lados resistiram por muito tempo antes de começarem a fazer pressão (ver 6.14). Então, que acontecia antes da pressão? Será que esses trechos se referem ao momento em que um dos lados conseguia, de fato, fazer o outro recuar? Diferentes opiniões foram expressas e é melhor que aceitemos confessar que não sabemos realmente o que acontecia na "feroz batalha por muito tempo". Tratava-se de uma daquelas coisas óbvias demais para que um historiador grego julgasse ser necessário dar uma explicação.

Por diversos motivos, nenhuma das batalhas descritas por Tucídides pode ser vista como inteiramente típica, de maneira que muita coisa deve-

264 O mundo de Atenas

rá continuar como hipótese ou especulação. Contudo, admite-se geralmente que, nesse período inicial, as batalhas eram assunto quase inteiramente dos hoplitas. Depois que as duas falanges iniciavam o combate, os hoplitas lutavam até o fim e os generais, tendo feito a sua parte pondo os dois exércitos em luta, nada mais tinham a fazer. Não acontecia o uso de reservas ou de táticas não habituais.

Novos desenvolvimentos nas técnicas de guerra gregas

6.20 As grandes guerras, porém, estimulam a inovação e a experimentação, por isso a prolongada Guerra do Peloponeso desencadeou um século de dramático desenvolvimento na arte da guerra. O futuro estava no emprego de armas especializadas e na profissionalização cada vez maior da prática militar. Veio então a experiência dos gregos lutando contra os bárbaros na Pérsia e na Trácia e, em 395, quando começou a Guerra de Corinto, a atividade bélica dos gregos já se encaminhava para seu "grand finale", a Batalha de Queronéia (I.H.81).

(i) Lécaion, 390 (I.H.63): o peltasta

6.21 É melhor começarmos com um dos célebres feitos das armas gregas, a derrota em Lécaion em 390, quando uma força mercenária de peltastas (tropas ligeiras especiais (6.18)), sob o comando do general ateniense Ifícrates, massacrou uma divisão do exército espartano nas vizinhanças de Corinto. Eis o relato de Xenofonte:

(13) Os generais em Corinto, Cálias, filho de Hipônico, comandante dos hoplitas atenienses, e Ifícrates, comandante dos peltastas, ao verem que os espartanos eram poucos e não estavam escoltados por peltastas ou cavalaria, decidiram que não seria arriscado atacá-los com seus próprios peltastas. Se marchassem ao longo da estrada, atacados com dardos pelo lado desprotegido, morreriam; e, caso se voltassem para a perseguição, facilmente os peltastas com seu equipamento leve fugiriam dos hoplitas. (14) Cálias juntou seus hoplitas perto da cidade e Ifícrates com seus peltastas atacou o regimento espartano. Sob esse assalto com dardos, alguns espartanos foram feridos e alguns mortos e os carregadores de escudos receberam ordens de apanhá-los e levá-los para Lécaion. Do batalhão todo foram esses os únicos a salvarem-se. O general ordenou então que as dez classes mais jovens repelissem os atacantes. (15) Foram atrás deles, mas não conseguiram capturar nenhum. Eram hoplitas caçando peltastas que tinham a vantagem equivalente à distância de um lance de dardo e Ifícrates ordenara a seus homens que se retirassem antes que os hoplitas pudessem alcançá-los. Além disso, os hoplitas dispersaram-se ao tentar a perseguição e, quando decidiram recuar, os homens de Ifícrates vi-

raram-se e, de novo, atiraram flechas, uns para a frente, outros corriam pelo flanco, do lado desprotegido. Na primeira perseguição, nove ou dez dardos dos peltastas acertaram o alvo, o que os estimulou a atacar com mais ousadia ainda. (16) Como os espartanos continuavam sofrendo baixas, seu general ordenou que as quinze classes mais jovens atacassem e fizessem a perseguição. Mas, quando estavam fazendo a retirada, sofreram mais baixas que antes. Já haviam perdido todos os seus melhores homens quando a cavalaria apareceu e tentaram outra vez um ataque conjunto. Os peltastas cederam, mas a cavalaria não teve sucesso no ataque. Em vez de levarem a perseguição adiante até infligirem algumas baixas, os cavaleiros mantiveram uma frente contínua com os hoplitas, tanto no avanço como no recuo. Os espartanos continuaram as mesmas táticas com o mesmo resultado, tornando-se cada vez mais menos resolutos, enquanto os que os atacavam iam tornando-se cada vez mais ousados e numerosos. (17) Finalmente, em desespero, alinharam-se sobre uma pequena colina a cerca de meia milha do mar e a duas de Lécaion. Os homens de Lécaion, quando os viram, embarcaram em pequenos botes e navegaram até ficarem em frente à colina. Os espartanos já estavam desesperados; estavam sofrendo muito e iam sendo mortos sem serem capazes de retaliar e, quando finalmente viram os hoplitas chegando, romperam fileiras e correram. Alguns jogaram-se ao mar e uns poucos conseguiram escapar para Lécaion com a cavalaria, mas, em todas as batalhas e na fuga que se seguiu, cerca de 250 deles foram mortos. (Xenofonte, *Helênicas*, 4.5.13-17)

Os peltastas, cujo nome vem do escudo de vime, pequeno e leve, que portavam (a *péltē*), em comparação com os hoplitas eram altamente móveis e usavam táticas de ataque e fuga, lançando seus dardos e fugindo antes que os hoplitas espartanos pudessem alcançá-los. Por si só, essa batalha não teve influência importante sobre o curso da guerra. Um total de 250 espartanos foram mortos; só 350 sobreviveram. A derrota foi a mais

6:8 Um peltasta trácio, vestido com um pesado manto, carrega o seu característico pequeno escudo em forma de crescente. Início do séc. V.

clara demonstração de que o longo domínio dos hoplitas podia ser desafiado na ação.

6.22 A demonstração foi clara, mas, de fato, não surpreendente. Os peltastas já eram conhecidos dos gregos há muito tempo. Efetivamente, porém, a infantaria ligeira, como uma tropa de especialistas, surgiu nas operações que tiveram sua base no promontório de Pilos, em Messênia (425). Demóstenes, que pode ser considerado o maior general ateniense do século V, alertado para a importância das tropas ligeiras pelo que elas tinham feito seus hoplitas sofrerem na Etólia um ano antes, reuniu uma enorme força de tropas ligeiras para atacar os hoplitas espartanos imprudentemente postados na ilha de Esfactéria, nas adjacências de Pilos (Tucídides, *A Guerra do Peloponeso*, 4.32 ss.; cf. I.H.41-2), Demóstenes matou ou capturou todos os espartanos na ilha. Nascia o dia do especialista. Ao longo dos últimos anos da Guerra do Peloponeso, começamos a ouvir falar das tropas ligeiras, em especial dos peltastas, com freqüência cada vez maior.

(ii) A cavalaria

6.23 O sucesso das tropas ligeiras marcou o começo do fim para o domínio hoplita, mas, mais importante, a longo prazo, foi a ascensão da cavalaria. Como já vimos, no século V a cavalaria tinha um papel insignificante e em grande parte subsidiário. Na Batalha de Queronéia, porém, em 338, foi a cavalaria macedônia, comandada pelo jovem Alexandre, que desfechou o golpe fatal contra o exército grego. O pleno desenvolvimento foi em grande parte devido a Filipe, que tinha à sua disposição um povo há muito habituado a combater a cavalo. Etapas notáveis desse desenvolvimento, porém, foram as duas grandes batalhas de Epaminondas, gênio militar tebano. Na Batalha de Leuctras, em 371, a cavalaria beócia foi usada para desempenhar um papel de primeira linha em seu plano de combate. Enquanto ela enfrentava a cavalaria espartana, os beócios avançaram, furtivamente por assim dizer, e começaram o ataque a um dos flancos. Na [Segunda] Batalha de Mantinéia, Epaminondas usou a cavalaria em conjunto com a infantaria para pressionar parte da linha contrária. Em resumo, a cavalaria começava a ter seu próprio papel.

O século IV, portanto, foi a era dos especialistas e das unidades especializadas, e o exército macedônio tinha unidades apropriadas para cada situação. Foi também a era do profissional em todas as esferas, e, mais que nas outras, na arte da guerra.

6:9 Um monumento funerário público mostra um combate de cavalaria. A inscrição que o acompanha diz "esses que morreram em Corinto e na Beócia" em 394 têm os seus nomes lembrados na lista abaixo.

O profissionalismo do século IV: Tebas e Macedônia

6.24 No século V, como já observamos, os espartanos eram os profissionais em uma era de amadores. Já na [Primeira] Batalha de Mantinéia, porém, outros haviam começado a imitá-los. Os mil soldados argivos selecionados, que ficaram estacionados à parte das companhias regulares e lutaram com considerável eficácia contra a ala esquerda espartana num momento em que a maioria de seus compatriotas sequer ousava combater, estavam, como comentou o historiador Diodoro, "admiravelmente treinados nos assuntos da guerra". O monopólio espartano estava começando a ruir. No século IV eles foram igualados ou superados pelo "Batalhão Sagrado" tebano de trezentos homens, de quem se diz que lutaram heroicamente no campo de batalha de Leuctras e morreram até o último homem em Queronéia. Também aqui, contudo, os melhores profissionais eram os macedônios e os gregos, a despeito dos esforços para se adaptarem aos novos tempos, foram superados por Filipe, por sua "Infantaria de Companheiros" e sua "Cavalaria de Companheiros". Mas os gregos tentaram o profissionalismo e um sinal disso foi o surgimento do mercenário. Em uma época em que a guerra era contínua durante o verão e o inverno e era cada vez mais complexa, nenhuma cidade podia passar sem eles.

268 *O mundo de Atenas*

Generalato

6.25 Em parte alguma o novo profissionalismo fica mais claro que na esfera do generalato. Os ilustres generais mercenários da época, Ifícrates, Timóteo, Cares e Cábrias, para citar apenas alguns, ao contrário de Péricles, Nícias e Alcibíades no século precedente, limitavam-se à guerra e deixavam a política para os simples políticos (5.29 ss.). Desenvolveu-se também a teoria e podia-se encontrar mestres profissionais da arte militar, homens como Dionisodoro, um ateniense que ficamos conhecendo nas páginas dos *Memorabilia* de Xenofonte, que se gabava de "ensinar como ser general", ou a curiosa figura do beócio Falino, o "especialista em tática e treinamento com armas" que aparece a serviço do rei da Pérsia em 401 (Xenofonte, *Anábasis*, 2.1.7). Até a literatura militar começou a ficar na moda (7.21).

6.26 O século IV é de fato a era do soldado profissional, mas houve um prenúncio disso no século V. O general Demóstenes não era político e esteve constantemente envolvido no serviço militar de Atenas (5.30). Tanto na tática como na estratégia, foi um inovador. Em comparação, o maior general da Grécia livre, Epaminondas, como Péricles, era ao mesmo tempo político e soldado, mas foi neste último papel um profissional excelente, no sentido em que refletia sobre a guerra e a planejava para obter efeitos melhores que os de qualquer predecessor.

A Batalha de Leuctras, em 371, foi sua obra-prima (I.H.70-1).

(10) Como o terreno entre os dois exércitos era plano, os espartanos estacionaram a cavalaria diante de sua falange e, defronte deles, os tebanos colocaram a sua. (11) A cavalaria tebana estava em boa forma como resultado de suas guerras contra Orcômeno e Téspias, mas a espartana, naquele momento particular, estava em más condições. (12) No tocante à infantaria, diz-se que os espartanos haviam ali-

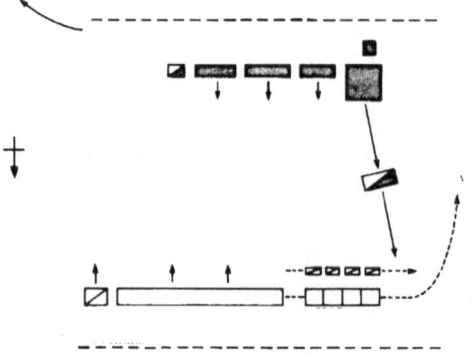

6:10 Reconstrução esquemática da possível disposição das tropas na Batalha de Leuctras, 371. É incerta a posição inicial do Batalhão Sagrado.

nhado cada meia companhia em colunas de três lado a lado, de modo que, em profundidade, sua falange não tinha mais de doze fileiras. Os tebanos, por outro lado, estavam dispostos em não menos de cinqüenta escudos em profundidade, calculando que, se derrotassem os que estavam em torno do rei, o resto seria fácil.

(13) Quando o espartano Cleômbroto começou o ataque e antes que suas tropas percebessem que ele o tinha feito, a cavalaria já havia travado combate e os espartanos haviam sido rapidamente derrotados. Na fuga, atropelaram seus próprios hoplitas que, ao mesmo tempo, foram atacados pelos tebanos. Mesmo assim, as tropas em torno de Cleômbroto tiveram a melhor parte da luta... (14) Mas Dínon, o *polémarkhos*, foi morto, caindo também Esfódrias, membro do conselho do rei, e seu filho Cleônimo; os hoplitas do rei e as tropas conhecidas como "Tropas do *Polémarkhos*" foram empurradas para trás pelo peso maciço dos tebanos e, ao ver que sua ala direita estava sendo pressionada para trás, a esquerda espartana cedeu e fugiu. (Xenofonte, *Helênicas*, 6.4.10-14)

O mais importante é que a batalha foi travada e vencida, não por duas linhas de hoplitas em choque, mas por uma concentração de forças no flanco esquerdo beócio, quando normalmente se procurava vencer à direita. Os tebanos estavam alinhados em cinqüenta fileiras em profundidade, fato espantoso qualquer que seja a interpretação que se lhe dê (embora em Délion a falange tebana tivesse 25 fileiras em profundidade (ver 6.13), em Tebas alguém estava concebendo novas maneiras de guerrear), e dentre todo o exército aliado só os tebanos lutaram efetivamente. Além disso, quando os espartanos tentaram flanquear os tebanos, o "Batalhão Sagrado" foi enviado para impedir que o fizessem. Desse modo, o general Epaminondas continuava no controle da batalha mesmo depois que ela começou a ser travada. Ele havia concebido novos métodos de guerra e treinado seus homens para eles.

6.27 A outra grande batalha de Epaminondas foi a [Segunda] Batalha de Mantinéia (362, I.H.71-2). Vale a pena contar uma anedota acerca de seu vencedor, pois ilustra claramente a sucessão dos grandes soldados profissionais. Diz respeito à morte de Epaminondas no campo de batalha. Ele foi tirado do campo com uma lança atravessada no peito e os médicos declararam que, quando ela fosse tirada, ele morreria.

Primeiro, ele chamou seu escudeiro e perguntou-lhe: "Salvaste o meu escudo?". Ele disse "Sim" e levantou o escudo diante dos olhos de Epaminondas. Depois ele perguntou: "Quem venceu?". O menino disse: "Os beócios". "Então é hora de morrer. Puxa a lança!" Os amigos gritaram protestando e um deles, em lágrimas, disse: "Morres sem um filho e herdeiro, Epaminondas". "Sim, por Deus, mas deixo duas filhas, a minha Vitória de Leuctras e minha Vitória de Mantinéia". A lança foi puxada e ele morreu calmamente. (Diodoro, 15.87)

270 *O mundo de Atenas*

Deixou realmente duas filhas e elas já tinham um pretendente, Filipe da Macedônia. Tomou o que elas tinham para ensinar-lhe e o resultado foi a Batalha de Queronéia, o clímax da arte bélica dos gregos na luta em terra.

Atenas no século IV

6.28 Vê-se claramente que os atenienses estão fora deste quadro do desenvolvimento militar. No século IV, a maioria de seus generais profissionais, quando lutava em terra, usava tropas mercenárias. Quanto, então, a guerra terrestre afetava a vida ateniense? Os beócios, sob Epaminondas, não treinavam com menos zelo que os espartanos de quem roubaram a primazia. Os macedônios de Filipe fizeram o mesmo. Segundo Xenofonte (*Memorabilia*, 3.12), ao contrário, a cidade de Atenas "não tinha nenhum treinamento público em questões militares". Mas os atenienses participavam de batalhas e parece que a verdade é que, ao atingirem a idade apropriada, ou seja, ao tornarem-se *éphēboi*, os rapazes atenienses faziam dois anos de serviço nos "Batedores" (ou "Vigilantes") (*perípoloi*) e recebiam treinamento. Depois disso, cada um, individualmente, tinha obrigação de manter-se preparado para a guerra e o fazia. (A conversa no *Laques*, diálogo de Platão que discute a natureza da coragem (cf. 7.30), foi ocasionada pela visão de um famoso mestre de combate hoplita.) Assim, eles se adestravam à sua maneira, que não deve ter sido muito diferente da prática geral (cf. 4.42).

A arte do assédio

6.29 Atenas conquistou uma sólida reputação pela arte de assédio e, no final da década de 460, os espartanos pediram à cidade ajuda para sitiarem a fortaleza messênia de Itome (I.H.30). Em geral, no século V, a única maneira realmente efetiva de tomar uma cidade era fazer uma circunvalação, ou seja, construir um muro a sua volta e levá-la à submissão pela fome. Usavam também alguns expedientes. Sabe-se que Péricles usou aríete e a "tartaruga" (plataforma formada por escudos sustentados pelos soldados por onde escalavam as muralhas) no cerco a Samos em 440 (I.H.33) e que os espartanos empregaram máquinas de assédio contra Platéias (Tucídides, *A Guerra do Peloponeso*, 2.71 ss.; I.H.35), mas tudo isso era bem pouco eficaz. Péricles levou nove meses para tomar Samos e os espartanos dois anos para tomar Platéias, defendida nos primeiros estágios do sítio por 480 homens e, no final, por menos de 240. As operações em torno a Siracusa, em 414 e 413, são típicas da época (I.H.48, 50). A melhor idéia que os atenienses conseguiam ter era, com um muro, interromper a passagem entre a cidade e seu porto e deixar que o tempo e a fome fizessem o pior.

6:11 Soldados tentam tomar de assalto uma cidade que estavam sitiando. C. 400.

6.30 O impasse foi desfeito pelo engenho e pela energia de não-gregos. Nas guerras dos cartagineses contra os gregos na Sicília, na última década do século V, cidades foram tomadas de assalto. Tem-se notícias de aríetes e barreiras, de torres com rodas e trabalhos de sapa, logo encontramos pela primeira vez, a serviço de Dionísio de Siracusa, a "catapulta" (invenção cartaginesa ou grega), uma arma que lançava flechas contra os defensores das muralhas, mais ou menos como uma besta. A melhor indicação do novo estado de coisas é oferecida pelo que resta do manual militar do arcádio Enéias, o Tático, publicado no início da década de 350. Há nele muitos conselhos sobre como defender cidades contra aríetes, trabalhos de sapa e coisas semelhantes, mas não há uma única palavra sobre circunvalação.

Atenas teve seu papel nesse desenvolvimento. O general Timóteo tomou Samos de assalto em 366-65 e depois disso atacou uma série de cidades trácias. O grande mestre da arte da guerra, porém, foi Filipe da Macedônia. Sabemos que ele tomou onze cidades, mas o extraordinário era a rapidez com que o fazia. Ele conseguia tomar uma cidade com rapidez extrema antes que os atenienses pudessem chegar para ajudar. As cidades não mais estavam seguras. O fim das cidades-estado estava próximo.

Técnicas de guerra marítima

(i) Trirremes e suas tripulações

6.31 Ao longo de todo o período clássico, um tipo de navio de guerra foi quase universal, a trirreme (*triérēs*, em grego, cf. 1.15). Tratava-se de um navio longo e delgado (pelos restos encontrados em oficinas de barcos do

6:12 Dois navios de guerra com proa em forma de javali.

Pireu do século IV, mediam 35 a 37 metros por 3,5 metros), com um calado baixo, um "superbarco de corrida". Seu principal armamento era o aríete que tinha a extensão da quilha. Havia 170 remadores, em três bancos superpostos, 27 de cada lado no mais baixo, os chamados *thalamítai*, outros 27 de cada lado no meio, os *zugítai*, e 31 de cada lado no mais alto, os *thranítai*, que se sentavam em bancadas acima das amuradas e remavam tendo os remos sobre um apoio (e, como seus remos entravam na água num ângulo mais agudo, sua tarefa era a mais extenuante e era recompensada com um pagamento mais alto). Acima do nível dos *thranítai*, corria um convés da proa à popa, onde os marujos trabalhavam e lutavam. O navio era comandado por um trierarca, que tinha sob suas ordens um piloto (*kubernḗtēs*), um oficial de remadores (*keleustḗs*), um oficial de proa (*prōrátēs*) (cuja função era principalmente manter a vigilância), um quartel-mestre e outros, entre os quais um carpinteiro, um tocador de *aulós* para dar o compasso aos remadores e quatro arqueiros. No todo, havia trezentos homens.

6.32 A trirreme tinha mastros e, em uma viagem longa, era possível aproveitar ventos favoráveis. Nem todos os remadores remavam o tempo todo, a não ser em combate. A bordo não havia lugar para comer e dormir e, de maneira geral, a trirreme tinha de acostar à noite para que a tripulação comesse e dormisse (cf. 1.15). Xenofonte narra a circunavegação do Peloponeso feita por Ifícrates ilustrando a prática normal. Ifícrates tinha pressa e, ao mesmo tempo, queria treinar os tripulantes, mas do relato de Xenofonte pode-se inferir o que era normal:

> Quando Ifícrates começou sua viagem em torno ao Peloponeso, levou com ele todo o equipamento de que precisava para uma batalha naval. Deixou para trás

suas velas grandes, como se estivesse navegando para a batalha, e fez muito pouco uso de suas velas pequenas, mesmo quando o vento era favorável. Avançando assim à força de remos, fazia com que os tripulantes ficassem em melhor forma e os navios ficassem mais rápidos. E, quando a expedição devia ir a algum lugar para fazer sua refeição da manhã ou da noite, ele ordenava que os navios-guia fossem para trás, fizessem meia-volta para ficar de frente para a terra e, a um sinal dado, apostassem corrida até a praia... Também, se estivessem fazendo uma refeição em território hostil, como era usual, postava as sentinelas em terra, mas também levantava os mastros dos navios e mantinha homens de vigia no alto deles. Do alto, esses homens tinham um campo de visão mais amplo do que o que teriam no nível do solo... Nas viagens durante o dia, ele os treinava para, a um sinal, formarem filas ou linhas de combate, de modo que, ao longo da viagem, ganhavam prática e habilidade necessárias para uma batalha naval, antes de chegarem à área do mar que, segundo supunham, estava sob controle do inimigo. (Xenofonte, *Helênicas*, 6.2.27-30)

Algo que não aparece neste relato de Xenofonte era da maior importância: a trirreme era tão leve que não podia ser usada quando o tempo, realmente, estava muito ruim (cf. 1.15). Isso significava que, de maneira geral, as operações navais não eram possíveis no inverno, nem no mau tempo causado pelos ventos etésios (ver 1.4-5). O inverno e os ventos eram sempre fatores que limitavam a estratégia naval.

(ii) A perícia ateniense

(a) Treinamento

6.33 É importante constatar que, mesmo quando o tempo não era muito ruim, era necessário haver boa dose de habilidade e treinamento para que a trirreme funcionasse com toda eficácia. Essa é a principal razão pela qual os atenienses tinham tanto sucesso. As exigências do império naval do século V e de suas tentativas de recuperá-lo no século IV os mantinham constantemente no mar. Os outros tinham frotas por curtos períodos; no resto do tempo, sua atividade naval era muito limitada. Atenas estava constantemente no mar e sua perícia naval manteve-se em alto nível (cf. 5.75).

6.34 A manobra tática predileta, o *diekploûs*, era particularmente exigente. Nela, o navio passava pela linha inimiga, virava-se e atacava o inimigo abalroando-o nos costados ou arrancando-lhe os remos. Velocidade de movimentos, velocidade na virada e precisão no ataque eram essenciais e não se adquire tudo isso com facilidade. O manejo do leme era particularmente uma questão de habilidade, o que é em parte a razão pela qual o timoneiro, o *kubernḗtēs*, era em muitos aspectos o homem-chave. (Quan-

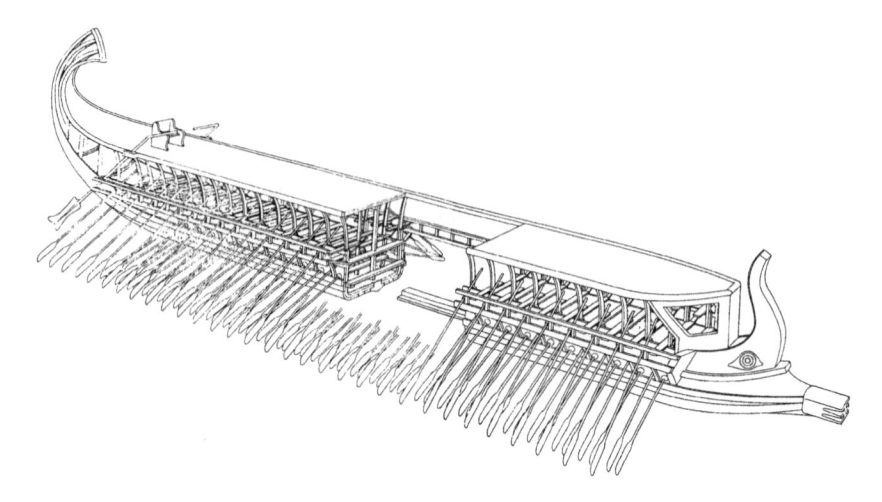

6:13 Desenho de uma trirreme grega do séc. V com um corte vertical no centro.

do Alcíbiades partiu para uma pequena missão em 407, deixou toda a frota ateniense em Samos sob o comando de seu timoneiro.) Toda a tripulação, porém, precisava ser hábil em suas tarefas. Considere-se, por exemplo, o controle necessário para que a trirreme executasse uma virada em alta velocidade como a que é descrita em 6.39.

(b) Mercenários

6.35 É claro que nem todos os atenienses sabiam remar bem. Houve um momento célebre, em 411, quando todo o povo ateniense correu para o Pireu, subiu nos barcos e apresentou um espetáculo de uma tripulação longe de bem treinada (Tucídides, *A Guerra do Peloponeso*, 8.95). Mas muitos viviam de remar. Em *Os acarnianos*, Aristófanes refere-se ao "pessoal dos *thranítai* (remadores principais, ver 6.31), os salvadores da cidade", e Aristóteles, na *Política*, atribuiu a ascensão da democracia à "turba de marinheiros". Em grande medida, porém, a marinha grega era mercenária. "É mais comprado que próprio o poder naval ateniense", afirmaram os coríntios em 432, e a réplica de Péricles, declarando que a própria Atenas poderia tripular sua frota se necessário, admitiu isso (Tucídides, *A Guerra do Peloponeso*, 1.121-40). Isso era de fato uma fonte de força. Uma frota de sessenta barcos exigia dez mil remadores. Se Atenas tivesse de basear-se apenas em seus cidadãos e residentes estrangeiros, os *métoikoi*, nunca teria sido capaz de tripular as grandes frotas que constantemente punha no mar.

(c) O Pireu

6.36 O Pireu era o centro do Egeu. Ali chegavam todos aqueles que queriam um emprego como remeiro, bem como os suprimentos necessários para qualquer tipo de viagem marítima – cordas e alcatrão, madeira para construção, couro e assim por diante. Era o pré-requisito do poder naval. Tal como observou Xenofonte em *Recursos financeiros*, em meados da década de 350 os navegantes gregos não podiam deixar de passar pelo Pireu (cf. 4.56-7). Não é de estranhar que, do ponto de vista naval, Atenas conduzisse o mundo.

(iii) O desenvolvimento das técnicas de guerra naval

6.37 Na discussão sobre as técnicas de guerra terrestre, foi necessário sublinhar o constante desenvolvimento da arte da guerra. No caso da guerra marítima, temos diante de nós o contrário. As táticas navais praticamente não mudaram, tanto quanto sabemos, desde o início da Guerra do Peloponeso até a amarga derrota da marinha ateniense e o fim de Atenas como potência marítima, na Batalha de Amorgos em 322 (6.49). Todo desenvolvimento que houve deve ter ocorrido muito antes. A frota persa que combateu os gregos em Artemísion e Salamina em 480 (I.H.17-8) era formada por navios bem diferentes das trirremes, tendo convés em toda a extensão, mais altos e leves, e transportando mais de trinta marinheiros. Naquela época os fenícios, que combatiam do lado persa, superavam os gregos na arte náutica e sua meta, plenamente alcançada em Artemísion, era atravessar a linha grega, virar-se, passar pelo lado e efetuar a abordagem. Nas águas apertadas da baía de Salamina, essa habilidade naval foi frustrada e os navios gregos, mais pesados, venceram a batalha *abalroando*. Esse seria o método do futuro e, no entanto, os gregos, em 480, só viram na batalha um golpe de sorte. Quando, no início da década de 460, Címon saiu ao mar para encontrar uma grande força naval e terrestre dos persas na Batalha de Eurimedonte (I.H.25), os seus navios tinham convés em toda sua extensão e estavam equipados com marinheiros à maneira persa; ainda em 433, muitos gregos, mas não os atenienses, continuavam combatendo à moda antiga. O relato de Tucídides sobre a Batalha de Síbota deixa isso claro:

> Assim que as insígnias foram içadas, os navios de ambos os lados aproximaram-se e o combate teve início. Ambos os lados tinham muitos hoplitas no convés, bem como um bom número de arqueiros e arremessadores de dardo, pois ainda usavam táticas antigas devido à sua falta de experiência. Era uma batalha naval dura, não, porém, pela técnica; mais parecia um combate de infantaria. Quando se jogavam uns contra os outros não era fácil se livrarem por causa do número e aglo-

6:14 O Pireu, porto de Atenas.

meração dos navios e também porque, para a vitória, contavam sobretudo com os hoplitas a bordo, que se levantavam e combatiam enquanto os navios ficavam estacionados. Não houve nenhuma tentativa de manobras para romper a linha; a coragem e a força bruta tinham um papel mais importante do que a perícia. A confusão reinou durante toda a batalha e houve tumulto por toda a parte. (Tucídides, *A Guerra do Peloponeso*, 1.49)

6.38 Todavia, nas operações navais do ateniense Fórmion na entrada do golfo de Corinto, em 429, os coríntios depararam-se com as novas técnicas navais dos atenienses e ficaram visivelmente aterrorizados (I.H.39):

(83) Fórmion vigiava a frota coríntia enquanto ela velejava ao longo do golfo saindo dele, pretendendo atacá-la em mar aberto. Mas os coríntios e seus aliados tinham-se posto ao mar sem pensar em lutar, com o objetivo de transportar tropas para a Acarnânia, e supunham que os atenienses, com seus vinte navios, não se aventurariam a atacar os 47 deles. Contudo, navegando ao longo de sua própria costa, viram os atenienses navegando paralelamente a eles e, quando tentaram atravessar de Patras, na Acaia, para o continente em frente, perceberam que, de novo, vindos de Cálcis e do rio Eveno, navegavam em sua direção e não podiam levantar âncora sem que eles percebessem.

Foram, assim, forçados a travar batalha naval no meio de um braço de mar... Os peloponésios alinharam seus navios em um círculo tão grande quanto podiam, sem dar ao inimigo a possibilidade de passar entre os navios, cujas proas estavam voltadas para fora e as popas para dentro. Os barcos mais leves da expedição foram colocados no centro do círculo, juntamente com cinco de seus navios mais rápidos, prontos para irromperem e, rapidamente, estarem presentes onde quer que os adversários atacassem.

(84) Os atenienses formaram fila única e ficaram navegando à volta deles, aos poucos forçando o círculo a contrair-se, navegando bem perto e dando a impressão de que logo iriam atacar, embora Fórmion houvesse dado ordens no sentido de que nenhum ataque fosse feito até que ele próprio desse o sinal. Esperava que não conseguiriam manter a formação, tal como fariam em terra, e que os navios de guerra e os barcos mais leves se atrapalhariam e cairiam em confusão, enquanto o vento, que costumava soprar lá pelo fim da tarde e pelo qual ele estava esperando durante a manobra, completaria a desordem deles em pouco tempo. Julgava que a hora do ataque dependia dele e que o melhor momento seria quando o vento soprasse. Quando o vento soprou, os navios peloponésios tinham pouco espaço e, por causa do vento e, ao mesmo tempo, dos navios leves, logo entraram em confusão. Os navios de guerra emaranharam-se e suas tripulações tentaram livrá-los com varas, gritando, praguejando e lutando uns contra os outros e não ouviam nem as ordens transmitidas nem os chefes dos remeiros e, inexperientes que eram, não conseguiam tirar os remos da água revolta e, com isso, os navios estavam fora do controle dos pilotos. Nesse momento, Fórmion deu o sinal e os atenienses atacaram. Afundaram em primeiro lugar o navio de um dos comandantes inimigos e depois começaram a destruir todo navio com que se deparavam; na confusão, a resistência do inimigo foi completamente quebrada e eles fugiram para Patras e Dime, na Acaia. (Tucídides, *A Guerra do Peloponeso*, 2.83-4)

6.39 Nesse primeiro enfrentamento, os 47 navios peloponésios ainda estavam equipados à maneira antiga, já vista em Síbota, e, formando-se em círculo por medo do *diekploûs* ateniense, foram amontoados e postos em

6:15 Atena segura um ornamento de popa de navio (*áphlaston*) como sinal de uma vitória naval ateniense, talvez a de Salamina. C. 480.

confusão pelos atenienses que os rodearam. Para o segundo enfrentamento os espartanos fizeram com que novos navios fossem construídos, mais adaptados aos novos modos de combate, e uma frota de 77 unidades foi reunida. Os atenienses tinham ainda apenas vinte, mas a frota peloponésia tinha medo de enfrentá-los em mar aberto. No discurso do comandante espartano antes da batalha, foram expostos argumentos para diminuir o temor à experiência e à perícia ateniense e, embora alguns dos navios de Atenas houvessem sido apanhados nas estreitas águas do golfo e danificados, no final, foi a experiência e a perícia dos atenienses que prevaleceu:

(90) Quando os peloponésios viram Fórmion navegando ao longo do golfo, em seu interior, em fila única e perto da costa, justamente o que queriam, a um sinal dado todos fizeram que seus navios virassem e lançaram-se a toda velocidade em fila única contra os atenienses, esperando isolar todo o esquadrão. Os onze navios, os que dirigiam a manobra, fugiram da ala peloponésia e de seu movimento envolvente e escaparam para águas livres, mas os restantes eles capturaram e, ao tentarem fugir, arrastaram para terra e puseram fora de combate. Todos os tripulantes que não conseguiram nadar para a praia foram mortos...
(91) Enquanto isso, os vinte navios da ala direita estavam perseguindo os onze navios atenienses que haviam fugido do movimento envolvente e escapado para o mar aberto. Os atenienses, com exceção de um navio, abriram distância sobre eles e escaparam a tempo para Naupacto. Alinhando-se junto ao templo de Apolo, com as proas apontadas para o mar, prepararam-se para defender-se contra um ataque peloponésio. Os peloponésios chegaram depois, cantando um peã de vitória, enquanto avançavam. Muito à frente dos demais vinha um navio leucádio perseguindo a única nave ateniense que ficara para trás. Por acaso, havia um cargueiro ancorado ao largo e o navio ateniense, navegando em torno desse cargueiro, abalroa pelo meio o navio que o perseguia e o afunda. Essa façanha surpreendente e inesperada causou pânico entre os peloponésios que, na excitação da vitória, haviam saído de formação, e alguns pararam de remar e perderam distância até que os demais chegaram (algo muito perigoso de fazer-se com os atenienses tão perto), enquanto outros, não conhecendo a costa, ficaram presos nos bancos de areia. (92) Quando viram o que havia acontecido, os atenienses retomaram a coragem e, com uma única palavra de comando, saltaram contra eles. Estes, por causa de seus erros e da desordem em que haviam caído, após breve resistência, fugiram voltando para Panormo, de onde haviam partido. Os atenienses perseguiram-nos e capturaram seis dos navios que estavam mais próximos deles e recuperaram os que haviam sido postos fora de combate e rebocados quando a ação começara. Dos tripulantes uns foram mortos e outros aprisionados. (Tucídides, *A Guerra do Peloponeso*, 2.90-2)

Em resumo, após a Batalha de Síbota, lenta mas finalmente, os peloponésios viram a luz; já fazia algum tempo que os atenienses detinham a tocha. Para Atenas, a perfeição no uso da trirreme viera antes da Guerra do

Peloponeso e é por isso que, por mais de um século, não houve nenhum desenvolvimento na arte da guerra naval.

(iv) O sistema naval ateniense

6.40 Não houve muita mudança também no sistema naval ateniense. Nossos conhecimentos sobre isso provêm sobretudo de um discurso pronunciado por Apolodoro em [Demóstenes], *Contra Pólicles*, 50. Nele, vemos a marinha ateniense em um momento de particular tensão no final da década de 360. A oferta de remadores no Pireu equiparava-se mais ou menos à demanda regular e, quando, no outono de 362, surgiu a necessidade de maior número de navios ainda, medidas excepcionais tiveram de ser tomadas. Além disso, Apolodoro era um jovem extravagante (4.70) e gastava em seu navio e tripulação mais do que seria razoável ele esperar que seu sucessor aceitasse facilmente. Uma avaliação sóbria da situação por trás do discurso mostra que, essencialmente, a organização da frota não era de modo algum diferente da de 415, quando a grande armada partiu para a Sicília. Sobre isso somos bem informados por Tucídides:

> A frota fora equipada com grandes despesas dos trierarcas e dos fundos públicos. Os fundos públicos pagavam a cada membro das tripulações uma dracma por dia, além de fornecerem sessenta navios de guerra e quarenta de transporte e serviçais da melhor qualidade; os trierarcas, por sua vez, pagaram uma gratificação aos *thranítai* e serviçais e não mediam despesas nas figuras de proa e demais aparatos, rivalizando uns com os outros no preparo dos navios que deviam destacar-se tanto em beleza como em velocidade. As tropas de terra foram convocadas dentre os que constavam das melhores listas e, individualmente, cada um competia entusiasticamente quanto à qualidade de suas armas e outros equipamentos... Na verdade, o desembolso total feito pela cidade equivalia a uma enorme soma, se calcularmos as despesas particulares dos que faziam parte da expedição e as despesas públicas feitas pela cidade. As despesas públicas incluíam o que já tinha sido gasto e o dinheiro que os generais tinham em mãos para manter a expedição, e as despesas privadas eram tanto o que as pessoas já haviam gasto com seus equipamentos quanto o que os trierarcas ou haviam gasto ou viriam a gastar no futuro. A isso deve-se acrescentar o dinheiro que, sem ônus para a cidade, as pessoas levavam para as despesas de viagem e os mercadores para o seu comércio...
>
> Quando os navios estavam tripulados e tudo o que pretendiam levar estava a bordo, a trombeta deu o sinal de silêncio e foram feitas as preces costumeiras antes da partida, não navio por navio, mas todos juntos, conduzidos por um arauto, e todos os oficiais e as tripulações de toda a frota misturavam e faziam libações em taças de ouro e prata. Dentre os que estavam em terra, faziam preces os cidadãos e todos que estavam bem dispostos para com eles. Tendo cantado a peã e feito as libações, os navios partiram, navegando primeiro em fila única e depois apostando corrida até Egina. (Tucídides, *A Guerra do Peloponeso*, 6.31)

(a) Trierarquia e sintrierarquia

6.41 A trierarquia era uma forma de serviço militar (uma *leitourgía*, ver 5.71), que todos os homens cuja riqueza atingia um mínimo determinado eram obrigados a cumprir. Suas funções eram basicamente financeiras, pois, embora o trierarca compartilhasse dos perigos do serviço, o conhecimento e a experiência necessários para as operações navais estavam, como já vimos, nas mãos do *kubernḗtēs* (6.34). É certo que isso era dispendioso, pois, embora a cidade fornecesse o navio, pagasse as tripulações e pusesse o equipamento dos estaleiros à sua disposição, eles achavam conveniente ter seu próprio equipamento, principalmente material essencial como cordas, e contratar a melhor equipe possível de oficiais. Como isso tudo ficou caro demais nos anos finais da Guerra do Peloponeso, quando Atenas estava muito empobrecida, não havia homens em idade militar bastante ricos para assumir o encargo, o que levou à instituição da "sintrierarquia", pela qual o custo era repartido entre dois homens, cada um dos quais servia pessoalmente por seis meses, já que a trierarquia durava um ano inteiro contado a partir do primeiro dia.

6.42 Equipar um navio implicava fornecer dois tipos de equipamento: os de madeira e os pendentes. Os de madeira formavam o conjunto de remos, um mastro, leme, vergas para as velas e varas; eram guardados na casa de barcos em que o navio ficava quando não estava no mar. O equipamento pendente era constituído pelas velas, roldanas das velas, cordas, âncoras e outros itens que ficavam guardados num depósito. Muitas casas de barcos encontravam-se no ancoradouro de Zea, ao passo que os depósitos de equipamentos ficavam sobretudo no ancoradouro principal, Cântaro. Desse modo, na preparação de uma expedição era preciso que alguém trouxesse o navio, com o equipamento de madeira, desde Zea até o cais em Cântaro, onde o equipamento pendente era transferido para o navio (não todo, porém, porque as velas comuns não eram levadas para a batalha) (5.25).

6.43 Era então que a tripulação embarcava. Os tripulantes sabiam a que navio pertenciam, pois tinham treinado juntos – a manobra de um barco durante a batalha exigia coordenação e experiência, que só podiam ser adquiridas com treinamento regular. Vinham com seu *tropōtḗr* (tira de couro com que se atava o remo ao tolete sobre o qual ele se apoiava quando acionado) e seu *hupērésion* (um assento cuja parte inferior talvez fosse lubrificada para deslizar para a frente a para trás de acordo com a movimentação dos remos). Ao que parece, os remos eram colocados a bordo num suporte enquanto a tripulação embarcava e o trierarca calculava o dinheiro que devia distribuir entre os marinheiros através da contagem de mãos (os remadores dos assentos inferiores tinham de passar as mãos pelos orifícios dos remos, o que proporcionava uma oportunidade para trapaças quando um tripulante estivesse ausente).

6.44 Na realização de outras *leitourgíai*, por exemplo na produção de uma peça em um dos grandes festivais dramáticos, os cidadãos mais ricos competiam uns com os outros quanto à liberdade nos gastos. A trierarquia não era uma exceção. Muitas vezes o trierarca gastava mais que o estritamente necessário para garantir os serviços dos melhores oficiais e remadores.

6.45 Um trierarca consciencioso teria ainda o incentivo de receber uma coroa ou grinalda se conseguisse ser o primeiro a trazer seu navio para o cais. Alguns membros da *boulḗ* ficavam no cais para garantir que os preparativos fossem realizados sem contratempos. Sua tarefa era duplamente difícil à noite, quando o Pireu tinha de ser iluminado por tochas, a menos que houvesse luar. Quando os barcos ficavam prontos, os trierarcas ofereciam libações aos deuses e depois disso o *keleustḗs*, a um sinal do trierarca ou do *kubernḗtēs*, dava o sinal de partida.

No final do serviço, o trierarca tinha de garantir que todo o equipamento da cidade fosse devolvido em boas condições (cf. o incidente em 4.35).

(b) Summoríai

6.46 A sintrierarquia era um sistema bastante satisfatório em uma cidade tão desprovida de burocracia e, em princípio, servia perfeitamente para Atenas. No século IV, porém, a cidade estava muito mais pobre que no século V e o pagamento dos marinheiros ficou irregular e raramente o total era pago. Quando as finanças da cidade chegaram no seu nível mais baixo no meio da década de 350, foi aprovada uma lei que, à primeira vista, parecia revolucionária, a lei de Periandro, datada de 357. Por ela, a obrigação de pagar deixava de estar vinculada à de servir. A partir de então, até os idosos de barbas brancas como Isócrates, muito além da idade de serviço militar, foram obrigados a participar do pagamento. Formaram-se juntas (*summoríai*) compostas por até dezesseis pessoas, às quais se atribuía o dever de financiar uma trirreme. O sistema não durou muito tempo. Em 340, Demóstenes conseguiu aprovar uma lei pela qual as obrigações financeiras eram distribuídas mais eqüitativamente (5.73).

(c) O sucesso do sistema

6.47 Observou-se, na discussão sobre as técnicas de guerra terrestre, que o século IV foi a era do profissional. Será que foi assim nos assuntos navais? A lei de Periandro parece ter aberto as portas ao profissional, tornando possível que um homem, dedicado ao mar, fosse contratado por uma *summoría*, mas, como a lei era basicamente financeira, pode-se dizer que ela permitiu que o profissional entrasse acidentalmente por uma porta traseira. Isso é uma ilusão. A separação entre pagamento e serviço já havia começado e Periandro apenas deu aprovação legal ao que era, cada vez mais, um fato. Na Batalha de Pepareto, em 361, houve diversos trierarcas que haviam contratado suas trierarquias. Como lhes era próprio, os atenienses caíram em cima deles e os culparam pela derrota. Mas a prática continuou, como se pode ver pelo discurso 51 de Demóstenes (*Sobre a coroa da trierarquia*). Onde quer que houvesse espaço, o profissionalismo afirmava-se, mas os avanços reais já haviam sido feitos nos dias de Péricles. O aperfeiçoamento da marinha foi uma de suas maiores realizações.

6.48 Na teoria, o sistema não era perfeito. Levava tempo colocar uma frota no mar, tempo precioso em que a causa da cidade podia perder-se. Mas qual seria a alternativa? Uma marinha permanente com remeiros e trierarcas prontos para partir na hora teria custado mais do que a cidade de Atenas, provavelmente no século V e com certeza no século IV, poderia pagar. Além disso, uma marinha permanente no Pireu não teria nenhuma utilidade no norte depois que os ventos etésios começassem a soprar e teria levado a cidade a estagnar. Era melhor empregar os recursos, como já faziam, para continuar a construir navios novos. Navios fazendo água não se deslocam, como Nícias descobriu em Siracusa (Tucídides, *A Guerra do Peloponeso*, 7.12), tão rápido como os novos. Nas listas da marinha do século IV, que são uma importante fonte de informações sobre a frota ateniense, de início fica-se espantado com o número de navios que a cidade possuía; entre 357-56 e 353-52, período em que financeiramente Atenas esteve no ponto mais baixo, o número de trirremes aumentou de 283 para 349. Mas tais despesas eram inevitáveis se Atenas quisesse manter sua supremacia naval, o que era muito mais importante que manter uma frota permanente (cf. 6.2).

6.49 O sistema funcionava porque havia concorrência. Depois, porém, que Alexandre capturou as bases navais do Império Persa na Fenícia, em 332, seu fim estava selado: Alexandre agora detinha o controle da poderosa frota fenícia. Na Batalha de Amorgos, em 322, uma frota de 170 navios, a maior que, desde as Guerras Persas, participou de uma batalha, enfrentou o macedônio Clito com 240. No fim do dia a glória naval de Atenas já era tema para a história. Clito, "tridente na mão, fez-se proclamar Posêidon". Com certeza, o deus dos mares não mais favorecia Atenas.

7
O mundo intelectual

(1) Fundamentos dos grandes feitos da época clássica

(i) O surgimento da literatura grega

7.1 Em todas as sociedades, as pessoas contam histórias e cantam canções. É razoável supor que as histórias (ou mitos) tradicionais já eram contadas séculos antes que a literatura grega surgisse, embora não existissem Irmãos Grimm para coletá-las. Sabemos dos mitos, em parte, pelo uso que deles fizeram os poetas gregos e, em parte, pelas coletâneas feitas muito depois por compiladores (por exemplo, Apolodoro, ateniense do século II). A primeira manifestação da literatura do mundo ocidental são os poemas épicos *Ilíada* e *Odisséia* de Homero (século VIII?) que narram histórias sobre a Guerra de Tróia: a ira de Aquiles e o retorno de Ulisses ao seu lar. As primeiras canções de que temos notícia (mas só as letras, sem a música) são as do poeta Arquíloco que, segundo suas palavras, servia às Musas e ao deus da guerra nas ilhas do Egeu oriental, por volta de 650, e de Alcman que, mais ou menos na mesma época, escreveu canções para recitação coral em Esparta. É fácil presumir que a literatura grega tenha "começado" nesse momento, mas as histórias devem ter sido recitadas e as canções cantadas com acompanhamento musical durante milhares de anos antes disso. Para nós, a literatura grega parece "começar" no século VIII apenas porque só então os gregos aprenderam a arte da escrita.

7.2 Os gregos desenvolveram seu próprio sistema peculiar de escrita em meados do século VIII, a partir dos fenícios que, como outras culturas letradas da época, faziam uso de símbolos para representar sons consonantais (cf. o hebraico). Os gregos inventaram o primeiro alfabeto totalmente fonético, ou seja, com símbolos que representam consoantes *e vogais*, e adotaram algumas das formas e dos nomes de letras fenícias, por exemplo:

284 *O mundo de Atenas*

⋉ aleph	A alfa
⌡ beth	B beta
∧ gimel	Γ gama
⇂ daleth	Δ delta

7.3 Se os dados que temos foram interpretados corretamente, o uso da escrita já estava razoavelmente difundido no início do século VII. Ao longo dos anos de seu desenvolvimento, muitos alfabetos diferentes foram inventados para suprir necessidades locais, mas as características principais de toda a escrita que sobreviveu nas inscrições e na poesia da época são o uso de maiúsculas, a ausência de espaço entre as palavras e de pontuação, as palavras sendo escritas, às vezes, ao contrário, isto é, da direita para a esquerda e, às vezes, alternadamente direita-esquerda e esquerda-direita (*boustrophédon*, como o sulco que os bois fazem com o arado, virando-se cada vez ao chegar ao fim do terreno). A ortografia também era variável. Por exemplo, os atenienses do século V podiam usar o para o (o), ω (ō) ou ου (ou); e ε para ε (e), η (ē) ou ει (ei). Em 403, Atenas concordou em adotar um alfabeto jônio que se foi tornando, aos poucos, usual em todo o mundo grego, e é desse alfabeto (através de sua adaptação romana) que se desenvolveu o nosso sistema de escrita (embora a pontuação, o espaçamento entre palavras e as letras minúsculas só se tenham tornado usuais no século IX d.C.).

7.4 No nosso mundo, a prosa é o meio mais importante da comunicação escrita, mas, em todas as sociedades antigas, a primeira escrita era em verso, não em prosa, e, além dos decretos oficiais, a primeira prosa na Grécia só foi escrita no século VI. Praticamente todos os primeiros cientistas-filósofos escreviam em verso e os poetas eram vistos mais como professores, homens de negócios pragmáticos, sábios e cientistas que como visionários inspirados. No século V, até Homero podia ser usado como um manual de treinamento militar (P.10)!

7.5 A história de como a literatura grega sobreviveu até hoje é fascinante, mas aqui só podemos apresentar um esboço muito simples. A vasta maioria da literatura grega sobrevive porque foi copiada e recopiada pelos séculos afora. No entanto, recopiar textos a mão (e fazer excertos para uso nas escolas) logo deixou muitos deles em um estado caótico e, no século III, estudiosos gregos reunidos no Museu de Alexandria, no Egito (que era então o centro intelectual do mundo após a decadência de Atenas), decidiram apresentar "o melhor texto" de toda a literatura grega sobrevivente. Em última instância, é desses textos que os nossos derivam. Os textos que os alexandrinos não editaram não sobreviveram, a não ser quando tivemos sorte e foram achados em escavações no deserto. Os romanos, que logo se

7:1 Fragmentos da poesia de Safo escrita em papiro. Séc. II d.C.

tornariam senhores do Mediterrâneo, foram cativados pela cultura grega e garantiram que suas obras continuassem a ser copiadas (seletivamente) para indivíduos, escolas e bibliotecas. O colapso do Império Romano no século V d.C., no ocidente, a estagnação dos mosteiros e os sentimentos antipagãos no oriente puseram em risco a herança grega, mas no século IX d.C. houve um novo despertar da erudição, quando a literatura grega foi "redescoberta" e começou a ser copiada de novo. Praticamente tudo o que havia sobrevivido até então está conosco até hoje. A maior perda, para nós um suplício como o de Tântalo, foi a da poesia lírica arcaica. Por ser picante por natureza, a Igreja não a via com bons olhos e, por isso, simplesmente não foi recopiada. O que temos sobreviveu em citações e em antologias ou foi recuperado das areias do deserto. Isso é ainda mais frustrante quando sabemos que praticamente a única voz feminina do mundo grego antigo, Safo, a poetisa de Lesbos, do século VI, tinha suas obras reunidas em cerca de nove livros de versos. Tudo o que restou dela foi um poema completo, estrofes de alguns outros, estranhos retalhos de citações e fragmentos. É como se tudo o que restasse de Yeats fosse o que está no *Oxford Dictionary of Quotations*.

(ii) A menor importância dos deuses: mito, filosofia e medicina

7.6 Já nos poemas épicos homéricos vemos sinais da atitude dos gregos diante do mundo que lhes é peculiar e distingue nitidamente o pensamento grego de todos os demais. Se as versões que temos dos mitos gregos não foram reinterpretadas de modo demasiado radical pelos escritores do século V, esses sinais também estão presentes nelas. As diferenças ficam mais claras através do contraste. Primeiro, leia-se o mito da casa de Pélops citado em 7.40 (e cf. as histórias de Prometeu em 2.9) e depois examine-se o seguinte mito dos índios bororo do Brasil:

> Há muito tempo, um rapaz chamado Geriguiaguiatugo seguiu sua mãe até a floresta, onde ela ia colher folhas especiais para a iniciação dos rapazes após a puberdade. Ele a violentou e seu pai, descobrindo com um truque que o culpado era o filho, enviou-o numa missão mortal para trazer do lago das almas vários tipos de chocalhos cerimoniais. A avó do rapaz aconselha-o a pedir a ajuda do colibri, que obteve para ele o que ele buscava. Outras missões, ajudadas por outros tipos de pássaros, também são bem-sucedidas, até que o pai acaba levando-o em uma expedição de caça ao papagaio e deixa-o para trás, no meio do caminho de uma escalada de um penhasco, contando só com a ajuda de um bastão mágico que lhe fora dado por sua avó. O pai vai embora, mas o filho consegue escalar o penhasco. No planalto isolado, lá no alto, ele mata lagartos e os pendura no cinto como reserva de comida; mas os lagartos ficam podres e o cheiro faz com que o rapaz desmaie e também atrai abutres que devoram o traseiro dele, além dos lagartos cheios de vermes. Saciados, os abutres ficam amistosos e o carregam até a base do penhasco. O rapaz fica outra vez com fome, mas os frutos selvagens que come passam direto através dele, privado que está de assento. Lembrando-se de uma história da avó, molda um traseiro novo com uma espécie de purê de batatas. Volta para a aldeia, encontra-a deserta, mas acaba descobrindo sua família, após assumir (segundo a versão principal) a forma de um lagarto. Aparece para a avó em sua própria forma. Durante a noite, uma tempestade terrível apaga todas as fogueiras, menos a dele; as outras mulheres, inclusive a nova esposa do pai, vêm buscar brasas no dia seguinte. O pai finge que nada aconteceu entre ele e o filho, mas este se transforma em um cervo e, com os chifres, atira-o para um lago, onde é devorado por piranhas canibais. Seus pulmões vêm à tona e transformam-se na origem de um tipo especial de folha flutuante. Então, o rapaz mata a mãe e a segunda esposa do pai. (Extraído de G. S. Kirk, *Myth: its meaning and functions*, 64-5)

A diferença é óbvia. Em forte contraste com o comportamento irracional (para nós) das personagens do mito brasileiro, os mitos gregos são em grande parte povoados por heróis humanos que se comportam de maneira humanamente inteligível e (em geral) há pouco ou nada do grotesco, do absurdo e do fantástico tão característicos do mito de Geriguiaguiatugo (embora não se saiba quanto disso é devido à natureza literária do mito grego). Insistir em que o mundo deve ter um sentido em termos humanos e pode ser explicado sem recursos ao sobrenatural é a marca típica de todos os melhores pensadores gregos.

7.7 Essa importante verdade é reforçada por um rápido olhar para os filósofos gregos mais antigos. Os gregos inventaram a filosofia, mas os primeiros filósofos gregos eram mais o que chamamos de "cientistas natu-

7:2 Pã com pés e chifres de bode é cultuado juntamente com Hermes e as Ninfas.

rais". Eles fizeram a pergunta extraordinária "De onde veio o mundo e de que é feito?". Essa pergunta é extraordinária porque implica que o universo deve ser humanamente compreensível, isto é, racional e, portanto, explicável em termos racionais. O primeiro filósofo, Tales de Mileto (c. 580), por exemplo, afirmou que o princípio-guia (*arkhē*) que está por trás de tudo é a água, uma idéia bem sutil (considerando que ela pode assumir forma sólida, líquida ou gasosa). Explicou os terremotos dizendo que, como o mundo está apoiado na água, eles ocorrem quando a água é perturbada pelo vento. Estava errado, mas o importante é que ele não disse que eram causados pelo deus dos terremotos, Posêidon. Outros pensadores dos primeiros tempos propuseram outras *arkhaí*. Parmênides (c. 480), um grego oriental que se mudou para Eléia, na Itália, quase destruiu essa forma de especulação ao negar que a mudança fosse possível, porque como poderia a "água" passar a ser "não-água"? Ela ou *é* ou *não é* água: não pode ser ambas as coisas. Assim, mudança (e todas as suas associações, por exemplo o movimento) não é possível. À objeção natural de que uma pessoa se movimenta durante todos os momentos da vida em que está acordada, Parmênides replicou de maneira devastadora que isso apenas provava que os sentidos não eram guias confiáveis para a real natureza do mundo e que eles não merecem crédito. Essa revelação chocante teve repercussões radicais para o pensamento grego. Para enfrentar as objeções de Parmênides, uma escola de pensamento propôs, como tentativa, uma teoria "atômica" do universo, ou seja, que diz que a matéria consiste em minúsculas partículas indivisíveis *abaixo* do nível de percepção que, em si mesmas, não mudam, mas apenas reagrupam-se para criar as diferentes formas, tamanhos, texturas e sabores do mundo percebidos por nós.

7.8 Um balanço sumário de um dos muitos debates correntes entre os primeiros pensadores revela suas forças e suas fraquezas. Coluna do crédito: Não havia dogmas. Tudo estava aberto ao questionamento. Não havia nenhuma autoridade, religiosa ou política, dizendo-lhes o que pensar. Coluna do débito: Muito do pensamento grego tendia a ser axiomático, segundo um modelo matemático. Quer dizer, com base em um certo número de hipóteses não questionadas, os pensadores gregos concebiam um modelo do universo sem usar outro recurso que não fosse observações e lógica pura. Quando faziam um experimento, em geral, era mais para expor uma hipótese que para prová-la. Mas há indícios (por exemplo, na medicina) de que eles entendiam a importância do princípio da verificação (e isso foi ficando cada vez mais válido a partir do século IV). Se ficamos surpresos com a falta de experimentação entre os filósofos da época arcaica, devemos levar em conta a natureza das perguntas que estavam fazendo e os meios de observação que tinham à sua disposição. Que tipo de experiência poderiam fazer para provar uma teoria sobre a origem do universo? Mesmo assim, apesar de terem dado início a um processo que, com o tempo, faria da pesquisa empírica a base da indagação intelectual ocidental, os gregos eram "científicos" apenas em um sentido limitado e tendiam, em geral, à especulação abstrata em grande escala, durante todo o período clássico e helenista.

7.9 Um instrumento analítico poderoso foi repetidamente usado por esses primeiros pensadores (e também pelos que vieram depois) para ajudá-los a apreender o problema: o argumento baseado na analogia. É uma forma de argumentação em que o fenômeno a ser explicado é comparado com um fenômeno similar já estudado e um deles é usado para lançar luz sobre o outro (o símile freqüentemente usado por Homero é um recurso literário semelhante, o que sugere que a técnica era particularmente grata ao pensamento grego). Anaximandro, por exemplo, descreve a ordem do cosmo em termos de um equilíbrio causado por substâncias opostas que formam o cosmo "pagando a penalidade e recompensando-se umas às outras por sua injustiça": uma imagem tirada das leis vigentes no mundo humano.

Outra maneira pela qual os pensadores arcaicos apreendiam os problemas era vendo o mundo e suas partes constituintes em termos de contrários: quente e frio, úmido e seco, claro e escuro e assim por diante. Acreditavam que "a maioria das coisas humanas vêm em pares" (frase atribuída por Aristóteles a Alcmeão), e podemos ver no pensamento grego posterior uma tendência para procurar oposições (duas das partículas mais comuns na língua grega são *mén* e *dé* – que querem dizer "por um lado... por outro lado"). Os gregos faziam uma clara distinção entre o corpo e a mente e, desde então, os psiquiatras vêm sempre tentando unir os dois.

7.10 Mas, como dissemos, a medicina é de certo modo uma exceção. Os gregos inventaram a medicina como disciplina, retirando-a do domínio do charlatanismo e da magia e fazendo da observação empírica o seu fundamento. No início do século V, Alcmeão de Crotona (no sul da Itália), chefe de uma famosa escola médica, fez, segundo se diz, a dissecação de um olho. É quase certo que isso não aconteceu, mas ele pode ter tirado suas importantes conclusões sobre o caminho percorrido pelo nervo óptico e ter situado o cérebro como centro do pensamento através da dissecação de animais e do tratamento de ferimentos de guerra. Essa tendência empírica deveria desenvolver-se a partir de então (cf. 4.72).

7.11 A especulação não se restringia ao mundo natural. Algumas das observações mais independentes e originais foram feitas pelos pensadores arcaicos sobre os deuses, muitas delas atingindo o coração da visão convencional, "homérica" (cf. 2.66). Xenófanes, um jônio (c. 570-470), atacou Homero explicitamente e satirizou a maneira como ele apresentava os deuses como homens (antropomorfismo):

Tudo aos deuses atribuíram Homero e Hesíodo, tudo quanto entre os homens merece repulsa e censura: roubo, adultério e fraude mútua. (fr. 11)

Mas os mortais acreditam que os deuses são gerados, que como eles se vestem, têm voz e corpo. (fr. 14)

Se mãos tivessem os bois, os cavalos e os leões e pudessem com as mãos desenhar e criar obras como os homens, os cavalos, semelhantes aos cavalos, e os bois, semelhantes aos bois, desenhariam as formas dos deuses e corpos fariam tais quais eles próprios têm. (fr. 15)

Heráclito condenava a purificação ritual após o homicídio e as preces aos deuses (cf. 2.26):

Purificam-se em vão com sangue quando estão manchados por sangue, como se alguém que houvesse pisado na lama tentasse lavá-la com lama. Quem quer que

7:3 Uma oferenda sacrificial é feita sobre um altar do deus Apolo cuja estátua em forma humana está postada sobre um pilar. C. 430.

visse alguém fazendo isso o acharia louco. E dirigem preces a essas estátuas dos deuses, o que é como alguém tentar falar com uma casa: eles não conhecem a verdadeira natureza dos deuses e dos heróis. (fr. 5)

7.12 É importante lembrar que nenhum desses pensadores arcaicos gregos era ateniense. A maioria vinha da costa jônia e das ilhas adjacentes para onde seus ancestrais haviam emigrado a partir do século X. Se procuramos ver por que motivo as especulações do tipo discutido acima tiveram origem nessa região, será difícil resistir à conclusão de que o estímulo foi o contato dos gregos com a cultura do Oriente Próximo. (Cf. o impacto do Oriente Próximo sobre a arte grega em 7.68 ss.)

7.13 É preciso sublinhar um outro ponto. Os intelectuais gregos tinham tempo para especular porque, em geral, eram aristocratas abastados cuja liberdade era assegurada por escravos (cf. 4.52, 66). De modo algum representavam o ateniense "médio" que via suas especulações com tanta desconfiança quanto podemos sentir acerca do seguinte trecho, em que um cientista moderno "descreve" o princípio do mundo:

A temperatura do universo é de cem milhões de graus Kelvin (10^{11}°K). O universo é mais simples e fácil de descrever do que jamais será de novo. Está cheio de uma sopa indiferenciada de matéria e radiação e cada partícula dela colide muito rapidamente com outras partículas... Como a temperatura do universo cai em proporção inversa ao seu tamanho, a circunferência no momento da primeira conformação era menor que a presente na razão da temperatura de então (10^{11}°K) para com a temperatura atual (3°K); isso dá uma circunferência na conformação inicial de cerca de quatro anos-luz. (Weinberg)

Note-se a imagem inteiramente grega da terceira sentença: "no início havia sopa" (cf. 7.59).

(2) Atenas no século V

7.14 A realização intelectual da Grécia clássica foi edificada sobre a obra extraordinária dos séculos precedentes. Em matemática, retórica, história, ética, política, lingüística, lógica e depois nas disciplinas mais científicas (medicina, biologia e física), pensadores da estatura de Protágoras, Hipócrates, Sócrates, Platão e Aristóteles conceberam disciplinas sistemáticas que seriam consideradas válidas durante milhares de anos. Nas artes, os poetas trágicos, escultores e arquitetos (cf. 7.74) criaram obras de tal excelência que viriam a ter um significado permanente. Quaisquer que fossem as razões desse súbito surto de poderosa atividade intelectual, não é possível separar os grandes feitos dos atenienses de suas instituições políticas (cf. I.H.27-8). A democracia só poderia ter sido inventada em uma atmosfera em que o povo, como um todo, tivesse um forte sentimento de sua própria independência de julgamento e, conseqüentemente, exigisse o direito de controlar seus próprios destinos. Esse sentimento de liberdade está bem de acordo com o que vimos dos primeiros filósofos e médicos jônios que tentaram explicar o mundo em termos humanamente inteligíveis (cf. 7.76). Acima de tudo, os pensadores da época arcaica conduziram suas especulações em uma atmosfera de debate crítico na qual as questões não se resolviam por decisões autoritárias, mas porque eram capazes de convencer homens livres e inteligentes de que sua visão era correta (cf. 3.16). Tendo em mente essas informações como pano de fundo, podemos retornar à Atenas do século V.

(i) A palavra escrita e a palavra falada

7.15 Parece que, no século V, grande parte da população masculina adulta de Atenas era capaz de ler e escrever pois, caso contrário, não faria sentido afixar textos de leis, avisos de processos legais e listas do serviço militar na *agorá* (cf. 1.35). É provável que isso fosse menos comum nas áreas rurais. Quanto às moças, só podemos fazer hipóteses. É possível que só a minoria abastada fosse alfabetizada. Havia com certeza algum tipo de comércio de livros na Atenas do século V (em seu discurso de defesa, Sócrates alega que se podia comprar um exemplar da obra de Anaxágoras na *agorá* por cerca de uma dracma), mas nada sabemos sobre o tamanho do mercado livreiro (I.H.59; 7.60 – oráculos).

7.16 Muito mais importante que a palavra escrita era a falada. Nós lemos livros, enquanto os atenienses ouviam recitações ao vivo, quando um poeta, ou um historiador, ou um cientista se levantava e falava a um au-

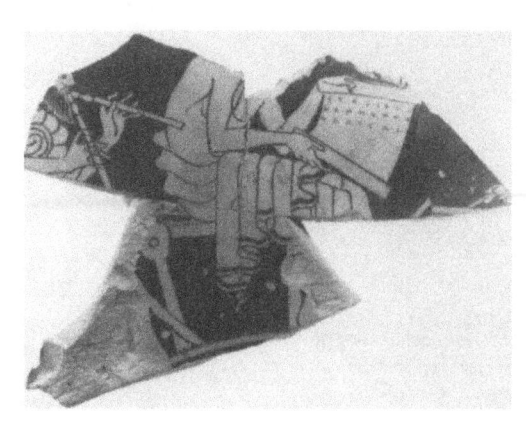

7:4 Um jovem lê um texto escrito num papiro. Note-se que o pintor colocou as linhas na posição usual, isto é, perpendicular aos rolos. Início do séc. V.

292 O mundo de Atenas

ditório (em público ou em particular). Nós lemos ou vemos as notícias, nos jornais ou na televisão, os atenienses as ouviam. Nós lemos relatórios de processos do governo, mas os atenienses participavam ativamente deles e escutavam os debates na *ekklēsía* (cf. 5.19 ss.). Temos contratos e documentos legais, mas os atenienses davam crédito a juramentos (cf. 2.27) e testemunhas (as provas eram escritas para serem lidas nos tribunais (cf. 5.53)). Portanto, poucos atenienses de fato *liam* Homero. Aprendiam a poesia dele na escola e ouviam-na por profissionais, apresentada por rapsodos em competição nos festivais (2.47). Não há dúvida de que tomavam conhecimento das obras de outros poetas do mesmo modo. Nenhum poeta "publicava" suas obras, no sentido que damos a essa palavra. Um poeta trágico como Sófocles providenciava para que suas peças fossem apresentadas e é pouco provável que a maioria dos atenienses lessem uma peça a que já tinham assistido. Contavam com reapresentações ou com encenações em outras partes da Ática para as peças a que não tinham podido assistir (cf. 7.35).

7.17 Como a vida política ativa e o poder de influenciar decisões significavam participar de debates em reuniões apinhadas de gente (*ekklēsía*, *boulế* e tribunais, cf. 1.35), era de suprema importância ser capaz de falar de modo persuasivo (cf. 5.19). Em casos em que um herói homérico ou um líder do século VI precisava convencer um pequeno círculo de conhecidos a dar um certo rumo à ação, no século V um ateniense de posição equivalente enfrentava um auditório de vários milhares de pessoas que, em sua maioria, eram desconhecidas para ele e, de maneira alguma, estavam obrigadas a ouvi-lo, e muito menos a aceitar o que ele dizia (cf. o debate em 5.10). Conseqüentemente, um orador de sucesso não tinha apenas de apresentar projetos sob uma forma em que pudessem ser entendidos e parecessem aceitáveis, antes de mais nada tinha que saber prender a atenção do

7:5 Um declamador profissional (*rhapsōidós*) faz sua apresentação de pé, sobre um estrado e apoiado no seu bastão. *C.* 490-480.

auditório e não perdê-la. *Peithó*, "persuasão", a habilidade de fazer alguém concordar pacificamente, tornou-se uma espécie de lema da época e sua influência sentia-se não apenas nas assembléias e tribunais, mas também no palco e na educação superior. A persuasão, na literatura grega, era considerada típica de uma sociedade legítima e civilizada, sentida como oposta à bárbara, sendo freqüentemente contraposta ao *dólos* (traição, engano) e à *bía* (força, violência) (mas cf. p. 96, primeiro parágrafo).

7.18 Foi na *pólis* democrática de Siracusa que, segundo a tradição, foram escritos os primeiros manuais de técnica retórica, por Tísias e Córax, na década de 460. Eram coletâneas de anotações que logo chegaram a Atenas, de modo que, no final do século V, qualquer um podia dominar os princípios básicos da oratória em público. As anotações foram escritas para os tribunais, mas devem ter tido relevância também para a oratória na *ekklēsía*. No *Fedro*, Platão dá-nos uma idéia do que o livro pode ter contido:

Sócrates: Um discurso deve ter primeiro uma "Introdução". É a esse tipo de termo técnico que te referes, não é?
Fedro: É.
Sócrates: A ela segue-se uma "exposição dos fatos" e de "depoimentos de testemunhas". Em terceiro lugar, vêm as "provas" e em quarto os "argumentos baseados na probabilidade". Acho que o nosso experiente amigo, vindo de Bizâncio, ainda gostaria de acrescentar sutilezas, a "confirmação" e a "confirmação adicional".
Fedro: Estás falando do bom Teodoro?
Sócrates: Claro!

(Platão, *Fedro*, 266d.)

7.19 Em 427, o famoso sofista e orador Górgias chegou a Atenas em uma embaixada e os atenienses, pela primeira vez, tiveram ocasião de conhecer o extraordinário estilo de sua prosa: rítmica, rimada, rica em antíteses e paralelismos nos quais cláusulas paralelas até chegavam a ter o mesmo número de sílabas. Algo de seu tom delirante pode ser sentido através da seguinte tradução do discurso no qual Górgias defende a reputação de Helena:

Se, então, o olho de Helena, encantado pela beleza de Páris, pôs em sua alma ardor e ânsia de amor, o que há de espantoso? Como o mais fraco poderia afastar e rechaçar quem, sendo deus, tinha a força divina dos deuses? Se é uma doença humana e uma insciência da alma não se deve censurar isso como reprovável, mas considerar escusável, pois veio como veio por ilusões da sorte, não por decisões da mente.

Sendo assim, como é possível considerar justo censurar Helena que, ou seduzida pelo amor, ou persuadida pela palavra, ou conduzida à força, ou coagida, fez o que fez e escapa a toda e qualquer incriminação?

Com este discurso livrei-a da má reputação e mantive a promessa que fiz no início. Tentei absolvê-la da injustiça da acusação e da insensatez da alegação. Quis escrever este discurso como um elogio de Helena e uma brincadeira minha. (Górgias, *Elogio de Helena*, 19)*

Górgias via a retórica como uma forma de magia. Ela proporcionava aos oradores os meios para excitar as paixões, agir sobre as emoções e convencer a mente. Felizmente, o estilo de Górgias nunca foi levado a sério em sua forma pura (2.48).

De certo modo, não nos devemos enganar com tudo isso. A oratória não foi inventada no século V. Um terço dos poemas de Homero é constituído por discursos, muitos deles obras-primas de persuasão. O que aconteceu no século V foi que a técnica de persuasão eficaz veio à luz pela primeira vez. Uma habilidade, antes inconsciente, passou a estar acessível a qualquer um que quisesse aprendê-la. Para ser eficaz, porém, a retórica tinha de ensinar tanto o que dizer quanto como fazê-lo. O advento da retórica e o aperfeiçoamento da capacidade de argumentação deram-se ao mesmo tempo. Ficou claro também que essas habilidades poderiam ser perigosas e o ensino da retórica foi proscrito durante o golpe oligárquico de 404.

(ii) Os sofistas (cf. 4.39-48)

7.20 Ministrar educação superior no centro cultural do Mediterrâneo era com certeza uma perspectiva promissora para os professores particulares e, no século V, eles acorreram em grande número a Atenas. Muitos eram conhecidos principalmente como professores de retórica, de maneira que fica difícil não ver uma conexão entre a chegada deles a Atenas e o desenvolvimento da democracia radical (cf. I.H.27) que exigia dos jovens ricos, futuros líderes, a aquisição das habilidades específicas da persuasão.

Esses professores geralmente são enfeixados sob o nome de "sofistas", mas, embora Platão (que não gostava deles) tenha dado má reputação à palavra, muitos deles eram homens da mais alta excelência intelectual. Desenvolviam e ensinavam suas próprias especialidades e, na maioria da vezes, tratavam a seu modo das mesmas questões que Sócrates, Platão e, mais tarde, Aristóteles.

---

* Para imitar o estilo gorgiano, com seu ritmo, assonâncias e paralelismos, os autores deste livro foram obrigados a fazer, em algumas passagens, uma tradução livre que, entretanto, mantém o sentido geral do texto. A tradução portuguesa tem por base o texto original, mas usa recursos sugeridos pelo tradutor inglês e outros adequados à versão para a nossa língua. (N. do R. T.)

7.21 Os sofistas, sem dúvida, contribuíram para que, cada vez mais, a educação fosse buscada, mas é verdade também que, quando chegaram, ela era vista como uma necessidade impossível de satisfazer. Ensinavam uma vasta variedade de assuntos – desde astronomia e direito até matemática e retórica. É em grande parte devido aos sofistas que assuntos como gramática, lógica, ética, política, física e metafísica surgiram, primeiro, como unidades separadas que, no século IV, época dos tratados técnicos e das especializações em todas as áreas, começaram a definir-se, a desenvolver uma terminologia, a ser ensinadas e a configurar-se como disciplinas. O aspecto importante é que os sofistas estiveram à frente de um movimento que considerava o homem, e não o mundo físico, como o centro do debate intelectual. Se sua principal preocupação era mostrar como o homem conseguiria maior sucesso na vida e não era tratar de questões sobre o certo e o errado, discutidas escrupulosamente, como as que Sócrates e Platão propunham, eles não devem ser acusados por isso. Afinal de contas, isso era o que tinham de fazer, se quisessem conseguir alunos.

7.22 Muito trabalho também estava sendo feito em outras áreas nessa época. Se nossas fontes merecem confiança, manuais técnicos foram escritos por Sófocles sobre a tragédia, por Ictino sobre o Partenon, por Policlito sobre a simetria do corpo humano e por Hipodamo (que projetou a planta do Pireu) sobre planejamento urbano. É possível também que um trabalho de experimentação rudimentar em ciências tenha sido feito, se aceitarmos nesse sentido os indícios que nos dá a comédia de Aristófanes, *As nuvens*. Quando o rústico Estrepsíades é levado à escola particular de Sócrates (*phrontistérion*, um "pensatório", lugar onde se pensa), encontra todo tipo de instrumentos extraordinários atravancando o lugar:

Estrepsíades: [examinando alguns dos objetos no *phrontistérion*] Pelos deuses, o que é isso? Diga-me.
Estudante: Isto é astronomia.
Estrepsíades: E isto?
Estudante: Geometria.
Estrepsíades: E para que serve?
Estudante: Para medir terras.
Estrepsíades: Para a fundação de uma colônia nova?
Estudante: Para qualquer terra que seja.
Estrepsíades: Essa foi uma boa saída. Uma idéia democrática e útil!
Estudante: E aqui temos um mapa do mundo. Eis aqui Atenas...
Estrepsíades: Ora, vá! Não acredito! Onde é que estão os júris?
(Aristófanes, *As nuvens*, 200 ss.)

Esses modelos cósmicos (globos celestiais? mapas estelares? compassos? mapas?) são uma parte importante da peça em que constantemente se faz a associação entre o novo pensamento e seu variado equipamento. Isso sugere que, embora geralmente se pense no uso de modelos e aparelhos como algo próprio de um momento posterior, pós-aristotélico, já na Atenas do século V os gregos sabiam usá-los bem, a ponto de fazê-los alvo de humor cômico.

(iii) Estilos de argumentação e preocupações intelectuais

(a) A matemática e o mundo real

7.23 Pitágoras de Samos (*c.* 525), que, para escapar à tirania de Polícrates, tirano de Samos, fugiu para Crotona, no sul da Itália, onde instalou uma escola em que ensinava todo um novo modo de vida, fez uma série de importantes observações sobre a relação entre o mundo natural e os números. A mais famosa é sobre a maneira como os intervalos musicais podem ser expressos em termos de proporções numéricas. Isso levou os pitagóricos a sugerir que o "número" podia estar no centro da realidade. Foi assim que começou o movimento que viria a dar à compreensão da natureza uma fundamentação matemática.

A matemática seduzia a mente dos gregos por sua precisão e Platão, por exemplo, via nela uma perfeição que não existia em outras partes deste mundo imperfeito: trabalhava com leis que podem ser expressas, mas são imutáveis e aparentemente eternas. Os gregos desejavam classificar os problemas da existência com a precisão da matemática, mas tinham plena consciência de que nem a matemática era totalmente racional. Por exemplo, sabiam que a hipotenusa de um triângulo retângulo cujas base e perpendicular fossem iguais a 1 (ver diagrama) era $\sqrt{2}$ e que $\sqrt{2}$ *não podia ser expressa matematicamente*. Mesmo assim, era real, tangível e aparentemente mensurável.

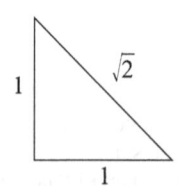

Também sentiam-se profundamente perturbados com o problema do infinito. Zenão (*c.* 450) assinalou que, se se vai sempre cortando uma linha pelo meio, isso pode ser feito infinitas vezes. Como, portanto, podia a linha ter um comprimento finito? Ele expressou isso de outro modo: o paradoxo de Aquiles e a tartaruga. Se, numa corrida, Aquiles desse vinte metros de vantagem à tartaruga, nunca poderia alcançá-la, pois, enquanto Aquiles corresse vinte metros, a tartaruga correria um metro; enquanto ele corresse um metro, a tartaruga correria um centímetro; enquanto Aquiles corresse um centímetro, a tartaruga correria 0,1 centímetro; enquanto Aquiles... e assim por diante. Desse modo, até no "puro" mundo da matemática havia irracionalidades.

(b) O poder das palavras

7.24 Os paradoxos verbais intrigavam os gregos tanto quanto os matemáticos. O simples uso de palavras parecia ser capaz de distorcer a percepção da realidade de maneira muito desconcertante (cf., acima, o paradoxo de Zenão). Um problema particular era o das declarações negativas, ou seja, se a falsidade consiste em dizer algo que *não é assim*, será que isso não implica *dizer nada*? Disto surgiu o notório paradoxo sofista segundo o qual é impossível *falar falsamente*. Estes problemas e o da natureza da linguagem continuaram presentes na lógica e na filosofia e tornaram-se novamente proeminentes no século XX d.C. No texto a seguir, Platão parodia esses argumentos. O sofista Eutidemo "prova" a Sócrates que o pai dele não é pai dele (o "Pátroclo" mencionado na primeira linha é meio-irmão de Sócrates):

Eutidemo: E Pátroclo é teu irmão?
 Sócrates: É; temos a mesma mãe, mas não o mesmo pai.
Eutidemo: Então, ao mesmo tempo, ele é e não é teu irmão.
 Sócrates: Nossos pais são diferentes, como eu disse. O pai dele é Queredemo, o meu é Sofronisco.
Eutidemo: Mas tanto Sofronisco como Queredemo são pais.
 Sócrates: Claro, um meu e outro dele.
Eutidemo: Então Queredemo não é o mesmo que "pai".
 Sócrates: Não é o mesmo que *meu* pai.
Eutidemo: Então ele é "pai" e não o mesmo que "pai". Ou serás o mesmo que "pedra"?
 Sócrates: Penso que não sou, mas pelo jeito vais provar que sou.
Eutidemo: Então és diferente de "pedra"?
 Sócrates: Sim, sou diferente.
Eutidemo: E, se és diferente de "pedra", não és pedra, assim como não és de ouro se fores diferente do ouro.
 Sócrates: É isso.
Eutidemo: Assim, não sendo o mesmo que "pai", Queredemo não é um pai.
 Sócrates: Parece que não pode ser um pai.

(Platão, *Eutidemo*, 297e)

Outro problema era concernente à relação entre a palavra e seu significado. Em que sentido uma palavra nos "fala" sobre o objeto a que se refere? O *Crátilo* de Platão ocupa-se dessa questão fundamental:

> O nome Zeus é como uma sentença: nós o dividimos em duas partes e alguns usam uma, outros usam a outra. Uns o chamam de [no caso acusativo] *Zêna* e alguns de *Día*. As duas formas, juntas, exprimem a natureza do deus que é, precisamente, aquilo que dizemos que uma palavra deve ser capaz de fazer. Pois Zeus é o principal autor da vida [*zên* = "viver"] para nós e para todos os outros, por ser senhor e rei de tudo. Assim, esse deus é corretamente chamado *através* [*diá* = "através"] de quem todas as coisas têm vida. (Platão, *Crátilo*, 396a)

(c) Psicologia humana

7.25 Os gregos interessavam-se tanto pelos padrões de comportamento humano quanto pelos padrões do universo (cf. 7.40-1 e a interação entre o mito e a compreensão grega do comportamento humano no teatro trágico). Afinal de contas, os sofistas só podiam ter a pretensão de ensinar técnicas de persuasão se tivessem razões para acreditar que o comportamento humano podia ser previsto. Dois tipos de argumento, um para prever o comportamento humano e outro para propor formas melhores de comportar-se, eram bem comuns. 1) O argumento baseado na probabilidade, provavelmente inventado por Tísias e Córax (ver 7.18). Usava a experiência comum para sugerir de que modo as pessoas se comportariam ou como de fato se tinham comportado. Por exemplo: "O réu estava bêbado; é plausível ou provável que um homem embriagado fosse tão tolo que tentasse a difícil travessia de uma prancha colocada entre um navio instável e a praia?". 2) O paradigma, um exemplo de comportamento que no passado mereceu aprovação, era citado como modelo para o presente, segundo a fórmula: "X comportou-se assim; você também deveria comportar-se assim". Isso é especialmente comum em Homero. No texto a seguir, o historiador Tucídides põe na boca de embaixadores atenienses a justificativa para sua exigência de que o povo da ilha de Melos se sujeitasse a Atenas:

> Nossas pretensões e nossas palavras são inteiramente coerentes com as crenças dos homens sobre os deuses e com os princípios que regem a conduta deles, uns com outros. A respeito dos deuses, nós acreditamos e, a respeito dos homens, sabemos que eles, por uma lei natural, universal e necessária, exercem o comando sempre que são os mais fortes. Não fizemos essa lei, nem fomos os primeiros a tirar vantagem dela. Nós a encontramos já em vigor e a deixaremos para vigorar perpetuamente para os pósteros. Tudo o que estamos fazendo é usá-la com pleno conhecimento de que vós mesmos e quem quer que desfrute do mesmo poder que

hoje temos agiríeis precisamente do mesmo modo. (Tucídides, *Guerra do Peloponeso*, 5.105)

O próprio Tucídides achava que a natureza humana era tal que, dadas condições semelhantes, os seres humanos se comportariam em grande parte do mesmo modo (*Guerra do Peloponeso*, 1.22) (cf. 7.34).

Os sofistas estavam particularmente interessados nas origens da sociedade humana. Desenvolveram a teoria de que para os primeiros homens a sobrevivência era difícil por causa dos animais selvagens, doenças e falta de alimentos, e, por isso, foram levados, por motivos pragmáticos, a inventar *tékhnai* ("habilidades, resultados da inteligência aplicada") como a caça, a medicina e a agricultura. Mas continuavam correndo riscos por parte dos outros homens e, por isso, estabeleceram pactos sociais de onde se originaram, por exemplo, a *philía* ("a sociedade com outro", cf. *phílos*) e a *peithố* ("a persuasão", cf. 7.17). Essas práticas utilitaristas, com o tempo, foram incluídas em um código moral, dando origem a restrições como a *aidốs* ("respeito pelos outros") e a *díkē* ("justiça"). Com base nisso, sociedades plenamente civilizadas, caracterizadas por leis, observâncias religiosas e práticas democráticas, puderam desenvolver-se. Mas a base da visão que os sofistas tinham do desenvolvimento humano era, em última instância, utilitária e esse fato reflete o egoísmo iluminista e a visão eticamente relativista de muitos sofistas contra quem Sócrates e Platão reagiram com tanto vigor (7.29 ss.).

(d) Os dois lados de uma questão

7.26 O grande sofista Protágoras foi o primeiro a alegar que toda questão tinha dois lados e que, para se ter sucesso, era preciso ser capaz de examinar ambos. O extraordinário trecho a seguir (e que com certeza não é de Protágoras) dá uma idéia dos extremos a que isso podia ser levado. Pode ser típico da espécie de manual de argumentação que circulava na Atenas do final do século V:

> Então a doença é ruim para o doente, mas boa para o médico; a morte é ruim para o morto, mas boa para os coveiros e construtores de monumentos funerários; uma boa colheita é boa para os agricultores, mas é ruim para os comerciantes de cereais; os naufrágios são ruins para os armadores, mas bons para o fabricante de barcos; quando o ferro perde o gume e não serve para uso, isso é ruim para uns, mas é bom para o ferreiro; quando a cerâmica se quebra, é ruim para uns, mas bom para o oleiro; quando os sapatos estão gastos e caem em pedaços, isso é ruim para uns, mas bom para o sapateiro; no atletismo, a vitória na corrida do estádio é boa para o vitorioso, mas ruim para os perdedores. (*Dissoi Logoi*, 1.3)

300 *O mundo de Atenas*

A importância deste método de argumentação está na implicação inerente de que todos os casos têm dois lados, isto é, nada é absoluto, tudo depende das circunstâncias. Isso, estendido à esfera dos valores morais, estava muito próximo do famoso dito de Protágoras, "O homem é a medida de todas as coisas" e da afirmação de que não havia autoridades superiores a quem apelar para saber o que é correto ou errado. Muitos gregos pensavam que era muito perigoso dar esse passo.

(e) Provas

7.27 Em geral, os gregos tinham, cada vez mais, interesse em saber que tipo de provas era aceitável para comprovar e refutar uma questão. Apresentar um relato racional de uma doença e pesar o valor dos indícios aduzidos eram uma parte importante, por exemplo, dos estudos médicos, e esse princípio podia ser facilmente estendido para outras esferas da vida humana (a política e a moral, por exemplo). Aqui, Tucídides discute como reuniu os indícios para compor a sua história:

> No todo, porém, acho que quem aceitar a narrativa que baseei nas provas citadas pode fazê-lo com confiança. Não se deve confiar no que poetas celebram, pois eles enfeitam e exageram; os prosadores preferem o entretenimento de seus leitores à verdade; os fatos que relatam não podem ser verificados devido à passagem do tempo e são mais lenda que história confiável. A minha narrativa está baseada nas provas mais claras que se podem esperar, considerando-se a antiguidade dos eventos... nem em uma investigação casual, nem na minha opinião pessoal, mas, em parte, na minha experiência pessoal e, em parte, seguindo tanto quanto possível os relatos das testemunhas oculares. Esse último processo foi difícil, pois os relatos de testemunhas oculares diferiam segundo a memória e o partido que defendiam. (Tucídides, *A Guerra do Peloponeso*, 1.22)

(f) Nómos *e* phúsis

7.28 Houve debates inflamados sobre diversos temas que ainda hoje são importantes. Os gregos discutiam incessantemente sobre a natureza da justiça e sobre suas relações com a lei escrita; a natureza do certo e do errado e qual é o lugar do útil; a natureza do poder e os direitos do mais forte sobre o mais fraco e, a mais famosa questão, a relação entre o *nómos* e a *phúsis* – ou, em termos mais simples: "Haverá um certo e um errado absolutos em todas as situações ou isso depende das circunstâncias?".

Nómos significa "lei", "costume", "ideais herdados", "sabedoria transmitida", "o que todos reconhecemos ser assim"; *phúsis* quer dizer "natureza", "o mundo natural", "realidade". Heródoto coloca a questão com o máximo de clareza na seguinte história:

Se alguém oferecesse aos homens a oportunidade de fazer, dentre todos os costumes do mundo, a seleção que lhes parecesse ser a melhor, após uma cuidadosa consideração todos escolheriam os próprios costumes, pois para cada um os seus costumes são, de longe, os melhores. Sendo assim, ninguém, a não ser um louco, zombaria de tais coisas. Há inúmeras provas de que essa é a opinião comum dos homens acerca de seus costumes e uma delas é a seguinte: Quando Dario era rei da Pérsia, convocou alguns gregos que estavam em sua corte e perguntou-lhes quanto teria de pagar-lhes para que comessem os corpos de seus próprios pais. Responderam que por dinheiro algum fariam uma coisa como essa. Depois, convocou certos indianos da tribo dos calátias que costumam comer os corpos de seus pais e perguntou-lhes, na presença dos gregos e através de um intérprete para que eles entendessem o que estava sendo dito, quanto teria de pagar-lhes para que queimassem os corpos de seus pais. Gritaram alto e disseram-lhe que não pronunciasse tal blasfêmia. É isso que se dá com os costumes e, na minha opinião, Píndaro estava certo quando escreveu que "o Costume é Rei de todas as coisas". (Heródoto, *Histórias*, 3.38)

Era fácil ampliar esse raciocínio. Os deuses, eles existem realmente ou só por convenção? Os estados, eles existem realmente ou só por convenção? As raças humanas foram divididas naturalmente ou só convencionalmente? Um homem deve controlar outro ou uma nação controlar outra nação, porque isso é natural ou só porque isso é convencional?

Para muitos atenienses, essas perguntas pareciam atingir o cerne da moralidade e, quando muitos pensadores começaram a questionar também a existência dos deuses (ver 7.11), o cenário estava pronto para um debate longo e, às vezes, áspero que, ainda hoje, é intenso. Devemos agora apresentar o ponto de vista alternativo, apresentado por Sócrates.

(iv) Sócrates

7.29 Sócrates nunca escreveu uma só palavra, mas foi a figura central na mudança de rumo da filosofia grega que, deixando a cosmologia, passou a tratar da posição do homem no mundo. O que sabemos dele vem de Platão, o maior de seus discípulos, de Xenofonte, soldado e senhor rural que escreveu um livro de memórias sobre ele, e também da comédia *As nuvens*, de Aristófanes. Sócrates fazia parte do mesmo movimento intelectual de onde saíram os sofistas e muitos atenienses o consideravam um sofista. O Sócrates de Aristófanes em *As nuvens* é uma figura complexa – todos os movimentos "modernos" amalgamados numa só pessoa –, mas um de seus elementos é o sofista, e o de Platão é apresentado discutindo com os sofistas. Contudo, como o próprio Platão deixa claro, há um nítido contraste entre eles. Em resumo, os sofistas estavam interessados no sucesso, em fornecer técnicas a seus alunos, especialmente a da arte de falar, para que tivessem sucesso no mundo; Sócrates, ao contrário, interessava-se pela moral, pelo que se deve fazer para ser bom. Xenofonte destaca essa preocupação moral de Sócrates e Aristóteles descreve-o, em uma frase breve, como "preocupado com as virtudes morais".

7.30 Sócrates era um grande debatedor, preocupado tanto com a clareza como com a precisão do pensamento, e Aristóteles atribui-lhe também o uso sistemático da "argumentação indutiva e da definição geral". Deve-se ter cuidado com as associações atuais da palavra "indução" e uma tradução melhor é "argumentação baseada em exemplos". O seguinte trecho do *Laques* é uma excelente ilustração. A argumentação "conduz" (significado literal da palavra grega para "indução") pela observação de casos particulares à compreensão das características gerais da classe de ações ou objetos que estiver sendo considerada. E, também, é claro, a uma "definição geral". Sócrates estava buscando precisão e padrões definidos. Se você quiser ser bom ou corajoso, deve antes saber o que é a bondade ou a coragem; logo, em um sentido, a bondade *é* conhecimento, e deve ser possível ser tão *preciso* a respeito da virtude moral quanto um marceneiro é sobre aquilo que faz que uma cadeira seja boa. Sócrates procurava encontrar sua definição geral em *diálogo* com outros e a palavra "dialética" (termo que Platão viria a usar para designar a "filosofia") é derivada da palavra grega que significa "diálogo". (Platão inventou o diálogo como forma literária, isto é, usou dele como recurso que lhe permitia transpor, numa obra escrita, de maneira muito aproximada, a discussão dialética.)

Tudo isso é ilustrado no trecho seguinte, no qual Sócrates e um famoso general discutem a definição de coragem:

Sócrates: Muito bem! Tomemos como exemplo o homem corajoso que mencionaste, que mantém sua posição na linha de combate e luta contra o inimigo.
Laques: Eu digo que é um homem corajoso.
Sócrates: Concordo. Mas e o homem que, recuando, combate o inimigo sem manter a posição?
Laques: Como assim? Recuando?
Sócrates: Estou pensando nos citas. Dizem que combatem tanto recuando como perseguindo... Pois queria ter a tua opinião não só sobre a coragem dos hoplitas, mas sobre a dos que lutam na cavalaria e em todas as formas de combate, e, na verdade, sobre a coragem não só em combate, mas também nos riscos do mar e diante das doenças, da pobreza e da vida política, e ainda sobre os que não só contra as dores e temores, mas também contra os desejos e prazeres, são hábeis no combate, quer resistindo, quer recuando. Não achas que também em circunstâncias como essas alguns homens são corajosos?

Laques: São muito corajosos.
Sócrates: Então todos eles são exemplos de coragem, só que alguns homens a mostram no prazer, outros na dor, uns nos desejos e outros nos temores. E há outros que mostram covardia nas mesmas circunstâncias.
Laques: Certamente.
Sócrates: Ora, o que quero saber é precisamente *o que* cada uma dessas duas qualidades *é*. Portanto, tenta de novo e dize-me, primeiro sobre a coragem, o que há de idêntico em todas essas formas? Entendes o que quero dizer?
Laques: Acho que não.

(Platão, *Laques*, 191a)

7.31 A partir dos dados que temos é-nos impossível saber em que, pessoalmente, Sócrates acreditava e é bom lembrar que (como acontece com Cristo) não temos crítica proveniente de fontes antigas (a comédia *As nuvens* de Aristófanes é uma exceção importante). Platão mostra-o argumentando contra o relativismo e o ceticismo que caracterizavam grande parte do pensamento sofístico e buscando para as definições das virtudes morais uma precisão do tipo que existia no mundo técnico. Ele estava buscando uma espécie de realidade estável e uma norma por trás da confusão de percepções e normas no mundo da experiência comum. Aqui, Sócrates descreve seus métodos a Teeteto:

Sócrates: Minha arte de partejar diz respeito aos homens e não às mulheres e eu estou preocupado com mentes em trabalho de parto, não com corpos. E a coisa mais importante da minha arte é a sua habilidade em comprovar, de todas as maneiras, se o jovem está dando à luz uma mera imagem e uma falsidade ou uma verdade legítima. Pois há outro ponto que tenho em comum com as parteiras – eu mesmo não posso dar à luz a sabedoria e, quando me criticam dizendo que, embora questione os outros, eu próprio não exponho meu pensamento sobre nada porque não sou sábio, a censura é verdadeira. A razão é que deus me compele a ser parteiro, mas me proíbe de dar à luz. Sendo assim, eu próprio sou totalmente desprovido de sabedoria e a minha mente não produziu nenhum pensamento original; mas aqueles que convivem comigo, embora no início alguns possam parecer totalmente ignorantes, se o deus permite, no tempo certo, fazem o que tanto eles como os demais julgam ser um progresso maravilhoso. É claro que isso não acontece porque tenham aprendido de mim, mas porque eles mesmos fizeram descobertas maravilhosas e as deram à luz. Mas o parto deles é obra minha e do deus...

Eis por que me alonguei tanto, meu caro Teeteto. Desconfio que, como tu também pensas, tendo concebido algo no teu íntimo, estás em trabalho de parto. Coloca-te, pois, nas minhas mãos e, lembrando-te de que sou filho de uma parteira e tenho prática no ofício dela, responde às minhas perguntas o melhor que puderes.

(Platão, *Teeteto*, 150b)

Não há nenhuma dúvida de que a imagem de Sócrates, apresentada por Platão como o melhor exemplo da bondade (*aretē*) que ele tão ardentemente buscava definir, teve uma enorme influência na história da filosofia ocidental. Sócrates foi retratado como alguém que procurava a verdade sem fazer concessões, que não permitia que nenhuma consideração de pessoa ou posição se colocasse no caminho (mas cf. a imagem bem diferente apresentada por Aristófanes em *As nuvens*). Isso custou a Sócrates a vida (I.H.59). Levado a julgamento por uma acusação de corromper os jovens (cf. a atração de Alcibíades por ele em 3.24) e de introduzir novos deuses, foi considerado culpado e, recusando a opção do exílio, foi executado com cicuta (cf. 4.47). Mesmo assim, pode-se argumentar que os feitos dos sofistas foram tão importantes quanto os de Sócrates e que foram eles, não menos que Sócrates, que lançaram as bases para a obra de Platão e, mais tarde, para a de Aristóteles.

(v) Medicina e história

(a) Medicina (cf., sobre médicos, 4.72 ss.)

7.32 Tanto quanto sabemos, o povo grego foi o primeiro a transformar a medicina em algo que se assemelhava a uma disciplina científica (cf., sobre Alcmeão, 7.10). O principal defensor da medicina "racional" foi Hipócrates, da ilha de Cós. Ele lá fundou uma "escola" médica e, praticamente, todos os tratados médicos dos séculos V e IV foram atribuídos a ele. O trecho extraído de *Sobre a doença sagrada* (epilepsia) em 2.18 ilustra a posição dos médicos hipocráticos contra as curas mágicas. Eis a seqüência do texto citado:

> A chamada doença sagrada é devida às mesmas causas de que provêm todas as outras: os ganhos e as perdas corporais, o frio e o sol e as constantes mudanças da atmosfera e do tempo. Tudo isso é "divino" e não há necessidade de dar-lhe uma classificação específica e de considerá-la mais "divina" que todas as demais; todas são igualmente divinas e humanas. Mas cada doença tem sua própria natureza e características particulares e nenhuma delas é um caso desesperado e sem possibilidade de tratamento. ([Hipócrates], *Sobre a doença sagrada*, 2 ss.)

A fraqueza da medicina grega (como se pode ver acima) era o diagnóstico. Sem uma real compreensão de como o corpo funciona, os médicos hipocráticos recorriam a tratamentos com que pretendiam devolver um suposto "equilíbrio" aos elementos de que o corpo é composto (cf. 7.9), através de dietas, exercícios, sangrias, cirurgias e laxativos. Sua força estava no prognóstico, isto é, na cuidadosa observação dos rumos que uma doença tomava, de modo que, quando surgiam sintomas semelhantes, os médicos podiam prever o que se seguiria. Isso dava confiança aos pacientes (ponto a que os médicos davam muita importância, já que todos eles exerciam a profissão em caráter privado e tinham de conquistar pacientes) e alertava os médicos para os períodos em que sua ajuda seria mais necessária. Sua compreensão da anatomia vinha do trabalho cirúrgico (especialmente do tratamento de ferimentos de guerra) e da comparação dos dados conseguidos com a dissecação de animais. A dissecação de seres humanos era tabu (cf. a reverência grega pelos mortos, 4.77), embora ela e mesmo a vivissecção tenham sido praticadas por breve espaço de tempo, em uma atmosfera cultural bem diferente, no Museu de Alexandria, no Egito do século III.

Em tudo isso, os médicos "racionalistas" estavam em constante conflito com os médicos dos templos, por exemplo com os do santuário de Asclépio, em Epidauro, que proporcionavam curas mágicas por meio de sonhos, picadas de cobra e coisas do gênero (cf. 2.4). Os médicos hipocráticos não desalojaram os médicos dos templos, mas o debate entre os dois estilos diferentes de tratamento, um racional e outro sobrenatural, foi feroz porque os dois lados se esforçavam para conquistar pacientes (cf. 7.17 sobre a *peithṓ* na vida pública e 3.2 sobre a competitividade grega). Para o futuro da medicina, o debate hipocrático foi importante na medida em que se recusou a sancionar razões e curas divinas ou mágicas para doenças e percebeu que existe uma distinção entre causa real da doença e seus efeitos colaterais, meramente associados a ela.

(b) História

7.33 Além de se interessarem pelas questões da natureza do mundo e do lugar do homem dentro dele, os gregos também reconsideraram o próprio passado e, ao fazer isso, inventaram a história (*historía* significa "pesquisa", "indagação"). Antes que isso acontecesse, o interesse grego pelo passado satisfazia-se com mitos, poemas épicos, histórias de famílias, genealogias e listas de autoridades "epônimas" (era comum indicar o ano como "no arcontado de Fulano") a que recorriam para resolver questões a respeito de, por exemplo, práticas de culto, disputas territoriais e o direito de exercer o poder. Quando os gregos, através da colonização, entraram em contato com outros povos e lugares, houve a necessidade de uma forma rudimentar de guias (como os guias turísticos de hoje) para os colonos, necessidade essa que foi satisfeita por escritores chamados *logógraphoi*, que descreviam geograficamente os lugares, procuravam familiarizar os leitores com os costumes locais, introduzindo também informações de caráter geral. A história começou assim e a primeira declaração histórica que temos é, talvez, a de Hecateu de Mileto, um logógrafo do final do século VI. Ele desenhou um mapa do mundo e escreveu um comentário para acompanhá-lo cujas palavras iniciais são as seguintes: "Escrevo aqui o que acredito ser verdadeiro. Os gregos contam muitas histórias sobre o assunto que são (na minha opinião) absurdas". Mas a personagem central, segundo Cícero, o "pai da *historía*" ("indagação"), foi Heródoto de Halicarnasso (falecido *c*. 430). Sua *História das guerras persas* (490-79; ver I.H.12 ss.) foi um empreendimento extremamente ousado. Em primeiro lugar, propôs-se a fazer perguntas "Por quê?" e "Como?" com relação a eventos ocorridos muitas gerações antes. Em segundo lugar, integrou em sua obra a história, os costumes e a cultura de povos de todo o Mediterrâneo (por exemplo, os egípcios, os citas, os babilônios) que haviam entrado em contato com as duas grandes potências, Grécia e Pérsia, envolvidas no conflito. Ao fazer isso, desenvolveu uma importante atitude histórica: os indícios devem ser, tanto quanto possível, verificados por indagações e pesquisas pessoais. Esse foi o começo de uma abordagem científica do passado. O resultado vai além dos *logógraphoi*, na medida em que, embora haja ainda muitos detalhes locais maravilhosos e descrições de lugares e costumes, Heródoto percebe, nos feitos humanos, um padrão que está além do individual e do particular: a permanente ascensão e queda dos po-

7:6 Héracles põe em debandada os servidores leais de Busíris, rei egípcio, cujo costume era sacrificar estrangeiros. Note-se a insistência nos traços estrangeiros e da circuncisão que não é prática grega. *C*. 470.

7:7 Um negro já idoso, cujos traços foram bem observados por um artista ateniense. C. 500.

derosos. No seu íntimo, Heródoto vê nisso a conseqüência da intervenção sobrenatural nos assuntos humanos, mas, mesmo assim, no decorrer da narrativa, os deuses não são levados muito a sério e a influência dos pensadores jônios é grande (7.6-13).

7.34 Tucídides, o historiador grego que faleceu em c. 400, recebeu de Heródoto o conceito de história e restringiu-o. Escolheu como tema o conflito contemporâneo conhecido como Segunda Guerra do Peloponeso, entre Atenas e Esparta (ver I.H.33 ss.); excluiu a etnografia, o "romance", as conversas e a cor local ainda evidentes em Heródoto; focalizou os aspectos militares e políticos da guerra (embora estivesse bem consciente da importância dos fatores internos e econômicos); deu início à tradição analítica da historiografia analisando a guerra ano a ano; aplicou padrões de extremo rigor para comprovação dos dados (ver 7.27) e, ao contrário de Heródoto, contribuiu para o "conhecimento dos homens pelos homens" ao excluir inteiramente os deuses de sua exposição. Reconhecia, é claro, que a crença dos homens nos deuses afetava a maneira como se comportavam, mas ele pessoalmente não acreditava que os deuses fossem realmente responsáveis pela história. Os homens, para ele, eram os responsáveis. Em um ponto vital, Tucídides estava de acordo com Heródoto: o historiador está numa posição excepcional para ver os padrões da história. Para Tucídides esse padrão era o que poderíamos chamar de "comportamental". Os homens comportam-se de certo modo, sob certas pressões, de modo que, dados eventos semelhantes, o homem inteligente será capaz de prevê-los (cf. sua indicação de como as pessoas se comportam em uma revolução em 3.14 e cf. 7.25 sobre o interesse grego pelo comportamento humano). Por todos esses motivos, Tucídides reconhecia que a *túkhē*, o acaso cego, era o grande fator incognoscível, embora insistisse em que não se tratava de uma intervenção divina. Nem mesmo Péricles, que, para Tucídides, era o supremo exemplo do homem que podia ler o futuro, podia ter sido capaz de prever a peste que devastou Atenas em 430 e que também o levou (ver I.H.36-7). Não foi por mera coincidência que Tucídides colocou sua descrição da peste *imediatamente* depois da famosa declaração de Péricles sobre a grandeza de Atenas – a Oração Fúnebre (ver pp. 56-60). (Cf. como Fórmião prevê os acontecimentos na p. 275 (84).)

(vi) Tragédia e comédia

(a) Introdução

7.35 As tragédias e as comédias eram montadas em Atenas, em épocas específicas do ano, para celebrar os festivais de Dioniso (embora "carnaval comunitário" seja um termo melhor que "festival", cf. 2.41). Esses festivais eram chamados de Lenéias (em janeiro) e Dionísias (em março). Além de serem elementos de uma cerimônia religiosa (cf. 2.46-7), as peças eram alvo de muita competição, pois a melhor tragédia e a melhor comédia recebiam um prêmio muito cobiçado (sendo julgadas por dez juízes, um de cada uma das dez tribos (*phulaí*)). As peças eram apresentadas no teatro de Dioniso em Atenas, logo abaixo da Acrópole (o teatro, não em sua forma do século V, mas adaptado pelos romanos, ainda existe em ruínas), e podiam ser assistidas por cerca de quatorze mil pessoas (cf. 1.29). Não se sabe com certeza se as mulheres e as crianças compareciam às apresentações.

Embora fossem apresentadas em Atenas apenas uma vez, as peças podiam ser encenadas em festivais rurais, sendo assim "reprisadas". A despeito da aparente falta de oportunidade para os atores (seria absolutamente fora de propósito falar-se de "excursões" de grupos teatrais entre os gregos cujas peças eram eventos anuais para celebrar festivais de Dioniso), havia atores profissionais no século V e os melhores eram muito procurados pelos dramaturgos. Eles dirigiam, coreografavam e escreviam a música para suas obras e, no início, atuavam como atores. É possível até que autores, como Sófocles e Eurípides, tenham escrito para atores escolhidos por eles. No século IV, porém, é provável que os autores não pudessem escolher o ator principal. O *árkhōn* "epônimo" designava um cidadão abastado para arcar com as despesas da peça, como parte de uma liturgia de estado (a *khorēgía*). O *khorēgós* ("produtor") pagava os músicos e o coro (e seus ensaios de canto e dança), os cenários, as vestimentas, e assim por diante (cf. sobre a *leitourgíai*, 5.71).

7.36 No festival cômico das Dionísias, cinco peças de cinco autores diferentes eram apresentadas em competição. No festival trágico, três autores apresentavam quatro peças cada um: três tragédias seguidas de um drama satírico, peça mais leve. Nos primeiros tempos, com freqüência as três tragédias eram estreitamente ligadas pelo tema e formavam uma "trilogia". A *Oréstia* de Ésquilo (história da morte de Agamenão pelas mãos de sua esposa Clitemnestra, o retorno do filho Orestes para vingar-se dela e o julgamento de Orestes por homicídio e sua absolvição em Atenas) é o único grupo de três peças que nos restou e forma uma "trilogia" desse tipo. Posteriormente, a conexão entre as peças ficou mais livre, sendo feita mais pela continuidade ou o contraste de *clima* do que pelo tema (por exemplo, a *Ifigênia em Áulis* e *As bacantes* foram escritas para serem encenadas juntas). O único exemplo certo da forma de "trilogia" como a *Oréstia* é o das peças de Eurípides, todas de 415. Em todas elas a ação se dá em Tróia, mas, em cada uma, a guerra é vista e sentida de maneira totalmente diferente. *Alexandre*, em que se revela que Páris, abandonado ao nascer e dado por morto, na verdade vive como pastor nas montanhas; *Palamedes*, uma história de traição e intriga no acampamento dos gregos que assediavam Tróia; e *As troianas* (única parte da "trilogia" que chegou inteira até nós), a pilhagem de Tróia e a partida de suas mulheres levadas como escravas. Para nós é uma enorme perda não termos outras trilogias, pois a compreensão de cada peça seria muitíssimo maior se a víssemos como parte de um conjunto, tal como seu autor a concebeu.

Temos apenas seis peças de Ésquilo (525-456) (é provável que *Prometeu* não seja dele), sete de Sófocles (496-406) e dezenove de Eurípides (485-406). Possuímos, porém, registros dos títulos de cerca de oitenta peças de Ésquilo (número incerto de peças classificadas em primeiro lugar), 123 de Sófocles (24 primeiros prêmios) e 92 de Eurípides (seis primeiros prêmios). Um "primeiro prêmio" significava que o grupo de quatro peças vencera a competição, de modo que, das 123 peças de Sófocles, 96 foram um sucesso.

(b) A tragédia: origens e forma

7.37 A tragédia mais antiga que possuímos na sua íntegra é *Os persas*, de Ésquilo, produzida em 472, mas o desenvolvimento da tragédia, como forma, é tão obscuro para nós quanto para os gregos do século IV. Parece que os atenienses inventaram a tragédia e, num certo sentido, a tragédia é contribuição exclusivamente *ateniense* para a cultura ocidental. O significado da palavra (*tragōidía*) é controverso. Pode significar "canção de bodes" (ou seja, de homens vestidos de bode) e, sendo assim, a prototragédia seria uma forma de drama satírico. Mas os sátiros não são bodes e, de acordo com imagens em vasos pintados, os primeiros dramas satíricos começaram

7:8 Um flautista acompanha a dança de atores inteiramente caracterizados como sátiros, com máscaras e calções. Formavam o coro de um drama satírico e estavam montando um trono muito trabalhado. C. 470.

a ser apresentados por volta de 520, bem depois de Téspias, considerado tradicionalmente o inventor da tragédia (c. 535). Há também uma dificuldade lingüística. A palavra mais comumente usada para "tragédia" no século V não era *tragōidía*, mas *tragōidoí* (plural), palavra que se referia aos homens que participavam da tragédia, provavelmente ao coro. Ora, essa palavra não pode significar "bodes que cantam"; só pode significar "cantores que têm alguma coisa a ver com bodes". Esse sentido é mais adequado a uma segunda explicação dada na Antiguidade, segundo a qual *tragōidía* queria dizer "canção em louvor a um bode", ou "canção durante o sacrifício de um bode" (certamente os bodes eram sacrificados a Dioniso, bem como a outros deuses). O sacrifício era o clímax do festival (cf. 2.28, 45). O prazer do festival e a morte de um animal, oferecido aos deuses em um complicado ritual com que procuravam assegurar que teriam animais para alimentar-se (cf. 2.28), faziam parte da mesma cerimônia: afirmava-se a vida através da morte. Isso tinha sentido no contexto do culto de Dioniso (cf. 2.57) e a imagem do sacrifício como matança, não só de animais, mas também de seres humanos, permeava toda a tragédia (por exemplo, o *Agamenão* de Ésquilo; cf. também *As bacantes* de Eurípides e, em especial, a cena em que o deus Dioniso veste Penteu de mulher e o leva para as montanhas, onde as bacantes o "sacrificarão"; a cena toda evoca, de maneira a causar calafrios, a cerimônia de preparação de um animal para o sacrifício). Sendo assim, é possível que seja o sacrifício que esteja no coração da tragédia, e não os sátiros. Outros ainda, ignorando as canções de bode, ligaram a tragédia aos festivais de fertilidade (já que, *inter*

O mundo intelectual 311

7:9 Seis jovens dançam em direção a uma tumba coberta com fitas e ramagens. Uma figura barbada está postada atrás da estrutura ou está surgindo dela. Estas figuras podem representar uma cena teatral.
C. 500-490.

alia, Dioniso era deus de todo ser vivo) e os cantos corais e danças em honra a Dioniso (do tipo que sobrevive na celebração dos deuses da poesia lírica do século VII) talvez fossem seu cerne original. É possível que o chefe do coro (*koruphaîos*, chamado de *éxarkhos*, quando aplicado ao canto coral primitivo, não dramático) assumisse um papel mais dinâmico em seus cantos, enfrentando o coro de modo a desenvolver um conflito e que, com o tempo, outros membros do coro se fossem juntando a ele para formar o núcleo de uma apresentação dramática. Essa explicação, pelo menos, ajudaria a dar conta da forma muito especial que a tragédia tem: um coro (formado por doze ou quinze membros) e não mais três atores individuais (que tinham de repartir entre si todas as falas da peça), enquanto o núcleo da peça era uma contenda, um conflito entre forças opostas (cf. 3.2). O coro (e, durante o século V, cada vez mais também os atores) cantava e dançava essas partes da tragédia, escritas em metro lírico, mas os detalhes da música e dos movimentos, parte tão vital do espetáculo, estão perdidos para nós. Tudo o que temos são as palavras. Em sua origem, a tragédia grega estava muito mais próxima da ópera do que daquilo que chamamos de peça de teatro (4.41).

(c) O mito na tragédia

7.38 Dadas as origens dionisíacas da tragédia, pode parecer-nos estranho que tão poucas peças tenham sido sobre Dioniso. Mesmo assim, os

7:10 Dois atores preparam-se para uma apresentação de uma tragédia; o ator à esquerda segura uma máscara e vai desempenhar o papel de Dioniso, o da direita, de máscara, é um dos participantes do coro das mênades. C. 460-450.

temas das tragédias são sempre tirados da mitologia, com exceção de *Os persas*, de Ésquilo, a mais antiga das tragédias que nos restam e que tem como tema um acontecimento histórico: a derrota dos persas em Salamina, em 480, e a recepção da notícia na corte persa. Temos notícias também de duas peças "históricas" de Frínico (*Queda de Mileto*, de 492 (?), e *Fenícias*, de 476 (?), sobre Salamina) de forma que, talvez, peças "históricas" como essas fossem mais comuns no início do século V. Basear-se nos mitos e lendas livrava o autor que tinha de enfrentar a tarefa de escrever três tragédias e uma sátira por ano, se quisesse competir todos os anos (o que representaria uma carga impossível para um autor moderno), do problema de inventar tramas.

7.39 Somos tentados a dizer que isso deve ter tornado a tragédia algo previsível. Será que, se a peça era sobre Édipo ou Agamenão, todos sabiam o que aconteceria? A crítica parece ser despropositada, já que assistir a mais de uma encenação de uma peça bem conhecida faz parte da cultura ocidental e há ainda algo muito importante: a interpretação que, se não é tudo, conta muito. Por exemplo, Ésquilo, Sófocles e Eurípides escreveram tragédias sobre o retorno de Orestes para vingar-se de Clitemnestra (*As portadoras da libação*, de Ésquilo, parte da trilogia *Oréstia*, e *Electra*, de Sófocles e Eurípides). O público, sem dúvida, sabia que Clitemnestra seria morta por Orestes no final da peça, mas, em cada uma dessas peças, o tratamento dado, a perspectiva e o ponto de vista diferem nitidamente. Na peça *As portadoras da libação* de Ésquilo, toda a primeira metade é tomada pelo encontro um tanto banal entre Orestes e sua irmã Electra e a lamentação junto ao túmulo de Agamenão. Depois disso, Electra desaparece inteiramente. O que se devia fazer foi feito e Orestes é perseguido fora do palco pelas Fúrias, vingadoras de Clitemnestra. Em Sófocles, Electra é o ponto focal de toda a peça, o encontro com Orestes é adiado e enormemente elaborado e Orestes é quase um instrumento de vingança pessoal nas mãos da irmã. Na peça de Eurípides, Electra casou-se com um lavrador e a cena não se passa no palácio, mas no casebre do lavrador, para onde Clitemnestra virá para ser eliminada. Não há Fúrias no final da peça de Sófocles; em Eurípides, os deuses gêmeos Cástor e Pólux encerram tudo com elegância. Em outras palavras, a imaginação dos autores era tão rica e sutil que cada uma das peças representava para o público uma experiência inteiramente nova.

7.40 Em um certo nível, para um grego, o mito era a sua história: Agamenão, Édipo e Hécuba *eram* o seu passado. Mas o mito não era apenas "história". Tal como vimos (2.9-11), uma de suas funções era fazer entender como o mundo é e é por isso que os mitos gregos tratavam quase que exclusivamente de questões da mais alta importância para os gregos e delas faziam "uma estrutura ética coerente, imbuída de violentos sentimentos humanos" (B. Vickers, *Towards Greek Tragedy*) – particularmente, a relação entre homens e deuses (cf. 2.22-3), a preservação do respeito entre os homens (homicídio, relações de hospitalidade, lealdade e traição) e, acima de tudo, a estabilidade do *oîkos*, em especial quando ele é ameaçado por crimes sexuais, agressão aos pais, assassinato, vingança. Eis aqui, por exemplo, uma versão do mito da Casa de Atreu, tema de muitas tragédias gregas (das quais a *Oréstia* de Ésquilo é o exemplo mais importante): Tântalo é punido por ter querido testar os deuses e ver se comeriam carne humana, servindo-lhes seu filho Pélope em um banquete. Pélope é devolvido à vida e decide conquistar a mão de Hipodâmia, filha do rei Enomau. Para fazer isso, precisa derrotar Enomau em uma corrida de carros (a punição para o fracasso é a morte). Consegue a ajuda do cocheiro de Enomau, Mirtilo, prometendo-lhe por recompensa a primeira noite com Hipodâmia. Mirtilo troca os pinos de madeira do carro de Enomau por cera e ele morre. Pélope vence a corrida mas não cumpre a promessa feita a Mirtilo e, ao invés disso, atira-o do alto de um penhasco. Pélope tem dois filhos, Atreu e Tiestes. Este último comete adultério com a esposa do primeiro, que, para puni-lo, serve-lhe todos os seus filhos, exceto um, em uma torta (Egisto sobrevive). O filho de Atreu, Agamenão, tem de sacrificar a própria filha Ifigênia para conseguir um vento favorável para a partida de sua expedição a Tróia a fim de reconquistar Helena para seu irmão Menelau e restaurar a honra da família. Quando Agamenão retorna, sua esposa, Clitemnestra, está casada com Egisto e mata Agamenão como vingança pelo sacrifício de Ifigênia. Orestes, porém, o filho sobrevivente de Agamenão, volta para vingar-se de Clitemnestra, como era seu dever.

O mais óbvio a dizer é que o mito dava aos gregos o sentido do que era ser *grego*, pois, através dele, confrontavam-se com as bases de sua própria

7:11 Agamenão, emaranhado numa rede, cai diante do ataque de Egisto. C. 470.

7:12 Agora é Egisto que cai diante de Orestes, filho de Agamenão, enquanto Clitemnestra avança com um machado na mão para ajudar seu amante, antes de ela mesma ser morta. C. 470.

compreensão moral e ética (cf. 2.9). A tragédia tem autoridade porque o poeta trágico está convicto de estar tratando de temas que estão no próprio centro de sua própria compreensão da condição humana (cf. tragédia e arte, 7.72). O poder da tragédia está no modo como os trágicos, manejando uma técnica dramática espantosamente sofisticada, submetiam esse material poderoso e emocional a um questionamento tão exigente que, às vezes, ameaça a sua compreensão (cf. 2.24).

O mundo intelectual 315

7.41 Se nos perguntarmos por que isso aconteceu assim, nossa resposta não poderá omitir o clima social e intelectual da Atenas do século V, em particular a invenção da democracia e a idéia inabalável de que o mundo devia ser humanamente inteligível (cf. 7.6). É significativo que, de todos os títulos de tragédias gregas que chegaram até nós (quase mil), só dois trazem o nome de deuses e que somente em algumas das peças os deuses apareçam em cena e ainda assim desempenhando papel muito pequeno. Por mais importantes que os deuses fossem na tragédia grega (e eram), o homem estava sempre no centro.

7.42 A tragédia grega era, portanto, uma forma de arte muito ligada ao seu tempo. É possível até encontrar referências à democracia e a problemas constitucionais e políticos da época (cf. 5.28). Alguns vêem uma crítica aberta ao imperialismo ateniense na peça *As troianas*, de Eurípides (ver 7.36), encenada um ano depois da rendição de Melos a Atenas (ver I.H.47). Outros sentiram uma ligação entre a peste em *Édipo Rei* e a grande peste de Atenas (ver I.H.36). Mas não é aí que está a sua real ligação com a sua época. As peças não são comentários políticos ou sociais. Eram de seu tempo porque os autores aplicavam aos mitos todo o arsenal intelectual de Atenas: as novas técnicas de argumentação, a compreensão da psicologia humana, os debates sobre a natureza dos deuses, a controvérsia *nómos-phúsis* de que já falamos. Eis dois textos, ambos de Eurípides, que usam as possibilidades criadas pela interação entre o mito e a compreensão que os homens de seu tempo tinham do mundo. Hécuba, rainha de Tróia, cuja cidade foi tomada pelos gregos e está prestes a ser destruída, argumenta que Helena não deveria ser poupada por seu marido Menelau agora que ele a tem de novo em suas mãos. Helena acabou de apresentar sua defesa e, como um advogado habilidoso, Hécuba responde-lhe ponto por ponto. Páris, que levou Helena de volta para Tróia, é filho de Hécuba:

Mas, dizes, a deusa do Amor em pessoa foi com o meu filho para o palácio de Menelau. Que sugestão ridícula! Ficando bem quieta no céu, ela não te teria trazido para Tróia junto com toda a cidade de Amiclas?

O fato é que meu filho Páris é extremamente belo; basta um olhar para ele e tua mente faz-se toda Amor. Os homens chamam de Amor a todas suas tolas paixões e tanto o Amor como a Luxúria desvairada começam do mesmo modo. Viste-o ricamente vestido, cintilando de ouro estrangeiro, completamente diferente daquilo a que estavas acostumada na tua pequena Argos e ficaste louca por ele. Uma vez longe de Esparta a tua expectativa era gastar, em Tróia, o ouro que por aqui corre; o palácio de Menelau não era suficiente para o luxo excessivo que querias.

Basta disso. E dizes que meu filho te trouxe até aqui à força. Algum espartano notou isso? Gritaste por socorro? E quando chegaste a Tróia com os gregos seguindo tuas pegadas e a batalha foi travada, se ouvias que os gregos estavam ganhando, louvavas Menelau – um grande amante e rival que causaria pesar ao meu filho; mas, se a fortuna favorecia os troianos, ele nada era. Ficaste de olho na sorte para que ficasses do lado dela e a lealdade não contava para nada.

Depois falas de cordas baixadas dos torreões e de ti, prisioneira a contragosto. Quem te encontrou atando um nó ou afiando uma espada como faria qualquer mulher honesta, saudosa do marido que perdeu? Ainda por cima, muitas vezes insisti para que partisses. "Filha", dizia eu, "vai-te embora. Os meus filhos farão outros casamentos. Ajudar-te-ei a escapar para os navios gregos. Faze cessar esta guerra entre os helenos e nós." Para ti isso era amargo. Tu te fazias de rainha na casa de Páris e preferias ser homenageada pelos bárbaros. Para ti isso era importante. E, para coroar tudo, te enfeitaste toda para o teu marido e ousas enfrentá-lo face a face, criatura desprezível! Devias rastejar, vestida de andrajos, até ele, tremendo de medo, com a cabeça raspada, envergonhada do mal que fizeste. (Eurípides, *As troianas*, 983 ss.)

7.43 No trecho seguinte, Eurípides usa seu conhecimento de psicologia para narrar como Agave, a rainha de Tebas, enlouquecida, que tem nas mãos, sem o saber, a cabeça de seu filho Penteu, que ela matou (acredita tratar-se de um leão, apanhado em uma caçada), foi chamada de volta à razão por Cadmo, seu pai (cf. 2.57):

Cadmo: Ó pesar imensurável, visão que os olhos não suportam ver, morte infligida por tuas mãos infelizes. Belo sacrifício depões diante dos deuses e chamas Tebas e a mim para nos unirmos ao banquete. Choro primeiro, por teu sofrimento e depois pelo meu próprio...
Agave: Como os velhos reclamam e são carrancudos! Oxalá meu filho seja um caçador tão bom quanto a mãe e vá caçar feras selvagens com os jovens

7:13 As mênades carregam os restos mortais dilacerados do rei Penteu. Aqui não há menção a uma encenação teatral. *C.* 500.

de Tebas. Tudo o que ele sabe fazer é lutar contra os deuses. Deves adverti-lo, pai. Que alguém o chame para que veja a felicidade de sua mãe!

Cadmo: Ai, ai. Que terrível será a tua dor quando souberes o que fizeste. Se continuares na situação em que estás, feliz não serás, mas serás poupada do infortúnio.

Agave: Mas o que não está bem? Que razão haveria para eu ser infeliz?

Cadmo: Olha, filha, volta os olhos para o céu.

Agave: Estou vendo o céu. Mas por que queres que olhe para lá?

Cadmo: Ele está com a aparência de sempre, ou vês alguma mudança?

Agave: Parece mais brilhante e mais claro que antes.

Cadmo: E o desvario que havia ainda em tua alma?

Agave: Não sei de que estás falando. Mas, de certo modo, sinto mais lúcida minha mente e sinto uma mudança no meu íntimo.

Cadmo: Poderias ouvir-me agora e dar uma resposta clara?

Agave: Sim. Mas esqueci-me do que me disseste por último.

Cadmo: De quem era a casa para onde foste ao casar?

Agave: Deste-me a Équion, um dos Guerreiros Semeados, ao que dizem.

Cadmo: E quem foi o filho que lhe deste?

Agave: Penteu, nascido da nossa união.

Cadmo: E de quem é a cabeça que tens nos braços?

Agave: É de um leão, como me disseram as que estavam na caça comigo.

Cadmo: Olha bem para ela – isso é fácil de fazer.

(Agave grita, horrorizada.)

Agave: Que vejo? O que tenho nas mãos?

7:14 A presença de um flautista mostra que o pintor tem em mente uma encenação teatral. A mênade deve ser pensada como um ator participando de uma tragédia. C. 470-460.

Cadmo: Olha bem de perto, procura ter certeza!
Agave: Pobre de mim, o que vejo é a dor máxima!
Cadmo: Parece a ti a cabeça de um leão?
Agave: Não, não. É a cabeça de Penteu que estou segurando!
Cadmo: Já o choramos antes que soubesses.
Agave: Quem o matou? Como ele veio ter às minhas mãos?
Cadmo: Triste verdade! Não chegas no momento certo!

(Eurípides, *As bacantes*, 1.244 ss.)

7.44 Ao mesmo tempo, a própria natureza do material com que os trágicos lidavam e a habilidade com que o trabalhavam garantiam a tragédia como uma experiência tanto emocional como intelectual. A tragédia enfrentava as mais profundas questões da existência humana e desafiava os espectadores a verem um sentido no sofrimento humano, não o de um homem comum, mas das maiores figuras do mito grego, heróis que, qualquer que fosse o padrão normal (cf. 3.9-10), deveriam ter o mundo aos seus pés (e talvez tenham tido, por um certo tempo), mas que agora se viam totalmente destruídos. É a grandeza humana deles que torna tão penosa sua situação. Se as raízes não fossem tão profundas, o desenraizamento não seria tão trágico (cf. 2.22-3)

7.45 Finalmente, o impacto emocional das tragédias era consideravelmente ampliado pela distância criada entre a peça e os espectadores, não só pelos próprios mitos, mas também pela aparência formal dos atores, com suas máscaras e roupas estilizadas (ver 7.51) e pela estrita manutenção da ilusão dramática. Ao contrário da comédia que, continuamente, envolvia a audiência, pode-se dizer que, na tragédia grega, em nenhuma passagem, havia palavras dirigidas diretamente ao público. O escritor nunca se referia a si mesmo, nem aos atores nem ao teatro. No que se referia à tragédia em si o público não estava "lá". Altaneira, cheia de dignidade, distanciada, a tragédia grega mobilizava as emoções da comunidade ao pôr à prova as questões humanas mais profundas.

(d) Diferentes abordagens da tragédia grega

7.46 Tal como a conhecemos, a tragédia grega cobre o período de 472 (*Os persas*, de Ésquilo) a 402 (*Édipo em Colono*, de Sófocles, encenada postumamente). Nesse período, a forma sofreu profundas mudanças. Na tragédia primitiva, o papel do coro era muito importante; havia apenas dois atores e, às vezes, a ação era profundamente formalizada. De vez em quando, havia pouco sentimento de interação pessoal entre atores e coro. Considere-se o seguinte diálogo, bastante distante e ritualizado, entre a rainha persa Atossa e o coro. Ela faz perguntas sobre a localização de Atenas e sobre o seu poder:

Atossa: Mas dizei-me, amigos meus, onde dizem que fica essa Atenas?
Coro: No oeste longínquo, onde os raios do deus Sol ficam fracos e se põem.
Atossa: Mas meu filho ambiciona tanto fazer dela sua presa?
Coro: Vencida Atenas, toda a Grécia estaria sujeita a ele.
Atossa: E ela tem grande contingente de soldados?
Coro: Tem e causou muitos danos aos persas.
Atossa: Que mais ela tem? Tem riqueza bastante em suas casas?
Coro: Há uma mina de prata que a terra guarda para eles.
Atossa: Têm nas mãos a flecha que tensiona o arco?
Coro: Não têm. Trazem lanças para o combate de perto e estão equipados com escudos.
Atossa: Que chefe e comandante têm eles?
Coro: Não são escravos de homem algum e não recebem ordens de ninguém.
Atossa: Como podem resistir a inimigos invasores?
Coro: Tão bem que destruíram o grande e esplêndido exército de Dario.
Atossa: Palavras terríveis para aqueles cujos filhos estão no exército agora.
Coro: Logo, penso eu, conhecerás toda a verdade. Este homem é com certeza um mensageiro persa com notícias, boas ou más.
(Ésquilo, *Os persas*, 230 ss.)

7.47 A forma deste diálogo em que as falas dos interlocutores se alternam verso a verso, a *stikhomuthía*, é tradicional. Outros autores a usaram de maneira bem diferente e deram-lhe um tom bem diferente também, especialmente quando foi acrescentado um terceiro ator. Compare-se esse diálogo com a famosa cena de *Édipo Rei* em que Édipo interroga o velho pastor (que sabe que Édipo matou o rei Laio, seu pai, e se casou com a mãe, mas claramente não quer que ele saiba) na presença de um mensageiro que traz notícias de Corinto. Há muito tempo, o pastor entregara Édipo, ainda bebê, a esse mesmo coríntio, embora tivesse ordens de abandoná-lo sozinho para que morresse. O coríntio não sabe o significado das perguntas de Édipo e não consegue entender a relutância do pastor:

Édipo: Embora nunca o tenha visto, creio estar vendo, meus amigos, o pastor que estivemos procurando todo esse tempo. É um velho, como este nosso amigo, e reconheço os que o trazem como meus servidores. Mas, já o tendo visto antes, podeis saber mais do que eu.
Coro: Eu o conheço sim. Era um dos mais leais pastores de Laio.
[Entra o pastor, acompanhado]
Édipo: Minha primeira pergunta é para ti, meu amigo coríntio. É este o homem de quem falas?

Coríntio: Sim, é esse homem que estás vendo.
Édipo: Muito bem, velho, olha para mim e responde às minhas perguntas. Estiveste a serviço de Laio?
Pastor: Fui escravo dele, nascido e criado em sua casa.
Édipo: Qual era a tua ocupação e como vivias?
Pastor: Durante a maior parte da vida fui pastor.
Édipo: Em que parte do país passaste a maior parte do tempo?
Pastor: No Citerão ou nas vizinhanças.
Édipo: Lembras-te de teres visto este homem por lá?
Pastor: Fazendo o quê? Como assim?
Édipo: Este homem aqui! Já estiveste com ele antes?
Pastor: Não tanto que possa dizer logo assim de memória.
Coríntio: Isso não é de estranhar. Mas vou reavivar a lembrança do que ele esqueceu. Tenho certeza de que se lembra do tempo em que éramos vizinhos no Citerão, ele com dois rebanhos, eu com um, durante três estações de pastagem, da primavera ao outono; quando o inverno vinha, eu levava o meu rebanho para casa em Corinto e ele para os apriscos de Laio. Era assim que acontecia? Estou certo?
Pastor: Bastante certo, mas isso foi há muito tempo.
Coríntio: Então dize-me, lembras-te de me teres dado um bebê para criar como se fosse meu filho?
Pastor: Como assim? Por que essa pergunta?
Coríntio: Porque, meu amigo, aqui está a criança daqueles tempos.
Pastor: Quero que morras! Tu vais calar a boca, não vais?
Édipo: Não o repreendas, velho; tuas palavras merecem maior repreensão que as dele.
Pastor: Mas, ó melhor dos senhores, qual foi o meu erro?
Édipo: Não me teres falado da criança sobre a qual ele está perguntando.
Pastor: Ele não sabe do que está falando. Vãs são as palavras dele.
Édipo: Se não respondes por bem, sofrendo tu responderás!
Pastor: Não, não, pelo amor de Deus; não machuques um velho.
Édipo: Que alguém amarre já as mãos dele!
Pastor: Pobre de mim! Por quê? O que queres saber?
Édipo: A criança sobre quem ele pergunta... tu a deste a ele?
Pastor: Dei... e queria ter morrido naquele dia.
Édipo: E vais morrer, a menos que me diga o que deves.
Pastor: E se eu o disser, a ruína é ainda mais certa.
Édipo: Esse homem aí, ao que parece, procura adiar as respostas.
Pastor: Não, não. Já disse que o entreguei a ele.
Édipo: De onde veio? Era teu filho ou de outra pessoa?
Pastor: Não era meu. Recebi-o de outro.
Édipo: De quem? Onde morava?
Pastor: Pelos deuses, senhor! não me faças mais perguntas.
Édipo: Se eu tiver de perguntar de novo, és homem morto.

Pastor: Muito bem! era uma criança da casa de Laio.
Édipo: Um escravo ou alguém da família dele?
Pastor: Ai! Ai! Estou correndo o risco de falar...
Édipo: E eu, de ouvir.
Pastor: Dizia-se que era seu próprio filho. Mas tua esposa, lá dentro, pode contar isso melhor.
Édipo: Foi ela quem o deu?
Pastor: Foi, meu senhor.
Édipo: E que deverias fazer?
Pastor: Matá-lo.
Édipo: Sendo mãe, como pôde...
Pastor: Ela fez isso por medo de más profecias.
Édipo: Que profecias?
Pastor: Profecias que diziam que ele mataria o próprio pai.
Édipo: Então por que o deste a este homem aqui?
Pastor: Por pena, senhor, pensando que ele o levaria para a terra dele. De fato ele o salvou, mas... para que terrível sina! Tu és aquela criança, nasceste para o infortúnio.
Édipo: Ai! Ai! Oxalá tudo se cumpra de maneira clara! Que esta seja a última vez que vejo a luz do dia. Nasci de quem não devia, uni-me a quem não devia e matei quem não devia!

(Sófocles, *Édipo tirano*, 1.110 ss.)

Essa discussão quase familiar transmite o sentimento de envolvimento da personalidade total das três personagens, à medida que vão reagindo emocionalmente às idas e vindas da revelação gradual da verdade. Isso mostra como uma mesma forma dramática que foi uma parte tradicional da tragédia grega do princípio ao fim podia ser usada para propósitos diferentes em mãos diferentes (não se trata de uma questão de "incompetência inicial" em comparação com a "sofisticação posterior", mas de intenção dramática. Os diálogos entre Penteu e o deus Dioniso em *As bacantes* (810 ss.), de Eurípides, ilustram outro uso: de um lado, o deus formal e correto; de outro, o homem, um instrumento nas mãos dele e o todo com uma alta carga emocional (cf. 2.57).

7.48 As personagens humanas também foram tratadas diferentemente. Em Ésquilo, as principais personagens tendiam a ser distantes, poderosas, figuras arquetípicas. Em Sófocles, a ação se desenrolava caracteristicamente em torno de grandes heróis individuais que enfrentavam as contradições entre um passado de glória e um presente de vergonha (cf. 3.10). Com Eurípides, a generalização é mais difícil. Seus limites parecem ser mais largos e ele tem o hábito desconcertante de explorar situações "realistas" em formas altamente estilizadas. Por exemplo, a aia terra a terra da peça *Hi-*

pólito de Eurípides habita o mesmo mundo que o próprio Hipólito, austero e retórico. Por falar em casos extremos, o grande herói Menelau, no texto abaixo, beira a comicidade (na sua volta de Tróia, foi arrastado a uma praia egípcia, habitada por inimigos):

> *Menelau*: Ó de casa! Será que não virá alguém que anuncie lá dentro o que estou sofrendo?
> *Velha senhora*: Quem bate? Não fiques aí incomodando os maiorais. Vai embora! Vão matar-te se não fores... és grego e não temos negócios com gregos.
> *Menelau*: Pára com isso, velha! Vamos! fala com educação! Farei o que dizes, mas abre logo a porta.
> [*Ela abre a porta*]
> *Velha senhora*: Cai fora. Minha obrigação é não deixar entrar gregos.
> *Menelau*: Ah! tira as mãos, não me empurres!
> *Velha senhora*: A culpa é toda tua se não ouves o que digo.
> *Menelau*: Leva uma mensagem ao teu senhor...
> *Velha senhora*: Ele não vai gostar de ouvi-la.
> *Menelau*: Eu naufraguei, e é preciso ser bom com náufragos.
> *Velha senhora*: Cai fora! Vai bater na porta de outro!
> *Menelau*: Não vou. Estou entrando. Faze o que te digo.
> *Velha senhora*: Só serves para incomodar. Serás posto para fora, logo.
> *Menelau*: Que inferno! Queria ter meu exército aqui.
> *Velha senhora*: Podes impressioná-los, mas a mim não impressionas.
> *Menelau*: Meu Deus, que tratamento humilhante!
> *Velha senhora*: Lágrimas nos olhos? Por que choras?
> *Menelau*: Lembro-me da minha felicidade no passado.
> *Velha senhora*: Bom, vai embora logo e chora em algum ombro amigo.
> *Menelau*: Em todo caso, onde estou? De quem é este palácio?
> *Velha senhora*: É o palácio de Proteu e estás no Egito.
> *Menelau*: Egito?! Pobre de mim! Onde vim parar!
>
> (Eurípides, *Helena*, 435-61)

Compare-se isto com Medéia, na peça *Medéia* (1.022 ss.), de Eurípides, quando ela luta com seu próprio coração sobre se deve ou não matar os filhos. A linguagem é altamente estilizada e, no entanto, ela é presa de sentimentos muito primitivos que quase a paralisam emocionalmente.

7.49 Finalmente, mesmo tendo o coro mudado consideravelmente entre Ésquilo e Eurípides em sua última fase, é importante enfatizar que o elemento de canto e dança, pelo qual o coro era em grande parte responsável, não desapareceu, mas foi transferido, especialmente em Eurípides, do coro para o indivíduo. Em Eurípides havia muito mais árias solo que nas tragédias precedentes. Em outras palavras, ele continuou experimentando maneiras diferentes de criar impacto emocional através da música e da dança postas em cena.

(e) Encenação e atores

7.50 Discute-se muito sobre qual seria a aparência do teatro no século V. Havia com certeza a grande área circular de dança (com vinte metros de diâmetro em Epidauro), a *orkhḗstra*, onde o coro se movia, dançava e cantava. Quase com certeza havia um palco baixo no fundo, no qual os atores se moviam (usavam também a *orkhḗstra*) e atrás dele ficava um edifício longo de telhado plano (a *skēnḗ* que podia fazer as vezes de palácio, choupana ou tenda e ser usada como camarim dos atores). É provável que esse edifício tivesse uma única porta no centro. Havia também entradas nos lados, chamadas de *eísodoi* ou *párodoi* (ver o diagrama). Diz-se que Sófocles introduziu os "cenários pintados" (painéis em perspectiva colocados diante da *skēnḗ*, que podiam ser substituídos de acordo com as necessidades).

7.51 Os atores e o coro usavam máscaras que cobriam todo o rosto (inclusive os cabelos) e vestes dramáticas, de cores fortes. Os papéis podiam ser identificados pelas roupas (um público grego saberia imediatamente quem era "rei" e quem "mensageiro"), mas, claramente, a responsabilida-

7:15 Vista aérea do teatro de Epidauro. O teatro foi construído no final do séc. IV.

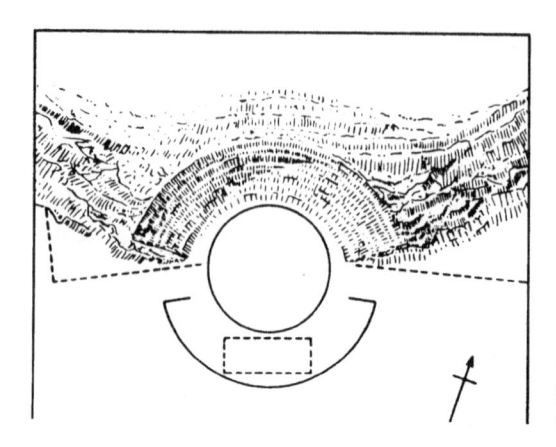

7:16 Planta (hipotética) do teatro de Dioniso do século V, em Atenas.

de dos atores era muito grande. Usando uma máscara, o ator não podia exprimir emoções pela expressão facial. O público se espalhava pelo teatro distanciando-se bastante (e ao ar livre), de modo que os pequenos gestos familiares e sussurros sutis (especialmente atrás de uma máscara) poderiam escapar a quem estivesse no fundo. Por mais excelente que fosse a acústica dos teatros, a atuação tinha de ser "imponente", usando gestos largos (especialmente porque, muitas vezes, era difícil saber *qual* dos atores mascarados estava falando), com dicção clara e audível. Pelos mesmos motivos, eram as palavras que arcavam com grande parte do peso da peça. Em geral, as novas personagens eram apresentadas pelo que as demais diziam delas ("Olha! Aí vem Menelau"). As emoções eram expressas verbalmente ("eu choro" etc.). Também se exigia dos atores uma versatilidade extraordinária. Dado que o autor só podia usar três atores, qualquer deles podia ser chamado a representar um grande número de papéis. Por exemplo, na *Antígona* de Sófocles, um dos atores tinha de representar a irmã mais moça de Antígona (Ismene), um guarda, Hêmon, noivo de Antígona, o velho profeta Tirésias e a mãe de Hêmon, Eurídice.

7.52 O principal obstáculo à nossa apreciação das peças é que tudo o que temos são palavras no papel. Não temos instruções de cena, a não ser aquilo que os próprios atores dizem. Quase não temos idéia de como eram o canto e a dança. (Há dúvida até sobre a atribuição de falas às personagens, pois os manuscritos apresentam listas de *dramatis personae*, mas não dizem quem está de fato falando a cada momento, apenas marcam com um hífen uma *mudança* de interlocutor.) Sendo assim, perdemos inteiramente todo o sentido do espetáculo da tragédia, a cor, o esplendor, o movimento, a música. Temos, porém, pelo menos, as palavras e elas podem dizer-nos muita coisa. Podemos apreciar a dor das provações que as personagens enfrentam e desfrutar do poder da retórica em que são expressos os grandes debates (*agṓn*). A montagem pode destacar claramente o uso sugestivo de ações e apetrechos de cena para dar significado e reforçar a palavra falada. Édipo, por exemplo, no início de *Édipo Rei* sai do palácio para ouvir o chamado do povo de Tebas como o único homem a que a cidade podia recorrer em seu momento de aflição: ele é o rei de Tebas, honrado por todos, quase um deus. No final ele *é levado* de volta ao palácio, contra sua vontade e apesar de seu pedido explícito, cego, amaldiçoado, quase um objeto, depois de descobrir quem realmente era, que se casou com a própria mãe e matou o próprio pai. Visualmente, o contraste entre as duas situações, no início e no fim da peça, não poderia ser indicado com mais clareza, mas é difícil apreciá-lo a menos que se assista a uma montagem ou que se desenvolva a capacidade de "ver" uma peça lendo-a. Quanto aos apetrechos de cena, na peça *Filoctetes* de Sófocles, a posse do arco mágico de Filoctetes (aquilo que Ulisses e Neoptólemo querem obter) expressa visualmente aquilo a que a peça visava, a dramática luta pelo poder.

(f) Comédia

7.53 Pode ser que, nas Dionísias, o programa trágico do dia (isto é, a trilogia mais o drama satírico) fosse seguido por uma das peças que estivessem sendo julgadas na competição de comédias. Se isso acontecia, o público passava por uma experiência extraordinária. Do distante mundo do mito e de uma apresentação que não levava em conta sua presença, os espectadores eram jogados de cabeça em um mundo cômico, fantástico e totalmente contemporâneo. Na comédia os atores e o coro tratavam de qualquer assunto atual – literário, intelectual, político, pessoal, social –, e a própria assistência era alvo das piadas tanto quanto as personagens e os acontecimentos em cena, numa linguagem tão exagerada (e, onde necessário, obscena) quanto a ação.

(g) A Comédia Antiga e os precursores de Aristófanes

7.54 Os alexandrinos (ver 7.5) dividiam a comédia ática em três tipos: Comédia Antiga (*c.* 450-380), Média (380-320) e Nova (após 320). Sabemos os nomes de cerca de cinqüenta autores da Comédia Antiga, mas as únicas peças completas que possuímos são as de Aristófanes (*c.* 445-*c.* 385). Temos dele onze comédias completas que cobrem todo o período de sua carreira (a primeira, *Os acarnenses*, foi encenada em 425 e a última, *Pluto* (Riqueza), em 388). Não foram preservadas porque leitores de épocas posteriores descobriram nelas uma excelência como comédias, mas por causa da pureza de sua língua ática.

As origens da comédia (*kōmōidía*, canto que tem a ver com um *kômos*, "folia em grupo") são obscuras, mas é provável que se encontrem nas festividades corais em homenagem a Dioniso, talvez num ritual fálico ao qual episódios foram anexados. Não vale a pena buscar suas origens na farsa dórica ou siciliana, como fizeram alguns estudiosos, já que se pode demonstrar que é perfeitamente plausível que todos os elementos da comédia dórica tinham suas origens na própria Ática.

7.55 A comédia "recebeu um coro" (ou seja, passou a ser uma parte dos festivais de Atenas financiada pela cidade) em 486, nas Dionísias, e por volta de 445 nas Lenéias. Em sua comédia *Os cavaleiros* (517 ss.), Aristófanes fala sarcasticamente dos primeiros autores cômicos. Cita Magnes, que obtivera onze vitórias (um recorde), mas carecia de poder satírico; depois Cratino (em atividade entre 450 e 420), que se transformara em um beberrão patético, inteiramente sem compostura; e, por fim, Crates, renomado por seu refinamento. Com base nos fragmentos supérstites da obra de Cratino e Crates, podemos ver a grande influência que exerceram sobre a comédia ática e sobre Aristófanes. Podemos supor que Magnes tenha desenvolvido o elemento cômico do *kômos* formado de homens disfarçados de animais. Cratino pode ter sido a figura central no desenvolvimento da comédia como drama onde as querelas políticas e sociais podiam ser ventiladas publicamente. Era famoso por sua crua obscenidade e, com freqüência, suas peças parodiavam a mitologia (tomava um mito corrente e o usava para criticar políticos contemporâneos, como, por exemplo, em *Dionysaléxandros*, na qual traça uma analogia entre Helena e Páris e Péricles e sua amante Aspásia). Também criticava e parodiava as modas literárias da época, tal como Aristófanes viria a fazer, por exemplo, em *As rãs* e *As tesmofórias*. Conta-se que Crates (que obteve sua primeira vitória pro-

7:17 Com acompanhamento de flautas dançarinos a cavalo apresentam um elemento tradicional nas encenações cômicas gregas: mascarada com animais que ainda será encontrada, um século mais tarde, em Aristófanes. C. 550.

vavelmente em 450) abandonou a invectiva e desenvolveu uma melhor estrutura para o enredo.

7.56 Ao que parece, traços comuns a toda a Comédia Antiga foram a estrutura geral (ver 7.58), um certo número de tradições e de alvos de críticas. Havia duas características principais: primeiro, a Comédia Antiga era implacavelmente política, ou seja, existiu e floresceu no seio da pequena *pólis* populosa e radicalmente democrática (seu poder declinou quando o sistema da *pólis* do século V começou a mudar); em segundo lugar, quaisquer que fossem suas formas, temas e personagens, sempre começava com uma situação humana contemporânea. Quanto à técnica, a paródia literária e a ridicularização da mitologia eram comuns. Dioniso, Ulisses e os Ciclopes foram personagens de comédias de mais de um autor e, muitas vezes, Eurípides e Sócrates foram apresentados como "intelectuais" típicos. Dentre os políticos, Péricles (com sua amante Aspásia) era o mais atacado e, dentre os intelectuais, Anaxágoras e Lâmpon, companheiros de Péricles, eram alvo de fogo contínuo. Parece que foi um tema comum o olhar nostálgico para o passado em busca da "idade de ouro". Havia certas exigências comuns: todos atores serem de sexo masculino (o que conferia mais malícia a peças como *Lisístrata*, de Aristófanes, em que a maior parte das personagens eram mulheres); as roupagens grotescas (barriga e nádegas almofadadas, *phallós* de couro, máscaras exageradas mas realistas; é provável que o ator que fazia o papel de Sócrates em *As nuvens* usasse uma máscara reconhecível); a regra de três atores (em algumas passagens eram necessários quatro personagens usando da palavra); e o coro.

O grande feito de Aristófanes foi ter assumido todas as tradições e técnicas oferecidas por seus predecessores (embora rejeitasse algumas, como, por exemplo, o burlesco mitológico) e, combinando-as com sua sensibilidade pessoal para as situações contemporâneas (a guerra, os sofistas, a moda literária, os políticos) e com seu olhar penetrante para o absurdo, ter criado algo de novo que tem sua marca e que, por seu alcance e variedade (desde o francamente obsceno até o lirismo elegante), é quase indefinível.

(h) A carreira de Aristófanes

7.57 Aristófanes deve ter nascido por volta de 445, e sua primeira peça *Os convivas* (perdida) foi encenada em 427, quando ele era adolescente. Normalmente, o autor montava as peças, mas neste caso, tal como com *Os babilônios* e *Os acarnenses*, Aristófanes entregou-a a Calístrato para a montagem, talvez por ser muito jovem ou por falta de coragem. A peça ficou em segundo lugar. Veio então uma seqüência extraordinária, para um autor jovem: *Os babilônios* (perdida), 426 (provavelmente em primeiro lugar), *Os acarnenses*, 425 (primeiro lugar), *Os cavaleiros*, 424 (primeiro lugar). A seqüência foi interrompida por *As nuvens*, 423 (terceiro lugar), resultado que deixou Aristófanes tão chocado que a reescreveu (embora nunca tenha sido montada novamente) e é a versão reescrita que possuímos. Depois vieram *As vespas*, 422 (segundo lugar), e *A paz*, 421 (segundo lugar). Essas primeiras peças já prefiguravam o que estava por vir. O tema de *Os convivas* era a nova educação. Um pai criava dois filhos diferentemente, um na nova educação e outro na antiga, e os resultados eram observados. *As nuvens* viria a retomar esse tema (cf. 4.47). *Os babilônios*, cujo tema era o relacionamento entre um poder central e seus aliados feitos súditos, fez com que a ira de Cleão (cf. I.H.37) caísse sobre Aristófanes. Cleão processou-o (sem êxito) por desacreditar Atenas com sua peça (cf. 4.71 e a boa disposição em relação aos estrangeiros). Aristófanes não se esqueceu disso e suas quatro peças subseqüentes desferiram uma torrente de insultos contra Cleão, sendo a mais violenta *Os cavaleiros*, em que ele é a personagem central. Em *As nuvens* Aristófanes afirmou que o autor cômico contemporâneo Êupolis (449-412) havia plagiado partes de *Os cavaleiros* em sua peça *Maricas*. Êupolis replicou dizendo que ajudara Aristófanes a escrever *Os cavaleiros* e o fizera de graça. Aristófanes também acusou Cratino, em *Os cavaleiros*, de ser um bêbado decadente (ver 7.55). Cratino respondeu com *A garrafa* em 423, na qual ele mesmo era a personagem principal (um bêbado decadente) em conflito com sua esposa *Komōidía* (Comédia), que era apresentada queixando-se das relações dele com a vagabunda *Méthē* (embriaguês) e com o belo rapazinho Enisco (em grego, *Oinískos*, pequeno vinho). Cratino desculpava-se afirmando que só o bêbado podia produzir alguma coisa de valor. O público concordou e ele ganhou o primeiro prêmio – uma doce vingança, posto que Aristófanes ficou em último lugar com *As nuvens*!

A rivalidade era intensa entre os autores cômicos (cf. 3.2) e seus ódios podiam ser duradouros (por exemplo, o de Aristófanes contra Cleão). A comédia não deixava de ter seus efeitos sobre os políticos e isso é confirmado pelo fato de ter sido suspensa entre 440 e 437 e talvez também em 415.

(i) A estrutura da Comédia Antiga

7.58 A Comédia Antiga é mais parecida com a pantomima, no sentido de que tem momentos dramáticos recorrentes pelos quais o público estava habituado a esperar (por exemplo, a entrada espetacular do coro) e uma seqüência típica de cenas que sempre ocorrem em alguma parte (monólogos cômicos, cenas burlescas, cantos em ritmo rapidíssimo) e guarda-roupa tradicional (por exemplo, homens com o *phallós*). A estrutura tradicional da Comédia Antiga é a seguinte:

1 O prólogo: os atores entram e, em uma seqüência típica de cenas que geralmente são irrelevantes e farsescas, apresentam a trama e a si mesmos e preparam-se para a entrada do coro.
2 A *párodos*: a entrada muito esperada e, muitas vezes, muito espetacular do coro (por exemplo, um coro de aves em *As aves* e de nuvens em *As nuvens*). Normalmente, esse é o sinal do início da ação principal, a partir da qual se desenvolve um conflito que, com freqüência, se dá entre os atores de um lado e o coro do outro.
3 O *agṓn* ("conflito"): forma tradicional e estilizada de falas e canções alternadas que sempre incluem um *pnîgos* (um *tour de force* na forma de uma tirada que o ator devia dizer de maneira tão rápida que chegava a sentir-se sufocado).
4 A *parábasis*: o coro vem diante do público e apresenta um conselho político que considera sério, freqüentemente nada tendo a ver com a peça.
5 Várias cenas farsescas e esquetes em que as conseqüências do *agṓn* são resolvidas.
6 O *éxodos*: a "partida", em que os acontecimentos chegam a um clímax (incluindo, muitas vezes, comemorações ou um casamento) que anuncia o fim da disputa.

Tão característica, porém, quanto a estrutura formal das peças de Aristófanes é a natureza dos enredos. Eles costumavam seguir o seguinte padrão: (1) é apresentada uma grande e fantástica idéia (quanto mais despropositada, melhor) que, freqüentemente, envolve a salvação de quem a teve, de sua família ou de toda a Grécia. A pessoa que dá a idéia torna-se o herói (ou heroína). (2) A idéia é posta em prática e, depois de alguns contratempos de pouca importância, tem lugar o conflito principal, seguido da realização da "grande idéia". (3) As conseqüências do sucesso da "grande idéia" são resolvidas.

(j) A arte de Aristófanes (para *As vespas*, ver 5.47, 5.59 ss.)

7.59 Tal como outros autores da Comédia Antiga, Aristófanes sacrificava toda coerência das personagens, da lógica ou do tempo às necessidades do momento e do episódio. Assim, *Lisístrata* é sobre uma greve de sexo que as esposas fizeram contra os maridos, para forçar o fim da guerra. Todos os maridos, no entanto, estão na frente de batalha! Em segundo lugar, a fantasia era um importante elemento de sua arte. Em *As aves*, Evélpides e Pisetero fogem de Atenas e fundam uma nova cidade, sem nenhum dos vícios da outra, no alto das nuvens, entre os pássaros do ar, e chamam-na de Cuconuvolândia (*Nephelokokkugía*); em *A paz*, Trigeu arreia um escaravelho e sobe aos céus para trazer a Paz de volta à terra. Em terceiro lugar, Aristófanes apresentava as pessoas e as idéias de forma que ficassem ridículas *aos olhos do homem comum*. Assim, em *As nuvens*, Sócrates é um "intelectual" típico, às voltas com toda espécie de bla-bla-blás pelos quais, na opinião do homem comum, ele se interessava, fosse isso verdade ou não (cf. sobre Sócrates 7.29 e sobre a incompreensão dos intelectuais em 7.13). Em quarto lugar, Aristófanes tinha ouvido aguçado para a habilidade verbal. Tanto quanto podemos dizer, sua linguagem era coloquial, mas estava permeada de paródia e de alusões a toda área de conhecimento que ele se dispunha a ridicularizar (imita, por exemplo, com liberdade o estilo dos escritos médicos e a dicção trágica, a linguagem dos decretos e das profecias, o jargão filosófico e os artifícios retóricos), mas também inventa palavras e trocadilhos injuriosos e faz uso da aliteração. Era especialmente competente na paródia da tragédia e do estilo trágico. Será que isso exigia que o público, para poder entender a paródia, tivesse perfeita consciência das nuances da tragédia? É provável que não. A peça *As rãs*, por exemplo, alcança seu clímax com uma competição entre Ésquilo e Eurípides sobre quem tinha escrito as melhores tragédias. Está repleta de alusões às peças deles e de paródia de sua linguagem (em especial a de Eurípides), mas os atores poderiam facilmente assinalar a paródia com os gestos e o tom de voz, e as próprias citações podiam ser conhecidas o bastante para que o homem médio as reconhecesse. Além disso, a linguagem de Aristófanes era cheia de obscenidades e chocantemente inventiva nas metáforas para os órgãos e relações sexuais (por exemplo, as metáforas para o órgão masculino incluem: enguia, dedo, figo seco, bolota, grão-de-bico, concha de sopa, remo, cabo, corda, pino, aríete, poste, bastão, raio, asa, rabo, pardal). Excluídas a poesia iâmbica jônia de Arquíloco (7.1) e as práticas de culto (especialmente o de Dioniso ou de Deméter), tal obscenidade só se encontra na Comédia Antiga. Essa obscenidade que trazia a público os tabus sociais e tornava-os alvo de zombaria pública (em contraste com a pornografia moderna que estimula o recolhimento num mundo pessoal de fantasia) dava ênfase e poder aos ataques de Aristófanes contra as pessoas, ridicularizando-as, expondo-as e humilhando-as. No trecho abaixo, uma velha megera tira vantagem de uma nova lei aprovada pelas mulheres no parlamento – pela qual, se um jovem quisesse fazer amor com a namorada, deveria antes fazer amor com uma velha. Observe-se a agradável combinação de lirismo e sordidez:

Moça: Aqui! Aqui!
    Vem aqui, meu amor!
    Passa comigo esta noite!
    Agita-me uma paixão terrível,

A que sinto por teus cabelos e caracóis...
Absurdo é o desejo que sinto dentro de mim...
Ele me mantém dilacerada...
Alivia-me a dor, ó Eros, eu te suplico!
Faze-o vir ao meu leito!

Rapaz: Aqui! Aqui!
Corre, meu amor, tu também
E abre a porta para mim!
Se não, jogo-me no chão e lá fico.
Por que, Cípris, por causa dela me fazes delirar?
Tudo que desejo é ficar perto de teu seio
E acariciar teu bumbum...
Alivia-me a dor, ó Eros, eu te suplico!
Faze-a vir ao meu leito!

Pouco expressam do que necessito
As palavras que eu disse. Eu te suplico, caríssima,
Abre a porta e beija-me!
É por ti que eu sofro!
Minha jóia de ouro, flor nascida de Cípris,
Abelha da Musa, filha das Graças, imagem da Volúpia,
Abre-me a porta!

Velha: Tu aí, por que bates? Será que me procuras?
Rapaz: Como? Eu?
Velha: Fazias a porta estremecer.
Rapaz: Para mim, seria melhor morrer!
Velha: Por que estás aí de tochas na mão? O que buscas?
Rapaz: Alguém de Punhetópolis...
Velha: Quem?
Rapaz: Não o machão que estás esperando...
Velha: Ah! sim! Por Afrodite, quer queiras, quer não...
Rapaz: Mas não estamos levando as de mais de sessenta anos. Deixamos para mais tarde... Agora vamos cuidar das de menos de vinte.
Velha: No governo anterior era assim, doçura. Agora tens que levar-nos antes.
Rapaz: Segundo a regra do jogo, a gente escolhe e pega.
Velha: Mas nem jantar tu não jantas, segundo as regras do jogo...
Rapaz: Não sei o que dizes. Eu tenho que bater nesta porta aqui.
Velha: Depois de bateres na minha porta!
Rapaz: Não queremos roupa furada!
Velha: Ora, sei que sou amada. Na verdade, estás espantado de me ver aqui fora. Vamos! Dá-me um beijo!
Rapaz: Não! Não! Tenho muito medo de teu amante!
Velha: Quem?
Rapaz: O melhor dos pintores.

Velha: E quem é ele?
Rapaz: Aquele que pinta vasos funerários. Some antes que te veja aqui!
Velha: Sei bem o que queres...
Rapaz: E eu o que tu queres...
Velha: Por Afrodite de quem sou devota! Não te deixarei ir embora!
Rapaz: Estás louca, velhota!
Velha: Bobagem! Eu te levarei para os meus lençóis!
(Aristófanes, *A assembléia das mulheres*, 952 ss.)

7.60 Finalmente, Aristófanes tinha uma invejável capacidade de integrar facilmente a trama fantástica do palco com a vida contemporânea. Suas personagens não fugiam de seu papel para fazer alusões a fatos da atualidade; ao invés disso, traziam para a trama da peça os alvos de suas alusões (pessoas, lugares, acontecimentos, questões atuais). Assim, no início da peça, quando lamenta que os atenienses se recusem a levar a sério a questão do fim da guerra (ver 5.14), Diceópolis alude a pessoas e situações reais e, no entanto, a própria trama é chocantemente absurda – a luta de um único homem para concluir um tratado de paz pessoal com Esparta. Em *As aves*, Pisetero está fundando uma nova cidade nas nuvens (Cuconuvolândia), mas encontra os charlatões de sempre chegando para ganhar algum dinheiro. O primeiro é um adivinho (cf. 2.19):

Pisetero: Ahn? Quem és tu?
Adivinho: Um adivinho.
Pisetero: Cai fora.
Adivinho: Ó amigo, não trates levianamente as coisas divinas. Eu tenho um oráculo de Bácis relativo à tua Cuconuvolândia.
Pisetero: O quê? Então por que não predisses isso antes que eu fundasse a minha cidade aqui?
Adivinho: A divindade me proibiu.
Pisetero: Bem! Bem! não custa nada ouvir o que ele diz.
Adivinho: "Não! mas se um dia lobos e gaios pardos juntarem-se em bando
Lá fora no espaço médio, entre Corinto e Sicião, morando,..."
Pisetero: Mas o que eu tenho a ver com Corinto?
Adivinho: Bácis fala por enigmas: Bácis significa o Ar.
"Primeiro à Pandora oferece um cordeiro de lã branca como vítima,
Depois, a quem primeiro chegar meus proféticos versos expondo,
Dá um manto novo em folha e um par de sandálias excelentes."
Pisetero: Há sandálias nisso?
Adivinho: Pega o livro e vê.
"Dá-lhe além disso uma taça e enche as mãos dele de vísceras."
Pisetero: Há vísceras nisso?
Adivinho: Pega o livro e vê.

"Jovem, divinamente inspirado, se fizeres o que mando, com certeza
Voarás nas nuvens como uma Águia; recusa-te e nunca te tornarás
Uma Águia, nem mesmo uma pomba ou um pica-pau picando o carvalho."
Pisetero: Há tudo isso nisso?
Adivinho: Pega o livro e vê.
Pisetero: Bem! Bem! Que diferente é o teu oráculo do meu que copiei das palavras de Apolo:
"Mas se um vigarista, um impostor, resolver aparecer sem convite
Atrapalhando os ritos sagrados e ansiando por saborear as vísceras,
Bate nele no meio das costelas com toda a força..."
Adivinho: Deves estar brincando...
Pisetero: Pega o livro e vê.
"Trata de não poupar o bandido, mesmo que voe nas nuvens como Águia,
É, mesmo que seja o próprio Lâmpon ou até o grande Diopites.*"
Adivinho: Tem tudo isso nisso?
Pisetero: Pega o livro e vê. Fora!
[*Bate nele*]
Adivinho: Aaai!
Pisetero: Toma isso. Agora cai fora daqui e vai profetizar em outra parte.
(Aristófanes, *As aves*, 959 ss.)

(k) As opiniões de Aristófanes

7.61 Em geral, Aristófanes não amaciava seus golpes, nem usava intermediários. É verdade que ele nunca pediu uma mudança na Constituição democrática radical de Atenas do século V, nem (nas obras que chegaram até nós) atacou seriamente figuras públicas como Nícias ou Alcibíades; muitos temas que, por natureza, são alvo de ataques satíricos em nossa sociedade (administração de indústrias e sindicatos, segredos administrativos, desvios de impostos, escândalos educacionais) não existiam na época de Aristófanes. Não podia contar com isso, mas tudo o mais lhe servia como alvo: o público, os deuses, políticos, intelectuais, homossexuais, jurados, burocratas, estudantes, militares. Nisso tudo, seu propósito era ganhar o primeiro prêmio; o que atraía o seu público, que incluía lavradores, homens da cidade, pobres, marinheiros, gente de sucesso e desiludidos, educados e analfabetos, com certeza era a *esperança* que ele lhes dava. Os heróis de Aristófanes, como Diceópolis, eram todos gente simples e sem importância, mas eram, apesar disso, indivíduos que se sentiam apaixonados por coisas que, provavelmente, falavam de perto ao coração do público e que faziam esforços heróicos para alcançar suas metas – em geral,

---

* Videntes famosos.

com êxito. No mundo fortemente competitivo da sociedade ateniense (cf. 3.8), essa reafirmação de que o homem simples quer vencer e ultrapassar seus superiores deve ter sido tão reconfortadora quanto o vexame dos orgulhosos e pretensiosos (cf. sobre Cleão 7.57).

7.62 Mas onde ficava Aristófanes em tudo isso? É extremamente difícil deslindar suas opiniões. Sua meta era fazer o público rir, ganhando ele um prêmio. Não há nenhuma razão para se achar que algo que tenha dito reflita outra coisa que não seja essa finalidade e os preconceitos do público. Por outro lado, a *parábasis* de suas peças continha conselhos aparentemente sérios (embora, com freqüência, fossem meras generalizações do nível de "é bom para todos os homens", raramente pareciam provocar controvérsias e, muitas vezes, vinham também entremeadas de piadas). Há temas constantes que são recorrentes em suas obras e que nos dão a impressão de que é possível definirmos algumas de suas preocupações mais sérias.

No trecho abaixo, Aristófanes lembra os atenienses de que haviam concedido a liberdade aos escravos que haviam lutado na Batalha de Arginusas e insiste em que concedam perdão aos que haviam sido privados de seus direitos em virtude do "único deslize", o envolvimento com o golpe oligárquico de 411. Frínico tivera o papel mais importante no golpe. Os habitantes de Platéias tinham sido admitidos como cidadãos atenienses, após a destruição de sua cidade em 427 (I.H.35, 52, 55).

> Cabe ao sagrado Coro com sábios conselhos exortar e ensinar a cidade. Eis o que agora nos parece bem: pôr fim aos temores dos cidadãos, igualar os direitos de todos. Se, batidos pelos golpes de Frínico, alguns falharam, mesmo para esses, afirmo eu, deve haver perdão pelos erros passados. Dai-lhes de volta seus direitos! É uma vergonha que alguns que com dedicação combateram uma única batalha naval [isto é, Arginusas] passem direto de escravos a senhores e a plateenses... Não que isso mereça nossa censura; aqui eu vos louvo, pois só nisso a cidade agiu com senso... Mas a estes – eles e seus pais travaram ao vosso lado muitas batalhas navais e são vossos parentes – é natural que releveis, como estão pedindo, esta única culpa. Vamos! abrandai a cólera vós que, por natureza, sois tão sábios! Todos os homens que tenham participado da batalha naval, acolhamos como parentes e cidadãos plenos! Mas, se cheios de orgulho e de pose nos recusarmos, se isso fizermos, quando estamos com a cidade no meio de vagalhões, no futuro não se dirá de nós que fomos sensatos.
>
> (Aristófanes, *As rãs*, 686 ss.)

Antes e acima de tudo, podemos dizer que Aristófanes amava Atenas, mas, embora nunca tenha atacado o princípio da democracia radical, ressentia-se do que via como um abuso de poder de pessoas como Cleão e desprezava o *dêmos*, quando ele encorajava tais indivíduos "indignos" (cf.

7:18 Estatuetas de terracota que apresentam algumas personagens típicas da comédia ateniense do séc. IV.

I.H.37; 5.21). Ele também queria que a Guerra do Peloponeso acabasse, mas só se isso trouxesse glória e orgulho para a sua amada cidade: não era, de modo algum, um poeta da "paz-a-qualquer-preço". Até aqui, tudo parece bastante claro, mas fica difícil dar uma opinião quando se trata, por exemplo, dos freqüentes ataques a intelectuais e jurados. Talvez ele visse, nessas tendências e instituições, uma ameaça vaga e indefinível à solidez e à fibra moral do povo ateniense. É certo que, no *Banquete* de Platão, Aristófanes aparece discursando, bem à vontade, entre os principais intelectuais da época (inclusive Sócrates), o que sugere que Platão queria mostrar que Aristófanes não tinha nenhum preconceito insuperável contra tudo o que fosse novo.

(l) Comédia da última fase

7.63 As últimas comédias de Aristófanes não são como as primeiras. A última delas, *Pluto* (Riqueza), não tem quase nada do insulto grosseiro, da fantasia e da obscenidade tão característicos das obras do início de sua carreira. A razão disso deve ser o que estava acontecendo em Atenas (7.56). No final do século V, os dias heróicos haviam passado. A dissolução gradual do sistema da *pólis* (6.30), que culminou com a destruição da democracia pelos macedônios (ver 5.99) em 322, teve um efeito importante sobre o estilo da comédia a que o povo era capaz de corresponder. O período que chamamos de Comédia Média (380-320) é quase inteiramente sem documentação, mas, já na época da chamada Comédia Nova (a partir de 320), da qual temos a considerável obra do ateniense Menandro, a comédia grega tinha sofrido uma transformação total: a linguagem era simples, típica das conversas comuns; as partes líricas limitavam-se a uma seqüência típica de canto e dança entre os atos (o coro não tinha papel algum na trama da peça e o autor escrevia os "cantos corais" apenas para ocupar o palco nos entreatos e, por isso, nenhum deles sobreviveu); ao invés da estrutura formal da Comédia Antiga, havia uma unidade de cinco atos: a grosseria do guarda-roupa da Comédia Antiga foi modificada, ganhando maior decência; e, acima de tudo, as peças se deslocaram do mundo de Aristófanes, desorganizado, fantástico e obsceno (mas em muitos aspectos fundamentalmente sério), para um mundo em que assuntos humanos comuns, representados por personagens humanas comuns, cuidadosamente desenhadas, ocupavam o palco. Era um mundo que reconhecemos como a origem da comédia de salão ou da comédia de costumes, em que o humor surge de mal-entendidos e "duplos sentidos". É esse estilo de comédia (que chegou ao mundo ocidental através de suas adaptações romanas), e não o da comédia de Aristófanes, que influenciou tão profundamente o desenvolvimento da comédia européia. As peças de Molière e *The Importance of Being Earnest* de Oscar Wilde estão em linha de sucessão direta de Menandro (cf. *Helena*, de Eurípides, 7.48).

A seguir, um excerto típico da Nova Comédia. Nele, o lavrador Cnêmon (o velho ranzinza que dá nome à peça, *Díscolo* (O rabugento)), depois de viver toda a sua vida mal-humorado, cai dentro de um poço e é salvo em cima da hora. Entrega a responsabilidade sobre tudo que tem ao filho Górgias, que deve providenciar que a irmã Mirrina se case com uma pessoa adequada. Górgias toma medidas para que o noivo seja Sóstrato, o jovem vizinho ocioso e aristocrático, que está apaixonado por Mirrina, mas tem sofrido demais tentando conquistá-la, fingindo, por exemplo, ser um trabalhador rural (cf. 4.21):

Cnêmon: Qual é o problema, rapaz? Quer eu morra agora – estou mal e acho que vou –, quer sobreviva, adoto-te como filho; assim, podes considerar como tuas todas as minhas propriedades. Quanto à minha filha Mirrina, faço de ti o guardião dela. Encontra-lhe um marido. Mesmo que fique bom de novo, eu, por mim mesmo, não poderia encontrá-lo. Não um que me satisfaça. Se eu viver, deixa-me viver como eu quiser. Assume as coisas e dirige-as como quiseres – tu tens alguma sensatez e és o guardião adequado para tua irmã. Divide a propriedade em duas – dá-lhe uma metade como dote, fica com a outra e cuida de tua irmã e de mim.
Agora ajuda-me a deitar-me, Mirrina. Falar mais que o necessário não é ocupação de homem, penso eu. Mas há uma coisa que queria que sou-

besses, filho. Queria falar umas palavras sobre mim mesmo e o meu jeito de ser. Se todos fossem como eu, não haveria tribunais, nem prisões, nem guerra. Todos teriam o bastante e estariam satisfeitos. Mas acho que as pessoas gostam mais das coisas como estão. Que elas continuem assim, portanto! Este velho rabugento e descontente logo deixará de atrapalhar-te.

Górgias: Obrigado, pai, por tudo. Mas deves ajudar-nos a encontrar um marido para a moça o mais rápido que puderes, se estiver de acordo.
Cnêmon: Olha, já te disse o que quero. Por caridade, não me aborreças.
Górgias: Há aqui alguém que te quer conhecer.
Cnêmon: Não, não, pelo amor de Deus.
Górgias: Ele quer casar-se com a moça.
Cnêmon: Não tenho mais nada a ver com isso.
Górgias: Mas é o homem que ajudou a salvar-te.
Cnêmon: Quem é ele?
Górgias: Lá está ele. Vem aqui, Sóstrato!
Cnêmon: Ele está bem queimado de sol. É um lavrador?
Górgias: Com certeza. Ele é durão, não é desses que ficam vagabundando o dia todo.
Cnêmon: Muito bem; dá-lhe a moça. Leva-me para dentro.

(Menandro, *Díscolo*, 729 ss.)

Esse é um exemplo de moralismo típico da Comédia Nova e do humor baseado no caráter. Para um humor mais burlesco, envolvendo cozinheiros (tipos ridículos da Comédia Nova) que estão tentando tomar alguns utensílios emprestados de Cnêmon, ver *Díscolo*, 441 ss.

A arte grega

(i) Arte e sociedade

7.64 Os gregos não tinham uma palavra para "arte" no nosso sentido. A que mais se aproximava era *tékhnē*, que queria dizer "habilidade" ou "artesanato". O artista era um mestre *artesão* e trabalhava segundo as exigências de seus clientes, fosse a encomenda um vaso com cenas apropriadas para um casamento ou uma escultura para um frontão de um templo lembrando a cena de um mito. Quanto ao gênero, não havia diferença alguma entre um pedreiro e um escultor, nem entre um oleiro e um pintor de vasos. Mas o artesão não era anônimo. Assinava orgulhosamente o próprio nome ao lado do de seu cliente em muitas esculturas e, na Atenas do século VI em diante, assinava também suas cerâmicas ou suas pinturas em vasos. No século IV, os pintores e escultores eram homens famosos e, posteriormente, surgiu uma considerável tradição literária, relativa aos artistas.

7.65 Como a maior parte da arte e da literatura gregas era para o consumo público, precisava obter a aprovação das pessoas. Fídias, o escultor, escondeu-se atrás da porta para ouvir os comentários do público sobre sua estátua de Zeus e, depois, fez modificações, de acordo com o que tinha ouvido; os autores trágicos e cômicos esperavam ganhar o primeiro prêmio dos festivais públicos em que competiam; os poetas líricos como Píndaro esperavam obter encomendas para celebrar importantes comemorações públicas. Se podemos tirar algumas conclusões da arte e da literatura que fizeram sucesso na Grécia, a primeira delas é que os artistas gregos se sentiam fortemente apegados à tradição dentro da qual trabalhavam e não davam valor nem à experimentação nem à expressão de seus sentimentos como tais. O que importava era se o resultado do trabalho era convincente (cf. sobre a *peithó* 7.17) e se era capaz de impressionar o espectador ou o ouvinte. Em segundo lugar, era uma opinião antiga quase universal que a arte, em especial a poesia e a escultura, era uma forma de *mímēsis*, "imitação" da vida, e que para julgá-la era preciso saber até que ponto ela tornava mais ou menos virtuosos aqueles a quem era dedicada. O trabalho desleixado e feito fora das normas era desprezado. Como a arte era uma *tékhnē*, os gregos não se preocupavam com a "sinceridade" do artista mais do que nós nos preocupamos com a do nosso dentista: o importante era se o resultado "funcionava". Portanto, embora os artistas e escritores gregos fizessem experiências e chegassem a resultados extraordinários, essa experimentação era sempre e firmemente enxertada no tronco da tradição e, em geral, o artista tinha uma acuidade especial para sentir a opinião pública (cf. 3.1 ss.; 3.26).

(ii) Os inícios: 800-700

7.66 A arte grega tem suas raízes em um mundo que, há quatro séculos, sofrera um profundo choque. A civilização micênica fora destruída totalmente e a Grécia estava apenas começando a readquirir uma estabilidade suficiente para realizar coisas novas, para "olhar para a frente" (cf. I.H. 3 ss.).

A arte protogeométrica e a geométrica haviam representado uma transição lenta ao longo desses séculos e os primeiros sinais de arte figurativa e realista começaram a surgir no final do período. Por exemplo, no cemitério ateniense do século VIII, os túmulos dos abastados eram marcados por vasos monumentais (não existia ainda a escultura em pedra): para os homens, um vaso de boca larga para misturar vinho e, para as mulheres, um jarro alto que servia de recipiente. Esses grandes vasos com mais de um metro de altura ficavam sobre os túmulos como monumentos aos mor-

7:20 Estatueta de bronze moldada a partir de um original de argila – um caçador com um cão matando um leão. Final do séc. VIII.

7:19 Marco funerário em estilo geométrico com uma cena de *próthesis*, com o corpo sobre o catafalco. C. 750.

tos. Traziam cenas altamente estilizadas que mostravam uma parte do funeral (Fig. 7:19) e, às vezes, uma cena de guerra, em terra ou no mar. Compor essas "cenas" era uma proeza espantosa, pois elas representavam uma atividade reconhecível e inconfundível mesmo que a técnica empregada fosse muito esquemática. O artista tinha grande dificuldade para tornar preciso o relacionamento entre todas as figuras e para mostrar a "realidade" dos objetos. Em todo caso, essa arte geométrica era grandemente limitada por seu uso da silhueta cheia, pois não apresentava detalhes, nem tinha meios para mostrar as relações de sobreposição e entrelaçamento entre as figuras.

7.67 Desse mundo que, só recentemente, recuperara a confiança em si temos também modelos de cavalos e guerreiros de bronze que eram reproduzidos em grande número para serem consagrados aos deuses em seus santuários, mas feitos em tamanho reduzido em bronze maciço ou argila (não existia ainda a escultura nem a arquitetura monumental do tipo que identificamos como a principal realização grega). Mas esses estudos vigorosos estão repletos de vida e frescor e mostram o começo da ruptura das formas geométricas da arte (Fig. 7:20). Também mostram as primeiras representações de cenas do mito e da épica.

340 O mundo de Atenas

(iii) Período "orientalizante": mudança e inovação, 700-600

7.68 Vindos do oriente, onde artesãos altamente hábeis trabalhavam um grande número de materiais, sofisticadas obras em metal ou marfim, jóias e tecidos ricamente decorados inundaram a Grécia. Tiveram imensa influência sobre a arte da Grécia, mas os seus artistas tomaram apenas o que podiam usar, ou dando-lhe novas formas ou fazendo novas construções com base no que havia tomado emprestado. A série de pequenas figuras de marfim achada no mesmo cemitério onde estavam os grandes vasos acima citados mostra-nos esse princípio em ação. De uma única presa de marfim (em si mesmo um material novo e exótico vindo do Oriente), um artesão grego esculpiu uma série de figuras de moças nuas em pé (Fig. 7:21). Por sua nudez, bem como pelo material de que eram feitas, essas estatuetas traem sua inspiração oriental e as figuras menores, feitas da ponta, cada vez mais estreita, da presa, mostram uma superficialidade oriental. A maior delas, porém, tem uma qualidade formal que é totalmente diferente e nova: é, ao mesmo tempo, contida e cheia de vida. Aí já está em curso a transformação imposta pelos gregos.

(a) Desenvolvimento do desenho

7.69 Os modelos orientais também inspiraram o desenvolvimento do desenho realista cujas linhas davam corpo às figuras e mostravam os detalhes internos. Esse novo estilo é chamado de "orientalizante" e traz em si as sementes de todo o desenvolvimento da pintura ocidental. O impressionante

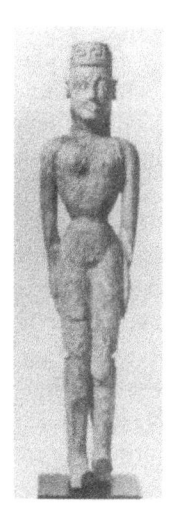

7:21 Uma menina em marfim, procedente do cemitério Dipílon, Atenas. C. 730.

O mundo intelectual 341

7:22 Ânfora proto-ática do *Poliphemos Painter*. C. 660.

7:23 Estátua de mármore, em tamanho acima do natural, de um jovem (*koûros*), procedente do Templo de Posêidon, no Súnion, na Ática. C. 580.

grupo de Ulisses cegando os Ciclopes mostra quão ousados já eram os artistas em meados do século VII (Fig. 7:22). Os trabalhos em outros materiais, como o da joalheria, o marfim e o bronze, nessa altura, já eram altamente especializados.

(b) Escultura

7.70 De outra parte do Oriente veio uma influência responsável por um outro empolgante desenvolvimento. Mercenários e mercadores gregos chegaram até o Egito por volta de meados do século VII e o impacto das pesadas esculturas em pedra e da arquitetura que lá encontraram foi imediato e duradouro. Em especial, as figuras que representavam homens em tamanho maior que o natural dando um passo à frente, dominando o espaço à sua volta, impressionaram os gregos. Nelas viram simbolizados, de forma excepcionalmente idealizada, o poder e as habilidades do homem. Não demoraram em encontrar fontes de rocha dura na própria Grécia e, usando técnicas de trabalho em pedra aprendidas com os egípcios, fizeram suas primeiras estátuas de mármore (Fig. 7:23). Não pobres imitações, mas ousadas interpretações do esquema, habilmente executadas, que mostram o esforço para criar um ideal permanente e distante.

(c) Os templos

7.71 Outro estímulo importante vindo do Egito foi o que levou à construção de templos em pedra com colunas de pedras suportando tetos que se projetavam por sobre a *naós* central (casa da própria divindade). Os templos já existiam na Grécia – pequenas casas de tijolos de barro, muito bem adornadas e de forma alongada – com uma fileira interna de colunas de apoio que obstruíam a visão da imagem divina (Fig. 7:24). Quanto a suas dimensões, os novos templos de pedra eram espantosamente diferentes. O teto inclinado passou a ser coberto de *telhas*; as estruturas superiores do teto, no alto e acima do nível das paredes, tornaram-se o ponto privilegiado da decoração escultural. O tipo de construção do templo é imediatamente reconhecível por nós, pois seu frontão triangular e sua fachada em colunata exercem ainda uma poderosa influência sobre a arquitetura européia. Em todo caso as figuras esculpidas no frontão triangular do templo de Corcira mostram quão antigo é o edifício (Fig. 7:25).

Lá pelo século VI, portanto, os gregos já haviam fixado seus principais campos de criatividade artística. O século VII, o "período orientalizante", tinha sido uma época de experimentação, de aventuras ousadas e técnicas novas, e a segunda metade, a época da influência egípcia nos trabalhos em pedra e na construção de templos. Simultaneamente, a escrita tornava-se comum e a revolução intelectual, discutida em 7.6 ss., ia tomando impulso.

7:24 Desenho de um modelo reconstruído de um templo, proveniente de Peracora. *C.* 750-720.

7:25 Um Górgona – figura central do frontão do Templo de Ártemis, Corcina. *C.* 580.

(iv) Período arcaico: consolidação, 600-500

(a) Pintura de vasos

7.72 O século VI assistiu ao pleno florescimento do estilo arcaico, em que o formalismo e a padronização se combinavam com uma crescente sensibilidade para a representação dos sentimentos humanos. A pintura de vasos, especialmente em Atenas, desenvolveu-se a partir das imagens vivas de pintores como Sófilo (o primeiro "nome" autêntico na pintura de vasos) (Fig. 7:26), chegando aos trabalhos sofisticados como os do grande oleiro e pintor Exécias. Suas composições mostravam cenas carregadas de emoção e representavam pela primeira vez o momento em que se dá a reviravolta de uma ação trágica, como, por exemplo, a da morte de Pentesiléia, em que ela, com o rosto voltado para o alto, busca o olhar de Aquiles (Fig. 7:27). Essas pinturas, cheias de nobres sentimentos, prenunciavam a tragédia ática do século seguinte (cf. 7.40). Mas, na técnica usada nesses vasos, chamada de "figura negra", as silhuetas eram pintadas com verniz negro e os detalhes eram dados por incisões feitas sobre elas, sendo impossível o uso do pincel. Experimentou-se uma nova técnica invertendo as cores do verniz. O negro era usado como fundo, sendo as figuras deixadas no vermelho da peça de cerâmica. Isso criava uma ampla possibilidade de pintu-

7:27 Aquiles matando Pentesiléia numa ânfora assinada por Exécias como ceramista.

7:26 *Dînos* (grande vaso para misturar o vinho, com suporte) feito por Sófilo. C. 570.

7:28 Sono e Morte (com os nomes sobre suas cabeças) esforçam-se para levantar Sarpedão numa cratera em forma de *kalúx* ática de figuras vermelhas de Eufrônio. C. 510.

ra de detalhes e, mais ou menos a partir de 530, essa nova técnica, chamada de "figura vermelha", permitiu o desenvolvimento de estudos anatômicos de corpos em posições difíceis de reproduzir e o uso meticuloso da estrutura muscular (ver o Sono e a Morte esforçando-se para levantar o corpo de Sarpedão (Fig. 7:28)). Com esse novo realismo, o estilo arcaico começou a ser abandonado.

(b) Escultura

7.73 Na escultura grega, algumas das mais belas obras que sobreviveram datam do século VI. A excelente série de estátuas provenientes da Acrópole registram o desenvolvimento da escultura nesse período. Mostram a combinação do formalismo arcaico com a sensibilidade no máximo de sua força. Ao invés de representarem poderosas abstrações (7.70) das capacidades do homem, essas esculturas parecem sentir e pensar. Basta um exemplo para ilustrar esse sentimento de existência interior conseguida mesmo dentro de uma estrutura formal (Fig. 7:29).

Temos hoje um número crescente de grupos esculturais, baixos-relevos ou estátuas, provenientes de edifícios sagrados. Um grupo de frontões

7:29 Estátua de mármore de uma menina (*hórē*) vestindo um *péplos*. C. 530.

triangulares da Acrópole mostra Atena (a deusa padroeira de Atenas) em batalha contra os gigantes. Um deles, sob a tensão e responsabilidade do combate, mantém com dificuldade seu equilíbrio. Trata-se de uma tentativa ousada (Fig. 7:30). No final do século VI, porém, as belas esculturas do Templo de Aféia, na ilha de Egina, mostram estátuas em movimento e tensão, tanto na vida ativa como na agonia da morte, embora apresentem ainda uma certa rigidez (Fig. 7:31). Os *koûroi*, imagens de jovens representados que, desde que foram introduzidos na Grécia (7.70), não deixaram de aperfeiçoar-se, revelam agora entendimento da estrutura interna: o peso do corpo apóia-se sobre um dos pés, o quadril e o tronco são desviados para o lado como compensação (Fig. 7:32).

7.74 Em 500, portanto, já se desenvolvia um novo realismo: a combinação de uma forma externa desenvolvida com uma sensibilidade para a estrutura interna do corpo superou a padronização da decoração superficial, própria do estilo arcaico. Ao mesmo tempo, os estados mentais começam a ser expressos. Mas o difícil período após as invasões persas (I.H.13 ss.), com a total destruição da Acrópole e a demolição de seus templos e esculturas, fez esse formalismo acabar para sempre. O novo estilo "clássico" (1.31, 34) que surgiu era, no início, sóbrio e contido, talvez refletindo (após as Guerras Persas) o desprezo pelos adornos orientais e a consciência da fragilidade humana. Mas as guerras também estimularam os artistas

7:30 Gigante de mármore procedente do frontão da Acrópole. C. 520.

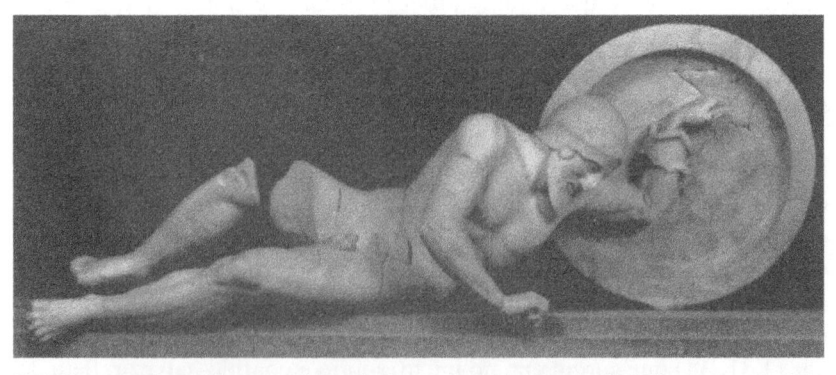

7:31 Um guerreiro caído, proveniente do frontão leste do Templo de Aféia, Egina. C. 490.

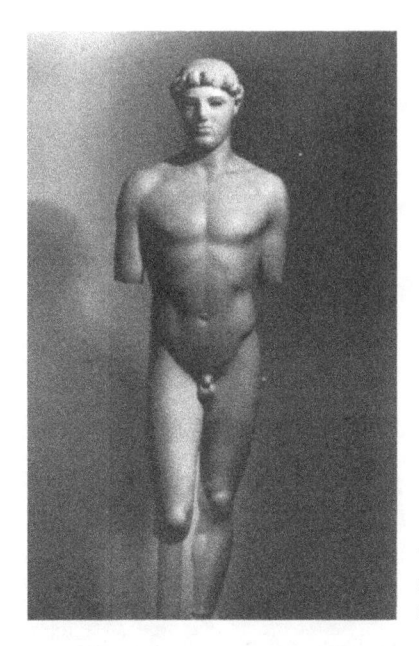

7:32 O menino de Crítio – estátua de mármore, cerca de metade do tamanho natural. *C*. 490-480.

do século V e, tanto na escultura como na pintura, o ritmo de desenvolvimento e de inovação começou a ficar mais rápido. A crescente confiança dos gregos nas capacidades intelectuais do homem e o interesse pelas motivações humanas (7.6, 14) devem ter tido alguma influência sobre o trabalho dos artistas.

(v) Período clássico – idealismo e realidade

(a) Escultura

7.75 Na escultura original (ou seja, não em suas cópias romanas), o frontão (reconstruído) do Templo de Zeus em Olímpia mostra grupos de figuras unidas em intenso movimento e transmite uma impressão de luta (intelectual e física) e *páthos* (Fig. 7:33). Isso nos leva à mais alta realização da arte clássica que chegou até nós: as esculturas pertencentes ao templo de Atena *Parthénos* construído em Atenas entre 447 e 432 sob a direção do escultor Fídias (Fig. 7:34) (cf. 1.34). As figuras mais impressionantes (agora em mau estado) são as provenientes dos frontões (os mármores Elgin no British Museum em Londres). Elas mostram uma nova compreensão da forma. Nossa maior perda está em que a disposição completa das esculturas foi destruída. Observe-se a figura masculina (um deus-rio), nua

7:33 Grupo em mármore de uma luta entre um lápita, um Centauro e uma jovem, procedente do Templo de Zeus em Olímpia. C. 460.

7:34 A face ocidental do Partenon, vista do interior dos Propileus, as portas de entrada. C. 440.

e reclinada, que dá ao mesmo tempo a sensação de peso do músculo relaxado e das estruturas *sob* a pele, o que antes não víamos (Fig. 7:35). As figuras femininas comparáveis vestem mantos ou túnicas pesadas e muito drapeadas e é o tratamento dado ao drapeado que chama a atenção para o corpo que está por baixo dele e prenuncia o uso expressionista do drapejamento na escultura posterior (Fig. 7:36) (cf. 7.79).

7.76 O friso do templo, parte dos mármores Elgin em Londres que mostrava a procissão conhecida como as Grandes Panatenéias (ver 2.49), não é

7:35 Estátua de mármore de um deus-rio reclinado, talvez Ilisos, procedente do frontão ocidental do Partenon. 438-432.

7:36 Íris, a mensageira dos deuses. Estátua de mármore procedente do frontão ocidental do Partenon. 438-432.

menos significativo. Não só o trabalho é da mais alta técnica em projeto e execução (sob a responsabilidade de Fídias), como também é a primeira escultura de templo a mostrar, além de deuses e heróis, *homens* e também homens celebrando um festival humano. Esses homens são, é certo, particularmente belos, quase idealizados, mas, mesmo assim, são seres humanos. Nessa escultura, a capacidade grega de conciliar o humano e o divino chegou ao clímax. Tratava-se de uma busca na qual também se tinham envolvido pensadores e escritores (cf. 7.6). Se, como foi sugerido recentemente,

350 *O mundo de Atenas*

7:37 Cavaleiros participando da procissão das Panatenéias. Parte de uma laje de mármore do friso norte do Partenon. C. 447-438.

7:38 Estátua de guerreiro nu, procedente de Riace na Calábria, sul da Itália. C. 450.

os cavaleiros que, cavalgando, participam da procissão (Fig. 7:37) representam os 192 gregos que tombaram em Maratona e que, na época, já haviam sido transformados em heróis, podemos ligá-los a dois dos mais belos bronzes que já foram recuperados (a maioria deles já foi fundida há muito tempo). Esses bronzes, possivelmente executados por Fídias, podem bem representar os heróis de Maratona. Mostram claramente uma presença forte, como a de um ser vivo, com peso e tensão muscular representados com um realismo que artesãos de bronze podiam criar (Fig. 7:38).

(b) Pintura

7.77 Ao longo de todo esse período (final do arcaico e início do clássico), a cerâmica ática de figura vermelha (em especial os vasos associados ao consumo de vinho – ânfora, cratera, taças e conchas para servir) era decorada com cenas cuidadosamente observadas da vida cotidiana. Os mesmos artistas também criaram cenas grandiosas, como a representação do saque de Tróia feita pelo pintor de Brigos numa taça (Fig. 7:39). É agora, porém, que ouvimos falar, pela primeira vez, de obras-primas de composição em pintura mural em escala comparável à dos grupos esculturais e dignas de consideração como grandes obras de arte. (Testemunha disso é a entusiástica descrição feita por Pausânias, viajante grego do século II d.C.,

O mundo intelectual 351

7:39 Taça de figuras vermelhas do *Brygos Painter*, mostrando o saque de Tróia. C. 490.

das pinturas de Polignoto em Delfos e Atenas.) Essas pinturas eram feitas em paredes ou em painéis de madeira e serviam para decorar os edifícios. Infelizmente, nenhum exemplar do século V chegou até nós. Contudo, certas pinturas de vasos, feitas sobre um fundo branco, usam cores naturais e, com um delicado estilo de desenho usado para dispor figuras em três di-

7:40 Um lécito de fundo branco, procedente de Erétria, mostrando um jovem morto e seus companheiros junto da tumba. Final do séc. V.

7:41 Teseu e Piritoo no Hades, numa cratera em forma de *kalúx* do *Niobid Painter*. C. 460.

7:42 Jarra de água de figuras vermelhas (*hudría*) decorada pelo *Meidias Painter*, mostrando o rapto das filhas de Leucipo pelos Dióscuros (Castor e Pólux). C. 410.

mensões num primeiro plano de uma paisagem, dão uma idéia dos novos efeitos (Fig. 7:40). Alguns exemplares de pinturas de vasos de figura vermelha desse mesmo período também refletem essas novas experiências sobre perspectiva. Veja-se o vaso do Pintor da Nióbida, com figuras dispostas contra um fundo escalonado, para dar impressão de que havia mais de um plano e que as figuras estavam no meio da paisagem (Fig. 7:41). Na época do Pintor de Mídias, no final do século, essas ambiciosas tentativas de transformar toda a superfície do vaso em "teatros" tridimensionais resultaram em exagero (Fig. 7:42). No final do século V, a pintura de vasos em Atenas já não era a melhor do mundo grego.

(c) Templos

7.78 Atenas, portanto, foi um importante centro de criação artística no século V. Tucídides, escrevendo no final da segunda metade do século, observava que, a julgar pelos monumentos que sobrevivessem em Atenas e em Esparta, as gerações futuras considerariam Atenas muito mais poderosa do que tinha sido e Esparta muito menos. Atenas era especialmente rica em obras de arquitetura, enquanto Esparta era pouco mais que uma coleção de pequenas aldeias. O esquema de construção da Acrópole, iniciado por Péricles com o Partenon em 447, continuou ao longo de todo o resto

7:43 Pórtico de mármore do Erecteion, com as Cariátides suportando o teto. *C.* 420.

do século e não foi, de maneira alguma, o único centro da reconstrução de Atenas de seus magníficos edifícios (ver, por exemplo, o Pireu, a *agorá* ao norte da Acrópole e o Odeion na encosta sul (1.31-6, 2.38-9)). Outros edifícios erguidos na Acrópole completam perfeitamente o Partenon enquanto os Propileus, a entrada formal para o recinto sagrado, sendo austeros e masculinos, contrastam com ele. (Não tem esculturas.) Por outro lado, o Erecteion, com sua decoração elaborada e seu uso da ordem jônia, mais leve e feminina, complementa o Partenon sem concorrer com ele de modo algum. Só as estátuas femininas do pórtico defronte o Partenon, as chamadas Cariátides, espelham o estilo monumental das esculturas do frontão (7:43). A última edificação da Acrópole, o pequeno templo de Atena *Níkē* ("Vitoriosa"), situado num bastião do lado exterior das portas de entrada, era protegida por uma bela balaustrada, com figuras de vitórias aladas em movimento gracioso e solene (Fig. 7:44). As proporções desses edifícios, as esculturas que os adornavam e as relações entre eles, tudo testemunha a atitude calma e confiante do período clássico. As figuras mostram uma superioridade reservada, uma presença ideal quase sobre-humana, que beira a divindade. Não há particularidades pessoais, nem representação da idade avançada ou da juventude, embora apareçam jovens e homens mais idosos,

7:44 Duas vitórias trazem o touro para o sacrifício. Laje de mármore em relevo, procedente da balaustrada do Templo de Atena *Níkē* na Acrópole. *C.* 410-407.

nem indícios de emoção – alegria ou medo. Contudo, o auto-retrato calvo que Fídias incluiu no escudo de Atena causou escândalo e (segundo dizem) um processo por impiedade, pois feria o ideal e maculava o espaço divino, sugerindo a temporalidade da existência mortal (5.87).

(vi) O século IV

(a) Escultura

7.79 As transformações não foram uniformes durante o século IV. O monumento tumular de Dexileu, por exemplo, datado de 394, conservava o idealismo contido do estilo clássico e deve ter sido executado por um escultor cuja formação tinha sua base na arquitetura da Acrópole (Fig. 7:45). O monumento de Ilisos, porém, feito cerca de quarenta anos depois, mostra claros indícios de mudança. Há nele um sentimento não clássico de imediatez e de personalidade individual – o morto olha diretamente para nós (Fig. 7:46). É visível o estilo do grande escultor Escopas.

Apesar dessa proximidade nova e realismo, a busca da beleza ideal continuava. Grandes escultores, como Praxíteles de Atenas, continuavam desenvolvendo o estudo de uma figura em pé, em tensão e equilíbrio e ainda

7:45 Monumento funerário de Dexíleos, morto na luta contra os coríntios em 394, procedente do Cerâmico.

7:46 Monumento funerário em mármore, encontrado perto de Ilisos. C. 350.

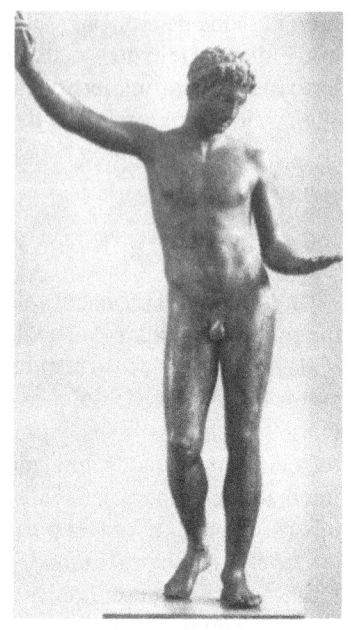

7:47 Estátua de bronze de um jovem, procedente de restos de naufrágio encontrados no mar, ao largo de Maratona, no nordeste da Ática. C. 340.

no modo "ideal". Veja-se a postura sinuosa do rapaz de uma escultura que tem o estilo de Praxíteles e é valiosa por ser um original em bronze (Fig. 7:47). Quando completa, a figura estava encostada a um pilar ou uma árvore e segurava uma bandeja (?) com a mão esquerda. Também a Praxíteles devemos um outro grande feito: ele fez do nu feminino um tema digno da escultura séria, embora os habitantes de Cós, que tinham tido a iniciativa de encomendar uma estátua de Afrodite, ficassem chocados demais para aceitá-la quando a viram nua (Fig 7:48). Quem se beneficiou disso foram os cnídios, mais ousados, que lhe construíram um altar especial no qual ela podia ser vista de todos os lados. Contudo, começava já a haver uma contradição subjacente que foi ficando cada vez mais difícil de conciliar. O realismo que o século IV tanto admirava era contrário à busca de formas ideais. No caso citado, a estátua era feminina de uma forma tão realista que, segundo se conta, alguém tentou fazer amor com ela. Essas representações ideais já transmitiam um sentimento de não-realidade que provinha da nova habilidade de criar retratos. Os retratos de Alexandre, o

7:48 Afrodite de Cnidos esculpida por Praxíteles. Cópia romana da peça original feita em *c.* 350.

7:49 Pintura procedente de uma tumba no Grande Túmulo de Vergina, Macedônia, mostrando o rapto de Perséfone por Hades. *C.* 350.

Grande, mostram a gama de soluções, desde o ideal até o realista, para o problema de retratar um indivíduo (Fig 7:52; p. 54). A partir de então, a criação de uma arte "ideal" começa a trilhar novos caminhos.

(b) Novos centros de patrocínio

7.80 No século IV Atenas ainda produzia grandes artistas, mas não tinha mais a riqueza e o poder para patrocinar grandes projetos. Em meados do século, era o monumento funerário de Mausolo, em Halicarnasso, que atraía os grandes escultores do mundo grego. Artistas e hábeis artesãos mostraram-se para outros centros, como a corte macedônia, onde a riqueza se aliava a um desejo de tudo que fosse grego.

(c) Pintura

7.81 Os pintores e mosaicistas também encontraram trabalho na Macedônia, como demonstram as tumbas recentemente escavadas em Vergina

358 O mundo de Atenas

(capital antiga, ver Fig 7:49) e os magníficos pisos do palácio de Pela (nova capital). A pintura chegou a seu desenvolvimento final, pois o uso das sombras permitiu a representação dos membros e dos corpos em três dimensões, podendo eles até sobrepor-se a outros objetos ou figuras (ver o mosaico da Caçada em Pela (Fig. 7:50)). Esse uso sugere que as figuras tinham entre si um relacionamento, disposto de maneira estrita, "dentro" do espaço pictórico. Não estavam mais equilibradas, como um friso plano com figuras recortadas ao longo de sua borda.

Uma bela combinação da arte da pintura e do mosaico é o chamado mosaico de Alexandre. Encontrado em Pompéia, trata-se de uma cópia em mosaico de uma pintura do fim do século IV. Alexandre e Dario são mostrados em posição de alerta num momento de crise: o poder mundial está prestes a passar para o vencedor e, cruzando o campo de batalha, seus olhares se encontram (Fig. 7:51). Nesse mosaico, as figuras são mostradas num espaço que se define como tridimensional através dos múltiplos e complexos inter-relacionamentos entre elas. Sente-se o medo, ouvem-se os cavalos relinchando, os gritos dos moribundos e tudo isso a partir de uma superfície plana. O efeito de um quadro como esse é belamente ilustrado por um pequeno poema da *Antologia grega*.

7:50 O Mosaico da Caça ao Veado, feito com seixos, de Pela, Macedônia, mostrando o uso da sombra para definir a forma, assinado pelo artista Gnosis. *C*. 300.

Calpúrnio, nosso soldado fanfarrão favorito,
Por engano, entrou numa galeria de arte,
Correu para um mural da Guerra de Tróia.
Arregalou os olhos,
        desmaiou
                gritando "Rendo-me,
Ó camaradas troianos, armados pelo Deus da Guerra".

7:51 O Mosaico de Alexandre encontrado em Pompéia na Casa do Fauno, mostrando Alexandre ao derrotar Dario na Batalha de Isso. É cópia de uma pintura grega de *c.* 300.

7:52 Detalhe do Mosaico de Alexandre. Mostra Alexandre cavalgando o Bucéfalo.

> Nós o reanimamos. Perguntou onde fora ferido
> E insistiu em pagar o resgate à parede.
>
> (Lucílio, 11.211)

7.82 Esse é o novo realismo que está em ação e tem o poder de convencer-nos de que existe no mundo real. As uvas de Apeles ganharam uma competição como pintura mais "real" por atrair um pássaro do céu que veio bicá-las. A pintura passa a concorrer com a escultura como arte maior.

Essa obra magnífica proporciona um final adequado para esta nossa visão geral da arte grega, pois o mundo que veio à luz com a derrota de Dario por Alexandre em 322 era bem diferente da velha Grécia. Antes, havia numerosas cidades-estado, cada uma delas em feroz rivalidade com suas vizinhas, cada uma na busca de um ideal de excelência. Agora havia reinos enormes e ricos, com grandes centros urbanos: a arte que as cortes e a nova burguesia exigiam era bem diferente da arte dos tempos anteriores. Propaganda do governo, particularidades da vida quotidiana e cenas domésticas estimularam o crescimento de diferentes usos da arte, muito mais semelhantes aos do nosso mundo tão multifacetado.

Posfácio: Outros mundos

P.1 Este livro foi deslavadamente atenocêntrico porque Atenas *era* a *pólis* mais importante e não porque sobre ela chegou até nós maior número de dados que sobre qualquer outra *pólis* da época. A tentação de vermos tudo através de lentes atenienses é irresistível. Se tivéssemos uma história do mundo grego escrita por, digamos, um espartano, teríamos uma visão realmente muito diferente dos feitos atenienses. Neste posfácio, veremos o que os atenienses e outros gregos pensavam sobre dois mundos reais (Pérsia e Esparta) e sobre um mundo imaginário (Homero), para assinalar os preconceitos dos gregos sobre outros povos. Fazendo assim, veremos sob um ângulo um pouco diferente a mentalidade grega. Heródoto, por exemplo, registra em suas *Histórias* os costumes de centenas de povos que viviam ao redor do Mediterrâneo. Num certo sentido, fala-nos mais sobre os gregos que sobre os bárbaros. Examine-se sua opinião acerca dos costumes matrimoniais comparando-a com 4.23 ss.:

> Uma vez por ano em cada aldeia, todas as moças na idade de casar eram trazidas para um só lugar, ficando os homens em um círculo em torno delas. Então, um arauto chamava as moças uma a uma e vendia-as. Começava pela mais bela. Quando ela era vendida, por uma soma nada pequena de dinheiro, punha a venda a que lhe seguia em beleza. Todas eram vendidas para serem esposas. Os mais ricos babilônios que queriam casar-se, porfiando uns contra os outros no preço a pagar, compravam as moças mais belas, enquanto os pretendentes mais humildes, indiferentes à beleza, levavam as moças mais simples e mais o dote delas. Era costume que, após ter passado por todas as moças mais bonitas, o arauto chamasse a mais feia – até uma aleijada, se por acaso houvesse – e a oferecesse aos homens, perguntando quem concordaria em levá-la com o menor dote de todos. E o homem que aceitava levar a menor soma ficava com ela. Os dotes eram fornecidos pelo dinheiro pago pelas moças bonitas e assim as mais belas dotavam as mais feias. Nin-

guém tinha permissão de dar a filha em casamento a um homem de sua própria escolha e ninguém podia levar a moça que comprasse sem comprometer-se a fazer dela, de fato e verdadeiramente, sua esposa; se, contudo, acontecesse de eles não concordarem, o dinheiro teria que ser devolvido. Todos os que quisessem podiam vir, mesmo das aldeias mais distantes, e fazer lances pelas mulheres. Esse era o melhor de todos os costumes deles, mas hoje em dia caiu no esquecimento. Ultimamente, eles acharam um outro jeito de salvar suas filhas da violência e evitar que sejam levadas para cidades distantes: educá-las para serem prostitutas. Isso hoje fazem todos os homens mais pobres dentre o povo.

(Heródoto, *Histórias*, 1.196)

Aquilo que Heródoto considera bom e ruim nesse costume fica bem claro nas entrelinhas, de modo que esse trecho oferece uma visão fascinante das prioridades gregas (cf. 7.28 sobre os costumes).

(1) Pérsia

P.2 Os gregos consideravam os que não falavam grego como *bárbaroi*, pois a língua deles lhes parecia um "bar-bar" incompreensível. Os gregos orgulhavam-se de sua língua, de sua cultura e, acima de tudo, de sua liberdade. Eles marcavam bem a diferença entre a maneira de agir dos gregos e dos bárbaros, por exemplo a diferença entre a confiança que os gregos depositavam na discussão, nas leis e justiça que, como povo livre, tinham imposto a si próprios e a confiança dos bárbaros na força, na anarquia e na injustiça, impostas a uma população servil. Nesse aspecto, tal como nós, os gregos eram tentados a ver os outros povos através de lentes coloridas por eles mesmos, isto é, viam os outros povos como gostavam de pensar que fossem (cf. 5.6). Viam, por exemplo, a derrota persa em Maratona (ver I.H.13) como um acontecimento que tinha abalado o mundo. Para a Pérsia foi, sem dúvida, um aborrecimento, mas aborrecimento como muitos outros que tinham de suportar na periferia de seu vasto império e que podia ser sanado com o tempo. Era fácil, para um grego, ver a rica Pérsia como um exemplo de decadência no meio do luxo, um vasto império servil que ficara obeso e preguiçoso e estava pronto para ser derrubado a qualquer momento pelos rijos gregos amantes da liberdade. Na verdade, o Império Persa era uma realização extraordinária.

P.3 O Império Persa surgiu, num breve espaço de tempo, depois de 550. Os persas eram de uma província vassala que fazia parte do império dos medas e tornaram-se senhores do Oriente Próximo, derrotando, um após o outro, os medos, os lídios de Creso, as cidades gregas da Jônia, os babilônios e (em 520) o Egito. A história do crescimento do Império Persa é esboçada por Heródoto nos primeiros livros de suas *Histórias*.

P.4 Em geral, o império era estável e bem governado. Os persas entendiam bem as dificuldades de governar tanta gente em uma área tão grande. Conseqüentemente, permitiam uma certa autonomia aos povos que tinham submetido, embora o governador persa local, o sátrapa, tivesse a autoridade final. Os sátrapas tampouco estavam sujeitos a um forte controle central, embora o rei persa tivesse seus canais de comunicação, em especial os "Olhos do Rei" e os "Ouvidos do Rei", funcionários que relatavam o que ocorria nas satrapias. Para que exércitos e mensageiros pudessem deslocar-se com rapidez, foi construída uma rede de estradas pavimentadas, sendo a mais impressionante a famosa "Estrada do Rei", que ia da capital, Susa, no sul da Pérsia, até Sardes. Em seu relacionamento com as cidades gregas da Jônia, os persas costumavam estimular o estabelecimento de *túrannoi* ("tiranos", isto é, governantes únicos) gregos locais que lhes fossem favoráveis (cf. Dario em 5.6). Os gregos não gostavam desses *túrannoi*, mas, provavelmente, exageravam a perversidade deles. A Pérsia foi também capaz de aprender com seus súditos. A cultura persa podia parecer primitiva em comparação com outras do Oriente Próximo, mas eles não tardaram em aprender com os seus súditos babilônios e gregos.

P.5 Se os gregos dos primeiros tempos haviam discriminado os persas como *bárbaroi*, as Guerras Persas selaram seu desprezo pelo mais poderoso império do Oriente. Maratona tornou-se a vedete do folclore grego. Os *Marathōnomákhai* ("combatentes de Maratona") eram vistos como o ideal de guerreiro ateniense. A vitória "provou" a superioridade dos gregos sobre os bárbaros e a enorme força de invasão persa (cujos números não podiam ser tão altos) mostrou toda a fraqueza da organização militar, servil e bárbara, comparada à rígida disciplina dos hoplitas que eram homens livres, e, por extensão, "demonstrou" a inferioridade dos bárbaros na guerra, na política e na sociedade. Dez anos após Maratona, os persas regressaram com espírito de vingança, liderados por Xerxes, filho do rei anterior, Dario. A invasão forneceu aos gregos mais lendas sobre sua heróica resistência contra os arrogantes invasores bárbaros – Leônidas e os espartanos que lutaram até a morte nas Termópilas, a derrota da frota persa (isto é, fenícia) em Salamina e a ação dos deuses impondo limites aos planos ambiciosos de Xerxes, que estavam além do que um homem podia pretender realizar (ver Heródoto, *Histórias*, 7-9; I.H.13-19).

P.6 Contudo, embora o século V celebrasse a superioridade grega sobre os persas, o império deles foi pouco afetado, pois era grande demais para ser seriamente prejudicado por esses contratempos. As satrápias, o grande rei, sua corte e o modo de vida que os gregos imaginavam ser tão decadente continuaram a existir e também o ouro persa, sedução a que cidades gregas e indivíduos acharam difícil resistir. Sucessivos reis persas de bom grado acolheram exilados gregos, alguns dos quais, como o ateniense Temístocles e o espartano Pausânias, importantes para a expulsão dos invasores persas em Salamina e Platéias, não conseguiram resistir à influência dos persas. Quando Atenas e Esparta enfrentaram-se na Guerra do Peloponeso em 431, Arquidamo, um rei espartano, tentou obter o apoio dos persas. Não conseguiu, mas, depois da desastrosa expedição da Sicília, tanto Atenas como Esparta buscaram ajuda persa para reconstruir suas frotas (ver, p. ex., I.H.51).

(2) Esparta

P.7 Se os gregos do século V impuseram aos persas uma imagem criada por eles, a imagem que os gregos tinham de Esparta devia-se a ela e a ninguém mais (cf. 4.43). Já no século V Esparta era uma lenda, caracterizada por dois traços: sua austeridade (cf. "espartano" em português) e sua capacidade de manter segredo (cf. "lacônico" em português; a Lacônia era a região do Peloponeso habitada pelos espartanos). Para a maioria dos outros gregos, Esparta era uma sociedade fechada da qual estavam totalmente excluídos (cf. 4.71). Havia nisso alguma verdade. Ao conquistar o controle do território que ocupavam (digamos que a partir do século X), os espartanos passaram a ter muito mais escravos do que cidadãos propriamente ditos (talvez numa proporção de um cidadão para seis "hilotas", isto é, escravos). Por isso, viviam sob o constante terror de uma revolta hilota e, ao longo dos anos, desenvolveram conscientemente um sistema social (que atribuíam ao lendário legislador Licurgo) que formava os homens quase que só para a guerra. Todos os seus esforços eram dispendidos no sentido de canalizar o espírito competitivo grego (ver 3.1) para a virtude militar. Essa era a principal razão pela qual a infantaria espartana era a mais temida na Grécia (cf. 6.11-12).

P.8 Em grande parte, a lenda espartana durou porque atraía certos gregos (especialmente atenienses como Crítias e Platão) que comparavam a anárquica democracia ateniense à ordem e estabilidade (aparentes) da sociedade espartana. As leis de Licurgo regulavam a vida sob todos os aspectos e pareciam dar a Esparta um sentimento de governo controlado e solidez bem diferente da selvagem instabilidade das democracias. Platão, em especial, com a tendência natural que têm os intelectuais de dizer às pessoas o que devem fazer, esboçou em *A República* uma imagem do estado ideal que, em muitos pontos, tem muita semelhança com Esparta. Assim, por exemplo, os Guardiões (os supergovernantes de Platão) devem comer frugalmente, regrar sua vida sexual, abandonar as crianças nascidas com defeitos, comer em refeitórios comunitários, evitar a riqueza, não viajar para o estrangeiro, obedecer à Constituição e assim por diante, sendo tudo isso característica das leis de Licurgo (cf. 4.43).

P.9 É natural que houvesse exceções, mas elas apenas confirmavam a regra. Heródoto traça uma elegante comparação entre o espartano arquetípico, que obedece aos governantes, despreza a covardia e luta até a morte (Leônidas em Termópilas, cf. I.H.17), e Pausânias, que teve um papel de destaque na derrota dos persas em Platéias (I.H.19), mas depois conspirou contra seu próprio país e teve um fim degradante. Numa ninhada, sempre há um filhote mais frágil e a lenda espartana persistiu por muito tempo...

(3) Homero

P.10 Quanto há de verdadeiramente histórico nos dois poemas épicos de Homero, a *Ilíada* e a *Odisséia*, é objeto de discussão, mas não há dúvida de que, essencialmente, o mundo que os poemas apresentam é fruto da imaginação. Mesmo assim, os mitos eram história para os gregos e, quando Homero pedia a inspiração das Musas, pedia-lhes *fatos*: ele afirmava ouvir a história de maneira correta. Sendo assim, é provável que o público de Homero estivesse disposto a acreditar nele.

Quanto a Homero, porém, o mais extraordinário é que seus poemas se tenham transformado em núcleo da educação grega. Ésquilo dizia que suas tragédias eram "bocados do banquete de Homero". O poeta era constantemente citado na literatura grega como árbitro em questões que iam desde a etiqueta social até disputas históricas sobre fronteiras. O que havia a respeito do mundo de Homero que tocava tão profundamente as mentes dos gregos?

P.11 A questão é que o mundo de Homero ajudava a manter os preconceitos dos gregos sobre como o mundo deles realmente *era* (em parte, é claro, porque Homero ajudara a moldá-lo: não é à toa que Platão o chamava de "o educador dos gregos"). Em primeiro lugar, era um mundo de regras, aceitas por todos, sobre o comportamento no campo de batalha (*Ilíada*) e sobre as relações entre anfitriões e estrangeiros (*Odisséia*) que, garantindo a segurança, serviam de alicerce para a civilização (cf. 2.24). Em segundo lugar, não era um mundo só de violência física, mas também de excelência verbal. Aquiles, o maior combatente grego, fora educado para ser alguém "que diz palavras e realiza feitos" (*Ilíada*, 9.443) e um terço do texto de Homero é ocupado por pessoas falando umas com as outras. Os gregos davam um alto valor à *peithó*, a capacidade de persuadir pelo argumento mais que pela força (cf. 7.17), e nela viam um elemento essencial da liberdade e da civilização. Em terceiro lugar, era um mundo em que os homens conheciam o seu lugar e, quando o abandonavam, sabiam o risco que corriam. Os grandes homens obtinham grandes recompensas. Os insolentes que, como o soldado Tersites, começam a discutir com seus comandantes, pagam pelo que fazem, levando uma bordoada nas costas (com aprovação unânime; *Ilíada*, 2.211 ss.). Os homens podiam aproximar-se dos deuses (cf. 2.62), mas só se fossem dignos disso, e os que se elevavam acima de sua posição e desafiavam os deuses assumiam um risco incalculável. Em quarto lugar, era um mundo de intensos conflitos e rivalidades pessoais (cf. 3.5 ss.), onde a *timḗ* (honra) estava permanentemente em jogo, mas, por trás da luta, havia um mundo de paz e segurança que os heróis lutavam para reconquistar (mundo esse que vem à tona, por exemplo, nos símiles e descrições da vida doméstica dos guerreiros mortos e no escudo de Aquiles na *Ilíada*, 18, onde estão gravadas cenas de paz e felicidade). Os gregos do século V viviam em um mundo repleto de tensões contrárias que se opunham, envolvendo não só os rivais, mas também inimigos externos, as forças da natureza e os deuses misteriosos, e ansiavam pela paz (cf. 6.5). Sob esse especto, o mundo de Homero deve ter-lhes parecido muito real.

P.12 Como resultado, o mundo de Homero parecia ajustar-se tão bem à percepção que os gregos tinham do mundo que não é surpreendente que ele se tenha tornado muito mais que um repositório de verdade moral e ética. Em questões de prática religiosa, naval e militar, Homero era aceito como uma autoridade reconhecida por todos. No diálogo *Íon*, de Platão, o rapsodo Íon é levado a afirmar que, como sabia tudo a respeito do texto de Homero, devia saber dar os melhores conselhos sobre tática e, portanto, era o melhor *stratēgós* da Grécia!

GLOSSÁRIO DE TERMOS
(COM O ALFABETO GREGO)

Alfabeto e pronúncia simplificada

Minúscula			*Transliteração*	*Maiúsculas*
α	(*alpha*)	como em "*c*asa"	a	A
β	(*beta*)	como em "*b*onito"	b	B
γ	(*gamma*)	como em "*g*ota/*g*ato/*g*ume/*g*uerra"	g	Γ
δ	(*delta*)	como em "*d*ado"	d	Δ
ε	(*épsilon*)	como em "*d*edo (fechado)"	e	E
ζ	(*zeta*)	como em "*z*elo"	z	Z
η	(*eta*)	como em "caf*é*" (aberto)	ē	H
ϑ/θ	(*theta*)	como em "*t*eatro"	th	Θ
ι	(*iota*)	como em "form*i*ga"	i	I
κ	(*kappa*)	como em "*c*asa"	k	K
λ	(*lambda*)	como em "*l*ata"	l	Λ
μ	(*mu*)	como em "*m*ato"	m	M
ν	(*nu*)	como em "*n*ada"	n	N
ξ	(*ksi*)	como em "o*x*ítono"	x	Ξ
ο	(*ômicron*)	como em "m*o*ça" (fechado)	o	O
π	(*pi*)	como em "*p*alito"	p	Π
ρ	(*rho*)	como em "ca*rr*o"	r	P
σ/ς	(*sigma*)	como em "*s*apato*s*"	s	Σ
τ	(*tau*)	como em "*t*atu"	t	T
υ	(*úpsilon*)	como em "l*u*ne" (francês)	u	Y
φ	(*phi*)	como em "*f*iloso*f*ia"	ph	Φ
χ	(*khi*)	como em "*qu*itar/*qu*erer"	kh	X
ψ	(*psi*)	como em "*ps*icologia"	ps	Ψ
ω	(*ómega*)	como em "b*o*ta" (aberto)	ō	Ω

(adaptado pela revisão técnica)

368 O mundo de Atenas

Notas

1. O grego tem três consoantes oclusivas aspiradas: uma dental, uma labial e uma gutural, respectivamente o *theta*, o *phi* e o *khi*, para as quais não temos correspondentes em português. Na pronúncia tradicional, usual no Brasil, o φ é pronunciado como *f*. Por ex.: φιλοτοφία *philosophía* é pronunciado como "filosofia".

2. O n gutural, isto é, que precede gutural (γ, κ ou χ) que é grafado em grego com o *gamma* é transliterado como *n*. Ex.: ἄγγελος *ángelos*, ἀνάγκη *anánkē*.

3. Ao contrário do parecer dos autores do livro, julgou-se conveniente, na edição brasileira, manter os acentos nas formas transliteradas para garantir a pronúncia correta das palavras. A língua grega tem três acentos tônicos, isto é, indicadores do tom: ascendente, descendente e ascendente-descendente, respectivamente: ´ = agudo, ` = grave, ˆ = circunflexo. Na pronúncia tradicional o acento agudo e o circunflexo, como em português, indicam a sílaba sobre a qual recai a intensidade maior. O acento grave não ocorre em palavras isoladas, mas apenas no decorrer da frase.

4. O acento é colocado sempre sobre o segundo elemento do ditongo. Ex.: αἴσθησις *aísthēsis* (pronúncia: áisthesis).

Ditongos

		Transliteração
αι	como em p*ai*	ai
αυ	como em c*au*sa	au
ει	como em f*ei*to	ei
ευ	como em br*eu*	eu
οι	como em b*oi*	oi
ου	pronunciado *u* como em m*u*sa	ou

Sigma e iota subscrito

Observe que ς é usado no final das palavras enquanto o σ é usado em outras posições (ver o próximo exemplo). Às vezes o ι é grafado sob uma vogal, por ex.: α (ᾳ), η (ῃ) e ω (ῳ). A transliteração é āi, ēi e ōi.

Espíritos

O sinal ʽ (espírito rude) colocado sobre uma vogal indica a presença de aspiração (transliterada com o h) e o sinal ʼ colocado sobre a vogal indica ausência de aspiração.

ὅσος = *hósos*
οἶος = *oîos*

Nomes, instituições e termos

Academia Ἀκάδημος (*Akádēmos* ou, possivelmente, *Hekádēmos*): bosque de Atenas onde Platão (*c*. 385) fundou uma escola.

Acrópole Ἀκρόπολις (*Akrópolis*): lit. "o alto da cidade", em geral, o local mais alto

Glossário de termos 369

da cidade, onde se construíam os templos e as fortificações para resistência final. Em Atenas, aí foram construídos o templo de Atena, o Partenon, e o templo de Erecteu, o Erecteion. O Partenon serviu como o Tesouro de Atenas.

Afrodite Ἀφροδίτη (*Aphrodítē*): deusa do amor.

Agamenão Ἀγαμέμνων (*Agamémnon*): chefe da expedição grega a Tróia, sacrificou sua filha Ifigênia para obter vento favorável à viagem. Entrou em conflito com Aquiles. Ao voltar da guerra foi assassinado por Clitemnestra, sua esposa.

agṓn ἀγών: julgamento, contenda, luta (cf. "agonia"). É o termo usado para designar qualquer disputa: nos tribunais, nos jogos olímpicos, entre autores em competições em festivais e também para descrever a luta central numa comédia.

agorá ἀγορά: lit. "lugar de reunião". Veio a designar a praça do mercado e o centro cívico de qualquer cidade.

Agoraîos ἀγοραῖος: da *agorá*. Epíteto dado aos deuses quando invocados na qualidade de protetores da *agorá* de Atenas.

agoranómoi ἀγορανόμοι: Em Atenas havia cinco a*goranómoi* para a cidade, cinco para o Pireu. Coletavam as taxas do mercado, controlavam a qualidade e o peso das mercadorias.

Alcibíades Ἀλκιβιάδης (*Alkibiádēs*) c. 450-404: general e estadista ateniense, ligado a Péricles e a Sócrates. Rico e belo, era uma pessoa enigmática. Foi acusado de cumplicidade na mutilação dos Hermes e, por pouco tempo, passou para o lado de Esparta durante a Guerra do Peloponeso. Depois voltou para Atenas mas, mais tarde, foi rejeitado e morreu nas mãos de um sátrapa pouco importante.

Andócides Ἀνδοκίδης (*Andokídēs*) c. 440-390: político e autor de discursos atenienses. Implicado no incidente dos Hermes, escreveu e pronunciou, tempos depois, um discurso *Sobre os mistérios*, importante fonte de informações sobre esse acontecimento. Passou muito tempo fora de Atenas por causa de sua participação no incidente.

Antestérias: festival em honra de Dioniso.

Antifonte Ἀντιφῶν (*Antiphôn*) c. 480-410: autor de discursos e político ateniense que, com o golpe oligárquico de 411, passou a exercer muita influência política mas, depois, foi executado.

Apolo Ἀπόλλων (*Apóllōn*, "o destruidor"): deus da profecia (seu templo mais importante ficava em Delfos), da medicina e da música.

Aquiles Ἀχιλλεύς (*Akhilleús*): maior combatente grego em Tróia. Personagem da *Ilíada* de Homero, que se retira da luta e volta apenas quando seu amigo Pátroclo é morto pelo troiano Heitor. Aquiles matou Heitor e, só algum tempo depois, entregou o corpo a Príamo, pai de Heitor e rei de Tróia.

arconte ἄρχων (pl. ἄρχοντες) *árkhōn* (pl. *árkhontes*): havia um total de nove arcontes. Eram escolhidos anualmente por sorteio e passavam a fazer parte do Areópago ao final de seu mandato. No início eram as autoridades mais importantes da cidade. Após o século VI passaram a ter funções sobretudo religiosas e judiciárias. O arconte rei presidia o Areópago e cuidava dos casos de homicídio e impiedade; o arconte polemarco (originalmente o arconte da guerra) cuidava dos residentes não-atenienses de Atenas; o arconte epônimo (assim chamado por emprestar seu nome ao ano corrente) estava encarregado das disputas sobre propriedades familiares, heranças, dando atenção especial aos órfãos e herdeiras. Quanto aos seis arcontes restantes, veja-se *thesmothêtai*.

arconte epônimo: ver arconte.

Areópago Ἄρειος Πάγος (*Áreios Págos*, "Rochedo de Ares"): o mais antigo conselho de Atenas, constituído por ex-arcontes. Teve grande poder no passado, mas, no século V, supervisionava as funções religiosas e tinha jurisdição nos julgamentos por assassinatos.

Ares Ἄρης (*Árēs*): deus da guerra.

aretḗ ἀρετή: virilidade, coragem. Veio a significar bondade, excelência, virtude – em geral, o que em um homem ou coisa é admirável.

Aristides Ἀριστείδης (*Aristeídēs*), chamado "o Justo": estadista e general ateniense. Lutou em Maratona, Salamina e Platéias. Fixou a contribuição que cada cidade devia pagar a Atenas.

Aristófanes Ἀριστοφάνης (*Aristophánēs*) c. 445-c. 385: maior comediógrafo ateniense. Onze de suas peças, cerca de quarenta, chegaram até nós. Entre elas estão *As vespas* (sobre os tribunais), *Os acarnenses* (em que Dicrópolis consegue que a Guerra do Peloponeso acabe para ele, assinando um tratado de paz pessoal com os espartanos), *As rãs* (disputa entre Ésquilo e Eurípides sobre as qualidades de suas tragédias) e *Lisístrata* (greve do sexo feita pelas mulheres para exigir o fim da guerra). Muita obscenidade, comentários políticos e sociais.

Aristóteles Ἀριστοτέλης (*Aristotélēs*) 384-322: filósofo, nascido em Estagira, na Calcídica. Freqüentou a Academia de Platão, acabou fixando-se em Atenas onde fundou sua própria escola, o Liceu, um grande centro de pesquisas. Escreveu obras sobre física, metafísica, zoologia, ética e retórica, poética, lógica, astronomia. Talvez tenha sido a pessoa de maior influência no mundo antigo.

arkhḗ (pl. *arkhaí*) ἀρχή (ἀρχαί): cargo oficial da cidade; império ateniense; princípio filosófico condutor. Em geral, regra, controle ou início.

Atena Ἀθήνη (*Athḗnē*): deusa das artes, dos ofícios e da guerra (freqüentemente representada com armadura completa), padroeira de Atenas. O Partenon (de *parthénos*, virgem) era dedicado a ela. Dez Tesoureiros controlavam os pagamentos feitos à deusa.

Ateneu c. 200 d.C.: Em sua obra relata a conversa entre pessoas cultas durante um banquete que se estende por quinze livros e é preciosa fonte de informações. Menciona cerca de 1.250 autores e cita dez mil linhas de versos, sendo fonte única da maioria deles.

atimía ἀτιμία: desonra, perda de alguns ou todos os direitos civis.

aulós αὐλός: espécie de flauta cujo som era produzido por uma palheta dupla (mais ou menos como o oboé). Em geral, tocavam-se dois ao mesmo tempo. Proporcionava a música para as apresentações dramáticas, acompanhava a declamação de poesia e mantinha a cadência na linha de combate dos hoplitas.

Boulaîos βουλαῖος: da *boulḗ*, epíteto dado a um deus quando invocado na qualidade de supervisor das decisões da *boulḗ*.
boulḗ βουλή: conselho (dos 500: ver *bouleutaí*). Aberta a todos os cidadãos de mais de trinta anos. Reunia-se todos os dias (a não ser nos feriados) e tinha a função de preparar a agenda para a *ekklēsía*, presidi-la e providenciar para que suas decisões fossem cumpridas. Supervisionava os funcionários e as finanças da cidade.
bouleutaí βουλευταί: membros da *boulḗ* (conselheiros). Eram 500, cinquenta de cada *phulḗ*, escolhidos por sorteio. Tinham um mandato de um ano e não podiam exercê-lo mais de duas vezes.
bouleutḗrion βουλευτήριον: câmara do conselho, local de reunião da *boulḗ*.

Cerâmico Κεραμεικός (*Kerameikós*): bairro dos oleiros, em Atenas (cf. "cerâmica"); local de um importante cemitério.
Címon Κίμων (*Kímon*): estadista e general ateniense, aristocrata e rico, que desenvolveu grandemente o império de Atenas entre 476 e 460, embora tenha tido conflitos com líderes democratas radicais como Péricles.
Ciro: rei da Pérsia (c. 550-529)
cleruquia κληρουχία (*klēroukhía*): um assentamento de cidadãos atenienses (em geral) mais pobres, que recebiam um pedaço de terra (*klêros*) em território conquistado. Conservavam todos os direitos de cidadãos atenienses.
Clístenes Κλεισθένης (*Kleisthénēs*): estadista ateniense que, em 507, reformou a Constituição de Atenas de um modo que levaria à democracia plena do século V, sob Péricles.
Clitemnestra Κλυταιμνήστρα (*Klutaimnḗstra*): esposa de Agamenão. Casou-se com Egisto, seu amante, e matou Agamenão quando este voltou de Tróia. Foi por sua vez morta por Orestes, filho de ambos.

Dario: pai de Xerxes e rei da Pérsia (c. 522-486), quando os persas enviaram a expedição contra os gregos que foi expulsa em Maratona (490).
Deméter Δημήτηρ (*Dēmḗtēr*): deusa grega dos cereais, governava os frutos da terra. Era a personagem principal dos Mistérios de Elêusis e dos festivais femininos de Atenas, as Tesmofórias.
demo δῆμος (*dêmos*): comunidades locais que foram a base das reformas políticas de Clístenes. Pertencer a um demo era um pré-requisito para a cidadania. Os atenienses costumavam identificar-se pelo nome do demo e pelo do pai. Outros significados: 1) todo o corpo de cidadãos adultos; 2) os cidadãos mais pobres (no sentido de classe oposta à dos aristocratas); 3) constitui-

ção democrática; 4) democratas, isto é, os que apoiavam outros tipos de constituição; 5) o povo de Atenas na *ekklēsía*.

democracia δημοκρατία (*demokratía*): lit., governo do *dêmos*, entendendo-se a palavra *dêmos* como "todos os cidadãos atenienses, isto é, os homens de mais de dezoito anos de idade, filhos de mãe e pai atenienses".

Demóstenes Δημοσθένης (*Dēmosthénēs*): 1) general do século V que capturou os espartanos em Esfactéria em 425 e depois foi morto na expedição contra a Sicília; 2) orador e político do século IV que lutou para que todos os gregos se unissem contra a ameaça de Filipe da Macedônia. Também, a pedido de clientes, escreveu muitos discursos sobre vários assuntos para que fossem usados nos tribunais.

Dez Tesoureiros de Atena: funcionários de mandato anual, escolhidos por sorteio em cada uma das *phulaí*. Supervisionavam os fundos e a estátua da deusa.

dikastérion (pl. *dikastéria*) δικαστήριον (pl. δικαστήρια): tribunal.

dikastés (pl. *dikastaí*) δικαστής (pl. δικασταί): juiz. Escolhido de uma lista de cidadãos atenienses com mais de trinta anos de idade. Seis mil homens podiam ser chamados para exercer a função cada ano. Eram pagos pelo comparecimento.

díkē δίκη: justiça, lei, direito, pena. Significa também um processo particular movido por um indivíduo contra outro, cf. *graphé*.

Diodoro Διόδωρος (*Diódōro*): *floruit c.* 40, escreveu uma História Mundial, usando fontes que se perderam. Dos quarenta livros, os livros 4-6 se referem a Grécia e Europa, e os livros 7-17 ao período que vai da Guerra de Tróia a Alexandre Magno.

Dionísias Διονύσια (*Dionúsia*): em Atenas, as Pequenas Dionísias ou Dionísias Rurais eram um festival rústico de menor importância que as Grandes Dionísias ou Dionísias Urbanas na qual a imagem do deus era trazida de Elêuteras e se realizava um concurso em que eram encenadas tragédias e comédias e no qual eram premiadas as melhores peças.

Dioniso Διόνυσος (*Diónuso*): deus de tudo quanto tem vida, deus da transformação (portanto, do teatro) e da destruição. Associado ao frenesi causado pelo vinho. Dizia-se que, em êxtase, seus seguidores matavam animais, devoravam e comiam sua carne crua para terem o deus dentro de si.

dokimasía δοκιμασία: exame pelo qual passavam os funcionários da cidade e os *bouleutaí* antes de assumirem seus cargos. Tinham que responder perguntas sobre seus direitos à cidadania, sobre os cuidados com a manutenção dos terrenos dos túmulos familiares.

dokimastés δοκιμαστής: funcionário da cidade (na verdade, um escravo) cujo dever era cuidar da pureza da cunhagem.

dracma δραχμή (*drakhmé*): unidade monetária dentro do seguinte sistema: óbolo, dracma (seis óbolos), mina (cem dracmas), talento (sessenta minas).

eisphorá εἰσφορά: imposto especial sobre o capital, muitas vezes recolhido quando a cidade estava em guerra. Era cobrado dos cidadãos e metecos.

ekhtroí (sing. *ekhtrós*) ἐχθροί (sing. ἐχθρός): inimigos pessoais.

ekklēsía ἐκκλησία: a assembléia (lit. "convocada", "escolhida"), aberta a todos os atenienses (homens) maiores de dezoito anos. Reunia-se regularmente quatro vezes por mês. Uma dessas sessões era a *kuría* (soberana) *ekklēsía*, com uma agenda determinada. Podia ser convocada em outras ocasiões. Era o organismo soberano da cidade. Seus membros votavam sobre todas as questões principais e elegiam os funcionários mais importantes. Sua agenda era preparada pela *boulé*, mas a *ekklēsía* podia rejeitar as propostas da *boulé* e exigir que sua vontade fosse cumprida.

Eliaia Ἐλιαία ou *Heliaia* Ἑλιαία: corporação de seis mil *dikastaí*, escolhidos para servir nos júris por um ano. Um jurado podia ser chamado de *(h)eliastḗ*s ou de *dikastḗs*.

epistátes ἐπιστάτης: presidente dos *prutáneis* e da *ekklēsía*. Como havia cinqüenta *prutáneis* que exerciam a função durante um período de 356 dias, era grande a probabilidade de qualquer *prútanis* tornar-se *epistátes*.

erastḗs ἐραστής: amante, o parceiro mais velho, o ativo em uma relação homossexual. Cf. *erómenos*.

Erecteion Ἐρεχθεῖον (*Erekhtheîon*): templo de Erecteu, na Acrópole, que abrigava a veneranda estátua de Atena Poliás, além de outros objetos sagrados.

Erecteu Ἐρεχθεύς (*Erekhtheús*): rei mítico de Atenas, filho da Terra e criado por Atena.

erómenos ἐρόμενος: "o homem amado", o parceiro mais jovem, passivo em uma relação homossexual.

Ésquilo Αἰσχυλος (*Aískhulos*) c. 525-459: poeta trágico ateniense, mais famoso por ser autor da única trilogia que chegou até nós, a *Oréstia*, história do assassinato de Agamenão por sua esposa Clitemnestra e da subseqüente vingança executada por seu filho Orestes.

Eurípides Εὐριπίδης (*Euripídēs*) c. 485-406: autor trágico ateniense famoso pelas análises estimulantes dos mitos gregos e da motivação humana, isto é, dos motivos puramente humanos que levavam os homens à ação. As questões contemporâneas parecem aflorar mais em suas peças que nas dos outros autores trágicos.

eúthunai εὔθυναι: auditoria, correição, a que eram submetidos os funcionários da cidade no momento em que deixavam o cargo, para comprovar que não haviam abusado de sua função, especialmente sob o aspecto financeiro.

exēgētaí ἐξηγηταί: lit. "expositores, intérpretes", corporação cujos membros se ocupavam das leis sagradas não escritas e também de questões específicas (especialmente purificação e funerais). Eram ligados a Apolo de Delfos.

Expedição à Sicília: a expedição ateniense de 415-413, chefiada por Nícias e Demóstenes, durante a Guerra do Peloponeso para submeter a Sicília. As forças atenienses foram derrotadas, com perda de toda a frota. Atenas, porém, obteve uma recuperação milagrosa e continuou a guerra até 404.

Fídias Φειδίας (*Pheidías*): um dos melhores escultores do século V em Atenas. Responsável por grande parte das obras do Partenon.

374 *O mundo de Atenas*

Filipe II Φίλιππος (*Phílippos*): reinou de 359 a 336, rei da Macedônia, que a unificou e transformou na maior potência militar do século IV. Sua vitória sobre os gregos em Queronéia (338) pôs termo à independência grega. Pai de Alexandre, o Grande.

Frátrio Φράτριος (*Phrátrios*): "das *phratríai*": epíteto de Zeus e de outros deuses quando invocados como protetores da *phratría*.

génos (pl. *géne*) γένος (pl. γένη): pequeno agrupamento de famílias dentro da *phratría*.

graphḗ γραφή: processo movido por um indivíduo contra outro em questão de interesse público. Em Atenas não havia promotor público.

graphḗ paranómōn γραφή παρανόμων: processo movido por um indivíduo contra outro, sob alegação de que o acusado era responsável pela proposição de medida ilegal.

Guerra de Tróia: o sítio de dez anos a Tróia pelos gregos e sua captura (*c.* 1200, se é que a guerra de fato ocorreu). Os gregos queriam resgatar Helena, esposa do líder grego Menelau (irmão de Agamenão, chefe da expedição), que fora seduzida e levada a Tróia por Páris, filho do rei troiano Príamo. Tema de muitos poemas épicos, inclusive da *Ilíada* de Homero.

Guerra do Peloponeso (Segunda): guerra entre Atenas e Esparta (e seus respectivos aliados) pelo domínio da Grécia. Atenas era uma potência de base marítima, Esparta tinha uma base terrestre. Durou de 431 a 404. Atenas foi derrotada no final.

Guerras Persas: guerras entre os gregos e a Pérsia entre 490 e 480, em particular as batalhas de Maratona, Termópilas, Salamina e Platéias. Os persas foram expulsos em 490 e finalmente derrotados em 480, quando estavam sob o comando de Xerxes. Os gregos consideravam sua vitória nessas guerras sua proeza maior. Foi uma das poucas ocasiões em que algumas (ou seja, 31) *póleis* gregas esqueceram suas diferenças e enfrentaram um inimigo comum.

Hefesto Ἥφαιστος (*Héphaistos*): deus do fogo, esposo de Afrodite, deus dos artesãos.

hēgemṓn ἡγεμών: chefe, comandante. Cf. hegemonia.

Heitor Ἕκτωρ (*Héktōr*): herói troiano da Guerra de Tróia, que matou Pátroclo, companheiro de Aquiles, e foi por sua vez morto por este. Seu corpo mutilado acabou sendo devolvido a Príamo, seu pai e rei de Tróia.

Hélade Ἑλλάς (*'Hellás*): palavra grega que servia para designar todo o mundo grego e não uma cidade ou território.

helenos Ἕλληνες (*Héllenes*): homens da Hélade, helenos, gregos.

Hellēnotamíai Ἑλλενοταμίαι: tesoureiros da cidade, encarregados dos fundos para administração do império ateniense. Após 411, assumiram também as funções dos *kolakrḗtai*, até então encarregados dos fundos internos. Tal como os *stratēgoí*, podiam ser reeleitos todos os anos.

Hera Ἥρα (*Héra*): rainha dos deuses, esposa de Zeus, deusa do casamento e da vida das mulheres. Tinha fortes ligações com Argos.

Herkeîos ἑρκεῖος: "relativo à manutenção do lar", freqüente epíteto de Zeus na sua função de "protetor".

Hermes Ἑρμῆς (*Hermês*): deus das viagens, acompanhava a alma dos mortos que iam para o Hades. Os Hermes eram representações do deus (um bloco de pedra encimado por uma cabeça e um falo na metade do bloco) colocado do lado de fora das casas de Atenas.

Heródoto Ἡρόδοτος (*Heródotos*) *c.* 480-420: historiador do século V, nascido em Halicarnasso, morou por algum tempo em Atenas. Conta-se que viajou muito pelo Mediterrâneo compilando material para suas *Histórias* (nove livros) em que narra o conflito entre gregos e persas, as Guerras Persas. Foi chamado de "Pai da História".

Hesíodo Ἡσίοδος (*Hēsíodos*): lavrador-poeta do século VII, que escreveu (em estilo épico adaptado) os *Trabalhos e os Dias* (calendário e manual de instruções para lavradores) e a *Teogonia* (o nascimento dos deuses).

hiereús ἱερεύς: sacerdote, ou "alguém encarregado de coisas sagradas".

hikésios ἱκέσιος: "relativos à suplicação", freqüente epíteto de Zeus, invocado como protetor dos suplicantes.

Hipócrates Ἱπποκράτης (*Hippokrátēs*): o famoso médico de Cós, que viveu durante o século V. Praticamente todos os tratados médicos foram atribuídos a ele. Provável fundador da medicina científica.

hippeís: ver *pentakosiomedímnoi*.

Homero Ὅμερος (*Hómeros*): poeta épico do século VIII (?), autor da *Ilíada* e da *Odisséia*, conforme acreditavam os gregos. Originário da costa jônia. Nada mais se sabe dele.

hoplitas ὁπλῖται (*hoplîtai*): guerreiros gregos que lutavam com escudo, lança, espada e armadura pesada completa. A força do batalhão dos hoplitas estava em sua unidade, garantida pelas suas fileiras, em que os soldados lutavam lado a lado.

húbris ὕβρις: ato de violência ou agressão cujo objetivo principal é degradar ou humilhar.

hubristḗs ὑβριστής: alguém que comete um ato de *húbris*, criminoso.

Ilíada Ἰλιάς (*Iliás*): poema épico de Homero sobre a ira de Aquiles durante a Guerra de Tróia, sua retirada da batalha e posterior regresso quando seu amigo Pátroclo foi morto por Heitor. Conta como Aquiles matou Heitor, mutilou-lhe o corpo e devolveu-o a seu pai Príamo, rei de Tróia.

Iseu Ἰσαῖος (*Isaîos*) *c.* 420-350: autor de discursos, maior especialista, em Atenas, em casos relativos a testamentos e herança.

Isócrates Ἰσοκράτης (*Isokrátēs*) 436-448: escritor de tratados e educador que defendia que, na educação, a utilidade tinha maior importância que o pensamento abstrato. Em vários de seus tratados glorificou os grandes dias do passado ateniense.

isonomia ἰσονομία (*isonomía*): governo de iguais; democracia; igualdade perante a lei.

keleustḗs κελευστής: o chefe dos remeiros de uma trirreme que lhes dava o ritmo da batida dos remos.
kḗrux (pl. *kḗrukes*) κῆρυξ (pl. κήρυκες): arauto, mensageiro.
khorēgós (pl. *khorēgoí*) κορηγός (pl. κορηγοί): cidadão rico (do sexo masculino) que, participando de uma *leitourgía*, arcava com todas as despesas decorrentes da encenação de uma peça de autor cômico ou trágico num festival de teatro.
krátos κράτος: poderio, governo, domínio, controle.
ktḗsios κτήσιος: "relativo à propriedade", epíteto de Zeus na qualidade de protetor do lar e de suas riquezas.
kubernḗtēs κυβερνήτης: timoneiro de uma trirreme, figura mais importante no controle de um navio.
kúrios (pl. *kúrioi*) κύριος (pl. κύριοι): válido, soberano, investido de poder. Designava os homens, chefes de família, que controlavam as pessoas e as propriedades da casa; também usado para a *ekklēsía* "soberana" que se reunia uma vez por mês com uma agenda fixa. Cf. *kuríeia*: controle, soberania.

Lacedemônios: espartanos.
leitourgía (pl. *leitourgíai*) λειτουργία (pl. λειτουργίαι): dever de estado imposto anualmente aos cidadãos mais ricos de Atenas, que tinham de pagar, por exemplo, pela encenação de peças em festivais, pelas despesas de funcionamento de uma trirreme etc.
Liceu Λύκειον (*Lýkeion*): ginásio de Atenas onde Aristóteles fundou sua escola.
Liga de Delos: aliança de cidades gregas sob hegemonia de Atenas, formada após as Guerras Persas com a finalidade de garantir a segurança da Grécia contra outras invasões da Pérsia. Os membros pagavam a Atenas em navios ou dinheiro. O Tesouro foi levado de Delos para Atenas em 542.
logistaí λογισταί: trinta auditores da cidade, que, como parte das *eúthunai*, verificavam as transações financeiras de todos os funcionários da cidade que deixavam seus cargos.

mántis μάντις: vidente, profeta.
médimnos (pl. *médimnoi*) μέδιμνος (pl. μέδιμνα): medida ática de capacidade para grãos, com aproximadamente 54 litros.
Menandro Μένανδρος (*Ménandros*) *c.* 342-290: autor cômico da chamada Comédia Nova, tratava da Grécia contemporânea e, na maioria das vezes, de situações domésticas. Precursor da comédia "de salão".
Meteco μέτοικος (*métoikos*): estrangeiro residente, ou seja, cidadão não-ateniense que morasse por mais de um mês em Atenas. Sujeitos ao serviço militar e aos impostos especiais, mas proibidos de ter propriedades fundiárias na Ática, os metecos eram responsáveis por grande parte do comércio.

Micênico, período: cultura "micênica" (assim chamada porque Micenas parece ter sido a cidade mais poderosa da época) que floresceu na Grécia entre 1600 e 1100. Após a sua destruição, seguiu-se uma "idade das trevas" de quase duzentos anos. A poesia de Homero reflete elementos da cultura micênica.

mina μνᾶ (*mna*): unidade monetária. Ver dracma.

Mundo Minóico: Creta entre 1800 e 1400, assim chamada por causa do lendário rei Minos. Creta, que, nessa época, era uma potência do Mediterrâneo, foi destruída por volta de 1400, provavelmente por gregos micênios.

mústai μύσται: iniciados nos Mistérios de Elêusis.

Nícias Νικίας (*Nikías*) 470-413: político e general ateniense, muitas vezes eleito *stratēgós*. Negociou a paz de 412 com Esparta na Guerra do Peloponeso. Chefiou, com relutância, a expedição contra a Sicília, durante a qual foi morto.

nómos νόμος: lei, costume, observância, hábito. Freqüentemente contrastada a *phúsis*, quando *nómos* passa a significar a idéia do que é convencionalmente certo.

nomothétai νομοθέται: legisladores convocados, quando necessário, para redigir novas leis para serem aprovadas pela *boulē* e *ekklēsía*.

óbolo: ver dracma.

Odisséia Ὀδύσσεια (*Odússeia*): poema épico de Homero que narra o regresso de Odisseu depois de viajar dez anos no mar após a Guerra de Tróia. Ao chegar a sua casa em Ítaca, mata os 108 pretendentes que cortejavam sua esposa, Penélope.

oikétēs οἰκέτης: serviçal doméstico escravo ou livre; assistente (escravo) de um funcionário da cidade.

oîkos (pl. *oîkoi*) οἶκος (pl. οἶκοι): casa, incluindo propriedades e escravos.

Onze, Os οἱ Ἕνδεκκ (*hoi héndeka*): junta que cuidava dos criminosos comuns, acusando-os e punindo-os. Também supervisionava as prisões.

Oráculo de Delfos: santuário de Apolo (deus da profecia) em Delfos, onde era possível consultá-lo. Oráculo mais importante do mundo antigo.

òrkhéstra ὀρχήστρα: pista de dança circular nos teatros gregos, onde o coro cantava e dançava durante a encenação das peças.

ostracismo ὀστρακισμός: ato da *ekklēsía* que bania alguém da Ática por dez anos, mas sem que lhe fosse imposta a perda dos direitos de propriedade.

óstrakon ὄστρακον: caco de cerâmica em que era escrito o nome do condenado ao ostracismo.

palestra παλαίστρα (*palaístra*): campo de lutas, característica comum dos ginásios em que os atenienses que eram ricos e, portanto, não precisavam trabalhar se exercitavam e relaxavam.

Panatenéias Παναθήναια (*Panathḗnaia*): festival pan-ateniense em homenagem ao aniversário de Atena, celebrado todos os anos e, com especial magnificência, a cada quatro anos (as Grandes Panatenéias). Havia procissões, sacrifícios e jogos.

Partenon Παρθενών (*Parthenṓn*): templo de Atena *Parthénos* ("a virgem"), encomendado por Péricles e construído na Acrópole de Atenas.

Patrō̂ios Πατρῷος: "do pai"; epíteto com o qual os deuses são invocados como protetores da família e das pessoas.

peã παιάν (*paián*): canto de batalha; canto de triunfo, em geral, dedicado a Apolo.

peithō̄ πειθώ: persuasão por argumentação, às vezes personificada como uma deusa.

peltasta πελταστής (*peltastḗs*): soldados assim chamados porque levavam um pequeno escudo redondo (*peltē̄*). Essa infantaria, originariamente muito ligeira, foi transformada em uma formidável força de combate no século IV.

pentakosiomédimnoi πεντακοσιομέδιμνοι: classe de propriedade censitária formada por pessoas com uma renda anual estimada em não menos de quinhentos *médimnoi* de cereais ou algo equivalente. Essa era a classe censitária mais alta, seguida de:

hippeîs ἱππεῖς (renda anual de 300-500 *médimnoi*),

zeugîtai ζευγῖται (renda anual de 200-300 *médimnoi*) e

thē̂tes θῆτες (renda anual de menos de 200 *médimnoi*).

Péricles Περικχῆς (*Periklē̂s*): estadista e general, incentivador da democracia e do imperialismo ateniense. Eleito *stratēgós* todos os anos desde 443 até sua morte. Foi o idealizador da construção do Partenon. Amigo íntimo de muitos dos mais importantes intelectuais da época.

Perséfone Περσεφόνη (*Persephónē*): filha de Deméter e esposa de Hades, deus dos mortos.

phallós (pl. *phalloí*) φαλλός (pl. φαλλοί): falo, representação do órgão genital masculino, com freqüência carregado nas procissões, em especial nas festas associadas à fertilidade.

phíloi (sing. *phílos*) φίλοι (sing. φίλος): amigos, aliados; aqueles com quem se fazia frente comum.

phóros φόρος: tributo pago a Atenas por suas aliadas pela manutenção do império.

phrátēr (pl. *phráteres*) φράτηρ (pl. φράτερες): membro da *phratría*.

phratría (pl. *phratríai*) φρατρία (pl. φρατρίαι): subdivisão da *phulḗ* a que só os cidadãos podiam pertencer e na qual eram inscritos logo após o nascimento. Tinha várias funções religiosas e, como órgão da cidade, muitas vezes era chamada a dar testemunho sobre a legitimidade e, portanto, sobre os direitos à cidadania.

phulḗ (pl. *phulaí*) φυλή (pl. φυλαί): tribo. Originalmente havia quatro tribos com diversas funções administrativas e militares. Em sua reforma democrática Clístenes permitiu que continuassem existindo com funções religiosas, mas criou dez novas *phulaí* que se tornaram a base da administração da cidade. Havia dez *stratēgoí*, os comitês da *boulḗ* em geral eram formados por dez membros e a *boulḗ*, como um todo, era formada por quinhentos membros, sendo cinqüenta de cada *phulḗ*.

phúsis φύσις: natureza, lei natural, freqüentemente contraposta, no pensamento grego, a *nómos*, lei convencional.

Píndaro Πίνδαρος (*Píndaros*) 518-438: poeta lírico, nascido na Beócia, famoso por suas odes, nas quais celebra as vitórias dos atletas em vários jogos (por exemplo, nas Olimpíadas).

Pireu Πειραιεύς (*Peiraieús*): porta de Atenas.

Pisístrato Πεισίστρατος (*Peisístratos*): governante único (*túrannos*, tirano) de Atenas no século VI, que fez muita coisa no sentido de criar um sentimento de identidade ateniense, ao instituir diversos festivais e planejar construções.

Pítia Πυθία (*Puthía*): sacerdotisa através da qual Apolo falava em seu oráculo de Delfos.

Platão Πλάτων (*Plátōn*) c. 429-347: filósofo grego muito influente que, baseado nos ensinamentos de Sócrates sobre como deveríamos viver, elaborou toda uma teoria metafísica. A Teoria das Formas (ou Teoria das Idéias) foi particularmente importante. Adversário acérrimo dos sofistas.

Plutarco Πλούταρχος (*Ploútarkhos*) c. 50-120 d.C.: biógrafo e estudioso de antiguidades. É pouco confiável no uso das fontes, mas sua obra *Vidas Paralelas*, sobre grandes figuras gregas e romanas, é importante.

Pnix Πνύξ (*Pnúx*): lugar onde a *ekklēsía* se reunia.

polemarco: ver arconte.

pōlētaí πωληταί: vendedores. Dez *pōlētaí* (um de cada *phulḗ*) vendiam o direito de efetuar as transações oficiais da cidade. Por exemplo, coletar impostos, direitos de mineração, comprar e erigir *stēlai*.

Polías Πολιάς: epíteto de Atena em sua função como guardiã da cidade, usado especialmente para a sua estátua no Erecteion.

pólis (pl. *póleis*) πόλις (pl. πόλεις): nome dado às cidades-estado autogovernadas do mundo grego. Cada *pólis* tinha suas próprias leis de cidadania, cunhagem, costumes, festivais, ritos etc. Atenas, Corinto, Tebas e Esparta eram todas *póleis* separadas e autônomas. Facilmente formavam alianças entre si, mas tendiam a entrar em conflito sobre as melhores formas de constituição.

Posidão Ποσειδῶ (*Poseidōn*): deus do mar e dos terremotos.

présbeis (sing. *presbeutḗs*) πρέσβεις (sing. πρεσβευτής): enviado, embaixador.

Príamo Πρίαμος (*Príamos*): rei de Tróia.

proboúleuma προβούλευμα: decreto feito pela *boulḗ* para discussão e aprovação, modificação ou rejeição pela *ekklēsía*.

proboúleusis προβούλευσις: decisão sobre quais moções apresentar à *ekklēsía* para discussão.

Prometeu Προμηθεύς (*Promētheús*): Titã que fez o homem, deu-lhe o fogo e fez com que, nos sacrifícios, aos homens coubessem as carnes e a Zeus os ossos e as vísceras.

prostatḗs προστάτης: líder do *dêmos*; patrono de um meteco, quando este solicitava permissão para viver em Atenas, passava a ser responsável por ele.

próxenos πρόξενος: título dado a alguém que, como cidadão de uma cidade e residente em outra, defendia as posições de sua cidade natal.

prutáneis (sing. *prutánis*) πρυτάνεις (sing. πρυτάνις): cinqüenta membros da *boulḗ* que, durante 35 ou 36 dias, permaneciam no *thólos*, dia e noite, à custa da cidade, para atender a todas as questões e decidir se a *boulḗ* ou a *ekklēsía* devia ou não ser convocada para tratar delas.

psḗphisma (pl. *psēphísmata*) ψήφισμα (pl. ψηφίσματα): decretos da cidade aprovados pela *ekklēsía*.

rapsodo ῥαφῳδός (*rhapsōidós*): declamador profissional de poesia épica (especialmente homérica) nos festivais.

rhḗtor (pl. *rhḗtores*) ῥήτωρ (pl. ῥήτορες): literalmente, "orador" (cf. retórica). Veio a significar "político", ou seja, alguém capaz de falar com eficácia nas reuniões da *ekklēsía* e persuadir as pessoas quanto à correção de suas opiniões.

sicofanta *sukophántēs* (pl. *sukophantai*) συκοφάντης (pl. συκοφάνται): pessoa que ganhava a vida fazendo acusações contra outros no tribunal e saindo vitoriosa no processo.

skēnḗ σκηνή: construção que servia de fundo para as apresentações dramáticas gregas (cf. cena).

Sócrates Σωκράτης (*Sōkrátēs*) 469-399: filósofo que foi o maior responsável pela mudança da tendência da indagação filosófica, deixando de lado as questões sobre a natureza do mundo físico e passando a interessar-se por questões referentes à posição e aos deveres do homem. Não deixou nada escrito e conhecemos o seu pensamento através de diálogos escritos por Platão e Xenofonte. Foi adversário ferrenho dos sofistas. Inventou a dialética (técnica de discussão através de perguntas e respostas).

Sófocles Σοφοκλῆς (*Sophoklē̂s*) c. 496-406: tragediógrafo ateniense, pessoa muito querida em Atenas. Famoso por sua tragédia *Édipo Rei*, que conta como Édipo descobriu que havia assassinado o pai e desposado a mãe, e *Antígona*, que conta como Antígona foi condenada à morte por ter enterrado o irmão, desafiando um édito do rei, seu tio Creonte.

Sólon Σόλων (*Sólōn*): estadista e poeta ateniense que, na década de 590, dividiu o corpo de cidadãos em quatro classes segundo a riqueza (ver *pentakosiomédimnoi*), atribuindo diversas responsabilidades políticas a cada uma delas e permitindo que os cidadãos das classes mais baixas participassem dos tribunais. Fez outras leis que ainda eram observadas no século V, em Atenas. Figura altamente reverenciada.

sophistḗs (pl. *sophistai*) σοφιστής (pl. σοφισταί): literalmente, "sábios". O termo passou a ser aplicado a professores ambulantes que se propunham partilhar seus conhecimentos sobre qualquer assunto (especialmente retórica, a capacidade de convencer as pessoas) em troca de pagamento.

sōphrōn σώφρων (*sṓphrōn*): modesto, sensato, prudente, discreto, obediente às leis. A *sōphrosúnē* é uma virtude constantemente recomendada pelos escritores atenienses àqueles que querem fazer tudo certo.

stásis στάσις: guerra civil.

stélē (pl. stêlai) στήλη (pl. στῆλαι): monumentos de pedra com inscrições, especialmente monumentos funerários e colunas em que se inscreviam os decretos e outros documentos públicos semelhantes.
stoá στοά: pórtico com o teto sustentado por colunas, mas, especialmente, uma colunata longa e aberta. Em geral, parece uma galeria coberta com um lado aberto e sustentada por colunas.
stratēgós (pl. stratēgoí) στρατηγός (pl. στρατηγοί): general. Eram dez, eleitos diretamente todos os anos pelo povo, podendo ser reeleitos. Além dos deveres militares, os stratēgoí eram os elementos mais influentes na formulação da política da cidade.
summoría (pl. summoriai) συμμορία (pl. συμμορίαι): grupo de contribuintes que, em vez de pagarem individualmente pela manutenção de uma trirreme (ver trierarca: leitourgía), pagavam em grupo. Uma instituição da década de 350.

talento: ver dracma.
Temístocles Τεμιστοκλῆς (Themistoklês) c. 528-462: principal general ateniense das Guerras Persas, que depois garantiu a defesa de Atenas contra Esparta com a construção dos Grandes Muros. Foi o responsável pela fortificação do Pireu e pela manutenção da frota.
Teofrasto Θεόφραστος (Theóphrastos) c. 370-285: sucessor de Aristóteles como chefe do Liceu; pesquisador de botânica e outras áreas científicas. Sua obra Caracteres é uma descrição de cerca de trinta tipos de pessoas que apresentam comportamentos extremados.
Teseu Θησεύς (Theseús): herói nacional lendário ateniense. Conhecido como o unificador de todas as comunidades da Ática, com Atenas à frente. Matou o Minotauro cretense.
Tesmofórias Θεσμοφόρια (Thesmofórias): festival das mulheres em honra de Deméter.
thesmothétai θεσμοθέται: seis árkhontes dedicados à administração da justiça, determinação das datas de julgamento etc.
thētes: ver pentakosiomédimnoi.
thranîtai θρανῖται: os que remavam no nível mais alto das trirremes e, portanto, tinham de puxar os remos mais longos com o ângulo mais agudo. Ganhavam mais do que os das outras fileiras de remeiros.
timḗ τιμή: honra, valor, condição, avaliação.
trierarca τριήραρχος (triḗrarkhos): cidadão abastado escolhido para pagar e capitanear uma trirreme.
Trinta Tiranos (ou oligarcas), os Trinta: líderes do golpe oligárquico de 404 em Atenas.
Tucídides Θουκυδίδης (Thoukîdídēs) c. 460-400: ateniense que escreveu a história da Guerra do Peloponeso. Pré-Péricles, visto como muito confiável.

Xenofonte Ξενοφῶν (Xenofôn) 428-c. 354: militar e escritor ateniense, autor da Anábasis (sobre a expedição de uma tropa mercenária grega para a Mesopotâmia e sua retirada, 401-399); das *Helênicas* (história da Grécia de 410 a 362); dos *Memoráveis* (memórias sobre os feitos de Sócrates); do *Banquete* (lembranças de um banquete). É quase certo que o "Velho Oligarca", autor de uma *Constituição de Atenas*, crítica não totalmente desfavorável à democracia ateniense, não seja Xenofonte. Talvez seja o autor da *Constituição de Esparta*, altamente elogiosa à política dos lacedemônios.

xénos (pl. *xénoi*) ξένος (pl. ξένοι): estrangeiro (i. é, em Atenas, um residente não ateniense, cf. meteco). Significa também amigo e hóspede, isto é, alguém com quem se tem laços de amizade dos quais decorrem deveres e direitos recíprocos.

Xerxes: rei da Pérsia. Chefiou a expedição contra a Grécia na década de 480-490 que resultou nas batalhas de Termópilas, Salamina e Platéias e terminou com a derrota persa.

zeugîtai ζευγîται: ver *pentakosiomedímnoi*. *Zeugîtai* era o nome dado aos remeiros do nível médio de uma trirreme.

CRÉDITOS DAS FOTOGRAFIAS E DESENHOS

Salvo indicação em contrário, as fotografias foram fornecidas pelos museus e indivíduos listados.
Frontispício A: E. Dodwell, *Views in Greece* (1821) il. 15
Frontispício B: foto: German Archacological Institute, Atenas.

Introdução Histórica

IH:1   Foto: Alison Frantz, Princeton.
IH:2   Linear B placa TA 641. Atenas, Museu Nacional. Foto e desenho: University of Cincinnati.
IH:3   Armadura de bronze. Nauplion, Museu. Foto: École Française d'Archéologie, Atenas.
IH:4   *Ólpe* protocoríntia (a *ólpe* "Chigi"). Roma, Museo Nazionale di Villa Giulia 22679 (H 2694). Foto: Hirmer, Munique.
IH:5   Estela de traquito vermelho com inscrição de código de leis (frontispício). Istambul, Museu Arqueológico 1907. Desenho: *Annual of the British School at Athens* 51 (1956) 158, fig. 1.
IH:6   Foto: Alison Frantz, Princeton.
IH:7   Entalhe em relevo procedente do palácio persa em Persépolis. Teerã, Museu Arqueológico. Foto: Oriental Institute, Chicago.
IH:8   Foto: N. G. L. Hammond.
IH:9   Estatueta coríntia de bronze. Berlim Ocidental, Staatliche Museen misc. 7470.
IH:10 Foto: Professor R. V. Schoder, S.J., Loyola University of Chicago.
IH:11 Coluna de bronze no Hipódromo, Istambul. Foto: Instituto Arqueológico Almão, Istambul.
IH:12 Taça ática de figuras vermelhas do *Briseis Painter**. Nova York, Metropolitan Museum of Art 53.11.4 (Legado de Joseph Pulitzer).

---

* A autoria da pintura dos vasos é indicada em inglês, segundo convenção aceita internacionalmente. (N. do R. T.)

IH:13 Estela de mármore em relevo. Atenas, Museu da Acrópole 695. Foto: Instituto Arqueológico Alemão, Atenas.
IH:14 Estela ática de mármore. Atenas, Museu Nacional EM 5384 (IG i³ 272). Foto extraída de J. Kirchner, *Imagines Inscriptionum Atticarum* (1935) pl. 15.
IH:15 Foto: Alison Frantz, Princeton.
IH:16 Foto: Professor R. V. Schoder, S. J., Loyola University of Chicago.
IH:17 Foto: J. Wilson Myers, Michigan State University.
IH:18 Cabeça de mármore ática. Atenas. Escavações da Ágora S211.
IH:19 Foto: Dr. B. A. Sparkes.
IH:20 Tetradracma de prata. Londres, British Museum Department of Coins and Medals.
IH:21 *Estater* de ouro. Londres, British Museum Department of Coins and Medals. 1871-11-7-1.
IH:22 Foto: Hirmer, Munique.
IH:23 Cabeça de mármore ática. Atenas, Acrópole 1331. Foto: Instituto Arqueológico Alemão, Atenas.
IH:24 Relevo ático em mármore. Roma, Villa Albani H 3257. Foto: Alinari.

Capítulo 1

1:1 Foto: J.V. Noble, Nova York.
1:2 Foto: Atenas, Escavações da Ágora, neg. n° LXXVI-71.
1:3 Ânfora ática de figuras negras. Paris, Louvre AM 1008.
1:4 Cratera ática em forma de sino de figuras vermelhas do *Kleophrades Painter*. Basiléia, Herbert Cahn.
1:5 *Skúphos* ático de figuras negras. Boston, Museum of Fine Arts 99.525.
1:6 Estatueta de terracota beócia. Paris, Louvre CA 352.
1:7 Taça ática de figuras negras. Londres, British Museum, Department of Greek and Roman Antiquities B 436.
1:8 Foto: Alison Frantz, Princeton.
1:9 Desenho: J. Ellis Jones, Bangor.
1:11 Hídria ática de figuras negras executada à maneira de *Antimenes Painter*. Londres, British Museum Department of Greek and Roman Antiquities B 330.
1:12 Marco de limite em mármore. Atenas, Escavações da Ágora I 5510.
1:13 Desenho: Atenas, Escavações da Ágora.

Capítulo 2

2:1 Taça ática de figuras vermelhas feita por Oltos. Tarquinia, Museo Nazionale Tarquiniense RC 6848. Foto: Alinari.
2:2 Taça ática de figuras vermelhas feita por Dúris. Paris, Louvre G115.
2:3 Taça ática de figuras vermelhas do *Brygos Painter*. Berlim Ocidental, Staatliche Museen F 2293.
2:4 *Áskos* ático de figuras vermelhas. Boston, Museum of Fine Arts 13.169.

Créditos das fotografias e desenhos 385

2:5 Cratera ática em forma de *kálux*, de figuras vermelhas do *Niobid Painter*. Londres, British Museum Department of Greek and Roman Antiquities E 467.
2:6 Cratera ática em forma de *kálux* de figuras vermelhas do *Dinos Painter*. Oxford, Ashmolean Museum 1937.983.
2:7 Foto: Alison Frantz, Princeton.
2:8 Cratera ática com colunas com figuras vermelhas do *Aegisthus Painter*. Boston Museum of Fine Arts 1970.567.
2:9 Ânfora ática de figuras negras. Londres, British Museum, Department of Greek and Roman Antiquities B 171.
2:10 Cratera ática com volutas de figuras vermelhas do *Lykaon Painter*. Boston, Museum of Fine Arts 00.346.
2:11 Ânfora ática de figuras negras do *Timiades Painter*. Londres, British Museum, Department of Greek and Roman Antiquities 97.7-27.2.
2:12 Taça ática de figuras vermelhas de Mácron. Toledo, Ohio, Museu de Arte de Toledo 72.55.
2:13 Taça ática de figuras vermelhas. Florença, Museo Archeologico Etrusco 81 600.
2:14 Cratera ática com colunas de figuras vermelhas do *Pan Painter*. Nápoles, Museo Nazionale. Desenho: *Monumenti Antichi* 22 (1913) il. 80.
2:15 *Pelíkē* ática de figuras vermelhas do *Lykaon Painter*. Boston, Museum of Fine Arts 34.79.
2:16 Lécito ático de figuras vermelhas do *Painter of Louvre* CA 1694 (Guy). Basiléia, Antikenmuseum, empréstimo.
2:17 Laje em relevo do templo de Apolo Epicúrio em Figaléia (Bassai). Londres, British Museum Department of Greek and Roman Antiquities 524.
2:18 Altar de mármore. Atenas, Escavações da Ágora, I 3706.
2:19 Taça ática de figuras negras. Particular. Foto: Herbert Cahn, Basiléia.
2:20 Cratera ática em forma de sino de figuras vermelhas à maneira do *Peleus Painter*. Cambridge (Massachusetts), Harvard University, Fogg Museum 1960.344.
2:21 Taça ática de figuras vermelhas do *Triptolemos Painter*. Paris, Louvre G 138.
2:22 Foto: Alison Frantz, Princeton.
2:23 Laje em relevo Leste V 31-35, do Partenon, Acrópole, Atenas. Londres, British Museum, Department of Greek and Roman Antiquities 324V. Foto: Alison Frantz, Princeton.
2:24 *Scúphos* ático de figuras vermelhas pelo *Painter of Yale Lecythos*. Bruxelas, Musées Royaux A 10.
2:25 *Stámnos* ático de figuras vermelhas. Londres, British Museum Department of Greek and Roman Antiquities E 439.

Capítulo 3

3:1 Taça ática de figuras vermelhas do *Briseis Painter*. Londres, British Museum Department of Greek and Roman Antiquities E 76.

386 O mundo de Atenas

3:2 *Stámnos* ático de figuras vermelhas de Dúris. Basiléia, Antikenmuseum, empréstimo.
3:3 Hídria ática de figuras negras do *Leagros Group*. Boston, Museum of Fine Arts 63.473.
3:4 *Skúphos* ático de figuras vermelhas do *Brygos Painter*. Viena, Kunsthistorisches Museum inv. 3710.
3:5 Cratera ática de volutas de figuras negras de Clítias. Florença, Museo Archeologico Etrusco 4209.
3:6 Taça ática de figuras vermelhas de Dúris. Viena, Kunsthistorisches Museum 3695.
3:7 Taça ática de figuras vermelhas de Dúris. Viena, Kunsthistorisches Museum 3695.
3:8 Taça ática de figuras vermelhas do *Brygos Painter*. Los Angeles, Malibu, J. Paul Getty Museum, Bareiss Collection S.82.AE.27.
3:9 Ânfora ática de figuras negras entregue como prêmio nas Panatenéias, do *Euphiletos Painter*. Nova York, Metropolitan Museum of Art, 14.130.12 (Rogers Fund 1914).
3:10 Taça ática de figuras vermelhas de Dúris. Londres, British Museum Department of Greek and Roman Antiquities E 52.
3:12 Acrotério em terracota. Olímpia, Museu. Foto: Instituto Arqueológico Alemão, Atenas.
3:13 Ânfora ática de figuras negras do *Phrynos Painter*. Würzburg, Martin von Wagner Museum 241.

Capítulo 4

4:1 Telha ática, Atenas, Escavações da Ágora P 27594.
4:2 Lécito ático de figuras negras do *Amasis Painter*. Nova York, Metropolitan Museum of Art 56.11.1 (doação Walter C. Baker).
4:3 Ânfora ática de figuras vermelhas do *Nausikaa Painter*. Londres, British Museum, Department of Greek and Roman Antiquities E 284.
4:4 Estátua ática de mármore. Brauron. Museu. Foto: Hannibal.
4:5 Taça ática de figuras vermelhas do círculo do *Brygos Painter*. Cincinnati, Ohio, Art Museum 1979.1.
4:6 Desenho: J. Ellis Jones, Bangor.
4:7 Taça ática de figuras vermelhas à maneira do *Sotades Painter*. Bruxelas, Musées Royaux A 890.
4:8 Lécito ático de figuras negras do *Amasis Painter*. Nova York, Metropolitan Museum of Art 31.11.10 (Fletcher Fund 1931).
4:9 Estatueta beócia de terracota. Boston, Museum of Fine Arts 01.7788.
4:10 Taça ática de figuras vermelhas do *Foundry Painter*. Cambridge, Corpus Christi College, cortesia dos Master and Fellows. Extraído do *Journal of Hellenic Studies* 41 (1921) il. 16.
4:11 Taça ática de figuras vermelhas à maneira de Dúris. Londres, British Museum Department of Greek and Roman Antiquities E 51.

Créditos das fotografias e desenhos 387

4:12 Taça ática de figuras vermelhas de Dúris. Berlim, Staatliche Museen F 2285.
4:13 Taça ática de figuras vermelhas de Mácron. Viena, Kunsthistorisches Museum 3698.
4:14 Ânfora ática de figuras vermelhas, com fundo em ponta, do *Kleophrades Painter*. Munique, Glyptothek und Antikensammlungen 2344.
4:15 Taça ática de figuras negras do *Bourgon Group*. Londres, British Museum, Department of Greek and Roman Antiquities 1906.12-15.1.
4:16 Ânfora ática de figuras negras com gargalo. Boston, Museum of Fine Arts 01.8035.
4:17 *Pelíkē* ática de figuras vermelhas do *Syleus Painter*. Genebra, Dr. Jacques Chamay.
4:18 Moedas atenienses de prata. Cambridge, Fitzwilliam Museum.
4:19 Hídria ática de figuras vermelhas do *Aegisthus Painter*. Paris, Louvre CA 2587.
4:20 *Arúballos* ático de figuras vermelhas do *Clinic Painter*. Paris, Louvre CA 2183.
4:21 Relevo ático em mármore. Museu do Pireu. Foto: Instituto Arqueológico Alemão, Atenas.
4:22 *Loutrophóros* ático de figuras vermelhas do *Painter of Bologna* 228. Atenas, Museu Nacional 1170. Foto: Hirmer, Munique.
4:23 Lápide funerária de mármore. Atenas, Museu Nacional 3472. Foto: Hirmer, Munique.
4:24 Lécito ático de fundo branco do *Achilles Painter*. Oxford, Ashmolean Museum 545.

Capítulo 5

5:1 Relevo ático em mármore. Atenas, Escavações da Ágora I 6524.
5:2 Foto: Alison Frantz, Princeton.
5:3 *Ostraka*. Atenas, Museu do Cerâmico. Foto: Instituto Arqueológico Alemão, Atenas.
5:4 Desenho: J. Travlos, Atenas.
5:5 Foto: Escavações da Ágora, Atenas.
5:7 Pesos atenienses de bronze. Atenas, Escavações da Ágora B 497, 492, 495.
5:8 Medida ateniense para secos em terracota. Atenas, Escavações da Ágora P 3562.
5:9 Modelos de relógios-d'água atenienses em terracota. Atenas, Escavações da Ágora P 2084.
5:10 Tentos de voto ateniense em bronze. Atenas, Escavações da Ágora B 146, 728, 1055, 1056, 1058.
5:11 Placa de identificação ateniense em bronze. Atenas, Escavações da Ágora B 822.
5:12 Taça ática de figuras vermelhas do *Stieglitz Painter*. Dijon, Musée des Beaux Arts CA 1301.

388 *O mundo de Atenas*

5:13   Fragmento de uma estela ática de mármore. Atenas, Escavações da Ágora I 7307.
5:14   Relevo ático em mármore. Atenas, Museu Nacional EM 2593.
5:15   Laje em relevo Norte XXXVIII 117-18, procedente do Partenon. Londres, British Museum, Department of Greek and Roman Antiquities 325 XXXVIII.
5:16   Detalhe de sarcófago lício de mármore. Istambul, Museu Arqueológico 63 (369).

Capítulo 6

6:1   *Pelíkē* ática de figuras vermelhas do *Trophy Painter*. Boston, Museum of Fine Arts 20.187.
6:2   Armas procedentes de Maratona. Londres, British Museum, Department of Greek and Roman Antiquities.
6:3   Lápide funerária ática em mármore. Los Angeles, Malibu, J. Paul Getty Museum, 79.AA.1.
6:4   Hídria ática de figuras vermelhas. Paris, Louvre G 179.
6:5   Taça ática de figuras vermelhas do *Brygos Painter*. Roma, Museu do Vaticano. Foto: Alinari.
6:6   Taça ática de figuras vermelhas de Oltos. Londres, British Museum Department of Greek and Roman Antiquities E 17.
6:7   Ânfora ática de gargalo de figuras vermelhas do *Alkimaches Painter*. Londres, British Museum Department of Greek and Roman Antiquities E 285.
6:8   Taça ática de figuras vermelhas. Cambridge (Massachusetts), Harvard University, Fogg Museum 1959.219.
6:9   Lápide funerária ática em mármore. Atenas, Museu Nacional 2744.
6:10 Desenho baseado em J. K. Anderson.
6:11 Detalhe do Monumento da Nereida procedente de Xantos, Ásia Menor. Londres, British Museum Department of Greek and Roman Antiquities 872.
6:12 Taça ática de figuras negras. Paris, Louvre F 123.
6:13 Desenho baseado em J. K. Anderson.
6:14 Foto: Professor R. V. Schoder, S. J., Loyola University of Chicago.
6:15 Lécito ático de figuras vermelhas do *Brygos Painter*. Nova York, Metropolitan Museum of Art. 25.189.1.

Capítulo 7

7:1   Fragmento de papiro. Oxford, Bodleian Library MS Gr. Class c. 76/1(P).
7:2   Relevo ático em mármore. Atenas, Museu Nacional 4465.
7:3   Cratera ática em forma de sino de *Hephaislos Painter*. Frankfurt am Main. Museum für Vor-und Frühgeschichte VF.β 413.
7:4   Taça ática de figuras vermelhas de Onésimo. Oxford, Ashmolean Museu G 138, 3, 5 & 11.
7:5   Ânfora ática de gargalo do *Kleophrades Painter*. Londres, British Museum Department of Greek and Roman Antiquities E 270.

Créditos das fotografias e desenhos 389

7:6   *Pelíkē* ática de figuras vermelhas do *Pan Painter*. Atenas, Museu Nacional 9683.
7:7   Vaso ático em forma de cabeça. Boston, Museum of Fine Arts 00.332.
7:8   Hídria ática de figuras vermelhas do *Leningrad Painter*. Boston, Museum of Fine Arts 03.788.
7:9   Cratera ática com colunas de figuras vermelhas. Basiléia, Antikenmuseum BS 415.
7:10 Cratera ática em forma de sino de figuras vermelhas. Ferrara, Museo Nazional di Spina T 173C VP (inv. 20299).
7:11 Cratera ática em forma de *kalúx* de figuras vermelhas do *Dokimasia Painter*. Boston, Museum of Fine Arts 63.1246.
7:12 Cratera ática em forma de *kalúx* de figuras vermelhas do *Dokimasia Painter*. Boston, Museum of Fine Arts 63.1246.
7:13 Hídria ática de figuras vermelhas. Berlim, Staatliche Museen 1966.18.
7:14 *Pelíkē* ática de figuras vermelhas. Berlim, Staatliche Museen inv. 3223.
7:15 Foto: Departamento Turístico, Atenas.
7:16 Desenho baseado em Oliver Taplin.
7:17 Ânfora ática de figuras negras do *Painter of Berlin* 1686. Berlim Oriental, Staatliche Museen F 1697.
7:18 Estatuetas áticas em terracota. Nova York, Metropolitan Museum of Art 13.225.13-28 (Rogers Fund).
7:19 Vaso funerário de Atenas. Atenas, Museu Nacional 804. Foto: Alison Frantz, Princeton.
7:20 Estatueta de bronze procedente de Samos, hoje perdida. Foto: Instituto Arqueológico Alemão, Atenas.
7:21 Figura de marfim procedente do Cemitério Dipylon, Atenas. Atenas, Museu Nacional 776.
7:22 Vaso funerário proto-ático procedente de Elêusis. Museu de Elêusis. Foto: Instituto Arqueológico Alemão, Atenas.
7:23 Estátua de mármore procedente de Súnio. Atenas, Museu Nacional 2720.
7:24 Desenho baseado em H. Payne e outros, *Perachora* I (Oxford 1940), pl. 9b.
7:25 Górgona de pedra calcária de um frontão do Templo de Ártemis em Corfu. Museu de Corfu.
7:26 *Dînos* ático com suporte de figuras negras assinado pelo pintor Sófilo. Londres, British Museum Department of Greek and Roman Antiquities 1971.11-1.1.
7:27 Ânfora ática de figuras negras de Exécias. Londres, British Museum Department of Greek and Roman Antiquities B 210.
7:28 Cratera ática em forma de *kalúx* de figuras vermelhas assinada pelo oleiro Euxíteos e pelo pintor Eufrônio. Nova York, Metropolitan Museum of Art. Legado de Joseph H. Durkee, doação de Darius Ogden Mills e de C. Ruxton Love, através de troca, 1972. (1972-11-10).
7:29 Estátua de mármore da Acrópole, Atenas. Atenas, Museu da Acrópole 679. Foto: Alison Frantz, Princeton.

390 *O mundo de Atenas*

7:30 Figura do frontão de mármore da Acrópole, Atenas. Atenas, Museu da Acrópole 631C. Foto: Instituto Arqueológico Alemão, Atenas.
7:31 Figura do frontão de mármore do Templo de Aféa, Égina. Munique, Antiken Sammlungen.
7:32 Estátua de mármore da Acrópole, Atenas. Atenas, Museu da Acrópole 698. Foto: Alison Frantz, Princeton.
7:33 Grupo de mármore procedente do frontão oeste do Templo de Zeus em Olímpia. Museu de Olímpia, Foto: Alison Frantz, Princeton.
7:34 O Partenon visto do noroeste. Atenas, Acrópole. Foto: Alison Frantz, Princeton.
7:35 Figura de mármore procedente do frontão oeste do Partenon. Londres, British Museum Department of Greek and Roman Antiquities 304 A.
7:36 Figura de mármore procedente do frontão oeste do Partenon. Londres, British Museum Department of Greek and Roman Antiquities 303 J.
7:37 Parte de uma laje de mármore procedente do friso norte do Partenon. Londres, British Museum Department of Greek and Roman Antiquities 325 XLII.
7:38 Estátua de bronze procedente de Riace, Calábria. Foto: Alinari.
7:39 Taça ática de figuras vermelhas encontrada em Vulci, assinada pelo oleiro Brigo. Paris, Louvre G152. Foto: Giraudon.
7:40 Lécito funerário ático branco procedente de Erétria. Atenas, Museu Nacional 1816. Foto: Alison Frantz, Princeton.
7:41 Cratera ática em forma de *kalúx* de figuras vermelhas procedente de Orvieto. Paris, Louvre G 341. Foto: Giraudon.
7:42 Hídria ática de figuras vermelhas assinada pelo oleiro Mídias. Londres, British Museum, Department of Greek and Roman Antiquities E 224.
7:43 Cariátides de mármore do pórtico do Erecteion. Atenas, Acrópole. Foto: Alison Frantz, Princeton.
7:44 Laje de mármore com relevo, procedente da balaustrada do templo de Atena *Nike*. Atenas, Museu da Acrópole. Foto: Alison Frantz, Princeton.
7:45 Relevo em laje de mármore, procedente de Atenas. Atenas, Museu do Cerâmico. Foto: Alison Frantz, Princeton.
7:46 Relevo em mármore de um monumento funerário encontrado nas vizinhanças do Ilisos. Atenas, Museu Nacional 869.
7:47 Estátua de bronze encontrada no mar, ao largo de Maratona. Atenas, Museu Nacional 15118. Foto: Alison Frantz, Princeton.
7:48 Estátua de mármore. Vaticano. Foto: Instituto Arqueológico Alemão, Atenas.
7:49 Pintura mural de Vergina. Foto: M. Andronikos.
7:50 Piso em mosaico de Pela. Museu de Pela.
7:51 Piso em mosaico da Casa do Fauno. Nápoles, 10020.
7:52 Detalhe do piso acima mencionado.